기독교의 심장

<중판 6쇄>

기독교의 심장

지은이/ 마커스 보그

옮긴이/ 김준우

펴낸이/ 김준우

초판 1쇄 펴낸날/ 2009년 11월 20일

중판 1쇄 펴낸날/ 2014년 4월 20일

중판 6쇄 펴낸날/ 2021년 12월 15일

펴낸곳/ 한국기독교연구소

등록번호/ 제8-195호(1996년 9월 3일)

경기도 고양시 일산동구 고봉로 32-9, 양우 331호 (우 10364)

전화 031-929-5731, 5732(Fax)

E-mail: honestjesus@hanmail.net

Homepage: http://historicaljesus.co.kr.

표지 디자인/ 정희수

인쇄처/ 조명문화사 (전화 498-3018)

The Heart of Christianity: Rediscovering a Life of Faith

by Marcus J. Borg

Copyright ⓒ 2003 by Marcus J. Borg

All rights reserved. Korean Translation copyright ⓒ 2009 by Korean Institute of the Christian Studies. The Korean translation right arranged with the author c/o HarperOne through EYA (Eric Yang Agency). Printed in Seoul, Korea.

이 책의 한국어판 저작권은 EYA (Eric Yang Agency)를 통한 HaperOne사와의 독점계약으로 한국어 판권을 한국기독교연구소가 소유합니다. 저작권법에 따라 국내에서 보호받는 저작물이므로 무단전재와 무단복제를 금합니다.

ISBN 978-89-87427-90-4 94230

ISBN 978-89-87427-87-4 (세트)

값 14,000원

기독교의 심장

— 신앙생활의 재발견 —

마커스 보그 지음 · 김준우 옮김

<중판 6쇄>

한국기독교연구소

The Heart of Christianity

Rediscovering a Life of Faith

by
Marcus J. Borg
New York: HarperOne, 2003.

Korean Translation
by
Kim Joon Woo

이 책은 이현우 목사가 안수를 기념하는
출판비 후원으로 발행되었습니다.

Korean Institute of the Christian Studies

차례

- 〈21세기 기독교 총서〉를 발간하면서 · i
- 서문 오늘날 기독교인으로 산다는 것은 무엇을 뜻하는가? · 7
- 1장 변화하는 시대에서 기독교의 심장 · 13

제1부 기독교의 전통 새로 보기

- 2장 신앙: 심장의 길 · 45
- 3장 성서: 전통의 심장 · 73
- 4장 하나님: 실재의 심장 · 101
- 5장 예수: 하나님의 마음 · 131

제2부 기독교인의 생활 새로 보기

- 6장 중생: 새로운 심장 · 165
- 7장 하나님의 나라: 정의의 심장 · 197
- 8장 얇은 곳: 마음 열기 · 231
- 9장 죄와 구원: 마음의 변화 · 253
- 10장 관건이 되는 문제: 수행 · 285
- 11장 심장과 고향 집: 다원주의 시대의 기독교인 · 313

텍사스 주 휴스턴에 사는
아이크 캠프만과 비치 캠프만 부부의
진보적 기독교에 대한 헌신에 감사하며
이 책을 헌정합니다.

"아직도 알지 못하고 깨닫지 못하느냐?
너희의 마음이 그렇게도 무디어 있느냐?
너희는 눈이 있어도 보지 못하고,
귀가 있어도 듣지 못하느냐?"
— 마가 8:17-18

일러두기

〈중판〉에서 역자주를 많이 덧붙인 이유는 1) 원서 발행(2003년) 이후 새로운 자료들을 보충하고, 2) 전 세계적으로 주류 교회가 급속히 쇠퇴하는 현실만이 아니라 인류의 산업문명이 초래한 전 지구적 기후 붕괴와 같은 생태 위기와 문명 대전환의 절박한 과제를 지적하고, 3) 빈부격차가 더욱 악화됨으로써 민주주의가 훼손되고, "기업국가체제"와 결탁한 기독교 우파들(Christian Rights)이 타종교인들과 사회적 약자들에 대한 멸시와 증오를 확산시키는 현실에서, 전통 기독교에 대한 신학적인 성찰들을 통해, 신앙인들 특히 신학도들을 위한 이 책의 의미와 중요성을 좀 더 분명하게 드러낼 필요성 때문입니다. 〈기독교의 심장〉은 단순히 기독교의 진리에 대한 이해를 넘어, 그 사랑의 진리를 공동체적으로 살아냄으로써 개인의 변화와 인류의 구원을 위한 것이기 때문입니다.

<21세기 기독교 총서>를 발간하면서

　이 땅의 민초들은 20세기 전반부를 식민지 치하에서 수탈당했으며, 20세기 후반부는 냉전 분단체제 아래에서 숨죽이며 통곡하였다. 역사의 구비마다 바람 따라 눕히고 채이면서도 소처럼 묵묵히 일만 해온 민초들은 이제 21세기 문턱에서 신자유주의라는 새로운 레비아탄으로 인해 신음하며 죽어가고 있다. 외세의 제국주의적 팽창주의 앞에서 권력자들이 보여준 무능과 야합, 부패의 결과가 사회적 혼란을 초래하고 민초들의 숨통을 조이는 역사가 오늘도 여전히 되풀이되고 있는 현실이다. 아니, 21세기는 이 땅의 민초들에게 더욱 혹독한 시련의 세기가 될 것으로 보인다. 전 세계적으로 죄 없는 생명체들을 대량 학살하는 악의 세력들이 그 마각을 더욱 분명히 드러내었기 때문이다.
　다시 말해서, IMF 관리체제가 가져다 준 충격과 고통을 통해 우리는 "세계화 시대"의 허위와 타락을 은폐시키는 문화적 중독에서 깨어나, 한국 사회의 구조적 모순뿐 아니라, 세계경제의 구조적 모순, 더 나아가 인류문명의 절박한 위기에 대해 눈뜨게 되었다. 세계경제의 구조적 불평등과 생태계 파괴로 인해 전 세계의 약자들이 현재 "멸망의 벼랑 끝"에 서 있음을 분명히 깨닫게 된 것이다. 반 만 년 민족사에서 처음으로 보릿고개를 극복하자마자, 우리는 자본의 전략에 말려들어 재물과 소비에 눈이 멀게 되었고, 결과적으로 이웃과 역사, 민족의 미래와 꿈은 물론이며 자신의 삶에 대한 반성, 생명의 신비와 하늘의 음성을 잊어버림으로써 국가 부도의 위기를 맞이했지만, 악의 세력과의 싸움은 이제부터 단지 시작이며, 그 승패는 우리들의 각성과 치열한 연대투쟁 여하에 달려 있음을 깨닫게 된 것이다.

　세계인구 가운데 상위 20%가 1998년 현재 전 세계 소득총액의 86%를 움켜쥐고 있는 반면, 나머지 80%의 인구는 전 세계 소득총액의 14%를 나눠먹기 위해 아귀다툼하는 현실에서 기독교는 과연 누구의 편인가? 가진 자들은 세계 곡식 총생산량의 36%를 가축의 사료로 사용하여 고단백질 육류 음식으로 배를 채우는 반면에, 다섯 살 미만의 굶주리는 어린이만 해도 2억 명이나 되며, 매일 4만여 명의 어린이들이 굶주림으로 죽어 가는 현실에서 "자비와 정의의 하나님"은 어디에 계신가? 또한 각종 공해와 오염으로 하늘과 땅, 강과 바다가 죽어가고 있을 뿐 아니라, 매년 5만 종 이상의 생명체 종자들이 이 우주에서 영원히 멸종되며, 35억 년 동안의 생명의 역사상 평균 멸종율의 최소한 백배나 빠르게 멸종이 진행되고 있는 상황에서, 지질학적으로 지난 6천5백만 년 동안 생명체들이 가장 아름답게 꽃피워왔던 신생대가 끝나가는 상황에서 우리는 어떻게 "생명의 하나님"을 찬양할 수 있는가?

　초국적 금융자본을 머리로 하는 세계 자본주의 체제라는 새로운 레비아탄이 "만인의 만인에 대한 투쟁"을 독려하면서 실직과 임금삭감이라는 무기를 통해 노동자들끼리 서로 싸우도록 만들고 오늘날 가난한 사람들의 생사여탈권을 휘두르는 전능한 신으로 군림할 뿐 아니라, 교회와 성직자들을 포위하고 세계 제패를 위한 심리적 전술로 교회를 이용하는 현실에서 기독교의 "복음"이란 무엇인가? 복음이란 여전히 현실의 고통을 잊게 만들며, 세계의 모순들이 존재하지 않는 것처럼 감쪽같이 은폐시키는 허위의식인가? 저항이 싹틀 수 있는 비판적 사고와 부정적 사유를 그 뿌리부터 제거하는 전략인가? 제국주의자들이 토지와 천연자원과 노동력을 착취하는 동안에, 그들과 함께 들어온 식민지 선교사들은 하늘과 땅, 영혼과 육체, 정신과 물질을 분리시키고, 땅과 육체와 물질은 무가치한 것이며 대신에 영혼구원과 저 세상(하늘)의 보상을 바라보도록 가르치며, 가난도 하늘의 뜻이며, 재물은 신의 축복의 증거이며, 국가와 교회에 대해서는 무조건 복종할 것을 요구했던 것처럼, 오늘날에도 기독교는 여전히 선교사들이 물려준 식민주의 신학을 가르쳐 세계시장의 충실한 시녀로 남아 있을 것인가? 더 이상 "세속적 금욕"(막스 베버)이 아니라 "세속적 낭비"(헬무트 골비처)에 의해 유지되는 오늘날의 자본주의 체제가 "무한 경쟁"이라는 이름으로 인간의 이기심과 경쟁심, 소비주의와 향락주의를 부추기고, 도덕적 심성과 협동정신을 파괴시키는 오늘날에도, 예수는 여전히 우리의 모든 문제들에 대한 "해답"인가?

기존의 착취 구조를 지속시키기 위해 자본은 매스컴과 교육 제도를 통해 인간의 영혼을 팔아넘기도록 만들며, 자신에 대한 긍지와 자신감, 이웃들과의 협동과 연대보다는 수치심과 경쟁심을 조장하는 현실에서, 예수의 복음마저 우리로 하여금 우리의 운명에 대한 주체성과 책임성을 양도하도록 만드는가? 더군다나 앞으로 50년 내지 60년 후 세계 인구가 현재보다 두 배로 늘어날 것을 예상한 사탄의 세력은 세계 인류의 80%에 달하는 "잉여 인구"를 처리하기 위한 전략으로 이미 선진국 어린이들에게 온갖 잔인한 컴퓨터 게임들을 통해 "죽이는 것은 신바람 나는 것"(Kill and Enjoy!)이라는 장난감의 복음을 철저히 세뇌시키는 현실에서, "십자가에서 흘리신 피의 공로를 통한 대속적 구원"은 우리의 책임성과 주체성을 일깨우고 사탄의 세력에 맞서 치열하게 저항하도록 만드는가, 아니면 신의 섭리와 은총에 모든 것을 맡긴 채, "심령의 평안"에 만족하며 악의 현실을 수동적으로 받아들이고 폭력을 체념하도록 만드는 매저키즘을 불러일으키는가? 구원과 부활, 영생과 재림은 개인주의와 이기주의를 부채질하는가(egological), 아니면 우주와 생명의 신비 앞에 감사하고 겸허하게 만들며(ecological) 정의를 위해 예수처럼 당당하게 칼날 위에 서도록 만드는가? 지구 전역에 걸쳐 가난한 생명체들의 숨통이 나날이 더욱 조여드는데, 기독교는 무엇을 소망으로 가르치며, 무슨 대안을 갖고 있는가?

21세기는 인류의 생존과 평화를 위한 문명전환의 마지막 기회가 될 것으로 보인다. 인간중심주의, 개인중심주의, 소유중심주의를 극복하고, 생명중심주의, 우주중심주의, 존재중심주의로 패러다임을 전환하지 않는다면, 21세기는 짐승화(animalization)의 세계가 되고, 인류문명은 파국을 피할 수 없을 것으로 보인다. 그리고 기독교는 이러한 문명 전환의 핵심이 되는 "생명에 대한 우주적 각성과 자연에 대한 생태학적 각성, 그리고 사회에 대한 공동체적 각성"(한살림선언)을 통해 "지속가능한 미래"를 보장하는 생명중심의 가치관과 비전(vision)을 제시함으로써 "생태대"를 향해 출애굽(토마스 베리)해야 할 과제를 안고 있다.

그러나 21세기의 문턱에서 한국교회는 양적으로 점차 쇠퇴하고 있으며, 질적으로는 사회적 신뢰성을 잃어 가고 있다. 한국 갤럽의 〈1997년 한국인의 종교와 종교의식〉(1998)에 따르면, 한국의 비종교인들은 전체 인구(18세 이상)의 53.1%로서 세계에서 가장 높은 수준이지만, 이들 비종교인들 가운데 과거에 개신교 신자였다가 비종교인으로 이탈한 사람들이 73%에 이른다(불교 23.6%, 천주교 12%). 특히 젊은 층과 고학력자 가운데 개신교를 이탈하여 비종교인이 되는 비율이 가장 높은 것으로 나타났다. 또한 비종교인들이 종교를 택할 경우 선호하는 종교는 불교 25%, 천주교 18%인 반면에, 개신교를 택하겠다는 사람은 10%에 불과한 것으로 조사되었다. 이런 사실은 한국교회가 21세기에는 유럽과 미국의 많은 교회들처럼 심각한 쇠퇴의 위기에 직면할 가능성이 매우 높다는 염려를 갖게 한다.

한국 개신교회가 이처럼 교회를 찾아온 사람들의 종교적 요청에 대해서조차 충분히 응답하지 못하여 많은 사람들이 교회를 떠날 뿐만 아니라, 대부분의 비종교인들로부터 가장 호감을 얻지 못하는 종교가 된 직접적 원인은 오히려 교회 내부에 있는 것으로 지적되고 있다. 즉 위의 갤럽 조사에서 "대부분의 종교단체는 참 진리를 추구하기보다는 교세확장에 더 관심이 있다"는 질문에 대해 "그렇다"고 응답한 사람들이 79.6%에 이른다는 사실은 위기의 원인이 교회 자체 안에 있음을 보여 준다.

특히 젊은층과 고학력자들이 교회를 떠나는 이유는 첫째로, 한국교회가 지난 30년 동안 교회성장에만 몰두하여, 하나님의 뜻과 진리를 가르치고 실천하는 일은 소홀히 한 채, 개체교회 성장제일주의라는 자폐증을 앓고 있기 때문이다. 한국 개신교회가 평균적으로 전체 재정 가운데 3.88%만을 불우 이웃돕기 등 교회 밖의 사회봉사비로 사용하고 있다는 사실은 그 자폐증이 얼마나 심각한 상태인지를 여실히 보여 준다.

둘째로 교회성장을 위한 반지성적 분위기와 비민주적인 구조를 갖고 있기 때문인 것으로 지적할 수 있다. 이것은 본질적으로 교회를 인간과 세계의 총체적 해방을 위한 하나님 나라 운동(movement)으로 이해하기보다는, 영적 구원을 위한 기관(institution), 혹은 조직으로 이해하는 경향이 크기 때문이다. 자기반성과 비판 없는 개인이나 단체는 타락할 수밖에 없다.

셋째로 한국교회가 사회적 신뢰성을 잃게 된 것은 기복적(祈福的)

이며 내세지향적인 신앙으로 인해 개인의 영혼 구원에 치중함으로써, 이 세상에서의 책임과 공동체적 의무가 약화된 때문이다. 한국교회가 하나님은 악을 미워하신다고 고백하면서도 일반적으로 사회적 모순과 구조악에 대해 무관심한 채 내면적 유혹과의 싸움에 몰두하는 이유는 바로 이 때문이다.

넷째로 오직 믿음으로만 구원받는다는 교리를 내세워, 맹목적으로 믿을 것을 강요할 뿐, 성서와 기독교의 진리에 대해 정직하게 이해하고 실천하기 위해 질문을 제기하는 것 자체를 불신앙적 태도로 매도하고, 반성적 사색과 지적인 정직성을 억누르는 경향이 주체성을 확립하려는 젊은층과 고학력자를 교회로부터 떨어져 나가도록 만드는 주요 원인이라고 풀이할 수 있을 것이다. "머리가 거절하는 것은 결코 가슴이 예배하지 못한다"(존 쉘비 스퐁 주교)는 진실 때문이다.

다섯째로 예수 그리스도는 영혼 구원을 위해 십자가에 달리심으로써 모든 죄를 용서하시는 분으로 경배될 뿐, 우리도 이 세상 속에서 그리스도를 따라 살아가야 하는 삶의 모델로는 이해되지 않고 있기 때문이다. "믿음을 통한 구원"(以信稱義)의 교리가 그 본래의 역사적 맥락에서 벗어나, 마치 불교에서 힘겨운 고행 대신에 손쉬운 염불을 택한 구원의 수단처럼 되어 버린 때문이다. 칭의(justification)의 목적은 정의 실천(doing justice)이다(로마서 6장).

여섯째로 지난 30년간 국민들의 교육 수준이 급격히 높아짐으로써 교인들의 지적인 욕구도 더욱 왕성해졌지만, 한국교회는 일반적으로 아직도 교회 문턱에서 이성을 벗어 놓고 교회 안에 들어올 것을 요구하고 있는 형편이다. 또한 "교리 수호"라는 미명 아래 성서에 대한 문자주의와 아전인수격 해석이 횡행하고 있다. 한국교회의 영성 운동조차 이처럼 개인주의적이며 비이성적이며 비역사적인 성서 해석에 기초함으로써, 성서와 기독교의 진리를 그 역사적 맥락과 단절시켰고, 우리의 신앙도 역사적 현실로부터 도피하도록 만드는 근본주의 신앙을 배태시키고 있는 실정이기 때문이다.

더군다나 21세기 한국사회는 자본주의의 세계화와 과학 기술의 발달로 인한 치열한 경쟁과 고실업 사회, 생태계의 파괴로 인하여 더욱 비인간적인 사회 문화 환경 속에 자리잡게 될 것이 분명하다. 이런 점에서 21세기에는 고통스런 현실로부터 도피하려는 근본주의가 더욱 기승을 부릴 것으로 예상되기 때문에, 한국교회가 교회 중심주의와 개인의 영혼구원 중심주의, 기복적 신앙과 근본주의 신학을 극복하고, 인간성과 공동체성을 회복하여 한국 역사 속에서 사회적 형평성을 확보하며 민족 통일을 위해 공헌할 것인지, 아니면 역사의 뒤안길로 물러날 것인지가 판가름날 것으로 예상된다.

이런 상황에서 〈21세기 기독교 총서〉를 발간하는 이유는 첫째, 인구의 절반이 넘는 비종교인들과 전체 인구의 70%가 넘는 비기독교인들에게, 그리고 자신들의 종교적 욕구가 충족되지 않고 있지만 아직 교회 안에 남아 있는 사람들에게 성서와 기독교의 진리를 정직하게 소개함으로써, 기독교 신앙에 대해 새롭게 이해하도록 이성적 발판을 마련하기 위함이다. 둘째로, 예수에 대한 이미지, 특히 그의 가르침의 의미를 정확하게 밝힘으로써, 21세기 한국의 기독교인들이 하나님의 뜻에 합당하게 살 수 있도록 돕기 위함이다. 우주 저편으로부터 들려오는 하늘의 선율에 따라 춤추면서 생명의 선물들에 대해 감사하며, 생명사의 창조적인 전개과정 속에 나타난 하늘의 뜻에 철저히 순종하여, 개인과 공동체의 잠재력을 극대화시키며 정의와 평화, 기쁨의 신천지를 위해 헌신하도록 우리를 부르는 예수는 우리가 본받을 "존재의 영웅"(에릭 프롬)이기 때문이다. 셋째로, 로마제국의 억압과 착취 밑에서 신음하던 식민지 백성들을 해방시키기 위해 "식민지의 아들"(son of the colonized) 예수가 바라보았던 하나님 나라의 비전(vision)과 전략은 오늘날 세계금융자본의 횡포 아래 신음하고 있는 이 땅의 민초들을 위해 교회가 무엇을 해야 하는지를 보여 주기 때문이다. 지금과 같은 소비와 낭비의 시대에 한국교회가 예수를 믿는 것이 곧바로 예수처럼 자기를 비우고 나눔과 섬김을 실천하는 길임을 온몸으로 살아 내지 않는다면, 인간의 영성과 주체성, 연대성을 파괴시키는 세속적 자본주의 문화와 근본주의 신학에 밀려, 점차 더욱 많은 젊은이들이 교회를 떠나게 되어, 한국교회는 붕괴를 자초할 것으로 예상되기 때문이다.

〈21세기 기독교 총서〉를 통해 비기독교인들이 기독교의 진리를 정직하게 이해하고, 한국교회는 신화적-문자적 신앙단계나 비분석적-관습적 신앙단계를 넘어 주체적이며 반성적인 신앙단계, 더 나아가 접속적 단계나 보편적 신앙단계(제임스 파울러)로 질적인 성숙을 이룩함으로써, 한국 사회 전반의 저주와 죽임의 역사를 극복하고 생명과 축복의 새로운 세상을 만들어 가는 일에 크게 공헌하여 하나님께 영광을 돌릴 수 있게 되기를 기도한다.

> "진리는 오로지 진리 그 자체의 힘으로만 인정을 받으며,
> 그 힘은 강하면서도 부드럽게 정신에 스며든다."
>
> – 교황 바오로 2세의 회칙 "세 번째 천년기를 맞이하며"에서 –

1999년 성령강림절 기간에
한국기독교연구소에서   김 준 우

서문

오늘날 기독교인으로 산다는 것은 무엇을 뜻하는가?

　기독교의 심장은 무엇인가? 오늘날 기독교인으로 산다는 것은 무엇을 뜻하는가? 이 질문에 대해 나는 이 책에서 서로 다른 두 가지 대답을 제시할 것이다. 첫 번째 대답은 기독교에 대한 과거의 비전(vision)이며, 두 번째 대답은 새롭게 등장하는 비전이다. 이 두 가지 비전 모두가 오늘날 세계의 교회들 안에 자리잡고 있으며, 기독교인들을 크게 두 종류로 심각하게 분열시키고 있다. 우리는 교회 안에서 갈등과 변화의 시대를 살아가고 있다.

　나는 확신과 열정을 갖고 이 책을 쓴다. 우선 내가 확신하는 것은 기독교가 오늘날에도 말이 되며 의미가 있다는 것이다. 나 자신의 인생에서 이런 확신이 들기까지는 많은 시간이 걸렸다. 내가 10대 중반부터 30대 중반까지 약 20년 동안은 기독교가 나에게 별다른 의미를 주지 못했다. 내가 어린 시절에 배운 기독교는 주로 지적인(intellectual) 문제들 때문에 한동안 더 이상 나에게 설득력을 갖지 못했었다.

　이제는 기독교인으로 산다는 것에 대해 심각한 지적인 장애물들이 없다는 확신을 갖게 되었다. 기독교가 설득력을 갖는 방식, 그리고 가장 폭넓은 의미에서 인생에 대해 받아들일 수밖에 없도록 의미를 주는 방식이 있다. 즉 눈에 보이는 세계 너머의 실재하는 세계를 이해하고 그 실재하는 세계와의 관계 속에서 우리의 인생을 이해하는 방식, 하나님을 보는 방식, 하나님과 우리가 관계를 맺는 방식, 삶의 변화로 나아가는 길에 대한 새로운 방식이 있다. 기독교가 우리에게 요구하는 희생은 궁극적으로 우리의 지성(intellect)을 희생하라는 것이 아니다.

나의 열정은 기독교에 대한 과거의 이해방식이 별다른 의미가 없거나 전혀 말이 되지 않는다고 생각하는 사람들에게 새로운 이해방식을 소개하려는 열정이다. 그런 사람들은 수백만 명에 달한다. 그들 가운데 일부는 교회를 떠나, 존 쉘비 스퐁 주교가 "교회 동창생"이라고 부르는 사람들이 되었다.1) 나머지 사람들은 아직 교회 안에 남아 있지만 자신들이 어려서 배웠던 믿음들과 씨름하면서, 자신들이 그런 믿음들을 억지로라도 믿어야만 한다고 생각하거나, 아니면 그런 믿음들을 거부하지만 그 대신에 새로운 믿음을 아직 찾지 못한 상태이다. 그리고 일부 사람들, 특히 40대 이하의 많은 사람들은 교회 생활에 적극 참여했던 적은 없지만 기독교에 대한 매력을 찾지 못한 채 자신들의 삶의 의미와 가치관의 원천을 찾는 데 목말라 하고 있다.

지난 몇 세기 동안에, 기독교에 대한 과거의 이해방식, 내가 "과거의 패러다임"(earlier paradigm)이라 부르는 방식은, 대부분의 기독교인

---

1) 역자주: 미국 장로교, 감리교, 성공회 등 주요교단들은 1990년대에 들어 1965년의 교인수의 1/5 내지 1/3을 잃었다(Alister McGrath, *The Future of Christianity*, 2002, p. 42). 또한 여러 통계들에 따르면, 유럽의 기독교인들은 "매 십 년마다 1/4씩 사라지며, 한 세대마다 절반씩 감소하고 있다"(돈 큐핏, 『예수 정신에 따른 기독교 개혁』, 2006, p. 25). 기독교인들의 숫자가 전 세계적으로 이처럼 급속하게 감소하는 사태는 기독교 2000년 역사에서 처음 있는 일이다.

들이 믿었던 방식이다. 과거의 패러다임은 오늘날 기독교 안에서 중요한 입장, 아마도 가장 중요한 입장을 차지하고 있을 것이다. 내가 1장에서 좀더 자세하게 설명하겠지만, 이 과거의 방식은 성서를 하나님의 유일한 계시로 간주하며, 성서의 문자적 의미를 강조하고, 기독교인의 생활을 나중에 구원받기 위한 현재의 믿음, 즉 하나님, 성경, 천당에 가는 길로서의 예수를 믿는 것에 초점을 맞춘다. 전형적으로 이 입장은 기독교를 유일한 참된 종교로 본다.

한편 기독교를 새롭게 보는 방식, 곧 "새로운 패러다임"(emerging paradigm)은 지난 백년 넘게 발전해온 것으로서, 최근에야 비로소 주류(mainline) 교단 안에서 중요한 하나의 풀뿌리운동이 된 방식이다. 적극적으로 말해서, 이것은 기독교가 현대 세계와 현대 이후(postmodern) 세계와 만남으로써 생겨난 것이다. 즉 기독교가 과학, 역사학, 종교 다원주의, 문화적 다양성과 만나 생겨난 것이다. 덜 적극적으로 말하자면, 이것은 기독교가 인종차별주의, 성차별주의, 민족주의, 배타주의, 기타 해로운 이데올로기들의 문제를 어떻게 조장해왔는지를 비판적으로 인식한 결과로서 생겨난 방식이다.

이 책은 기독교를 이해하는 이 새로운 패러다임을 설명하려는 것이다. 이 책은 일차적으로 과거의 기독교 이해방식이 더 이상 기능을 발휘하지 못하는 사람들을 위해 쓴 것이다. 이처럼 교회 안에서 갈등과 변화가 많은 시대에, 기독교의 핵심은 무엇인가? 오늘날 진정한 기독교와 기독교인의 생활에서 가장 중심적인 것은 무엇인가?

이 책은 여러 측면에서 나 자신의 개인적인 책이라 할 수 있다. 우선 이 책은 나 자신의 신앙적인 순례의 산물이다. 나는 내가 위에서 설명한 그런 신앙적인 두 가지 이해방식의 변화를 거쳤다. 오랜 기간을 지나면서, 설득력이 있으며 받아들일 수밖에 없는 기독교의 비전이나 자신의 삶 속에서 등장했던 것이다.

또 다른 한편으로는, 이 책이 내가 지난 10년 동안 북아메리카 대륙 전역에서 200 군데 이상의 기독교인 집단에서 강연한 나의 경험의 산물이다. 나는 무엇보다도 역사적 예수(historical Jesus) 전문가로 알려졌기 때문에, 나는 예수에 관해 강연하도록 초대를 받았다. 그러나 당연한 일이었지만, 나의 청중들은 역사가들이 예수에 관해 말하는 것에만 관심을 보인 것이 아니라, 그것이 기독교인의 삶에 대한 보다 큰 문제들, 곧 하나님, 신앙, 성서, 성서의 권위, 속죄, 부활, 신조(信條, creeds), 기도, 윤리, 기독교와 다른 종교 문제 등 보다 큰 문제들과 어떻게 연결되는지에 대해서도 알고 싶어했다. 예수에 대한 그들의 관심은 기독교 자체의 의미에 대한 보다 큰 관심의 일부분이었던 셈이다.

나의 청중들을 통해서 나는 점차 이처럼 보다 큰 문제들도 다루게 되었다. 이런 경험은 나에게 배움의 기회였으며 동시에 나에게 용기를 불어넣어 준 기회였다. 이런 경험이 나에게 배움의 기회였던 것은 과거의 설득력이 없는 기독교로부터 머리와 가슴 모두를 만족시키는 새로운 기독교로 넘어가기 위한 씨름에서 가장 핵심적인 문제들이 무엇인지를 배웠기 때문이다. 또한 이런 경험이 나에게 용기를 불어넣어 준 기회였던 것은 사람들이 기독교를 전혀 다른 방식으로 새롭게 이해하려는 욕구가 매우 강하다는 사실을 깨닫게 되었기 때문인데, 기독교에 대한 이 새로운 이해방식은 기독교 전통과 우리의 지적인 지평 모두를 진지하게 생각하는 방식이다. 또한 내가 설명하는 기독교의 새로운 비전에 대해 많은 사람들이 환호하고 있다는 사실로 인해 용기를 얻게 되었다. 만일 그렇지 못했다면, 나는 스스로를 시대에 뒤떨어진 사람으로 생각하여 혼자 목마나 타면서 놀고 있을 것이다.

이 책에서 나는 기독교를 "전체적으로" 보는 방식을 설명할 것이기 때문에, 이 책의 내용은 내가 예수, 하나님, 성서에 관해 다른 책에서 다루었던 주제들과 중복되는 것들이 있을 것이다. 내가 다른 책들에서 말했던 것들을 여기서 새로운 재료들과 통합하여, 기독교의 "심장" 곧 기독교와 기독교인의 삶에서 가장 중심되는 것은 무엇인지를 이해하는 방식을 찾고자 한다. 내가 전에 다루었던 주제들을 다룰 때, 비록 전의 책들에서 자세하게 다루었던 것들과 기본적으로 연속적인 것들이 있기는 하지만, 나는 그 주제들을 새로운 방식으로 다루려고 애를 썼다.

나는 "이것이 내가 이해한 방식이다"라고 말하고 싶다. 물론 우리들 가운데 누가 책을 쓰든지 이런 입장을 취할 것이다. 그러나 이 책은 내가 "기독교의 핵심"에 관해 이제까지 정리했던 것들을 종합한 결정판이라고 말할 수 있을 것이다.

이 책은 나의 학문적 연구, 체험, 기억을 통합한 책이다. 비록 이 책이 그동안 기독교와 종교에 대한 나의 연구를 반영한 것이지만, 또한 나의 인생 체험과 특별히 기독교인으로서의 체험에 기초한 책이다. 분명한 사실을 말하자면, 우리가 어떻게(how) 보는가 하는 문제는 대체적으로 우리가 무엇(what)을 보았는가 하는 체험의 산물이다.

이 책은 또한 내가 읽고 들은 것 중에서 내 속에 남아 있는 것들에 대한 기억에 기초한 것이다. 비록 그 당시에 내가 "연구"를 수행하고 있지는 않았지만 말이다. 따라서 히브리서 기자가 "어떤 이가 (성경) 어딘가에서 이렇게 증언하였습니다."(2:6a)라고 말한 것처럼, 나 역시 어떤 문장에 대해서는 그 출처를 명확하게 밝힐 수 없는 것들도 있었다. 성서에 이런 전례(前例)가 있다는 것은 언제나 멋진 일이다.

내가 바라는 것은 나의 이런 학문적 연구, 체험, 기억을 통합시킨 것이 오늘날 교회 안에서 무슨 일이 벌어지는지를 이해하고 싶은 사람들, 또한 기독교와 기독교인의 삶에 대한 자신들의 이해를 깊게 하고 싶은 사람들에게 도움을 줄 수 있게 되는 일이다. 나의 아내 마리안의 표현을 빌리자면, 이 책은 "신앙을 사랑하는 사람들과 사랑할 신앙을 찾는 사람들을 위한" 책이다.

이 책이 나오기까지 나에게 도움을 준 많은 사람들에게 감사하고 싶은데, 그 이름을 다 나열할 수는 없다. 이 책의 주제들에 관해 수십 군데 교회에서 강연을 했으며, 코네티컷 주 하트포드 신학대학원과 캘리포니아 주 GTU에서 여름학기에 강의를 했으며, 와이오밍 주 링 레이크 랜치에서도 강의를 했다. 그 청중들의 질문과 반응을 통해 나는 많은 것을 배웠다.

또한 오리곤 주립대학교 철학과의 동료 교수들에게도 감사하고 싶다. 그들은 내가 집필하고 외부 강연을 다니는 것에 많은 도움을 주었다. 특히 쥬디 링글 박사에게 감사하고 싶은데, 그녀가 내가 강의하는 과목에 함께 참여하고 나의 서신교환을 도와주어 내가 많은 시간을 벌 수 있었다.

이 책을 만드는 일에 도움을 준 편집자 존 루돈, 그의 조수 크리스 애쉴리, 나의 출판 편집자 리사 주니가, 디자이너 크리스 코비아센, 나의 원고를 교열해준 앤 모루에게 감사한다. 그들의 효율적인 작업과 도움, 판단력에 크게 감사한다.

끝으로 이 책은 텍사스 주 샌안토니오와 휴스턴에 사는 아이크 캠프맨과 비치 캠프맨에게 헌정한다. 아이크는 변호사이며 사제로서, 그와 그의 부인 비치는 우리 시대에 진보적인 기독교를 북아메리카 대륙에 확산시키는 일에 헌신하고 있다. 나의 작업을 위해 그들이 지원한 것에 대해 감사한다.

1장

변화하는 시대에서 기독교의 심장

　기독교의 "심장"은 무엇인가? 기독교와 기독교인의 삶에서 가장 중심적인 것은 무엇인가?

　이런 질문은 기독교 역사에서 새로운 시대마다 제기되는 질문이다. 이런 질문은 우리 시대에 특히 중요한 질문이다. 기독교를 새롭게 보는 방식과 기독교인이 된다는 것에 대한 서로운 이해방식이 세계 교회 속에 등장하고 있다. 이처럼 기독교에 대한 새로운 비전은 지난 몇 백 년 동안 기독교를 이해했던 지배적인 방식과는 매우 다르기 때문에, 우리 시대는 갈등의 시대이기도 하다. 이런 변화와 갈등의 상황 속에서 기독교의 "심장"은 무엇인가?

　모든 훌륭한 은유들과 마찬가지로, "심장"을 뜻하는 영어 단어 heart도 여러 의미가 있다. 우선 가장 중심적인 것을 뜻한다. 기독교의 핵심, 골자는 무엇인가? 기독교와 기독교인의 삶의 본질은 무엇인가?

　만일 '핵심'과 '본질'이 너무 추상적이며 생기가 없는 것이라면, '심장'을 뜻하는 heart는 유기적 은유로서, 살아 있으며 박동을 치는 생명의 근원이다. 기독교의 심장, 그 생명과 활력의 원천으로서 그것 없이는 기독교가 죽고 마는 것은 무엇인가?

더 나아가, "머리와 가슴"(head and heart)이라는 말에서처럼, heart는 지성과 사고의 세계보다 더욱 깊은 무엇을 가리킨다. 기독교에서 그 특정한 사상과 믿음체계보다 더욱 깊은 것은 무엇인가? 기독교에서 우리의 '가슴'의 차원에 도달하는 것은 무엇인가? 가슴은 자기의 가장 깊은 차원으로서 변화의 '장소'이다. 이처럼 기독교에서 사람들을 '가슴'의 차원에서 변화시키는 힘을 주는 것은 무엇인가?

변화와 갈등의 시대

오늘날 기독교인들은 기독교의 심장에 관해 심각하게 분열되어 있다. 우리는 오늘날 교회 안에서 큰 갈등의 시대를 살아가고 있다. 즉 수백만 명의 기독교인들이 기독교의 심장을 새롭게 이해하는 방식을 받아들이고 있다. 반면에 과거의 기독교 방식을 계속해서 받아들이는 기독교인들도 수백만 명에 달하는데, 이들은 흔히 과거의 기독교 형태가 "전통적" 기독교이며 유일하게 진정한 기독교인의 삶의 방식이라고 주장한다.

나는 이처럼 기독교인으로 살아가는 두 가지 방식을 무엇이라 부를까 고심하다가 "과거의"(earlier) 방식과 "새로운"(emerging) 방식이라고 부르기로 했다. 내가 이런 명칭을 붙인 의미는 이 장에서 분명하게 드러날 것이다.

그동안 "보수주의적" 기독교인과 "자유주의적" 기독교인으로 구분했던 익숙한 방식은 이제 더 이상 적합하지 않다. 이 두 용어가 모두 정확하지 않기 때문이다. "보수주의적" 기독교인들에는 미국의 부흥사 제리 폴웰과 팻 로버트슨에서부터, C. S. 루이스와 (아마도) 칼

바르트2)까지 포함될 것이다. 루이스와 칼 바르트는 제리 폴웰과 같은 부흥사들을 함께 어울릴 수 없는 사람으로 생각할 것이다. 한편 "자유주의적" 기독교인들은 하나님의 실재에 대해 강하게 인식하며 기독교 전통에 대해 깊이 헌신하는 기독교인들로부터, "전통"을 부정적인 것으로 생각하며 비유신론적(nontheistic) 기독교를 주창하는 사람들까지 포함된다. 따라서 "보수주의적"이란 용어와 "자유주의적"이라는 용어는 오늘날 기독교인들을 제대로 구분하는 용어가 되지 못한다.

더군다나 새로운 방식에는 보수주의적이며 전통적인 요소들이 많이 있다. 즉 새로운 방식은 기독교 전통을 회복하며 새롭게 전망한다는 점에서 전통을 유지한다. 또한 과거의 방식에도 혁신적인 요소들이 많이 있다. 즉 과거의 방식이 보여주는 가장 특징적인 요소들은 지난 몇 백 년 동안 만들어진 것들이다. 사실상, 과거의 방식과 새로운 방식 모두가 현대의 산물인데, 이런 사실은 조금 있다가 설명할 것이다. 그 어느 것도 유일한 기독교 전통이라고 주장할 수 없다. 과거의 방식과 새로운 방식 모두는 기독교 전통을 이해하는 방식들이다.

기독교를 이해하며 기독교인으로 살아가는 과거의 방식과 새로운 방식 사이의 차이점들은 구체적인 갈등으로 나타날 뿐만 아니라 보다 기본적 문제들과 관련되어 있다. 즉 성서, 하나님, 예수, 신앙, 기독교인의 삶을 어떻게 이해하는가 하는 기본적 문제들과 관련되어 있다.3)

우선 오늘날 교회를 분열시키는 구체적인 문제들부터 살펴보자.

---

2) Karl Barth(1886-1968)는 20세기의 가장 중요한 개신교 신학자 두 사람 가운데 한 사람으로, 신정통주의운동과 관련된 인물이다. 그의 책들은 탁월하며 종합적인데, 그의 *Church Dogmatics*는 권당 천 페이지가 넘는다.
3) 역자주: 신앙인들은 남을 구원하기 위한 배움[爲人之學]에 앞서서 자기를 구원하는(행복하게 하는) 배움[爲己之學]만이 참된 위인(爲人)에 이른다. 이현주, 『우리가 건너면 세계가 건넌다』 (1995), pp. 31-38. "영적인 권위는 무엇보다 먼저 내적인 권위이지만, 그 다음에 외적인 권위가 될 수 있다."(리처드 로어).

* 여성 안수: 기독교인의 과거의 방식은 여성에게 성직자 안수를 하지 않았으며, 여전히 많은 집단에서 하지 않고 있다. 그러나 새로운 방식은 여성에게 안수를 하고 있다. 개신교 주류(mainline) 교단들에서 여성 성직자(감독 혹은 주교를 포함해서)의 숫자는 급격하게 증가하고 있다. 실제로 많은 주류 교단 신학교에서 학생들의 과반수 이상이 여성들이다.

* 동성애자: 기독교의 과거 형태는 계속해서 동성애를 죄로 간주한다. 그 안에서 동성애 기독교인이 택할 수 있는 유일한 선택은 금욕하거나 이성애로 전환하는 것이다. 기독교의 새로운 형태에서는 성적으로 활발한 동성애자들이 기독교인이 될 수 있는가 하는 문제는 거의 해결되었다. 지금 논쟁이 되는 문제는 동성애자들이 파트너와 헌신적인 관계를 유지하고 있을 때 그들이 혼인할 수 있는가 하는 문제와 그들이 성직자로 안수를 받을 수 있는가 하는 문제인데, 이런 논쟁은 몇 십 년 전만 해도 상상할 수 없었던 문제이다.

* 기독교 배타주의: 세상에는 단 하나의 참된 종교만 있으며, 구원에 이르는 길은 오직 하나뿐인가? 아니면 참된 종교는 여러 종교가 있으며 구원에 이르는 길도 여럿인가? 기독교의 과거의 방식은 기독교가 "유일한 길"이라는 확신을 갖고 있(었)다. 그러나 이제는 변화하고 있다. 미국에서 2002년에 실시한 여론조사에 따르면, 응답자의 단 17%만이 "나의 종교만이 유일하게 참된 종교이다"라는 주장에 동의했다. 이들 대부분은 과거의 기독교 방식을 주장하는 교회에 속한 사람들이다. 그러나 78%는 동의하지 않았는데, 이것은 새로운 기독교 형태에 전형적인 대답이다.[4]

---

4) 이 여론조사는 미국 공영방송사인 **PBS**의 *Religion and Ethics Newsweekly*와 *U.S. News and World Report*가 공동으로 시행했으며, *The Christian Century* (May

이처럼 구체적인 차이점들 밑에는 성서와 그 권위를 어떻게 이해하는가 하는 보다 기본적인 문제들에 대한 갈등이 깔려 있다. 기독교의 과거의 방식은 성서를 하나님의 계시, "하나님의 진리"로 보아 절대적이며 불변하는 것으로 이해했다. 따라서 이들은 위에 설명한 변화들을 성서의 구절들에 도전하는 것으로 본다. 즉 (1) 여성 안수 문제는 여성들의 종속과 남성들에게 권위를 행사하는 것을 금지시킨 성서 구절에 위배되며, (2) 동성애 문제는 동성애 행위를 죄로 선포한 성서 구절에 위배되며, (3) 기독교 배타주의 문제는 예수를 구원의 유일한 길로 선포한 성서 구절에 위배되는 것으로 간주한다. 이런 성서 구절들이 모든 시대를 위한 하나님의 뜻을 표현한 것이 아니라고 간주하는 것은 성서의 권위와 해석 문제에서 매우 다른 입장을 보여주는 것이다.

여기에도 매우 중대한 변화가 일어나고 있다는 통계 증거가 있다. 1963년 미국에서 실시된 갤럽조사에서는 거의 2/3 (65%)가 성서 문자주의(biblical literalism)를 지지했다. 즉 "성서는 하나님의 실제 말씀이며 축자적으로 문자적인 의미로 이해해야 한다"는 주장에 동의했던 것이다. 그러나 약 40년 뒤, 2001년에 실시한 조사에서는 이 주장에 동의한 사람들이 27%로 떨어졌다.[5] 여기서 분명하게 드러나는 사실은 성서 문자주의가 북미 기독교인들 사이에서 쇠퇴하고 있다는 사실이다. 기독교의 새로운 방식은 이런 발전을 환영하지만, 과거의 방식은 이것을 전통 기독교를 포기하는 것으로 간주한다.

오늘날 이런 변화와 갈등의 시대가 매우 중대한 의미를 갖고 있기

8-15, 2002): 16에 발표되었는데, 2002명의 성인을 조사대상으로 삼았다.

[5] 1963년 조사는 George Gallup Jr. and Jim Castelli, *The People's Religion* (New York: Macmillan, 1989), p. 61; George Gallup Jr. and D. Michael Lindsay, *Surveying the Religious Landscape* (Harrisburg, PA: Morehouse, 1999), pp. 34-36에 나온다. 2001년 조사는 2001년 6월 뉴스에 보도되었다.

때문에 어떤 사람은 우리 시대의 "새로운 종교개혁"이 16세기의 프로테스탄트 종교개혁에 견줄 만큼 중요하다고 말한다. 이런 말은 물론 과장된 것이기는 하지만 우리가 중요한 변화의 시대를 살고 있다는 진실을 담고 있는 말이다.6)

패러다임이 바뀌는 시대

이런 종류의 중대한 변화를 일컬어 패러다임(paradigm)이 바뀐다고 말하는데, 이 말은 오늘날 교회 안에서 일어나는 것을 이해하는 데 핵심적인 용어다. 패러다임이란 "전체"를 보는 방식 곧 종합적 이해 방식(a comprehensive way of seeing)을 말한다.

패러다임은 때로 전체적 형태(gestalt)라고 불리기도 하는데 모든 사물을 보는 커다란 해석의 틀로서, 특수한 것들을 그 전체 속에서 자리매김하는 방식이다. 우리가 지금 겪고 있는 갈등의 시대는 구체적인 갈등 이상이다. 왜냐하면 이 갈등은 기독교 전통과 기독교인의 삶을 "하나의 전체로서" 어떻게 볼 것인가 하는 문제에서 생겨나는 변화와 관련되어 있기 때문이다.7)

---

6) 역자주: 가장 큰 변화는 전 지구적 생태계 파괴와 "여섯 번째 대멸종"으로 인해 "신생대에서 생태대"로 바뀌며, 인류문명은 화석연료 중심의 산업문명에서 지속가능한 문명으로 대전환(Great Turning)이 일어나고 있다는 점이다. "기후변화의 할아버지" 제임스 핸슨에 따르면, 2억5천만 년 전에 페름기가 끝날 때 생명체들의 90%가 멸종한 것과 5천5백만 년 전의 대멸종은 지구평균기온이 수천 년에 걸쳐 섭씨 5~9도 상승한 때문이며, 또한 7만 년 전 빙하기가 시작되어 인류가 2000명 정도만 살아남고 거의 멸종될 위기에 봉착했을 때가 지금보다 섭씨 5도 낮았다. 전 세계 과학자들은 지금처럼 온실가스를 배출하면, 2100년에 지구 기온이 5도 정도 상승할 것으로 예측한다(서울신문, 2020/2/17).

7) 최근의 신학에서 "패러다임"의 개념을 사용한 것을 참조하기 위해서는 특히

천문학의 역사는 패러다임의 변화를 잘 보여준다. 16세기와 17세기는 프톨레마이오스(Ptolemy)의 패러다임에서부터 코페르니쿠스(Copernicus)의 패러다임으로 변화하는 것을 목격했는데, 이 두 가지 패러다임은 각각 태양계 전체와 그 속에서 지구의 위치를 바라보는 방식이었다. (고대 그리스의 천문학자 프톨레마이오스의 이름을 따라 지어진) 프톨레마이오스의 패러다임은 약 1500년 동안 서양의 과학에서 지배적인 위치를 차지했다. 지구를 중심으로 생각하는 이 패러다임은 행성들과 별들의 움직임을 고정된 중심인 지구와의 관계 속에서 파악하려 했다. 반면에, 코페르니쿠스 패러다임은 폴란드의 수도승이며 수학자였던 니콜라스 코페르니쿠스의 이름을 딴 것이다. 1543년에 출판한 책에서 그는 태양을 중심으로 태양계를 보는 방식을 주장했다. 즉 지구가 중심이 아니라 태양이 중심이라는 주장이다. 이 주장은 행성들의 움직임을 보는 방식을 완전히 바꾸어놓았으며, 심지어 우주 안에서의 우리의 "위치"에 대한 생각들도 완전히 바꾸어놓았다.

이처럼 프톨레마이오스의 패러다임에서부터 코페르니쿠스의 패러다임으로 바뀌게 된 것은 세부적인 한두 가지 사실의 변화가 아니라, "전체"를 보는 방식에 영향을 미쳤다. 그 두 패러다임 모두 똑같은 현상을 보는 방식(이 경우에는 태양계를 보는 방식)이지만, 그 현상을 다르게 보는 방식이다. 또한 "전체"를 보는 방식이 바뀌자, 그 모든 세부적인 것들을 보는 방식에도 영향을 미쳤던 것이다.

Nancey Murphy, *Beyond Liberalism and Fundamentalism* (Harrisburg, PA: Trinity Press International, 1996); Hans Küng, *Theology for the Third Millennium*, trans. Peter Heinegg (New York: Doubleday, 1988); Garrett Green, 『하나님 상상하기』, 장경철 역(한국장로교출판사)를 보라. 보수적이며 복음주의적인 목사가 과거의 패러다임에서 새로운 패러다임으로 옮겨가는 것에 관한 소설로 Brian McLaren, 『새로운 그리스도인이 온다』, 김선일 역(IVP)이 있다.

현재의 기독교에서도 마찬가지다. 패러다임의 변화는 기독교 "전체"를 어떻게 볼 것인가 하는 문제에 관한 변화다. 똑같은 "현상들"(하나님, 성서, 예수, 교리, 신앙 등)을 보지만, 다르게 보는 것이다. 물론 천문학의 변화를 기독교에서 벌어지는 일에 빗대어 설명하는 것은 완전하지 않다. 과학은 종교보다는 다른 법칙들에 의해 발전하며, 코페르니쿠스의 패러다임은 "증명된" 것인 반면에 프톨레마이오스의 패러다임은 "틀린" 것이라고 말할 수도 있다. 그런 증명과 반증은 종교에서 그처럼 신속하게 말할 수 있는 것이 아니다.

그러나 천문학에 빗대어 설명하는 것은 이런 점에서 타당하다고 말할 수 있다. 즉 기독교인들은 지금 패러다임의 변화와 갈등의 시대를 살고 있다는 사실이다. 갈등은 기독교 신학이나 행동의 단지 몇 가지 조항들에 관한 것이 아니라, 기독교를 하나의 전체로서 보는 종합적인 방식 사이의 갈등이라는 말이다.

두 패러다임의 이야기

"기독교의 심장"을 전체로서 보는 것에는 두 가지 중요한 요소가 관련되어 있다. 첫째는 **기독교 전통**(the Christian tradition)을 어떻게 보는가 하는 문제다. "기독교 전통"에는 성서와 더불어 성서 이후 시대의 전통으로서 규범적인 것으로 간주되는 요소들이 포함되어 있는데, 이런 요소들이란 대부분의 기독교인들에게는 (사도신경과 같은) 신조들이며, 많은 기독교인들에게 자기 교파의 교리적 선언들이다. 둘째는 **기독교인의 삶**(the Christian life)을 어떻게 보는가 하는 문제이다. 기독교인의 삶에서 가장 핵심적인 것은 무엇인가? 기독교인의 삶이란 무엇인가? 예를 들어, 우리가 구원받기 위해 믿고 행하는 것에 관한 것인가? 아니면 다른 어떤 것에 관한 것인가?

기독교에 대한 과거의 패러다임은 우리에게 매우 익숙하다. 40대 이상만이 아니라 많은 젊은이들도 대부분 이 패러다임과 더불어 성장했다. 이 패러다임은 지난 몇 백 년 동안 기독교의 가장 일반적인 형태였다. 오늘날 이 패러다임을 신봉하는 사람들은 근본주의자들, 많은 보수적인 복음주의자들, 그리고 오순절 운동의 많은 기독교인들이다. 또한 이 패러다임이 기독교 텔레비전과 방송을 지배하고 있기 때문에, 이것이 기독교와 기독교인의 삶에 대해 대중적으로 가장 잘 드러나는 형태다.

기독교의 새로운 패러다임이 나타나기 시작한 것은 백 년이 좀 지났다. 지난 20-30년 동안 이 새로운 패러다임은 "주류"(mainline) 개신교 교단들의 성직자들과 평신도들 사이에서 하나의 중요한 풀뿌리운동이 되었다. 여기에는 그리스도 연합교회, 성공회, 연합감리교회, 제자회, 미국 장로교, 미국 침례교, 미국 복음주의 루터교회 등이 포함되어 있다. 이 새로운 패러다임은 또한 가톨릭교회 속에도 존재한다.

과거의 패러다임을 신봉하는 기독교인들 역시 주류 교단들 안에 있다. 그들 가운데 일부는 기독교의 과거 비전을 고집스럽게 강요하는 사람들로서 자신들의 교단이 과거의 패러다임에서 벗어나는 것에 대해 항의한다. 다른 사람들은 그처럼 고집스럽게 강요하지는 않지만 그 패러다임과 더불어 성장했고 여전히 자신들에게 의미를 준다고 믿기 때문에 바꿔야 할 충분한 이유가 없다고 생각한다. 또 다른 사람들은 다른 대안을 모르기 때문에 과거의 방식에 머물러 있다.

일부 주류 교단들에서는 새로운 패러다임을 신봉하는 기독교인들이 대다수를 차지한다. 일부 교단들에서는 거의 절반씩 나뉘어져 있다. 따라서 주류 교단들 안에서 갈등이 벌어지는 것이다. 이미 지적한 것처럼, 그 차이점들은 단순히 구체적인 문제들에 관한 것이 아니라, 훨씬 큰 문제들에 관한 것이다. 두 패러다임은 기독교인으로 산다는 것이 무엇을 뜻하는가에 대한 매우 다른 비전이기 때문이다.

기독교인으로 살아가는 이 두 가지 방식을 설명하면서, 내가 짧게 설명하면 부득이 중요한 것들을 많이 빼놓게 될 것이다. 그러나 기독교인으로 살아가는 각각의 방식에서 공통적인 것과 그 기본 골격을 이해하는 것, 그 구조와 형태에 대한 요점을 이해하려고 노력하는 것은 가치 있는 일이다. 각각의 패러다임을 설명하면서 그 구조가 여러 측면에서 드러날 것이다. 내가 여기서 설명하려는 것은 각각의 패러다임의 "메타신학"(meta-theology)으로서, 기독교와 기독교인의 삶에 대한 그 나름의 비전을 형성한 틀이다.

과거의 패러다임: 기독교 전통에 대한 비전

과거의 패러다임은 기독교가 하나님의 권위에 근거한 것으로 본다. 대부분의 개신교인들에게는 하나님의 권위가 성서 속에 있다. 가톨릭 신자들에게는 하나님의 권위가 성서 속만이 아니라, 교황은 틀릴 수 없다는 교황무오설(papal infallibility) 개념에 특별히 잘 표현된 것처럼, 교회의 가르치는 권위 속에도 있다.

개신교인들과 가톨릭 신자들 모두에게 성서가 중요하기 때문에, 나는 과거의 패러다임이 성서를 이해하고 해석하는 방식에 초점을 맞출 것이다. 이 과정에서 나는 우리들 대부분에게 매우 친숙한 것을 설명하려고 할 것이다. 교회가 이런 과거의 패러다임을 노골적으로 가르쳤던지 아니면 은연중에 가르쳤던지 간에, 이것은 최근까지 교회 안에서 성장한 사람들이 갖게 된 인상이기 때문이다.

과거의 패러다임은 성서를 하나님께서 만드신 것으로 본다. 과거의 패러다임에서는 성서가 다른 어느 책과는 달리 하나님에게서 비롯된 것이다. 성서는 하나님의 독특한 계시이다. 이런 믿음은 성서가 "하나님의 말씀"이며 "하나님의 영감(靈感, ir.spiration)을 받은 책"이라는 전통적인 기독교의 표현이 만들어낸 자연스러운 인상이다. 이런 믿음 때문에 성서는 "거룩한 책," 곧 하나님으로부터 온 책이다. 또한 이런 믿음 때문에 성서는 권위 있는 책이다. 즉 하나님께서 만드신 것으로서 하나님께서 보증하신 책이다. 따라서 거룩한 책으로서의 성서의 위상과 그 권위 모두는 하나님에게서 비롯되었다는 사실에 근거를 두고 있다.

이처럼 성서를 하나님께서 만드신 것으로 보며 하나님께서 보증하신 책으로 보는 입장에는, 보다 굳어진 형태와 보다 부드러운 형태가 있다. 보다 굳어진 형태는 성서무오설(聖書無誤說, biblical infallibility), 즉 성서 안에 있는 모든 말씀은 하나님의 직접적인 영감을 받은 결과라는 것을 주장한다. 성서가 무엇에 관해 말하든 간에, 예를 들어, 지구 행성의 기원과 초기 역사, 하나님, 예수, 윤리와 행동에 관해 말하는 것들은 모두가 "하나님의 진리"이다. 성서는 하나님께서 만물을 보시는 방식을 우리에게 말해준다. 결과적으로, 성서무오설이라는 굳어진 형태는 "성서가 하나님의 말씀(the Word of God)이다"라는 기독교의 주장을 "성서의 모든 말씀이 하나님의 말씀(the words of God)이다"로 이해한다. 영국의 종교학자 카렌 암스트롱의 탁월한 지적처럼, 이 입장은 성서를 일종의 거룩한 백과사전으로 간주하여 우리가 그 속에서 하나님에 관한 정보를 찾아볼 수 있는 것으로 생각한다.[8]

성서를 하나님께서 만드신 것으로 보는 입장의 보다 부드러운 형태는 성서 안에 들어 있는 모든 말이 틀림이 없다고 주장하지는 않는다. 오히려 하나님의 영이 성서 기자들을 인도하여, 예를 들어 우리들의 구원과 관련된 중요한 문제들에서는, 심각한 잘못을 저지르는 것을 막았다고 주장한다. 따라서 부드러운 형태는 성서 안에 전근대적인 (premodern) "과학"과 케케묵은 율법을 포함해서 고대의 세계관을 반영하는 것들이 들어 있다는 사실을 인정한다. 그러나 보다 굳어진 형태와 보다 부드러운 형태는 모두 성서가 하나님으로부터 온 것이기 때문에 진리라는 점에는 동의한다.9) 이처럼 성서가 어디에서 비롯된 것인가 하는 것과 그것이 진리라는 점은 함께 간다.

과거의 패러다임은 성서를 문자적으로 해석한다. 이 패러다임은 성서를 문자적으로 사실로(literal-factual) 해석하는 것을 강조한다. 내가 "문자적으로 사실로"라는 단어를 결합해서 사용한 것은 과거의 패러다임이 갖고 있는 문자주의는 대체로 성서의 사실성(factuality)에 관심을 갖기 때문이다.

성서무오설(biblical infallibility)과 성서문자주의(biblical literalism)는 보통 함께 가지만, 그 둘이 본래적으로 연결된 것은 아니다. 그 둘 사이에 필연적인 연관성은 없다는 말이다. 하나님께서는 시적인 언어나 은유, 신화를 통해서도 틀리지 않게 말씀하실 수 있기 때문이다. 우리

---

8) Karen Armstrong이 2002년 2월, 오리건 주 포틀랜드의 트리니티 성공회 교회에서 강연하면서 했던 말이다.

9) 가톨릭도 교황무오설에 대해 굳어진 형태와 더불어 부드러운 형태가 있다. 굳어진 형태는 교황의 모든 선언이 "틀릴 수 없는" 것으로 보려고 한다. 부드러운 형태(이것이 사실 올바른 입장이다)는 교황이 노골적으로 무오함을 밝힌 선언(*ex cathedra*)에만 국한시킨다. 교황무오의 교리가 1870년(매우 최근이다)에 확정되었기 때문에, 그런 선언은 하나밖에 없었다. 즉 1950년에 선포된 마리아의 직접 승천 선언이 그것이다. 보다 폭넓게 보면, 교황무오설의 부드러운 형태는 교회가 그 모든 잘못과 얼룩진 역사에도 불구하고 우리의 구원을 위협할 근본적인 잘못을 저지르지 않았다는 것을 주장한다.

가 하나님은 문자주의자여야만 한다고 생각할 이유는 없다. 그러나 지난 몇 백 년 동안에는 그 둘이 연결되어 있었다. 성서무오설 개념처럼, 성서문자주의 역시 현대 세계에서는 보다 굳어진 입장과 보다 부드러운 입장이 존재한다. 보다 굳어진 입장은, 예를 들어, 천지창조에 대한 창세기의 이야기와 극적인 사건들을 보도하는 성서 이야기들을 포함해서, 성서 전체를 문자적인 사실로 해석할 것을 주장한다.

문자주의의 보다 부드러운 형태는 성서 이야기들 전체를 문자적인 사실로 이해해야 하는 것은 아니라는 점을 기꺼이 인정하려고 한다. 예를 들어, 엿새 동안의 천지창조 이야기는 은유적인 것으로, 아마도 지질학적인 시대를 뜻하는 것으로 이해할 수 있으며, 큰 물고기 뱃속에서 사흘을 지낸 요나의 이야기는 사실적인 역사라기보다는 비유일 수 있다고 인정한다.

그러나 부드러운 문자주의는 성서에서 정말로 중요한 사건들은 다소간 성서에 묘사된 것대로 일어났다고 믿는다. 예를 들어, 출애굽할 당시에 히브리 노예들이 이집트인들로부터 도망치도록 하기 위해 바다가 실제로 둘로 갈라졌으며, 예수는 실제로 처녀에게서 태어났으며, 실제로 물 위를 걸었으며, 빵 몇 개로 수천 명을 먹였다고 믿는다. "극적인 사건들"의 이야기들은 굳어진 문자주의와 부드러운 문자주의 모두에게 매우 중요하다. 사실상 기독교 문자주의는 대체로 극적인 사건들에 대한 문자주의적인 해석이다. 과거의 패러다임에서는 "기적적인 사건들"이 기독교의 진리에 핵심적인 요소들이다.

성서문자주의는 또한 전형적으로 성서의 가르침의 절대성을 주장하는데, 교리적인 면과 윤리적인 면 모두에서 그렇다고 주장한다. 하나님의 뜻이 계시된 성서는 신앙과 윤리 모두를 위해 궁극적인 권위를 갖는다. 그렇기 때문에 성서는 하나님께서 우리가 무엇을 믿기를 원하시는지 하는 것과 우리가 어떻게 살기를 원하시는지 하는 것을 말해준다. 이런 관점에서 볼 때, 성서의 가르침을 절대적인 것이 아닌 무엇으로 간주하는 것은 "캐프테리아"식 기독교인, 즉 성서 안에서 우리가 좋아하는 믿음들과 윤리적 가르침들만을 "취사선택하는" 캐프테리아식 기독교인으로 만들 따름이다.

신조들을 중심적인 것으로 가르치는 교단들에 속한 과거의 패러다임의 기독교인들로서는 성서를 이런 방식으로 보는 것을 신조들에도 적용하는 것이 보통이다. 즉 그들은 신조들이 기독교의 본질적 교리들을 요약한 것으로 이해한다. 신조들은 분명히 은유적 언어들로 표현된 것임에도 불구하고 그들은 신조들을 흔히 문자적으로 이해하는데, 이것은 그 신조들을 고백하는 사람들이나 고백하지 못하는 사람들이나 마찬가지다. 과거의 패러다임에서는 기독교인이 된다는 것이 의심을 품지 않고 신조들을 고백하는 것, 혹은 신조들을 고백하는 가운데 어느 조항에서는 입술을 다물고 침묵을 지키지 않게 되는 것을 뜻한다. 기독교인이 된다는 것은 신조의 모든 조항들이 사실적으로 참되다고 믿는 것이다.

과거의 패러다임: 기독교인의 삶에 대한 비전

굳어진 형태이건 부드러운 형태이건 간에, 성서와 기독교 전통에 대한 과거의 패러다임은 기독교인의 삶을 보는 방식에서도 마찬가지로 영향을 미친다. 다음 세 가지 특징이 특별히 중요하다.

신앙은 믿는 것(believing)이 중심적이다. 그 이유는 분명하다. 성서와 전통을 바라보는 과거의 패러다임은 믿기 어렵기 때문에 신앙을 필요로 한다. 물론 신앙은 항상 기독교에서 중심적이었지만, 내가 2장에서 설명할 것처럼, 참된 것이라고 믿기 어려운 것을 믿는 것이 신앙이라고 강조하는 것은 현대의 산물, 곧 지난 몇 백 년 동안의 산물이다. 과거의 패러다임에서는 기독교인의 삶이 물론 믿는 것 이상이다. 그 믿음에 따라서 사는 것이 포함되어 있다. 그러나 믿는 것이 그 기초이다.

내세(afterlife)가 중심적이다. 과거의 패러다임에서는 내세가 그 약속과 동기 모두로서 중심적이다. 궁극적으로 내세 때문에 우리가 기독교인이 되어야만 하는 것이다. 내가 소년시절의 끝 무렵에 배웠던 과거의 패러다임의 형태에서는 천당에 대한 약속과 지옥에 대한 공포가 크게 부각되었다. 실제로, 만일 당신이 열두 살 먹은 나에게 내세가 없다고 확신시킬 수 있었다면, 나는 내가 왜 기독교인이 되어야만 하는가에 대한 이유를 찾지 못했을 것이다. 그만큼 내세는 중심적이었다. 과거의 패러다임은 또한 이생에서의 변화에 대해 말할 수 있으며, 특별히 더욱 사랑스러운 존재가 되는 것의 중요성을 말할 수도 있다. 그러나 궁극적으로 정말로 중요한 질문은 당신이 영원히 머물 곳은 어디인가 하는 질문이다.

기독교인의 삶은 요구되는 것들과 보상에 관한 것들이다. 과거의 패러다임에서는 기독교의 핵심을 차지하는 것이 요구되는 것들과 보상받을 것들의 관계이다. 가장 중요한 보상은 물론 내세의 축복이다. 요구되는 것들은 이처럼 내세에 대한 강조에서 직접 도출된다.

이 논리는 단순하며 어떤 사람들에게는 믿지 않을 수 없는 것이다. 즉 천당이라는 축복받은 내세가 있다면, 사람들이 무엇을 믿었던지 어떻게 살았던지 간에 누구나 천당에 간다는 것은 공평하지 않은 것처럼 보인다. 따라서 천당에 갈 사람과 가지 못할 사람들을 구분할 무엇인가가 반드시 있어야만 한다. 이중예정(double predestination)이라는 가르침, 곧 하나님께서 천당에 갈 사람과 지옥에 갈 사람을 각각 미리 예정해놓으셨다는 가르침을 믿지 않는 사람들로서는, 인간을 그처럼 두 종류로 구분하는 기준이 우리의 믿음이나 행동임에 틀림없다. 이런 상식적 결론은 기독교를 요구와 보상의 종교로 둔갑시킨다.

과거의 패러다임 안에서 살아가는 기독교인들에게는, (천당에 가기 위해) 최소한으로 요구되는 것이 우리가 기독교인이 되는 것이다. 성서는 "예수가 유일한 (구원의) 길"이라고 말하기 때문에, 그들은 기독교인이 아닌 사람들도 구원받을 수 있다는 것을 믿지 않는다. 그들 대부분은 기독교인이 된다는 것은 단순히 세례를 받는 것 이상을 뜻하는 것임에 틀림없다고 생각한다. 분명한 사실은 단순한 종교의식이 우리를 구원할 수는 없다는 사실이다.

그러므로 우리는 "훌륭한" 기독교인이 되어야만 한다. 훌륭한 기독교인이 무엇을 뜻하는가 하는 것은 다양하게 받아들여진다. 흔히 과거의 패러다임에서는 훌륭한 기독교인이 되는 것이 예수에 대한 핵심적인 주장들을 믿는 것을 뜻한다. 즉 예수는 하나님의 아들로서 동정녀에게서 태어나셨으며, 우리의 죄를 위해 죽으셨으며, 하나님께서 그를 죽은 자들 가운데서 육체적으로 다시 살리셨으며, 언젠가는 다시 오실 것임을 믿는 것을 뜻한다. 또한 성서의 윤리적 가르침에 따라 살려고 애쓰며, 우리가 잘못했을 때는 용서를 구하려고 하는 것을 뜻한다. 그것은 회개를 통해 하나님과 올바른 관계를 맺는 것을 뜻한다.

물론, 과거의 패러다임은 하나님의 은총과 자비와 사랑이라는 언어를 사용하지만, 그 내적인 논리는 기독교인이 되는 것을, 그에게 요구되는 것을 실행하는 삶과 그에 대한 보상으로 바꿔놓음으로써 은총의 개념을 훼손시킨다. 실제로 과거의 패러다임은 은총을 무효한 것으로 만드는데, 그 이유는 조건들(천당에 가기 위해 우리에게 요구되는 것들을 충실하게 이행해야만 보상받는다는 조건들)이 붙어 있는 은총은 더 이상 은총이 아니기 때문이다.

내가 이처럼 매우 간략한 형태로 설명한 성서와 기독교인의 삶에 대한 비전은 과거의 패러다임을 형성하는 "메타신학"이다. 그 요소들은 서로 얽혀 있다. 가장 단순하게 말하자면, 과거의 패러다임은 기독교인의 삶을 우리가 죽은 후에 구원받기 위해 현재 기독교를 믿는 것으로 이해한다. 이 패러다임은 성서를 하나님의 구원(축복받은 내세)의 메시지로 보며, 기독교인의 삶을 그 메시지를 믿고 그에 따라 살려고 애쓰는 것으로 이해한다. 믿는 것이 핵심적인 요구사항이다. 우리를 구원할 것은 바로 **믿음**(believing)이다.

현대의 산물: 현대성(modernity)은 기독교에 큰 영향을 미쳤다. 현대성이란 17세기 계몽주의 이후 서양의 문화사를 뜻하는데, 무엇보다 현대 과학과 과학적 사고방식의 탄생으로 특징지어진다. 계몽주의를 기초로 해서 현대성은 성서가 하나님에게서 비롯되었다는 것과 성서의 많은 부분이 문자적-사실적 진리라는 것에 대해 의문을 제기했다.

중요한 사실은 현대성을 받아들이고 통합시키려 했던 기독교 형태에 현대성이 영향을 미친 것만이 아니라, 현대성을 강하게 부정했던 기독교 형태에도 영향을 미쳤다는 점이다. 특별히 기독교의 과거의 패러다임은 현대성의 산물이다. 비록 과거의 패러다임이 많은 사람들에게, 곧 그 패러다임을 받아들이는 사람들과 거절하는 사람들을 포함하여 많은 사람들에게, 전통적인 기독교처럼 들리지만, 그 핵심적인 특징들은 지난 몇 백 년 동안의 산물이라는 사실을 깨닫는 것이 중요하다. 구체적으로 그 현대적 특징들을 지적하면 다음과 같다.

* 성서무오설이라는 개념은 1600년대에 처음 나타났으며, 일부 개신

교 신자들이 끈질기게 주장하게 된 것은 19세기와 20세기에 들어와서였다. 교황무오설은 1870년이 되어서야 비로소 나타났다.
* 성서에 대한 문자적–사실적 해석을 강조하는 것 역시 현대적인 것으로서, 계몽주의에 대한 반작용으로 나타난 것이다. 계몽주의 이전에는 대부분의 기독교인들에게 중요했던 것은 성서의 문자적인 의미가 아니라 "문자 이상의" 의미였는데, 이것에 관해서는 잠시 뒤에 좀더 자세하게 설명하겠다. 그러나 계몽주의는 대체적으로 진리를 사실성(factuality)과 같은 것으로 보았다. 오늘날 누군가 "그 이야기가 정말인가?" 하고 묻는다면, 우리는 그 질문자가 "그것이 사실인가? 실제로 그 일이 일어났는가?"를 묻는 것이라고 생각한다. 이처럼 진리와 사실성은 함께 간다. 따라서 과거의 패러다임에서는 성서의 진리를 수호하는 것은 성서의 문자적–사실적 진리를 수호하는 것임을 뜻했다.
* 기독교 신앙이 "믿음"을 뜻한다는 생각 역시 현대적인 생각으로서, 이 문제는 다음 장에서 자세하게 다루겠다.

이처럼 과거의 패러다임은 "기독교 전통"이 아니라, 기독교 전통을 이해하는 특수한 방식이며 비교적 최근의 방식으로서, 지난 몇 백 년 동안에 걸쳐 현대성과의 갈등에 의해 생겨난 방식이다. 기독교의 새로운 패러다임과 마찬가지로, 과거의 패러다임 역시 현대의 산물이다.

    나로서는 과거의 패러다임이 그다지 신빙성이 없다고 본다는 것을 굳이 감출 이유가 없기 때문에, 과거의 패러다임이 여러 세기 동안 수많은 기독교인들의 삶을 양육(養育)했다는 점을 강조하고 싶다. 하나님의 영은 그 패러다임을 통해서 활동하셨으며 지금도 활동하신다. 과거의 패러다임은 수많은 사람들에게 위로가 되었을 뿐만 아니라, 사랑과 자비의 삶을 창출했다. 이 사실에 관해서는 잠시 뒤에 좀더 설명하겠다. 지금으로서는, 이 패러다임의 비전이 우리 시대의 많은 사람들에게 신빙성을 상실했다는 사실만을 지적하겠다.

새로운 패러다임: 기독교 전통과 기독교인의 삶에 대한 그 비전

새로운 패러다임이 나타나기 시작한 것은 한 세기가 좀 지났다. 과거의 패러다임과 마찬가지로 새로운 패러다임의 핵심적 특징들 역시 계몽주의에 대한 응답이다. 이 새로운 패러다임에 대한 설명은 내가 하는 것이지만, 그 패러다임에 대한 비전을 갖게 된 것은 내가 아니다. 기독교를 이처럼 새로운 패러다임으로 보는 방식은 오늘날 신학교 교수들과 성서학자들 사이에 폭넓게 공유되고 있으며 점차 주요 교파들 안에서 성직자들과 평신도들 사이에서도 받아들여지고 있다. 나는 이처럼 잘 발전되어 왔으며 이미 존재하는 것에 대해 설명하고자 한다.

이 책의 나머지 부분 모두가 이 새로운 패러다임에 관한 것이기 때문에, 나는 여기서 이 새로운 패러다임이 성서와 기독교인의 삶에 대해 이해하는 방식을 간략하게 설명하기 위해, 다섯 개의 형용사를 사용하여 두 문장으로 설명할 것이다. 처음 세 개의 형용사는 성서(와 기독교 전통 전체)를 보는 방식을 설명하는 역사적(historical), 은유적(metaphorical), 성례전적(sacramental)이라는 형용사들이다. 다음 두 개의 형용사는 기독교인의 삶을 보는 방식을 설명하는 관계적(relational)이며 변혁적(transformational)이라는 형용사이다.

나는 특히 3장에서, 처음 세 개의 형용사를 사용한 의미를 좀더 자세하게 설명할 것이다. 잠시 후에 할 그 설명에 기대감을 갖도록 하기 위해, 성서(와 기독교 전통 전체)를 보는 방식으로서의 역사적, 은유적, 성례전적 방식이란 무엇인지 간략하게 설명하면 다음과 같다.

* 역사적: 새로운 패러다임에서는 성서가 고대 이스라엘과 초기 기독교 운동이라는 두 가지 옛 공동체의 역사적 산물이다. 성서는 우리에게 혹은 우리를 위해 쓰여진 것이 아니라, 그 성서를 만들어낸 고대의 공동체를 위해 쓰여진 것이다. 역사적 접근방식은 이 고대의 문서들을 그 고대의 역사적 맥락 속에서 해석해야 그 의미를 잘 드러내는 힘이 있다는 점을 강조한다.
* 은유적: 새로운 패러다임은 성서를 은유적으로 본다. 이 말은 성서의 "문자 이상"의 의미, "사실 이상"의 의미를 뜻한다. 이 패러다임은 성서 이야기들의 역사적 사실성에는 큰 관심을 두지 않지만, 그 의미에는 많은 관심을 기울인다. 예수의 출생과 부활 이야기들이 문자적으로 사실적인 이야기라기보다는 은유적인 이야기일 가능성이 있다고 해서 난처해하지 않는다. 이 패러다임이 묻는 방식은 이렇다. 즉 "그 사건이 그런 식으로 발생했던지 발생하지 않았던지 간에, 그 이야기가 말하고자 하는 것은 무엇인가? 그 이야기는 우리에게 무슨 의미가 있는가?"
* 성례전적: 새로운 패러다임은 성서를 성례전적으로 보는데, 이 말은 성서가 (세례와 성만찬과 같은 성례전처럼 - 옮긴이) 신성한 것을 매개할(mediate) 능력이 있다는 뜻이다. 성례전은 눈에 보이고 물질적인 것이지만 그것을 통해 거룩한 영이 우리에게 현존(現存, present)하게 된다. 성례전은 은총의 수단이며, 거룩한 영의 도구 혹은 그릇이다.

과거의 패러다임과 마찬가지로, 새로운 패러다임 역시 성서를 신성한 경전으로 보지만, 하나님이 만드신 것이기 때문에 신성하다고 보는 것은 아니다. 성서는 그 위상(status)과 기능(function)에서 신성하지만, 그 기원(origin)에서 신성한 것은 아니다. 새로운 패러다임의 요점은 성서와 기독교 전통을 믿는 것이 아니라, 그 성서와 기독교 전통, 곧 신성한 것의 은유와 성례전으로서, 거룩한 영이 오늘날에도 계속해서 우리에게 말씀하시는 수단으로서의 성서와 기독교 전통 안에서 살아가는 일이다.

새로운 패러다임은 기독교인의 삶을 관계와 변화된 삶으로 이해한다. 기독교인이 된다는 것은 내세(afterlife)에서 보상을 받기 위해 요구되는 것들을 충족시키는 것이 아니며, 굳이 믿는 것에 관한 것도 아니다. 오히려, 기독교인의 삶은 현재의 삶을 새롭게 변화시키는 하나님과의 관계에 관한 것이다. 기독교인이 된다는 것은 기독교를 믿는 것을 뜻하지 않고, 하나님과 관계를 맺는 것, 그리고 신성한 것의 은유와 성례전으로서의 기독교 전통 안에서 살아내는 것을 뜻한다.

새로운 패러다임의 또 다른 특징을 미리 살펴보자면, 종교다원주의를 주장한다는 점이다. 이 패러다임에서는 기독교가 세계의 위대한 종교들 가운데 하나이며, 우리의 특수한 문화적 흐름 속에서 하나님 체험에 대해 반응한 것이다. 그러나 기독교의 특수성은 잃어버리지 않는다. 내가 앞으로 특히 마지막 장에서 주장할 것이지만, 기독교 전통의 독특성의 가치를 주장하는 것은 매우 중요하다.

두 패러다임 사이의 차이점 요약

기독교에 대한 이 두 가지 입장이 이처럼 다르기 때문에, 이 두 가지 입장은 똑같은 성서와 똑같은 언어를 사용하면서도, 서로 다른 두 개의 종교를 만들어낼 지경이다. 두 패러다임이 함께 존재하는 우리 시대는 실질적으로 두 개의 기독교 이야기를 전하는 셈이다. 그 차이점들을 요약하면 다음 도표와 같다.

	과거의 패러다임	새로운 패러다임
성서의 기원	하나님이 만드신 것 신적 권위를 지닌 것	하나님에 대한 인간의 응답
성서 해석	문자적-사실적	역사적, 은유적
성서의 기능	교리와 윤리의 계시	은유적, 성례전적
기독교인의 삶 강조점	내세, 구원받기 위한 믿음과 행동	하나님과 관계를 통해 이생에서 삶의 변화

　기독교인이 되는 이 두 가지 방식은 흔히 서로에 대해 의심을 품거나 심지어 적개심을 나타내기도 한다. 과거의 패러다임 관점에서 보면, 새로운 패러다임은 기독교를 축소시킨 것이며 성서의 믿음을 모두 내팽개친 것처럼 보인다. 성서는 하나님이 만드신 것이라는 생각을 포기하는 것은 성서의 권위에 대해 의문을 제기하는 것처럼 보인다. 예수의 동정녀 탄생과 빈 무덤이 역사적 사실이든 아니든 별로 개의치 않는 태도는 예수의 신성과 기적을 일으킬 수 있는 하나님의 능력에 대해 의문을 제기하는 것처럼 보인다. 예수의 유일한 독특성과 구원을 얻기 위해서는 예수를 반드시 믿어야만 한다는 것을 내던지는 것은 기독교 자체에 대해 의문을 제기하는 것처럼 보인다. 도대체 이처럼 중요한 믿음들 가운데 어느 하나 혹은 모두를 내팽개치고도 여전히 기독

교인이라 할 수 있겠는가?

새로운 패러다임의 관점에서 보면, 과거의 패러다임은 반지성적(反知性的)이며 딱딱하게 (그러나 선택적으로) 도덕주의적인 것처럼 보인다. 성서문자주의를 고집하는 것은 말이 되지 않으며, 과학이 문자주의와 충돌할 때마다 과학을 거부하는 것 역시 말이 되지 않는다.10) 새로운 패러다임을 신봉하는 사람들은 특히 과거의 패러다임이 여성을 종속적인 신분으로 간주하며 동성애자들에 대해 부정적인 태도를 취하며, 사회정의의 문제보다는 보수적인 정치적 문제들에 사로잡혀 있는 것에 대해 답답해하며 견디기 힘들어한다. 과거의 패러다임은 연민과 정의보다는 개인적인 의로움을 강조하는 것처럼 보인다. 그리고 그 배타주의, 곧 다른 종교는 부적절하거나 틀렸다고 거부하는 태도는 받아들일 수 없다. 어떻게 하나님이 오직 한 종교를 통해서만 알려질 수 있으며, 더군다나 아마도 그 종교의 "옳은" 형태를 통해서만 알려질 수 있다는 말인가?11)

---

10) 역자주: 성서문자주의는 일종의 전통주의인 반면에, 새로운 패러다임은 수정주의라 할 수 있다. 성서를 비롯한 모든 종교전통은 새로운 시대적 과제를 해결하기 위해 전통을 창조적(수정주의적)으로 재구성하여 전통을 계승하는 과정이다. 전통주의에 따라 하나님의 보호하심을 굳게 믿었던 예언자들은 모두 거짓 예언자들로 판명된 반면에, 민족의 파멸을 초래할 하나님의 자유를 주장한 예언자들은 참 예언자들로 판명되었다. 예수 역시 모세 율법을 재구성한 수정주의자였으며("너희는 그렇게 들었으나 나는 …"), 예수를 죽이는 데 앞장섰던 제사장들과 율법학자들은 전통주의자/문자주의자/교리주의자들이었다.

11) 대학에서 내 수업을 듣는 학생들 가운데 약 절반은 교회 바깥에서 성장한 학생들인데 그들은 기독교에 대해 매우 부정적인 상투적 견해를 갖고 있다. 내가 그들에게 기독교에 대한 그들의 인상을 짧은 에세이로 써보라고 하면, 그들은 한결같이 다섯 개의 형용사를 사용한다. 기독교인들은 문자주의적이며, 반지성적이며, 자기-의로움에 사로잡혀 있으며, 남을 판단하기를 좋아하고, 독선적이라는 것이다. 그 이유는 그 학생들이 일차적으로 미국에서 가장 공개적으로 눈에 보이는 기독교 형태, 즉 기독교 라디오 방송과 텔레비전 방송에서 접할 수 있는 기독교 형태에 친숙하며, 동급생들 가운데 자신들을 기독교인으로 개종시

차이점들을 다리 놓는 작업

교회 안에 이런 분열이 존재한다는 것은 불행한 일이다. 기독교의 심장에 대한 이런 차이점들은 날카로우며, 이 책 마지막까지 우리가 그 차이점들과 대면할 것이다. 나는 기독교인이 되는 이 두 가지 방식을 흔히 대조적인 관점에서 보기 때문에, 그 격차를 다리 놓을 수 있는 길을 강조하는 것이 중요하다.

기독교의 다양성: 다리를 놓을 수 있는 하나의 요소는 기독교의 다양성을 인식하는 것이다. 역사적으로 또한 문화적으로, 기독교인이 되는 방식은 많이 있으며, 기독교를 해석하고 기독교인의 삶을 사는 방식도 많이 있다. 기독교인이 되는 방식이 오직 하나의 올바른 방식만 있다는 관념은 기독교 역사에 나타났던 다양한 형태들을 생각해볼 때 불가능한 관념이다.

기독교 예배에도 다양한 형식과 스타일이 있다. 한쪽에는 오순절 운동의 열광주의로부터 다른 쪽에는 퀘이커 교도들의 침묵예배까지 다양하다. 그 중간에는 성례전적이며 예전적인 예배 형태들이 있다. 분명한 사실은 이런 다양한 예배 형태 중에서 어느 것은 올바르고 다른 것은 틀린 것이 아니다. 단지 서로 다를 뿐이다.

우리는 또한 기독교의 다양성을 기독교가 택했던 다양한 문화적 형태 속에서 파악할 수도 있다. 이 사실에 대한 종합적인 설명은 아니지만 몇몇 사례를 살펴보자면, 기독교인이 되는 방식에는 2세기의 시

키려는 대학생 선교회 등의 보수적 기독교 형태, 그리고 정치적 우파에 가담하는 기독교인들의 행태를 통해 기독교에 대한 인상을 받기 때문이다. 간단히 말해서, 학생들이 접하게 되는 기독교는 과거의 패러다임 가운데 가장 극단적인 형태들이다.

리아 방식, 8세기 아일랜드 방식, 12세기 동방정교회 방식, 15세기 중국 방식, 19세기 스칸디나비아 농민들의 루터교 방식(나 자신의 유산)이 있다.

또한 신학적인 다양성도 있다. 그 차이점을 설명하지 않은 채 몇 가지 신학적 다양성을 나열하자면, 초기 기독교 시대로부터 아리우스 기독교와 아타나시우스의 기독교, (그리스도의) 단일 본성(신성) 기독교와 이중 본성 (신성과 인성) 기독교, 예정론 기독교와 비-예정론 기독교, 유아 세례 기독교와 성인 세례 기독교 등 다양했다. 기독교인들은 매우 다양하게 믿었다. 그러므로 기독교인이 되는 것은 우리의 믿음을 "올바르게" 하는 것에 관한 것일 수 없다. 비록 우리는 흔히 그렇게 행동하지만 말이다.

요점은 기독교를 이해하는 단 하나의 올바른 방식이 있는 것은 아니며, 기독교인이 되는 것도 단 하나의 올바른 방식이 있는 것이 아니라는 점이다. 물론 KKK 단과 백인 아리안 족의 국가를 세우려던 집단들처럼, 증오를 정당화하기 위해 기독교 언어를 사용하는 식으로 잘못된 기독교인 방식들도 있다. 그러나 기독교와 기독교인이 되는 것을 이해하는 방식에는 서로 다르며 적절한 많은 방식이 있다.

이것이 우리 시대에 과거의 패러다임과 새로운 패러다임 사이의 갈등을 생각하게 되는 상황이다. 이 두 패러다임 중에 어느 하나는 올바르고 다른 하나는 틀린 것이라는 것이 아니다. 두 패러다임 모두 기독교인이 되는 방식들이다.

두 패러다임이 공유하고 있는 것: 이 두 패러다임은 그 차이점에도 불구하고 핵심적인 확신들을 함께 공유하고 있다. 내가 설명한 것처럼 새로운 패러다임은 하나님의 실재, 성서의 중심적 위치, 예수의 중심적 위치, 예수 안에 나타난 하나님과의 관계의 중요성, 그리고 우리들(과 세계)이 변화를 필요로 한다는 점을 강하게 주장한다. 명백한 점은 이 모든 점들이 과거의 패러다임에서도 매우 중요하다는 사실이다.

두 패러다임이 공유하고 있는 한 요소를 강조하자면, 두 패러다임 모두가 기독교인의 삶의 관계적인(relational) 비전을 강조한다는 점이다. 비록 과거의 패러다임이 믿는 것을 강조하지만, 그 패러다임을 신봉하는 사람들은 전형적으로 하나님과 예수와 개인적인 관계를 맺는 것의 중요성을 강조한다. 물론 믿음은 그들에게 중요한 것으로 남아 있다. 왜냐하면 그들은 하나님과 예수와 맺은 개인적 관계가 관건이라고 믿기 때문이다. 그들로서는 믿는 것이 기독교인의 삶의 출발점이었다. 그러나 자신들의 삶에 활력을 주고 양육하는 것은 그 믿음들을 통해 맺어진 하나님과의 관계인 것이 분명한 것처럼 보인다. 과거의 패러다임이 기능을 발휘하는 이유는 그 패러다임이 신자들을 하나님과 예수와의 관계로 이끌기 때문이다.

과거의 패러다임은 깊은 경건과 신앙과 사랑의 삶을 양육해왔으며 지금도 계속 양육하고 있다. 하나님의 거룩한 영은 그 패러다임을 통해 활동할 수 있으며 활동하신다. 수세기 동안 그래왔으며 지금도 그렇다. 과거의 패러다임이 하나님의 실재와 은총에 대한 강력한 느낌으로 이끌고, 예수를 따르는 생활로 이끌며, 자비와 정의를 위한 열정으로 가득찬 생활로 이끌 때, 우리가 할 수 있는 말은 "주님을 찬양합니다"라는 말뿐이다.

그러나 많은 사람들에게는, 과거의 패러다임에서 그토록 중요한 믿음들은 많은 비난을 받고 있다. 특히 북아메리카와 유럽에서 수백만 명의 사람들에게 과거의 패러다임은 장애물이 되었다. 따라서 성서와 기독교인의 삶을 보는 과거의 방식은 기독교를 이해하는 하나의 방식일 뿐이며 현대의 방식이라는 점을 깨닫는 것이 중요하다. 성서와 기독교 전통을 다르게 이해하는 방식을 통해서도 하나님과의 깊은 관계가 양육될 수 있다.

따라서 문제는 기독교를 이해하는 두 가지 패러다임 가운데 어느 하나는 올바르고 다른 하나는 틀린 것이라는 말이 아니다. 오히려 문제가 되는 것은 기능성으로서, 그 패러다임이 "작동하는가" 아니면 "방해가 되는가" 하는 문제다. 수백만 명의 신자들에게는 과거의 패러다임이 아직도 그 기능을 발휘한다. 그리고 만일 과거의 패러다임이 당신에게 그 기능을 발휘한다면, 만일 그 파러다임이 장애물이 되지 않고 진정으로 당신의 삶을 하나님과 더불어 살도록 양육하며 당신 안에서 함께 아파하는 마음을 더욱 키워준다면, 당신은 패러다임을 바꿀 이유가 없다. 기독교인이 되는 것은 우리의 믿음(혹은 우리의 패러다임)을 "올바르게" 만드는 것에 관한 것이 아니기 때문이다.

그러나 또 다른 수백만 명의 사람들에게는 과거의 패러다임이 더 이상 기능을 발휘하지 못한다. 그들에게 설득력이 없는 과거의 패러다임은 걸림돌이 되어버렸다. 문자주의자나 배타주의자가 될 수 없는 사람들에게 기독교 메시지는 무엇이며 기독교의 복음은 무엇인가? 우리는 그들에게 무슨 말을 해줄 수 있는가? 중요한 의미에서 이것은 전도의 문제이다.[12] 이들 수백만 명의 사람들에게 새로운 패러다임은 기독교와 기독교인의 삶을 진지하게 생각할 수 있는 길을 열어준다.[13]

---

12) 역자주: "한국인의 종교 보고서"(2015년, 한국갤럽)에 따르면, 20대 종교인 비율은 10년 전 45%에서 31%로 14% 포인트, 30대 종교인 비율은 49%에서 38%로 11% 포인트 감소했다. 기독교윤리실천운동이 2013년에 조사한 결과에 따르면, 가장 신뢰하는 종교는 가톨릭(29.2%), 불교(28.0%), 개신교(21.3%) 순이었다. 한국교회 최우선 과제는 '타종교에 대한 태도'(24.6%), '불투명한 재정 사용'(22.8%), '교회 지도자들'(21.0%)로 나타났고, 교회 지도자들이 개선해야 할 점은 '언행불일치'(14.2%), '신앙을 핑계로 부를 축적하는 것'(13.9%), '모범이 되지 않는 삶'(13.3%), '도덕적 윤리적 문제'(12.7%) 등이었다.

결론: 끝나지 않는 대화

기독교의 심장을 알아듣기 쉽게 설명하는 작업에는 "주어진 것"(given)과 상황(context)이 관련되어 있다. "주어진 것"은 기독교 전통 자체로서, 성서, 하나님, 예수, 신조, 종교의례 등이다. 우리는 이것을 과거로부터 물려받는다. 상황은 문화적 상황으로서, 우리가 살고 있는 시대와 장소이며 그 상황 때문에 우리가 오늘날의 우리가 된 상황을 말한다. 기독교 신학의 과제는 "주어진 것," 즉 우리가 물려받은 전통을 현재의 문화적 상황 속에서 해석하는 것이다. 신학의 과제는 언제나 그랬다.14)

---

13) 역자주: "신앙이 '**믿는**' 방식이 아니라 '**살아가는**' 방식이라는 것을 회복하지 못한다면, 육신을 입고 나타난 하나님의 심장으로서의 예수의 복음은 말라버리고 사라질 것이다." 로빈 마이어스, 『예수를 교회로부터 구출하라』 p. 61.

14) 역자주: 기독교 전통을 문화적 상황 속에서 해석하는 과제에서 서로 상반되는 입장으로 나뉘게 되는 이유는 그 해석과정에 가장 큰 영향을 끼치는 것이 개인의 삶의 경험(특히 자신이 속한 교회 전통의 교육)과 세계관의 차이(특히 계급의식) 때문일 것이다. 문화적 상황만이 아니라 경제적 관계(물질적 토대)도 큰 영향을 끼친다. 보수 신앙을 가진 이들은 대부분 정치적 보수주의자들이다. 예컨대, 세계의 소득분배구조(10:90의 세계)와 생태계 파괴로 인한 대멸종을 보는 방식에서 상반된다. 미국의 대표적인 감리교 신학자 존 캅은 기독교 영성이 초자연주의, 개인주의, 내면성에 사로잡히도록 만들며, 전능하신 하나님이 개입하여 문제를 해결해주실 것을 믿음으로써 지구의 절박한 위기를 외면하게 만든다는 점에서 "영적인 파산"을 지적한다. "사람들이 떼죽음 당하는 현실에서 어떻게 생명의 하나님을 찬양할 것인가?" 하는 질문은 하나님의 계속적 창조와 혁명적 구원 역사를 믿는 기독교인들이 오랜 세월 씨름한 질문이다. 지배체제의 억압과 착취에 맞섰던 히브리 예언자들과 예수와 바울의 전통을 이어, 이레니우스는 "하나님의 영광은 사람들이 살아가는 것"이라고 말했으며, 오스카 로메로 대주교는 "하나님의 영광은 가난한 사람들이 살아가는 것"이라고 말했다. 신학은 그만큼 억울하게 죽는 이들과 억압받는 이들이 많은 세계 속에서 기독교 전통을 재해석하는 과제를 안고 있다. Ulrich Duchrow & Franz Hinkelammert, *Transcending Greedy Money* (New York, NY: Palgrave Macmillan, 2012), p. 62.

물론, "주어진 것"은 단순히 현재에 순응될 수 있는 것이 아니다. 그것은 그 자체의 목소리를 내도록 해야만 한다. 그러나 "주어진 것"은 때때로 변화된 문화적 상황에 대해 말할 수 있도록 다시 형성되어야만 한다. 이런 일은 기독교 역사에서 많이 일어났다. 하나님은 어제나 오늘이나 내일이나 똑같을 수 있거나 똑같지 않을 수도 있지만, 우리가 하나님에 관해 말하는 문화적 상황은 항상 변한다.

대체적으로 말해서, 기독교 전통은 언어로 구성되어 있다. 물론 기독교 전통에는 종교의례들과 예배가 포함되지만, 이것들 역시 일종의 언어이다. 핵심적인 질문은 이처럼 과거로부터 우리에게 주어진 이 언어를 우리가 어떻게 이해해야 하는가 하는 질문이다.

따라서 기독교의 심장을 분별하는 것은 으리로 하여금 "끝나지 않는 대화"에 참여하도록 만든다. 나는 이 은유적 표현을 케네스 버크(Kenneth Burke)로부터 빌려왔는데, 그는 20세기 대부분에 걸쳐 살았던 미국의 지성인이다. 버크는 주로 언어와 문화, 그리고 그 둘 사이의 관계, 즉 언어에 의해 문화가 창조되는 방식에 관해 글을 썼다. 역사는 버크가 "역사의 드라마"라고 부르는 것으로서, 언어를 통해 문화와 공동체를 창조하고 재창조하는 것에 관한 것이다. 역사는 그가 "끝나지 않는 대화"라 부른 것의 산물이다.

역사의 드라마는 어디에서 그 재료를 얻는가? "끝나지 않는 대화"로부터인데, 그것은 우리가 태어난 시점부터 계속되는 것이다. 당신이 응접실에 들어가는 것을 상상해 보라. 당신은 늦게 도착했다. 당신이 도착했을 때 다른 사람들은 당신보다 앞서서 오랫동안 열띤 토론을 벌이고 있는데, 그들로서는 너무 열띤 토론이라서 당신에게 그 정확한 내용을 말해주기 위해 잠시 쉴 틈도 없다. 사실상, 그 토론은 그들이 그곳에 도착하기 오래 전부터 이미 시작되었기 때문에, 그곳에 있는 아무도 그 토론이 어떤 단계를 거쳐왔는지를 모두 말해줄 수가 없다. 당신은 잠시 귀를 기울이다가 당신이 참견한다. 누군가 당신에게 대답을 하면, 당신이 그에게 대답을 하고, 또 다른 누군가 당신을 옹호하면, 또 한 사람이 당신에 맞서, 당신의 반대자를 당혹스럽게 만들거나 그를 만족시키거나 하는데, 당신과 같은 편 사람이 당신에게 어떤 도움을 주었는지에 달려 있다. 그러나 그 토론은 끝날 수 없다. 시간이 늦어져 당신은 떠나야만 한다. 그리고 당신이 떠나도 그 토론은 여전히 활기차게 진행된다.15)

마찬가지로 기독교인이 되는 것은 우리로 하여금 성서, 기독교 전통, 그리고 서로에 대해 끝나지 않는 대화에 참여하는 것이다.

물론 기독교인이 되는 것은 단순히 "대화"하는 것 이상이다. 다른 전통들은 때때로 우리들을 가리켜 불쌍하게 "말만 많이 하는" 기독교인이라고 부른다. 언제나 우리의 "교리들"이 올바른 것이라고 떠들고 있다는 말이다. 기독교인으로 살아가는 것은 단순히 "말"하는 것만이 아니라 우리의 삶을 변화시키는 것과 관련되어 있다. 또한 기독교의 심장을 분별하는 일과도 관련되어 있는데, 그것을 분별하기 위해서는 우리가 끝없는 대화를 해야 한다. 우리 시대의 많은 대화들은 과거의 패러다임과 새로운 패러다임 사이에 벌어진다. 우리의 과제는 기독교인으로 살아간다는 것이 무엇을 뜻하는지에 대해 계속해서 구성해 나가는 것이다.16)

---

15) Kenneth Burke, *The Philosophy of Literary Form*, 3rd ed. (Berkeley: University of California Press, 1973; originally published in 1941), pp. 110-11.
16) 역자주: 독일의 나치 정권, 한국전쟁 당시 서북청년단, 남미의 독재정권 치하에서, 학살에 앞장섰던 사람들 거의 모두가 세례를 받은 기독교인들이었다. 참조, 시몬 비젠탈, 박중서 역, 『해바라기』 (뜨인돌, 2005).

제1부

기독교의 전통 새로 보기

2장

신앙: 심장의 길

최근에 비행기를 타고 여행하던 중에 옆에 앉았던 여인이 나에게 말하기를 "저는 기독교에 대해 관심을 갖고 있는 것보다는 불교와 수피교에 대해 훨씬 더 많은 관심을 갖고 있습니다"라고 했다. 내가 왜 그러냐고 묻자, 그 여인은 "불교와 수피교는 삶의 방식(a way of life)에 관한 것인 반면에 기독교는 온통 믿는 것(believing)에 관한 것이기 때문입니다"라고 대답했다. 그 여인은 계속해서 "저는 영적인 좁은 길을 알고 있으며 그 길을 따르는 것이 훨씬 중요하지, 믿음의 조항들(beliefs)이란 그것만큼 중요하다고는 생각하지 않습니다"라고 말했다.

나는 비록 속으로 그 여인의 말에 전적으로 동의하지는 않았지만 그 말뜻을 이해할 수 있었다. 내가 동의하지 않은 부분에 대해 말하자면, 기독교는 삶의 방식이며 오솔길로서 기득교가 처음 시작될 때부터 그랬다는 사실이다. 예수 자신의 가르침의 중심에는 "길" 혹은 "좁은 길"이 자리잡고 있으며, 초기 기독교 운동에 대해 제일 처음 붙여진 이름은 "길"(the Way)이었다. 실제로 기독교를 "길"로 보는 것은 새로운 패러다임의 중심적인 특징 가운데 하나이다.

그러나 그 여인의 말은 현대 서양 기독교에서 "신앙"(faith)이라는 단어에 대한 가장 일반적인 이해를 보여준다. 즉 신앙이란 특정한 "믿음의 조항들"(beliefs)을 갖는 것, 즉 성서의 가르침으로 정리되었든 아니면 교리나 도그마로 정리가 되었든 간에 특정한 선언들이 참되다고 "믿는 것"을 신앙으로 이해한다는 말이다. 실제로 신앙을 이렇게 이해하는 것이 과거의 패러다임에서는 핵심적이다. 오늘날 교회 안에서든 밖에서든 대부분의 사람들은, 기독교 신앙이란 특정한 기독교적 믿음의 조항들이 참되다고 믿는 것을 뜻하는 것이라고 당연하게 생각한다.

이처럼 많은 사람들이 신앙을 "믿음의 조항들"로 이해하는 데에는 여러 이유가 있다. 나는 여기서 오늘날 기독교 안에서 믿는 것과 믿음이라는 단어가 얼마나 일반적으로 사용되는가 하는 사실만 단지 강조하고 싶다. 즉 기독교 신앙은 하나님이 계시다는 것을 믿는 것이며, 성서가 하나님의 계시라는 것을 믿는 것이며, 예수는 하나님의 아들이며 우리의 죄를 위해 죽으셨다는 것을 믿는 것을 뜻한다.[1]

어떤 기독교인들에게는 믿음의 조항들이 좀더 많을 것이다. 즉 성서는 틀림없는 하나님의 말씀이라는 것을 믿는 것이며, 진화보다는 창세기(창조)를 믿는 것이며, 예수가 동정녀에게서 태어났다는 것을 믿는 것이며, 예수는 물 위를 걸으셨고 죽은 사람들을 다시 살리셨으며, 예수 자신도 죽었다가 육체적인 몸의 형태로 부활했으며, 언젠가는 다시 오실 것임을 믿는 것이 기독교인의 믿음의 조항들에 포함될 것이다. 때로는 그 믿음이 매우 구체적인 것이 된다. 즉 성인세례 대신에 유아세례를(혹은 반대로) 믿는 것, "휴거"를 믿거나 연옥을 믿는 것(혹은 믿지 않는 것)이 된다. "올바른" 믿음의 조항들을 주장하는 것은 많은 기독교인들에게 관건이 되고 있다.

---

1) 역자주: "산상설교에는 무엇을 믿을 것인가에 관해서는 단 한마디도 없고 무엇을 할 것인가에 관한 말씀들뿐인데, 4세기의 니케아 신조에서는 무엇을 할 것인가에 관한 말은 단 한마디도 없고, 오직 무엇을 믿을 것인가에 관한 말들뿐이다." 로빈 마이어스, 『언더그라운드 교회』(한국기독교연구소, 2013), p. 43.

그러나 이처럼 믿음의 조항들이 많거나 적거나 간에, 기독교 신앙이 이런 몇 가지 주장들이 참되다고 믿는 것이라는 생각은 매우 폭넓게 퍼져 있다. 실제로 영국에서는 "믿는 사람"이라는 말은 "기독교인"이라는 말의 동의어로 사용된다. 즉 "당신은 믿는 사람입니까?"라는 말은 "당신은 기독교인입니까?"라는 뜻이다.

이처럼 "믿는 행위"와 "믿음의 조항들"에 사로잡혀 있는 것은 매우 중요한 결과를 초래한다. 즉 이런 태도는 기독교 신앙을 "머리의 문제"(head matter)로 만들어버린다는 말이다. 즉 신앙은 일차적으로 "당신의 머리 속의 믿음"의 문제가 되어버린다. 당신이 그 올바른 주장들이 참되다고 믿는가 아닌가 하는 문제가 되어버린다는 말이다.

그러나 기독교인이 된다는 것이 기독교에 대해 "믿는 것"이며 또한 신앙이란 "믿음의 조항들"에 관한 것이라는 두 가지 생각은, 우리가 곧 살펴보겠지만, 지난 몇 백 년 동안에 발전된 생각이다. 따라서 현대 이전 시대에는, "신앙"을 머리의 문제가 아니라 가슴 곧 심장(heart)의 문제로 이해했던 것이 가장 일반적인 의미였다. 성서와 기독교 전통에서는 "심장"이 자기의 깊은 차원을 가리키는 은유로서, 우리의 사고, 느낌, 의지, 곧 우리의 지성, 정서, 결단보다 아래에 있는 차원을 가리키는 은유이다. 따라서 심장은 우리의 "두뇌"보다 깊으며, 우리의 의식적인 자기(self)와 우리가 두뇌에 갖고 있는 생각들보다 깊다.[2] 신앙은 자기의 이 깊은 차원에 관한 것이다. 신앙은 심장의 길이지, 두뇌의 길이 아니다.

따라서 신앙을 특정한 주장들을 믿는 것과 실질적으로 똑같은 것으로 간주하는 것은 "신앙"(faith)이라는 말을 몹시 메마르게 만드는 것

---

[2] 가슴(heart)이라는 은유에 대한 보다 자세한 내용은 8장을 참조하라.

이다. 신앙을 "믿음의 조항들"(beliefs)로 간주하는 것은 신앙의 다른 의미들을 가리는 것일 뿐만 아니라 신앙 자체의 의미를 왜곡시키는 것이다. 기독교의 심장을 보기 위해서는 신앙의 풍부한 의미를 회복할 필요가 있는데, 이것이 회복되면 신앙에 대해 관계를 맺는(relational) 관점에서 이해하며, 기독교를 "길," 즉 심장의 길(the way of the heart)로 이해하게 된다.3)

신앙의 중심성

신앙은 기독교의 심장이다. 신앙이 중심이 되는 것은 신약성서에까지 거슬러 올라간다. 신약성서의 27권의 책 가운데 단 두 권을 제외하고는 "신앙"이라는 명사를 사용하거나 "믿는다"는 동사를 사용하고 있다.4)

---

3) 역자주: 신앙을 "관계를 맺는 관점"에서 "심장의 길"로 이해하는 것은 이제까지 기독교가 선교라는 이름으로 자행한 폭력들, 특히 십자군전쟁과 종교전쟁, 마녀사냥과 종교재판뿐 아니라 여성, 유대인, 유색인종에 대한 억압과 학살을 생각할 때 그 중요성을 알 수 있다. 미국의 대표적인 감리교 신학자 존 캅 교수는 은퇴 기념강연에서 그리스도가 어떻게 많은 이들과 동식물들에게 "나쁜 소식"이었는지를 지적했다(*Can Christ Become Good News Again?*, 1991). 존 힉은 "기독교의 우월 콤플렉스는 서구 제국주의의 약탈을 뒷받침해주고 재가해주었다"고 비판하며, 포로수용소에서 기독교인들의 비열한 행태를 직접 경험한 랭던 길키는 "오늘날 기독교 신앙은 도덕적으로 가장 비난받을 만한 것이며, 가장 제국주의적이며, 비영성적이며, 실제로 윤리적이라고는 거의 말할 수 없는 신앙이 되어버렸다"고 비판한다. *The Myth of Christian Uniqueness*, ed. John Hick and Paul Knitter (1986), pp. 18-19, 40. 이처럼 종교가 흔히 에고(ego)를 팽창시키고 자신의 그림자를 외면한 채 타인들에게 투사시켜, 위선적/바리새적이며 폭력적인 신자들로 만들기 십상이라는 지적은 리처드 로어, 『불멸의 다이아몬드』(2015)를 보라. 참조, 랭던 길키, 『산동 수용소』(새물결플러스, 2014).
4) 그 예외가 되는 두 권은 요한 2서와 요한 3서로서, 신약성서에서 가장 짧은 책

더군다나 신약성서는 신앙에 대해 결정적인 중요성을 부여한다. 예수는 종종 신앙에 대해 말씀하셨는데, "너의 신앙이 너를 낫게 했다"와 같은 말씀을 하셨다. 바울에게는 우리가 "의롭게 되는 것," 즉 우리가 하나님과 올바른 관계를 맺게 되는 것이 "신앙을 통한 은총에 의해서" 그렇게 되는 것이다. 히브리서 기자는 신앙에 의해서 자신들의 삶을 살아냈던 신앙의 영웅들을 칭찬하면서, "우리 선조들은 신앙으로 살았기 때문에 인정을 받았습니다."라고 말한 후에 이어서, 아벨로부터 시작하는 긴 설명이 이어지는데 "신앙에 의해선 아벨은 …, 신앙에 의해서 노아는 …, 신앙에 의해서 아브라함은 …"라고 말한 후에 모세와 이름 없는 사람들을 거쳐, "우리의 신앙의 창시자요 완성자"(히 12:2)인 예수에서 그 절정에 이른다.

아마도 가장 잘 알려진 성서 구절은 믿음의 중요성을 강조한다. 요한복음 3:16을 내가 어려서 배운 흠정역(KJV) 성서의 여성차별적 언어로 인용하자면, "하나님이 세상을 이처럼 사랑하사 독생자를 주셨으니, 이는 그(him)를 믿는 자마다 멸망치 않고 영생을 얻게 하려 하심이라"이다. 내가 어린 시절 교회에서는 매 주일마다 선포되는 '용서의 말씀'의 마지막에는 "믿고 세례를 받은 사람(he)은 구원을 받을 것이다"라는 말이 포함되었다.

모든 기독교인들에게 신앙이 중요하지만, 특별히 개신교인들에게 중요한 이유는 16세기 개신교 종교개혁에서 "신앙"이 중심적이었기 때문이다. 바울에 근거해서 종교개혁은 "신앙을 통해 은총에 의한 칭의(의인)"(justification by grace through faith), 흔히 줄여서 "이신칭의"(以信稱義)를 강조했다. 이와 똑같은 생각이 "우리는 행위가 아니라 신앙에 의해서 구원받은 것이다"라는 말씀으로 표현되었다(엡 2:8-9).

들이다.

신앙의 네 가지 의미

　이처럼 신앙은 기독교인의 삶에서 극히 중심적인 자리를 차지하고 있다. 그러나 신앙이란 무엇을 뜻하는가? 기독교 역사에서 신앙은 네 가지 중요한 의미를 갖고 있다. 첫 번째 의미는 "두뇌의 문제"로서의 신앙에 가장 가까운 것이다. 나머지 세 가지는 모두 신앙을 "심장의 문제"로 이해하는 것들이다. 내가 이 네 가지 의미를 설명할 때, 나는 그 각각의 의미를 영어로 표현할 뿐만 아니라 라틴어 명칭으로 부름으로써, 그 고전적 의미를 밝히려 한다. 그리고 그 각각의 의미를 비교적 간략하게 설명하고, 그 각각의 의미와 반대되는 의미를 설명하려 하는데, 흔히 한 단어의 반대적 의미를 살피는 것이 그 단어를 이해하는 데 많은 도움을 주기 때문이다.

동의로서의 신앙(faith as *assensus*)

　라틴어 '아센수스'(*assensus*)의 뜻은 '동의'(同意)로서 그에 가장 가까운 영어 단어는 assent이다. 이것은 믿음 조항으로서의 신앙(faith as belief), 곧 어떤 명제에 대해 지적으로 동의하는 것으로서, 어떤 주장이나 선언이 참되다고 믿는 것을 뜻한다. 때때로 신앙에 대한 명제적 이해라고 불리는 이런 신앙 이해는 오늘날 교회 안과 밖에서 신앙에 대한 가장 일반적인 의미이다.

　그러나 이런 관념, 즉 기독교 신앙이 일차적으로 '동의'에 관한 것, 믿음의 조항에 관한 것, "두뇌" 문제에 관한 것이라는 관념은 내가 앞에서 간략하게 언급한 것처럼 최근의 관념이다. 어떻게 이런 관념이 생기게 되었는지를 살피는 것은 우리의 이해에 많은 도움이 될 것이다. 다음 두 가지의 발전이 현대 서구 기독교에서 이런 관념이 지배하게 된 이유를 설명해준다.

첫째는 개신교 종교개혁인데, 이것은 신앙을 강조했을 뿐만 아니라 수많은 새로운 교파들을 만들어내기도 했다. 그 각각의 교파들은 자신들이 "믿는 것," 곧 자신들의 독특한 교리나 신앙고백을 통해 스스로를 다른 개신교 교파들로부터 구별하였다. 즉 루터교인들은 x를 믿고, 장로교인들은 y를 믿고, 침례교인들은 z를 믿는 식이었다. 로마 가톨릭 역시 이들 개신교 교파를 따라서, 자신들이 믿는 것과 개신교 신자들이 믿는 것을 비교해서 스스로를 구별시켰다. 따라서 기독교 신앙은 (서로 다른 교파들의 믿음 조항들 가운데) 올바른 것을 믿는 것, 즉 "틀린" 믿음 조항들이 아니라 "올바른" 믿음 조항들을 갖는 것의 문제가 되어버렸다.

이런 발전으로 인해서 "정통"(orthodoxy)이라는 말의 뜻이 바뀌게 되었다. 16세기와 17세기 이전에는 정통이 "올바른 예배" 혹은 "정확한 예배"를 가리켰다. 만일 당신이 올바른 여전(liturgy)에 참여하며 신앙생활을 바르게 한다면 당신은 정통이었다. 그러나 종교개혁 이후에는 정통이 "올바른 믿음" 혹은 "정확한 믿음"을 뜻하게 되었다. 신앙은 "올바른 것을 믿는 것"을 뜻하게 된 것이다.[5]

두 번째 발전은 17세기에 현대 과학이 탄생하고 계몽주의를 통해 과학적인 사고방식이 생겨난 것이다. 계몽주의는 현대 서구 문화를 속속들이 형성했다. 그 영향력 가운데 두 가지가 우리가 다루는 문제와 관련하여 매우 중요하다. 첫째로, 1장에서 언급한 것처럼, 계몽주의는

---

5) Aidan Kavanaugh, *On Liturgical Theology* (New York: Pueblo, 1984), pp. 81-95.

진리를 사실성과 똑같은 것으로 동일시했다. 즉 진리는 사실로서 검증될 수 있는 것이다. 현대 서구 문화는 인류 역사에서 이런 동일시를 한 유일한 문화이다. 둘째로, 계몽주의는 성서와 기독교의 수많은 전통적 가르침들의 사실성에 대해 의문을 제기했다.

이런 발전이 "신앙"과 "믿는다"는 말의 의미에 끼친 영향은 엄청난 것이었다. 많은 사람들에게 기독교 신앙은 의문스러운 것들을 참되다고 믿는 것을 뜻하는 말이 되기 시작했다. 즉 "의심스럽게 된" 주장들을 진리라고 주장하는 것에 대해 동의하는 것이 신앙이 되어버렸다는 말이다. 현대 미국의 한 사전에 따르면, 바로 이것이 "믿음"에 대해 오늘날 가장 일반적인 이해이다. 그 사전이 "믿음"에 대해 첫째로 정의한 것은 "하나의 의견이나 확신"이다. 그리고 예를 들어 "지구가 평평하다는 믿음"처럼 잘못된 믿음을 사례로 들고 있다.6) 믿음은 증거와 상반되는 관념, 곧 합리적인 사람들이 알고 있는 것과 모순되는 관념을 믿는 것에 관한 것이라는 말이다.

믿음에 대한 이런 이해는 나의 학생들 사이에서도 발견되곤 한다. 내가 학생들에게 "'믿는다'는 말의 의미가 무엇이라고 이해하는가? 당신들은 언제 '믿는다'는 말을 사용하는가?" 하고 물어보면, 가장 흔한 대답은 "우리가 확신하지 못할 때, 혹은 우리가 알지 못할 때"라고 대답한다. 즉 우리가 알고 있는 것들이 있는 반면에, 우리가 확신하지 못하고 오직 믿을 수만 있는 것들도 있다는 식이다. 믿는 것과 아는 것은 이처럼 대조를 이루고 있다. 신앙은 우리의 지식이 부족할 때 의존하는 것이다. 좀더 강하게 표현하자면, 신앙은 우리의 믿음과 지식이 충

---

6) *Random House Dictionary*, 1966. Wilfred Cantwell Smith, *Belief and History* (Charlottesville, VA: University Press of Virginia, 1977), 65에서 인용함. 나는 이 책과 그의 역작 *Faith and Belief: The Difference Between Them* (Oxford: Oneworld, 1998, 초판 1979)에 크게 빚을 졌다.

돌할 때 우리가 필요로 하는 것으로 이해되고 있다.

이처럼 오늘날 많은 사람들에게 신앙을 (지적인) '동의'로 이해하는 것이 일반적인 이해가 된 이유는 바로 기독교의 핵심적 주장들이 의문스러운 것들이 되었기 때문이다. 오늘날 많은 사람들에게 신앙은 믿기 어려움에도 불구하고 믿는 것, 다르게 생각할 이유들이 있을 때조차 믿는 것을 뜻한다. 신앙은 "믿을 수 없는" 것을 참되다고 믿는 것을 뜻한다.

이것은 현대 이전 시대에 '동의'로서의 신앙(faith as *assensus*)이 뜻했던 것과는 매우 다르다. 잠시 중세 기독교 유럽에서 '동의'가 뜻했던 바를 상상해 보자. 당시에 대부분의 사람들은 기독교와 성서의 진리를 당연한 것으로 간주했다. 이것이 당시의 인습적인 지혜였다. 기독교와 과학 사이에는 충돌이 없었다. 이런 마당에서는 '동의'로서의 신앙이 (지적으로) 힘들지 않은 것이었고, 따라서 그 강조점은 신앙의 다른 의미에 있었는데, 이 다른 의미에 대해서는 곧 설명할 것이다. 실제로 당시에는 "신앙"이라는 말의 가장 일반적인 혼대적 의미에서 만물의 존재 방식에 대한 기독교적 비전을 받아들이는 것은 신앙을 필요로 하지 않았다. 그러나 오늘날에는 '동의'로서의 신앙은 많은 (지적인) 노력이 필요한 것이 되어버렸다.

'동의'로서의 신앙에 반대되는 것은 좀더 순한 형태와 좀더 강한 형태가 있다. 좀더 순한 형태는 의심(doubt)이며, 좀더 강한 형태는 불신앙(disbelief)이다. 만일 당신이 의심을 한다면, 신앙이 적은 것이다. 그리고 불신앙은 신앙이 없는 것이다. 만일 하나님께서 우리에게 원하시는 것이 "믿음"이라고 생각한다면, 의심과 불신앙은 죄가 되는 것으로 경험된다. 내가 청소년 시절에 그랬다. 나는 나의 의심들과 그 의심에서 싹트는 불신앙을 죄로 체험했으며, 용서해달라고 기도했다. 나는 으레 마가복음의 말씀, 곧 "제가 믿나이다 저의 믿음 없음을 도와주소서"라는 말씀으로 나의 기도를 마치곤 했다.

신앙을 이렇게 이해하는 것은 매우 널리 퍼져 있으며 우리의 생각 속에 너무 깊이 스며있기 때문에, 많은 사람들은 신앙이 다른 어떤 것을 뜻할 수 있다고 생각하기 어렵게 되어버렸다. 그러나 이런 신앙 이해는 잘못된 것을 강조하며 따라서 기독교 신앙의 의미를 왜곡시키는 것이다.

기독교 신앙이 믿음 조항에 관한 것이라는 관념은 생각해 보면 이상한 관념이다. 이 관념에 따르면, 하나님께서 정말로 관심을 갖고 계신 것이 우리의 두뇌 속에 있는 믿음의 조항들이라는 것임을 뜻한다. 마치 "올바른 것을 믿는 것"이 하나님께서 (우리들 속에서) 가장 찾으시는 것이며, "정확한 믿음의 조항"을 믿는 것이 우리를 구원할 것처럼 생각하는 것이기 때문이다. 만일 우리가 "정확하지 않은 믿음 조항"을 믿는다면, 곤경을 겪게 될 것처럼 생각하는 것이기 때문이다. 하나님께서 (우리들의) "믿음의 조항들"에 대해 그토록 신경을 쓰신다고 생각하는 것은 이상한 것이다.

더구나 우리가 이것에 대해 생각해보면, 믿음의 조항으로 이해하는 신앙은 상대적으로 힘이 없으며 무능하다. 우리는 모든 올바른 것들을 믿으면서도 여전히 노예상태에 매어 있을 수가 있다. 우리는 모든 올바른 것들을 믿으면서도 여전히 비참할 수 있다. 우리는 모든 올바른 것들을 믿으면서도 여전히 비교적 변하지 않은 상태일 수 있다. 어떤 주장들이 참되다고 믿는 것은 우리를 변화시킬 힘이 거의 없다.

'동의'로서의 신앙에 대해서는 좀더 설명할 것이 있는데, 이 장의 마지막에서 나는 이런 신앙 이해를 다시 다룰 것이며 이런 이해가 기독교인의 삶에 맡고 있는 역할에 대해서 설명할 것이다. 이제는 좀더

"가슴"과 관계된 신앙의 의미들에 대해 설명하고자 한다. 가슴과 관계된 이런 신앙 이해들은 신앙을 믿는 것에 관한 것이라기보다는, 자기가 그 가장 깊은 차원에서 하나님과 관계를 맺는 것에 관한 것이다.

신뢰로서의 신앙(faith as *fiducia*)

라틴어 '피두시아'(*fiducia*)에 가까운 영어는 없다. 이 라틴어와 가장 가까운 영어 fiduciary(신용에 의한)는 우리에게 별로 적합한 것이 아니다. 그래서 나는 이 라틴어를 "신뢰"(trust)로 번역하여, 하나님을 철저하게 신뢰하는 것으로 설명하겠다. 중요한 점은 이런 신앙 이해가 하나님에 관한 몇 가지 선언들이 진리라고 신뢰하는 것을 뜻하지 않는다는 점이다. 그런 것이라면 '동의'를 다른 이름으로 부르는 것에 불과할 것이다. 오히려 '피두시아'는 하나님을 신뢰하는 것을 뜻한다.

신뢰로서의 신앙은 깊은 바다에서 물에 떠가는 것과 같다. 나는 이 은유를 19세기의 철저한 기독교인이며 철학적 대가 중의 한 사람이었던 쇠렌 키에르케고르에게서 빌려온 것인데, 그는 신앙이란 그 깊이가 100km가 넘는 바다 위에 떠가는 것과 같다고 했다. 만일 당신이 몸부림친다면, 만일 당신이 긴장해서 엎치락뒤치락 하면, 결국에는 밑으로 가라앉고 말 것이다. 그러나 당신이 긴장을 풀고 신뢰한다면, 떠가게 될 것이다. 이것은 마태복음에 나오는 베드로의 이야기, 즉 예수와 함께 바다 위를 걸으려 했지만 두려워하기 시작하자 물 속에 빠져 들어가게 된 이야기와 같다.

성인들을 위한 성경공부 시간에 신앙의 이런 의미를 이해시키기 위해서 나의 아내는 "여러분 중에 작은 아이에게 수영을 가르쳐본 사람이 몇 사람이나 됩니까?" 하고 물었다. 많이들 그렇다고 했다. 그들의 경험을 이야기해보라고 하자, 모두가 가장 큰 걸림돌은 아이가 물에서 긴장을 풀도록 만드는 일이라고 대답했다. 그들의 한결같은 말은 "괜찮아, 그냥 긴장을 풀어. 너는 뜨게 될 거야, 괜찮다니까."였다.[7] 신뢰로서의 신앙은 하나님의 부력(浮力)을 신뢰하는 것이다. 신앙은 우리가 살고 행동하는 존재의 바다를 신뢰하는 것이다.

이처럼 바다를 은유로 삼아 설명한 것에서부터 다른 성서적 은유를 통해 신앙을 설명하자면, 하나님을 우리의 바위와 요새로서 신뢰하는 것이다. 요점은 똑같다. 즉 하나님은 우리가 의지하는 분, 우리를 지원하고 우리의 근거와 기초가 되시며, 우리의 안전한 곳으로서 신뢰하는 것, 그것이 신앙이다.

우리는 신앙의 이런 의미를 그 반대어를 통해 볼 수도 있다. 신뢰의 반대어는 의심이나 불신앙(disbelief)이 아니라 불신(mistrust)이다. 좀 더 흥미롭고 도발적으로 말하자면, 신뢰의 반대어는 "걱정" 혹은 "염려"이다. 우리는 이런 의미를 예수의 익숙한 말씀에서 찾아볼 수 있다. 예수는 그의 청중들에게 우주의 넉넉함을 특징으로 하는 실재를 보도록 초대하고 있다.

> 공중의 새를 보아라. 씨를 뿌리지도 않고, 거두지도 않고, 곳간에 모아들이지도 않으나, 너희의 하늘 아버지께서 그것들을 먹이신다.... 들의 백합화가 어떻게 자라는가 살펴보아라. 수고도 하지 않고, 길쌈도 하지 않는다. 그러나 내가 너희에게 말한다. 온갖 영화로 차려 입은 솔로몬도 이 꽃 하나와 같이 잘 입지는 못하였다.

---

[7] 나의 아내가 한 질문은 루이스빌 연구소가 후원한 목회자 모임에서 크레이그 딕스트라가 한 말 때문이었다.

이 익숙한 구절이 나오는 전체 문단에서 예수는 청중들에게 "걱정하지 말라," 곧 "근심하지 말라"는 말씀을 네 번이나 반복하신 다음에 "너희 신앙이 적은 자들아"라는 말씀을 덧붙이신다.8)

그러므로 우리는 우리의 신앙의 정도를 우리의 삶 속에서 느끼는 근심 걱정의 양을 통해 측정할 수 있다. 내가 이런 말을 하는 것은 우리들 자신을 채찍질할 또 하나의 약점(근심 걱정)을 만들어주기 위한 것이 아니라, 이런 깨달음 속에 들어 있는 기쁜 소식을 나누고 싶기 때문이다. 즉 신뢰로서의 신앙이 자라나게 되면 근심과 걱정이 사라지게 된다. 근심과 걱정이 전혀 없는 인생은 말할 것도 없고, 근심 걱정 덜 하면서 살고 싶지 않은 사람이 누가 있겠는가? 만일 우리가 근심 걱정이 없다면, 우리가 얼마나 자유로울지, 우리가 얼마나 현재에 충실할 수 있을지, 우리가 얼마나 사랑할 수 있을지 상상할 수 있겠는가? 철저한 신뢰로서의 신앙은 엄청난 변화를 일으킬 힘을 갖고 있다.

충실함으로서의 신앙(faith as *fidelitas*)

신앙의 첫 번째 의미를 뜻하는 라틴어 '아센수스'(*assensus*)와 마찬가지로 '피델리타스'(*fidelitas*)의 뜻 역시 그에 가장 가까운 영어 단어 fidelity를 통해 알 수 있다. 즉 '충실함'으로서의 신앙이다. 이것은 "신실함"으로서의 신앙이다. 신앙은 우리가 하나님과의 관계에서 충실한 것이다. 이것은 헌신적인 인간관계에서 충실함이 드러내는 것을 뜻한다. 즉 우리는 배우자나 파트너에게 충실하다(혹은 충실하지 않는다). 충실함으로서의 신앙은 충성, 전념, 자기의 가장 깊은 차원에서 헌신

---

8) 마태 6:25-33 = 누가 12:22-31. 이 말씀은 Q 재료이며 따라서 매우 초기의 재료이다.

하는 것, 즉 "가슴"의 헌신을 뜻한다.

충실함으로서의 신앙은 하나님에 관한 선언들, 곧 성서에 나오는 선언이든 신조나 교리에 나오는 선언이든 간에, 그런 선언들에 대해 충성하는 것을 뜻하지 않는다. 오히려 성서와 신조들과 교리들이 가리키는 하나님에 대해 충성하는 것을 뜻한다. 충실함은 철저하게 하나님을 중심에 모시는 것을 가리킨다.

충실함의 반대어는 의심이나 불신이 아니다. 오히려, 인간관계에서와 마찬가지로, 충실함의 반대어는 배신(infidelity)으로서, 우리와 하나님의 관계에서 충실하지 않는 것이다. 두드러지는 성서의 은유를 사용하자면, 신앙의 이런 의미와 반대되는 것은 간음(adultery)이다. 성서에서 간음을 말할 때는 가장 흔하게 그것은 인간의 성관계를 말하는 것이 아니다. 물론 십계명과 기타 구절들에서는 간음이 그런 뜻으로 사용되기도 한다. 그러나 예언자들이 이스라엘을 간음하였다고 고발하거나 예수가 "악하고 음란한 세대"라고 말할 때는 그것이 부부 교환이 자행되는 것을 말하는 것이 아니다. 오히려 그것은 하나님에 대해 그리고 하나님과 맺은 계약에 대해 충실하지 않은 것을 가리키는 것이다.

하나님에 대한 배신을 뜻하는 또 다른 성서의 생생한 용어는 우상숭배(idolatry)다. 비록 우상숭배를 하지 말라는 명령에는 사람이 만든 형상을 예배하지 말라는 것이 포함되어 있지만, 그 중심적인 의미는 우리들 자신의 궁극적인 충성 혹은 헌신을 하나님 이외의 다른 것에 두지 말라는 것이다. 우상숭배는 무한하시며 모든 형상들 너머에 계시는 거룩하신 분이 아니라 유한한 어떤 것을 중심에 모시는 것이다. 우상숭배의 반대어로서 신앙은 하나님께 충성하는 것이며, 우리에게 다가와 신처럼 행세하는 많은 것들에 충성하지 않는 것이다. 기독교 신앙은 예수를 주님으로 모시고 그분께 충성하는 것이지, 우리의 삶의 지배자처럼 행세하려는 유혹들, 곧 국가, 풍요, 성취, 가족, 혹은 욕망에 충성하지 않는 것을 뜻한다.

히브리 성서(구약성서)에서는 충실함으로서의 신앙이 십계명의 첫째 계명, 곧 "너희는 나 앞에서 다른 신을 섬기지 못한다"9)라는 계명이 뜻하는 것이다. 신약성서에서는 가장 큰 계명, 곧 "네 마음을 다하고, 네 생명력(life force)을 다하고, 네 뜻을 다하고, 네 힘을 다하여, 너의 하나님이신 주님을 사랑하여라"는 계명이 뜻하는 것이다. 그 다음에 "그것과 같은" 둘째가 바로 이어진다. 즉 "네 이웃을 네 몸과 같이 사랑하여라."10) 충실함(*fidelitas*)은 하나님을 사랑하고 이웃을 사랑하며, 무엇보다도 이 두 가지 위대한 관계들이 충실하는 것을 뜻한다.

우리는 어떻게 하나님께 충실하게 되는가? 하나님께 충실하는 것은 비록 도전적인 것이기는 하지만, 신앙의 길은 단순한 것이기도 하다. 하나님과 우리의 관계에 대해 마음을 쏟는 것이다. 인간관계에서 충실한 태도는 그 관계를 "벗어나지 않는 것"을 뜻할 뿐만 아니라 그 관계에 세심하게 마음을 쏟는 것과 마찬가지이다. 우리는 예배, 기도, 수행, 연민과 정의의 삶이라는 단순한 방법들을 통해 하나님과의 관계에 마음을 쏟는다. 하나님에게 충실하는 것은 하나님을 사랑하는 것만이 아니라 하나님께서 사랑하시는 것들, 곧 우리의 이웃들과 실제로 피조물 전체를 사랑하는 것을 뜻한다. 이처럼 충실함으로서의 신앙은 윤리적 명령을 포함한다.

---

9) 출 20:3.
10) 마가 12:30-31. 또한 마태 22:37-39와 누가 10:27도 보라. 나는 '목숨'(영어성경 NRSV에는 'soul') 대신에 '생명력'(life force)으로 바꾸었는데, 그것이 히브리어와 그리스어 의미를 더욱 잘 표현하기 때문이다.

보는 방식으로서의 신앙(faith as *visio*)

라틴어 '비시오'(*visio*)와 가장 가까운 영어 vision이 뜻하는 것처럼, 이것은 보는 방식으로서의 신앙(faith as a way of seeing)이다. 특히 이것은 삶의 현실 전체를 보는 방식으로서의 신앙, 곧 인생의 "궁극적인 무대(舞臺)"를 보는 방식으로서의 신앙이다. 나는 신앙을 이렇게 이해하는 방법의 싹을 20세 중엽의 신학자 리처드 니버의 『책임적 자아』11)에서 배웠다. 그 책에서 니버는 우리가 인생의 궁극적 무대 전체를 어떻게 보는가 하는 것이 결정적으로 중요하다고 말하는데, 그 이유는 우리가 그 전체를 보는 방식이 우리가 삶에 대해 응답하는 방식에 영향을 끼치기 때문이다. 따라서 그의 책제목에서 '책임적인'(responsible) 자기라는 말은 특별히 의무를 지키거나 양심적인 자기를 가리키는 것이 아니라 응답하는(responding) 자기를 가리킨다.

우리가 인생의 궁극적인 무대 전체를 볼 수 있는 방식은 세 가지가 있으며, 그 각각의 방식은 삶에 대해 반응하는 독특한 방식이 뒤따른다. 첫째로, 우리는 궁극적 무대를 적대적이며 위협적인 것으로 볼 수 있다. 이런 태도를 정신병원에서는 피해망상이라 부르지만, 인생의 궁극적인 무대를 이렇게 본다고 해서 반드시 피해망상증 환자는 아니다. 가장 근본적인 것은 누구나 인생의 이런 무대에서 살아남을 수 없다는 태도이다. 이것은 단지 나와 우리들만의 운명이 아니라 우리의 자녀들과 손주들을 포함해서 우리가 사랑하는 모든 사람의 운명이다. 결국에는 죽음이 우리 모두를 삼킬 것이다. 더군다나 천체물리학자들이 말하

---

11) H. Richard Niebuhr, 『책임적 자아』, 정진홍 역(이화여대출판부). 니버는 이런 생각의 싹을 A. N. Whitehead, 『형성과정에 있는 종교』, 정강길 역(다산글방)에서 배웠다고 했다. Niebuhr, *Monotheism and Western Culture* (New York: Harper and Brothers, 1960), pp. 16-23, 116-26을 참조하라.

는 것처럼, 언젠가는 태양이 꺼지면서 폭발할 때가 되면, 지구와 태양계가 모두 파멸될 것이다. 좀 더 유한한 차원에서 보자면, 우리의 인생에는 사고, 질병, 폭력, 실직, 가난 등 우리의 생존을 위협하는 것들로 가득 차 있다. 인생이란 위협적인 것처럼 보이기 쉽다.

만일 우리가 인생의 궁극적인 무대를 이런 방식으로 본다면, 우리는 어떻게 인생에 반응할 것인가? 한 마디로 말해서, 방어적으로 반응하게 된다. 우리는 안전과 자기방어 체제를 세워서, 가능한 한 그 적대적인 힘들을 막아내려 할 것이다. 그처럼 위협적인 인생의 현실 앞에서 우리 자신의 안전을 도모하는 시도는 여러 형태로 나타나는데, 세속적이며 물질주의적인 형태도 있으며 종교적인 형태도 있다.

실제로 오랜 세월동안 대중적 기독교의 많은 형태들은 인생의 궁극적 무대를 이런 방식으로 보아왔다. 만일 우리가 올바른 제사를 드리지 않고, 올바른 길을 가지 않고, 혹은 올바른 것을 믿지 않는다면, 하나님은 우리를 잡아가실 분이다. 이것이 과거의 패러다임의 "위협"이다. 즉 하나님께서는 우리를 심판하실 것이며 "올바르게" 처신하지 않은 자들을 처벌하실 것이라는 위협이다. 그러나 만일 우리가 "올바르게" 처신한다면 아마도 다른 모든 것을 삼킬 (지옥)불에서 우리는 살아남을 것이라고 본다.

인생의 궁극적인 무대 전체를 보는 두 번째 방식에서는 그것을 무관심한 것으로 파악한다. 첫째 방식처럼 피해망상에 사로잡히는 것이 아닌 이 관점은 그 무대가 "우리를 잡아갈" 것으로는 생각하지 않는다. 오히려 그것은 인간의 목적이나 목표에 대해 단순히 무관심하다고 간주한다. 이것은 현대 세속적 인생관에서 가장 일반적인 것이다. 우주는 물질과 에너지의 소용돌이치는 역학 장(力學 場)으로 이루어져 있지만, 우리의 삶과 꿈에 대해서는 적대적이지도 않고 그렇다고 우호적이지도 않다. 비록 우주는 우아하고 심지어 장대한 것으로 파악될 수는 있지만, 궁극적으로는 인간의 의미에 대해 무관심하다는 것이다.

만일 우리가 인생의 궁극적 무대를 이런 방식으로 보면, 삶에 대한 우리의 반응은 첫 번째 방식보다는 덜 불안하며 피해망상에 덜 사로잡힐 것이지만, 우리는 여전히 방어적이며 조심하게 될 가능성이 크다. 우리는 무관심한 우주 한복판에서 우리가 만들 수 있는 안전장치를 마련하는 방식으로 그에 대응할 것이다. 이생에서의 삶에 대해 풍부한 심미적 감각을 가질 수는 있다. 우리가 이 세상에서 사는 동안 그 아름다움을 즐기려 할 수도 있으며, 가능한 한 이 세상을 돌보려고 노력할 수도 있을 것이지만, 궁극적으로는 우리가 일차적으로 우리 자신과 우리에게 가장 중요한 사람들에 대해 관심을 갖게 될 것이다.

우리가 인생의 궁극적인 무대를 볼 수 있는 세 번째 방식은 그것이 생명을 주며 우리를 양육하는 것으로 보는 방식이다. 그것은 우리를 비롯해서 삼라만상을 존재하게 만들었고, 우리의 삶을 유지시켜 준다. 그것은 경이와 아름다움으로 가득 차 있다. 심지어 때로는 끔찍한 아름다움이기는 하지만 말이다. 전통적인 신학적 언어로 표현하자면, 인생의 궁극적인 무대를 은총이 넘치는 것으로 보는 방식이다. 이것은 예수가 공중의 새와 들의 백합화에 관해 가르친 것으로 보는 방식이다. 하나님께서 그들을 먹이시고 입히시며, 예수의 또 다른 말씀을 빌리자면, 하나님께서는 의로운 사람과 불의한 사람 모두에게 비를 내려 주신다. 하나님은 은총이 넘치신다.

인생의 궁극적인 무대 전체를 이렇게 보면, 인생에 대해 다르게 응답할 수 있게 된다. 이런 관점은 철저한 신뢰로 인도한다. 즉 우리를 근심 걱정과 자기에 대한 집착으로부터 자유롭게 하며, 처음 두 관점의 특징이었던 것 곧 안전 체계를 통해 자기를 보호하려는 집착으로부터 벗어나게 한다. 이런 관점은 "신앙의 자기 망각"으로 인도함으로써, 사랑할 수 있는 능력과 현재 순간에 온전하게 전념할 수 있는 능력으로 인도한다.12) 이런 신앙 이해는 우리 자신을 넘어서는 비전을 위해 "자신의 인생을 바치고 바쳐질 의지"를 만들어낸다.13) 이 인용구에서 능동태와 수동태는 모두 의미심장하다. 즉 우리 자신의 인생을 바치고 우리 자신이 바쳐지도록 한다는 말이다. 이런 신앙 이해는 예수 안에서, 그리고 수많은 성인들 안에서 보게 되는 삶의 모습으로 인도한다. 바울의 표현을 빌리자면, 이런 신앙은 자유, 기쁨, 평화, 사랑의 삶으로 인도한다.

어떤 사람들에게는 인생의 궁극적인 무대를 이렇게 보는 방식이 순진하게 낙관적인 것처럼 보일 수도 있다. 그러나 니버 교수는 극단적인 낙천주의자가 아니었다. 그는 유대인 대학살에 관해 잘 알고 있었으며, 우리가 서로에게 자행할 수 있는 온갖 끔찍한 일들도 알고 있었다. 그의 요점은 우리의 궁극적 무대가 단순히 "멋지다"거나 우리가 그 무대가 은총이 넘치는 것임을 입증할 수 있다는 것이 아니다. 오히려, 우리가 실재를 어떻게 보는가 하는 것이 관건이라는 말이다. 왜냐하면 인생의 궁극적인 무대를 어떻게 보는가 하는 것이 우리가 인생을 경험하고 살아가는 방식에 근본적으로 영향을 미치기 때문이다.

따라서 "보는 방식으로서의 신앙"(faith as *visio*)은 인생의 궁극적인 무대를 은총이 넘치는 것으로 본다. 그 반대인 불신앙은 인생의 궁극

---

12) Robin Scroggs, *Paul for a New Day* (Philadelphia: Fortress, 1977), p. 59.
13) 나는 이 표현을 James Fowler에게서 배웠는데, 신앙발달에 관한 그의 책들은 중요하며 통찰력을 준다. 『신앙의 발달단계』, 사미자 역(대한장로교출판사); *Becoming Adult, Becoming Christian*, 개정판(San Francisco: Jossey-Bass, 2000); 그리고 Sam Keen과의 공저 *Life-Maps: Conversations on the Journey of Faith* (Waco, TX: Word Books, 1978)을 보라.

적인 현실을 적대적이거나 위협적인 것으로 보는 것, 혹은 무관심한 것으로 보는 것이다. 신앙의 이런 의미는 "신뢰(*fiducia*)로서의 신앙"과 밀접하게 연관되어 있다. 그러나 "보는 방식으로서의 신앙"이 "신뢰로서의 신앙"에 덧붙이는 것은 우리가 현실을 보는 방식과 신뢰하는 능력이 서로 연결되어 있다는 점이다. '신뢰'와 '보는 방식'은 함께 간다. 하나님을 신뢰하는 것과 우리가 하나님을 보는 방식은 함께 간다.

보는 방식으로서의 신앙은 새로운 패러다임이 은유를 강조하는 것과 연결되어 있다. 은유는 "우리가 보는 방식"과 관계된 것이다. 새로운 패러다임에서는 성서와 기독교 전통을 거대한 은유, 곧 그 은유를 통해서 우리가 하나님을 보는 은유로 이해한다. 기독교 신앙은 하나님에 대한 은유로서의 기독교 전통 안에서 살아가는 것에 관한 것이다.

중요한 점은, 신앙에 대한 마지막 세 가지 이해는 모두가 관계를 맺는 것을 강조한다. "보는 방식(*visio*)으로서의 신앙"은 우리가 인생의 궁극적인 무대, 곧 하나님과 관계를 맺게 하는 전체를 보는 방식이다. "충실함(*fidelitas*)으로서의 신앙"은 하나님과의 관계에 충실하는 것이다. "신뢰(*fiducia*)로서의 신앙"은 하나님에 대한 신뢰를 깊게 하는 것으로서, 하나님과의 깊은 관계에서 우러나는 것이다.

이 세 가지 신앙 이해는 또한 가장 중요한 것들이기도 하다. 교회의 신앙의 영웅들 가운데 한 사람이며 내가 어린 시절에 나의 영적인 선생이었던 마틴 루터의 체험은 이런 사실을 보여준다. 아마도 지난 500년 동안의 신학자들 가운데서 어느 누구보다도 루터는 "신앙"을 기독교인들의 용어에서 핵심적인 것으로 만든 데 공헌하였다.

그러나 루터에게는 신앙이 일차적으로 (지적인) "동의"(*assensus*)가 아니었다. 천둥과 번개가 치는 폭풍 속에서 공포에 사로잡혔던 순간에 수도원에 들어가기로 결정한 후에, 루터는 하나님 앞에서 충분히 의로운 사람이 되기 위해 10년 동안 고뇌와 금욕적인 자기 부정의 시간을 겪었다. 그 시절에 그는 많은 (지적인) 동의를 했지만, 그것이 그를 공포에 사로잡히게 만들었다. 그가 "모든 것"을 믿는다는 바로 그 사실 때문에 그는 두려움과 염려에 사로잡혔다. 그가 변화를 경험한 것은 자신의 보는 방식(visio)을 변화시킨 철저한 은총을 체험했기 때문이며, 이 철저한 은총의 체험이 그로 하여금 신앙은 하나님을 신뢰하는 것(fiducia)임을 깨닫게 했으며, 그로 하여금 하나님에게 충실한 삶(fidelitas)으로 이끌었다. 루터에게는 구원하는 신앙이 (지적인) 동의(assensus)가 아니라 보는 방식(visio), 신뢰(fiducia) 그리고 충실함(fidelitas)이었다.14)

신앙에 대한 이런 세 가지 의미는 우리로 하여금 새로운 방식으로 우리의 인생을 살고 죽음을 직면하게 해준다. 이생에서 하나님을 철저하게 우리의 삶의 중심에 모시는 삶은 우리가 우리의 인생과 세계를 이해하고 우리의 삶을 살아가는 방식을 변화시키는 깊은 신뢰로 인도한다. 이런 모든 것들은 일차적으로 두뇌의 문제가 아니라 가슴의 문제이다. 그리고 우리가 죽을 때, 죽음은 하나님의 부력(浮力)을 신뢰하는 것이며, 이제까지 우리의 삶을 이끌어오신 분의 품 속으로 우리가 죽어서 들어가게 되는 그분을 신뢰하는 것이다.

---

14) 종교개혁의 또 다른 가장 중요한 인물이었던 존 칼빈의 경우도 마찬가지였다. 즉 그에게도 신앙은 일차적으로 우리를 향하신 하나님의 선하심을 신뢰하는 것이다. 『기독교 강요』(*The Institute of the Christian Religion*)에서, 칼빈은 신앙을 정의하여 "우리를 향하신 하나님의 자비하심에 대한 확고하며 분명한 지식으로서, 이것은 그리스도 안에서 거저 주신 진리에 기초한 것이며, 이 진리는 성령을 통해 우리의 정신에 계시된 것이며 동시에 우리의 가슴에 확실하게 새겨진 것이다." 루터에 의존해서 신앙에 대해 지혜롭고 통찰력 있게 설명한 책을 보려면 Grace Adolphsen Brame, *Faith, the Yes of the Heart* (Minneapolis: Augsberg, 1999)를 보라.

동의로서의 신앙(faith as *assensus*)을 재론할 필요성

나는 '동의'로서의 신앙을 다시 다루려고 한다. 내가 앞에서 신앙을 (지적인) 동의로 이해하는 것을 강조하면 신앙의 의미와 기독교인의 삶을 왜곡시킨다고 주장하면서 이런 신앙 이해를 매우 혹평했기 때문이기도 하지만, 신앙을 동의로 이해하는 것이 중요하며, 이런 신앙 이해가 중요한 역할을 맡고 있기 때문이다. 기독교 신앙에는 핵심적인 고백들(affirmations)이 있기 때문이다.

특히 세 가지 고백이 기초를 이루는데, 그것은 하나님의 실재, 예수의 중심성, 그리고 성서의 중심성이다. 이 세 가지는 다음 세 장의 주제이다. 여기서는 간략하게 요점만 밝히겠다.

- 기독교인이 된다는 것은 하나님의 실재를 고백하는 것을 뜻한다. 하나님은 실재하신다(real). 내가 4장에서 사용하는 용어로 표현하자면, "초월"(More)의 세계가 있다. 성서를 비롯해서 세상의 모든 오래된 종교들은 한결같이 거대하고 장엄하며 놀라운 "초월"의 세계가 있음을 고백한다. 기독교 신앙은 이 고백을 포함하고 있다.
- 기독교 신앙은 예수의 중심성을 고백하는 것을 뜻한다. 이것은 예수가 하나님을 결정적으로 드러낼 뿐만 아니라 하나님을 온전히 모시고 산 삶의 모습을 결정적으로 드러낸 분이라고 고백하는 것을 뜻한다. 이것은 예수를 하나님의 말씀, 하나님의 지혜, 세상의 빛, 구원의 길이 한 사람 안에서 알려진 분으로 고백하는 것을 뜻한다. 그리고 기독교인으로서 우리는 이런 의미가 우리를 위한 예수라고 고백할 수 있지만, 예수만이 유일하게 그런 의미를 드러냈다거나,

세상의 종교들 중에서 유일하게 그런 의미에 적절한 분이었다고 고백할 필요는 없다. 기독교인들에게는 예수가 중심이라고 고백하는 것은 기독교 배타주의로 연결될 필요는 없다.15)

● 기독교 신앙은 성서의 중심성을 고백하는 것을 뜻한다. 우리에게는 예수가 하나님의 말씀을 한 인간 안에 드러낸 분인 것처럼, 성서는 하나님의 말씀을 한 권의 책 속에 드러낸 것이다. 기독교인이 된다는 것은 성서를 우리의 기본적 문서이며 우리의 정체성을 드러내는 문서로서 믿고 성서에 헌신하는 것을 뜻한다. 성서는 우리의 이야기이다. 성서는 우리의 삶의 비전을 형성하는 책으로서, 하나님과 우리들 자신, 그리고 이 땅에 대한 하나님의 꿈에 대한 우리의 비전을 형성한다.

동의(*assensus*)로서의 기독교 신앙은 이 모든 것을, 깊이 있게 그러나 열린 자세로, 고백하는 것을 뜻한다.16) 깊이 있게 고백한다는 말은 신앙이 우리의 충성과 신뢰, 그리고 우리 자신의 가장 깊은 차원을 보는 방식과 관련된다는 말이다. 열린 자세로 고백한다는 말은 우리가 지나친 정확성과 확신으로 치닫는 경향을 피할 필요가 있다는 말이다. 기독교 신학은 흔히 이 두 가지 경향성, 즉 지나치게 많이 알려고 하는 욕망과 지나치게 정확하게 알려고 하는 욕망에 의해 광기에 사로잡히

---

15) 5장을 보라.
16) 역자주: '동의'가 중요한 것은 기독교의 "네 가지 덕목 중, 가장 으뜸으로 꼽는 것이 '지혜'(prudence)인데, 이것은 본래 아주 지독히 철저하게 생각하는 것을 뜻한다"(윌리엄 슬로운 코핀)는 점에서 그렇다. 많은 기독교들이 주체적으로 철저하게 생각하지 않기 때문에 쟈크 엘룰은 기독교가 "행복한 저능아들"을 양산한다고 비판한다. "기독교가 만든 도덕은 가장 엄격하고 가장 교훈적이고, 사람을 가장 유아적으로 만들며, 가장 쇠약케 하고, 무책임한 자들로 만들려 하는 도덕이다." 『뒤틀려진 기독교』(대장간, 1990), p. 35.

곤 했었다. 기독교 교리에 대한 논쟁의 역사를 보면, 어떻게 사람들이 하나님에 관한 문제들에서 그토록 정확하고 확신을 갖게 될 수 있으리라고 생각할 수 있었는지에 대해 의아하게 여기게 되곤 한다. 예를 들어, 천 년 전에 서방교회와 동방교회가 분열하게 된 신학적 이유를 말하자면, 신(Godhead)의 내적인 관계에 대해 인간이 알 수 있는지, 성령이 "아버지로부터" 나오는 것인지 아니면 "아버지와 아들로부터" 나오는 것인지에 대한 갈등이 그런 것이다.

동의(*assensus*)로서의 기독교 신앙에 대한 깊이 있는 이해, 그러나 겸손한(따라서 부정확한) 이해는 성서와 예수 안에서 알려진 하나님의 중심성을 고백하는 것과 관련된 것으로서, 이것은 보는 방식(*visio*)으로서의 신앙과 매우 가까운 것이다. 그것은 실재를 보는 하나의 방식이다. 이상적으로는 이런 신앙은 우리가 자유롭게 동의하는 것, 즉 우리가 그 설득력이 있으며 피할 수 없는 비전에 의해서 우리의 마음이 사로잡혔기 때문에 우리의 내면으로부터 자연스럽게 우러나와 동의하는 것이지, "너는 구원을 받기 위해서는 x, y, z를 믿어야만 한다"는 식의 요구에 부응하기 위해 억지로 동의하는 것이 아니다. 동의를 이런 식으로 이해할 경우에는 신앙이 행위가 된다.

'동의'로서의 신앙과 그 역할에 대해 한 가지 더 말할 것이 있다. 나는 내 평생동안 동의로서의 신앙에 대해 작업하느라 오랜 세월을 보냈다는 사실을 알고 있다. 즉 기독교가 나에게 설득력이 있으며 피할 수 없는 의미를 주는 것으로 보는 방식을 찾느라 평생동안 애를 썼다는 말이다. 이런 사실을 통해서, 나는 우리의 정신이 거부하는 것에 대해서는 쉽게 가슴으로 헌신할 수 없다는 생각을 하게 되었다.[17]

---

17) 역자주: "우리는 인류 역사상 최초로 제 핏줄 제 후손에게 아무런 보호본능도 아무런 책임감도 느끼지 못하는 세대가 되었다." 프란츠 알트, 손성현 역, 『생

믿음으로서의 신앙(faith as believing)을 재론할 필요성

앞에서 나는 오늘날 많은 사람들에게 신앙은 일차적으로 "믿는 것"이며, 여기서 믿는다는 것은 불확실한 주장을 참된 것이라고 받아들인다는 뜻이라는 점을 강조했다. 이 장을 마치면서, 나는 "믿는다"는 영어(believing)의 전근대적인 의미와 그 말에 해당되는 라틴어 '크레도'(credo)는 우리 시대에 믿는다는 말이 뜻하게 된 것과는 매우 다르다는 점을 강조하고 싶다. 이런 전근대적인 의미들을 회복시킴으로써 우리는 신앙이 '믿는 것'임을 보게 될 것이다. 이 점에서 나는 하버드 대학교 종교 역사가이며 신학자인 윌프레드 캔트웰 스미스의 덕을 톡톡히 보고 있다.[18]

나는 라틴어 '크레도'의 의미를 설명하는 것에서부터 시작하겠다. 이 단어는 "신조"라는 말의 뿌리이며 니케아 신조와 사도신경에 나오는 첫 번째 단어이다. 이 두 신조는 모두 기독교 신앙의 결정적인 선언으로 간주된다.

우리는 흔히 '크레도'를 "나는 믿습니다"라고 번역한다. 현대인들 대부분이 "나는 믿습니다"라는 말을 "나는 동의합니다"라는 뜻으로 이해하기 때문에, 많은 기독교인들은 그 신조들을 고백하는 데 어려움을 겪는다. 실제로 내가 기독교인들을 대상으로 강연을 할 때 가장 많이 받는 질문 열 개를 꼽아본다면, "그래서 우리는 그 신조들을 어떻게 해야 합니까?" 하는 질문이 포함된다. 그 이유는 사람들이 "나는 믿습니다"라고 말하는 것이 그 신조에 나오는 각각의 선언들의 문자

『태주의자 예수』 (나무심는 사람, 2003), p. 20.
18) Smith, *Belief and History*, pp. 36-69.

적인 진리에 대해 지적으로 동의하는 것을 뜻하는 것으로 생각하기 때문이다. "동의"와 문자주의는 흔히 오늘날 신자들에게나 불신자들에게나 마찬가지로 하나로 결부되어 있다는 말이다.

그러나 '크레도'는 "나는 다음과 같은 선언들의 문자적-사실적 진리에 동의합니다"라는 뜻이 아니다. 오히려 그 라틴어는 "나의 심장을 바칩니다"(I give my heart to)라는 뜻이다. 앞에서 말한 것처럼, 심장은 자기의 가장 깊은 차원으로서 지성보다 더 깊은 차원이다. 자신의 심장을 바치는 것으로서 '크레도'는 "나는 충성하겠습니다," "나는 헌신하겠습니다"라는 뜻이다.

이처럼 우리가 신조의 첫 마디에서 '크레도'를 말할 때, 우리는 "나는 하나님께 나의 심장을 바칩니다"라고 말하는 것이다. 하나님은 누구신가? 우리가 충성하고 헌신하는 하나님은 누구신가? 신조의 나머지는 우리가 심장을 바치는 분에 대한 이야기이다. 즉 천지를 지으신 하나님, 예수 안에서 알려지신 하나님, 성령 안에 현존(現存, present) 하시는 하나님이다.

'크레도'가 지성보다 더욱 깊은 자기의 차원과 관련된 것처럼, "믿는다"는 말의 전근대적인 의미도 그렇다. 17세기 이전에는 "믿는다"는 말이 어떤 선언이나 명제에 문제가 있든지 없든지, 그 진리를 믿는다는 뜻이 아니었다. 문법적으로 말해서, 믿는 것의 목적어는 선언이 아니라, 한 인격(a person)이었다. 더군다나, 전근대적 영어에서 믿는다는 말이 사용된 맥락을 보면 그 의미를 분명히 알 수 있다. 즉 믿는다는 말은 귀하게 간직한다, 높이 평가한다, 충성한다, 목숨을 바친다, 헌신한다는 뜻이었다. 믿는다는 말은 '피델리타스'(fidelitas)와 '피두시아'(fiducia)가 뜻하는 것, 곧 신실함, 충성, 헌신, 신뢰를 뜻했다.

가장 간단히 말해서 "믿는다"는 말은 "사랑한다"는 뜻이었다. 실제로 영어에서 "믿는다"(believe)와 "사랑한다"(belove)는 서로 연관된 말이다. 우리가 믿는 것은 우리가 사랑하는 것이다. 신앙은 하나님을 사랑하는 것에 관한 것이다.

이것을 신앙의 네 가지 의미와 연결시키자면, 원래 "믿는다"는 말은 그 네 가지 의미 모두를 포괄하는 단어였다. 그러나 현대에는 "믿는다"는 말의 의미를 매우 축소시켜서 사용했다. 즉 우리는 그 의미를 축소시켜서 "명제에 대해 믿는 것"으로 만들었다. 즉 특정한 선언들이나 주장들이 참되다고 믿는 것을 뜻하는 것으로 그 의미를 축소시켜 사용했던 것이다. 그러나 원래는 "믿는다"는 말 속에 신앙의 네 가지 차원 모두가 포함되어 있었다.

이처럼 "신앙"이라는 말의 전근대적인 의미는 기독교인의 삶에 대해, 관계를 맺는 것으로(relational) 이해하게 해준다. 예수가 가장 큰 계명에 관해 말씀하신 것에서 나는 "관계"라는 말로 대체하려 한다. 그러면 성서주석의 측면에서도 옹호할 수 있으며 그 말씀의 참된 의미도 잘 표현할 수 있다. 즉 기독교인의 삶의 중심에는 두 가지 관계가 있는데, 그 두 관계는 궁극적으로는 하나다. 첫 번째 관계는 "네 마음을 다하고, 네 생명력을 다하고, 네 뜻을 다하고, 너 힘을 다하여, 너의 하나님이신 주님을 사랑하여라"이다. 두 번째 관계는 "네 이웃을 네 몸 같이 사랑하여라"이다.

이 말씀은 "이 두 관계에 온 율법과 예언서의 본 뜻이 달려 있다"는 말씀으로 끝난다.[19] 예수 당시에는 율법과 예언서는 히브리 성서의 처음 두 부분으로서 정경(正經)이 된 모든 것들이었다. 따라서 예수는 성서 전체가 이 두 관계에 달려 있다고 선언하신 것이다. 기독교인

---

19) 마태 22:40.

의 삶은 이처럼 단순하며 또한 도전이 되는 삶이다. 즉 하나님을 사랑하고 하나님께서 사랑하시는 것들을 사랑하는 삶이다.

　이것이 신앙의 핵심적인 의미다. "믿는다"는 말의 전근대적 의미대로, 하나님을 믿는 것은 하나님을 사랑하는 것이다. 신앙은 하나님을 사랑하고 하나님께서 사랑하시는 모든 것을 사랑하는 일이다. 기독교인의 삶은 하나님을 사랑하고 하나님께서 사랑하시는 모든 것을 사랑하는 것에 관한 것이다. 신앙은 하나님을 향한 우리의 사랑이다. 신앙은 심장의 길이다.[20]

---

[20] 역자주: 기독교인의 삶을 "하나님을 사랑하고 하나님께서 사랑하시는 모든 것을 사랑하는 것"으로 정의하는 것이 극히 중요한 이유는 종교개혁이 곧바로 30년 동안의 잔인한 종교전쟁으로 이어졌다는 역사적 사실(물론 종교개혁과 종교전쟁에는 정치경제적 요인들이 크게 작용했다)과 현실 교회에 대한 비판, 예를 들어, "가난한 자들을 돌보라 역설하면서 가난한 자들이 왜 가난하게 되었는지 도무지 살펴보려고 하지 않는 교회, 낙태하지 말라고 경고하면서 왜 젊은 엄마들이 배 속에 든 자신의 아이를 죽일 지경까지 이르렀는지 조금도 알고 싶어 하지 않는 교회, 수백 명의 인명을 살상하려는 강대국의 무기 판매에 아무 경고도 하지 못하는 교회!"(공지영, 『높고 푸른 사다리』(2013, pp, 67-68)라는 비판에서 잘 드러난다. 따라서 신앙을 "하나님을 향한 우리의 사랑"이며 "심장의 길"로 정의하는 데는 신앙이 의식과 무의식의 온전한 인격적 통합을 이루어 사랑을 실천하는 것이 중요하다. 흔히 신앙이 오직 하나님과 그리스도의 밝은 빛만을 보게 하여 자신 속의 어두운 그림자를 외면하고, 그 그림자를 타자에게 (예를 들어, 동성애자들에게) 증오로 투사하기 때문에, 타자는 단지 경멸 대상이 아니라 "하나님의 적"으로 간주하게 되어 없애버려야 할 공격 대상이 됨으로써, 신앙의 이름으로 집단적인 폭력을 행사하기 쉬운 것이다. 빛이 강할수록 그림자도 강하게 마련이다. 청교도 사회의 뒷면이 매우 잔혹했던 것도 이 때문이다. 히틀러가 등장할 때 독일 전체 인구의 97%가 기독교인이었으며, 목사들과 대학 교수들이 앞장서서 나치당을 지지했다. 세계적 경제위기와 생태 위기가 악화될수록 근본주의자들의 크리스천 파시즘을 경계해야 하는 신학적 이유가 여기에 있다. 참조: 에리히 프롬, 원창화 역, 『자유로부터의 도피』(1988); 월터 윙크, 박만 역, 『사탄의 가면을 벗겨라』(2005); 유아사 야스오, 이한영 역, 『융과 그리스도교』(2011); 월터 윙크, 한성수 역, 『참사람』(2014); 권 다이어, 이창신 역, 『기후대전』(2011); 크리스 헤지스, 정연복 역, 『지상의 위험한 천국: 미국을 좀먹는 기독교 파시즘의 실체』(2012).

3장

성서: 전통의 심장

기독교는 성서를 중심으로 삼고 있다. 물론 기독교는 궁극적으로 하나님을 중심으로 삼고 있지만, 그 하나님은 성서가 말하는 하나님이며 성서가 가리키는 하나님이다. 하나님은 또한 다른 방식으로도 그리고 다른 종교에서도 알려진다고 나는 믿지만, 기독교인이 된다는 것은 성서의 하나님을 중심에 모시고 사는 것이다. 이 사실은 기독교인이 다른 사람들(종교인들)을 배척하는 표지가 아니라 기독교인의 정체성의 표지이다. 성서는 우리 기독교인들에게 우리의 거룩한 경전이며, 우리의 신성한 이야기이다.

그러나 성서는 많은 사람들에게 걸림돌이 되어버렸다. 지난 20세기 후반에 교회를 떠난 기독교인들은 다른 어떤 이유보다도 성서 때문에 떠난 사람들이 많을 것이다. 좀 더 정확하게 말해서, 그들이 교회를 떠난 것은 과거의 패러다임이 성서를 보는 방식에서 그들에게 더 이상 말이 되지 않았기 때문에 떠난 것이다. 오늘날 성서 문자주의는, 성서가 문자적으로 틀림없다는 무오설, 성서가 문자적으로 역사적 사실이라는 주장, 그리고 성서가 문자적으로 도덕적이며 교리적으로 절대적이라는 주장을 강조함으로써, 수백만 명의 사람들에게 장애물이 되고 있다.

사람들이 문자적으로 받아들이기 어려워하는 성서의 주장들을 몇 가지만 살펴보자면 다음과 같은 것들이 있다.

지구(와 우주 전체)가 엿새 동안에 만들어졌으며 그것도 별로 오래되지 않은 과거에 만들어졌다는 주장(창 1-3장)
아담과 이브가 실제 인물들이었으며, 그들의 "타락" 때문에 이 세상에 죽음이 들어왔다는 주장(창 2-3장)
하나님이 노아와 그의 가족, 그리고 모든 짐승들 한 쌍씩만 방주에 태워 구원하였고 나머지 모든 생명체들을 파괴시킨 세계적인 대홍수를 일으켰다는 주장(창 6-7장)
세상의 모든 사람들이 처음에는 똑같은 언어를 말했는데 나중에 가서야 서로 다른 언어 집단들로 나뉘어졌다는 주장(창 11장)
하나님이 아말렉 족속의 남자와 여자, 어린이들과 아기들까지 모두 죽이도록 명령했다는 주장(삼상 15:3)
하나님이 노예제도를 제정하여 정당화했다는 주장(구약과 신약 모두에 나온다)
하나님은 우리가 두 종류의 천으로 만든 옷을 입는 것에 대해 신경을 쓰신다는 주장(레 19:19)
하나님은 여자들이 남자들에게 종속될 것을 명령했다는 주장.
예수는 구원의 유일한 길이며, 예수가 문자적으로 우리의 죄를 위해 죽었다는 것을 믿을 때만 구원받을 수 있다는 주장.
예수를 (구세주로) 믿지 않는 유대인들은 악마의 자녀들이라는 주장(요 8:44)
예수가 재림하면 인류의 대부분은 파멸될 것이라는 주장.

이런 주장들 모두가 성서 안에 있으며, 이 밖에도 많이 있다. 이런 주장들 때문에 많은 사람들은 단순히 과거의 패러다임의 전제를 믿을 수 없게 된 것이다. 즉 성서는 하나님이 만드신 것이며, 과거 패러다임의 보다 굳어진 형태에서나 보다 부드러운 형태에서나, 성서가 하나님의 틀림없는 말씀이라는 전제를 믿을 수 없게 된 것이다. 사람들이 성서 무오설과 문자주의를 받아들이지 못하는 이유는 그들이 성서에 관해 모르기 때문이 아니다. 오히려 그들이 성서에 대해 알기 때문에 그렇다.

새로운 패러다임은 성서 문자주의에 대한 대안적인 이해를 제공해 준다. 세 개의 형용사를 사용해서 표현하자면, 새로운 패러다임은 성서에 대해 역사적(historical), 은유적(metaphorical), 성례전적(sacramental)으로 이해한다. 이런 형용사들을 통해서, 나는 오늘날 교회 생활에 참여하는 주류(mainline) 성서학자들과 성서에 대해 현대적 연구를 거친 평신도들과 성직자들이 폭넓게 받아들이는 입장을 설명하려고 한다. 비록 여기서 나는 이런 형용사들을 통해 새로운 패러다임이 성서를 이해하는 방식을 강조하지만, 이런 형용사들은 교회의 신조들과 그 밖에 교회의 규범적인 가르침들에도 적용된다고 생각한다.

역사적 산물로서의 성서

최근에 나는 성서를 역사적 산물로 보는 것에 대해 길게 썼기 때문에,1) 여기서는 간단히 그 요점만 정리하고자 한다.

---

1) 『성경 새롭게 다시 읽기』, 김중기/이지교 역(연세대학교 출판부), 2장.

- 성서는 고대 이스라엘과 초기 기독교 운동이라는 두 개의 역사적 공동체의 산물이다.
- 그렇기 때문에, 성서는 하나님이 만드신 것이 아니라 인간의 산물이다. 그렇다고 해서 이 주장이 하나님의 실재를 부인하는 것은 결코 아니다. 오히려 이 주장은 성서가 이들 고대의 두 공동체가 하나님에 대해 응답한 것이라고 이해한다.
- 그들이 하나님에게 응답한 것으로서, 성서는 그들이 어떻게 세상을 이해했는지를 우리에게 말해준다. 무엇보다도, 성서는 그들이 하나님과 함께 하는 삶을 어떻게 이해했는지를 우리에게 말해준다. 성서는 하나님이 그들의 삶 속에, 그들의 법률과 윤리적 교훈, 그들의 기도와 찬양, 그들의 삶의 지혜, 그들의 희망과 꿈속에 어떻게 개입하셨는지에 관한 그들의 이야기를 담고 있다. 성서는 하나님에 대한 하나님의 증언(하나님의 산물)이 아니라, 하나님에 대한 그들의 증언이다.
- 인간의 산물로서, 성서는 "절대적 진리"가 아니며 "하나님이 계시하신 진리"가 아니라, 상대적이며 문화적으로 조건지어진 것이다. 많은 사람들에게 "상대적"이며 "문화적으로 조건지어진 것"이라는 말은 열등한 것이며 심지어 부정적인 것처럼 들린다. 그러나 "상대적"(relative)이라는 말은 "관계를 맺고 있다"(related)는 뜻이다. 즉 성서는 그들의 시간과 장소에 관계를 맺고 있다는 말이다. 또한 "문화적으로 조건지어진 것"이라는 말은 성서가 기록될 당시의 문화들의 언어와 개념들을 사용하고 있다는 뜻이다. 성서 이외의 사례를 들자면, 니케아 신조는 4세기의 그리스 철학 언어를 사용해서 그 신조를 만든 기독교인들에게 가장 중요했던 확신을 표현했던 것이다. 그 신조는 절대적 진리의 한 묶음이 아니라, 그들이 신앙을 어떻게 이해

했는지를 우리에게 말해준다. 마찬가지로 성서는 우리의 영적인 조상들이 신앙을 어떻게 고백했는지를 말해주는 것이지, 하나님이 신앙을 어떻게 고백했는지를 말해주는 것이 아니다.

- 성서를 이렇게 접근하면, 사람들이 성서에 대해 갖고 있는 많은 문제들이 대부분 사라지게 된다.[2] 창세기의 창조 이야기들과 과학 사이의 충돌은 사라진다. 성서의 율법들은 모든 시대를 위한 하나님의 율법으로 이해될 필요가 있는 것이 아니라, 이들 고대의 신앙 공동체들의 율법과 윤리적 가르침들로 이해될 필요가 있다. 하나님이 이스라엘 민족의 원수들을 파멸시킨 이야기들은 이스라엘이 그 이야기를 전한 방식으로서, 이것은 그리스도의 원수들이 난폭하게 파멸당하는 것이 초기 기독교인들의 희망 사항이었던 것과 마찬가지다. 물론 이런 사실을 깨닫게 되면 성서에 나오는 그런 이야기들을 "좋은 이야기들"로 생각하지 않게 되지만, 최소한 성서의 모든 이야기들을 하나님의 뜻이 표현된 것으로 생각하기 때문에 생기는 문제들은 사라지게 된다. 일반적으로 말해서, 성서를 하나님의 틀림없는 절대적 말씀들로서 문자적으로 읽는 방식은 사라지게 되며, 성서를 역사적이며 은유적으로 읽는 방식으로 대체되는데, 이런 읽기 방식에 대해서는 내가 잠시 후에 설명할 것이다.

성서를 역사적 산물로 보는 입장이 하나님의 실재를 부정하지 않는 것처럼, 이 입장은 성서가 "하나님의 영감(靈感, inspiration)을 받은 책"이라는 사실도 부정하지 않는다. 그러나 이 입장은 "영감"을 다르게 이해한다. 지난 몇 백 년 동안 일부 기독교인들은 영감을 "절대적

---

[2] 더욱 많은 사례들을 보기 위해서는 『성경 새롭게 다시 읽기』 2장을 보라.

영감"으로 이해하여 성서의 모든 말씀이 하나님의 영감을 받은 것이기 때문에 모든 말씀에는 하나님의 진리와 권위가 들어 있다고 생각했다. 그들에게는 영감이 성서가 하나님이 만드신 것이라는 사실을 증명하는 것이다.

그러나 새로운 패러다임에서는 하나님의 영감을 성서를 만들어낸 사람들의 삶 속에서 일어난 성령의 활동을 가리키는 것으로 이해한다. 여기서 강조점은 하나님에 의해 영감을 받은 말씀에 있지 않고, 성령 체험에 의해 감동된 사람들에 있다. 즉 고대의 이들 신앙 공동체들과 그 신앙 공동체들을 위해서 성서를 기록한 개인들에게 강조점이 있다.

성서를 이렇게 보는 것은 종교 다원주의를 이해하는 방식에도 영향을 미친다. 즉 이런 성서관은 우리로 하여금 성서를 우리의 특수한 문화적 흐름 속에서 하나님에 대한 응답으로 이해하도록 해주기 때문에, 다른 종교 전통의 신성한 문서들도 그들의 특수한 문화적 흐름 속에서 신성함에 대한 그들의 응답으로 인식하도록 해준다.

거룩한 경전으로서의 성서

과거의 패러다임과 마찬가지로 새로운 패러다임도 성서를 거룩한 경전으로 본다. 그러나 과거의 패러다임과는 달리, 새로운 패러다임은 성서가 "거룩한 책"이라는 지위를 갖게 된 것이 역사적 과정의 결과에 의한 것이지, 성서가 하나님에게서 비롯된 것이기 때문에 그런 지위를 갖게 된 것이라고는 보지 않는다. 그 역사적 과정이란 정경화(正經化, canonization) 과정이다. 현재의 성서를 구성하고 있는 문서들은 처음 기록되었을 당시에는 거룩한 문서들이 아니었지만, 시간이 지나면서 고대 이스라엘과 초기 기독교가 그 문서들을 거룩한 문서들이라고 선포했다. 이 과정이 히브리 성서(구약)에서는 500년 정도 걸렸으며, 기독교성서(신약)에서는 300년 정도 걸렸다. 이 문서들이 거룩한 문서들이라고 선포함으로써, 우리의 신앙의 조상들은 이 문서들이 자신들이 알고 있는 가장 중요한 문서들이라고 선포한 것이다.

성서를 거룩한 경전이라고 부르는 것은 성서의 지위와 기능 모두를 가리키는 것이다. 이 둘은 함께 간다. 기독교인들에게 성서가 거룩한 책으로서의 지위를 갖고 있다는 사실은 그 성서가 계속해서 우리가 알고 있는 가장 중요한 문서들의 모음집이라는 사실을 뜻한다. 거룩한 경전으로서 그 기능은 다음과 같다.

- 우리의 기초 문서: 기독교가 세워진 기초로서, 그 기초가 없다면 기독교라는 구조는 무너지고 말 것이다.
- 우리의 정체성 문서: 성서의 이야기들과 비전은 우리가 누구이며 하나님과 함께 하는 삶이 어떤 것인지에 대한 우리의 생각을 형성해준다.
- 우리의 "지혜 전통": 포괄적인 의미에서 "지혜"는 삶의 가장 핵심적인 질문과 관계된다. 즉 무엇이 실재하는 것인가? 그리고 우리는 어떻게 살아야 하는가?

기독교인이 된다는 것은 일차적으로 성서, 곧 우리의 정체성과 비전을 위한 기초가 되는 성서와 계속적으로 대화하는 삶을 사는 것이다. 만일 이 대화가 중단되거나 아무렇게나 되어버리면, 우리는 더 이상 기독교인이기를 중단하는 것이다. 왜냐하면 성서는 기독교의 심장과 마찬가지이기 때문이다.

이처럼 성서는 거룩한 경전이면서 동시에 인간의 산물이다. 이 둘 모두를 주장하는 것이 중요하다. 진부한 꼬리표를 사용하자면, 교회 안의 보수주의자들과 자유주의자들은 종종 이 둘 모두를 함께 주장하기를 꺼려한다. 즉 보수적인 기독교인들은 성서가 인간의 산물이라는 것을 거부하는데, 그것을 인정하면 성서가 하나님의 권위와 계시를 지닌 책이라는 성서의 지위를 상실하게 될까봐 두려워하기 때문이다. 반면에 자유주의적인 기독교인들은 때때로 성서가 거룩한 경전이라고 주장하는 것을 조심스러워하는데, 그렇게 주장하는 것이 성서무오설, 문자주의, 성서를 절대화하는 길로 가는 문을 열어놓는 것이 될까봐 두려워하기 때문이다. 그러나 성서와 기독교인의 삶에서 성서의 역할에 대한 분명한 비전은 성서를 거룩한 경전이며 동시에 인간의 산물로 볼 것을 요청한다. 성서는 그 시작이 인간에게서 비롯된 책이지만, 그 지위와 기능에서는 거룩한 책이다.

역사적 상황이 밝혀주는 힘

과거의 패러다임은 성서에 대해 문자적-사실적인 해석을 하지만, 새로운 패러다임은 역사적-은유적 해석을 이용한다. 여기서 역사적, 은유적이라는 두 형용사가 모두 중요한데, 역사적이라는 말부터 설명하겠다.

성서에 대한 역사적 접근방법은 성서가 멀리 떨어진 과거로부터 우리에게 주어지는 말씀이라는 사실을 진지하게 다룬다. 성서는 우리에게 혹은 우리를 위해서 쓰여진 것이 아니라, 당시에 살던 사람들을 위해서 쓰여진 것이다. 따라서 역사적 접근방법은 성서의 역사적 맥락(historical context)의 중요성을 강조한다. 즉 성서 본문을 그 고대의 상황 속에 놓는 것이 밝혀주는 힘을 강조한다. 이런 접근방식은 우리로 하여금 성서 본문이 그 본문을 만들어낸 공동체들에게 어떤 의미가 있었는지를 깨닫는 데 도움을 준다. 실제로, 이것이 역사적 접근방식의 분명한 특징이다. 성서 본문의 역사적 맥락에는 다음과 같은 것들이 포함된다.

- 고대 공동체의 삶의 상황: 예를 들어 이사야서의 후반부의 말씀들을 유대인들이 바빌로니아에 포로로 끌려간 상황 속에서 읽으면, 많은 의미들이 밝혀진다. 그 상황 속에서는 그 말씀들이 생생하게 살아난다.
- 그 본문이 들어 있는 고대의 문헌적 맥락: 하나의 본문과 같은 책의 다른 본문들과의 관계를 살펴야 한다.
- 고대의 정경상의 맥락: 그 본문과 성서의 다른 부분들과의 관계를 살펴야 한다. 예를 들어, 복음서에서 예수가 광야에서 수많은 무리들을 먹인 이야기들은 이스라엘 백성이 이집트에서 탈출한 후 광야에서 만나를 먹게 된 이야기들과 비슷하다.

한 가지 중요하게 밝힐 필요가 있는 문제는 역사적 접근방식이 성서의 어떤 본문 배후에 있는 역사에 관해 질문할 수 있다는 점이다. 성서에 보도된 사건은 실제로 일어났는가? 그러나 이런 질문이 항상 중요한 것은 아니며 가장 중요한 경우는 거의 없다. 실제로, 역사적 사실성을 묻는 질문이 중요하다는 것은 현대에 종종 너무 지나치게 강조되었다. 그러나 성서의 언어 상당 부분은 은유적인 것이기 때문에, 실제로 발생한 역사적 사건인지 아닌지를 묻는 질문은 항상 중요한 것도 아니며, 가장 중요한 것도 아니다. 이제 은유적이라는 형용사를 설명하도록 하겠다.

은유의 진리

내가 이 단어를 사용하는 것처럼, "은유"(metaphor)는 커다란 우산과 같은 개념이다. 은유는 소극적인 의미와 적극적인 의미 모두를 갖고 있다. 소극적으로는 은유가 문자적인 것이 아니라(nonliteral)는 뜻이다. 적극적으로는, 은유가 그 언어의 문자적 의미 이상(more-than-literal meaning)을 뜻한다. 그러므로 은유적 의미는 문자적 의미보다 열등한 것이 아니라 문자적 의미보다 더욱 풍성한 것이다.[3]

성서에 대해 은유적인 접근방법을 사용하는 것이 정당한 이유는 여럿이다. 첫째로, 성서의 언어 가운데 상당 부분은 명백하게 은유적인 언어들이기 때문이다. 성서는 흔히 하나님이 손과 발과 귀와 눈을 갖고 있는 것으로 말하지만, 실제로는 그렇지 않다.

둘째로, 성서에는 역사와 은유 모두가 들어 있다. 성서는 역사적 기억(historical memory)과 은유적 이야기(metaphorical narrative)를 결합시키고 있다. 성서가 말하는 사건들 가운데 어떤 것들은 실제로 일어난 사건들로서, 그 신앙 공동체가 그 기억을 간직해왔던 것들이다. 그러나 심지어 본문이 역사적 기억을 담고 있는 경우조차도, 그 문자적 의미 이상의 의미가 가장 중요하다. 예를 들어, 기원전 6세기에 이스라엘 백성들이 바빌로니아에 포로로 끌려간 것은 실제로 일어난 사건이지만, 그 이야기를 전하는 방식은 그 역사적 의미 이상의 의미를 전해

---

3) *Reading the Bible Again*, 3장을 보라.

준다. 그 이야기는 포로생활과 귀환에 관한 은유적 이야기가 되었는데, 이것은 (무엇엔가 포로가 되어 노예처럼 살아가는) 인간의 조건과 그 치유 과정을 보여주는 영속적인 이미지가 되었다.

어떤 경우에는 이야기들 배후에 아무런 역사적 사실성(historical factuality)이 없는 경우들도 있다. 예를 들어, 창세기에 나오는 창조 이야기, 에덴 동산 이야기, 아담과 이브가 추방된 이야기, 가인이 아벨을 살해한 이야기, 노아 홍수 이야기, 바벨탑 이야기 등은 "순전히 은유적 이야기"라 부를 수 있는 것들이다. 이런 이야기들은 지구와 인류의 초기 역사를 보도하는 것처럼 보이지만, 역사를 기억해서 기록한 이야기들이 아니다. 그러나 이런 이야기들은 은유적 이야기들로서, 비록 문자적으로 사실은 아닐지라도, 근본적으로 삶의 진실을 보여주는 이야기들일 수 있다.

이처럼 은유적인 언어가 진실일 수 있다는 주장은 우리 시대에 특히 강조할 필요가 있다. 현대 문화 속에서 살아가는 우리들은 진리를 사실성과 똑같은 것으로 보아 은유적 언어를 가치 없는 것으로 생각하는 경향이 있기 때문이다. 상당한 정도까지 우리는 은유를 알아듣지 못하는 귀머거리가 되어버려, 흔히 은유를 보다 직접적으로 말할 수 있는 무엇을 표현하는 "예쁜" 말이라고 생각한다.

예를 들어, 사람들이 "그 이야기가 정말이냐?" 하고 물을 때, 흔히 그 뜻은 "실제로 그 일이 일어났느냐?"는 뜻이다. 또 다른 예를 들어보자. 어떤 이야기가 은유적이거나 상징적이라고 말하면, 때때로 나의 학생들은 "교수님 말씀은 그 이야기가 단지 은유에 지나지 않거나 단지 상징에 지나지 않는다는 말씀이지요?" 하고 반문한다. 학생들 생각에는 은유적 언어와 상징적 언어는 사실적 언어보다 덜 중요하고 덜 진실된 언어라고 생각되기 때문이다.

심지어 잘 훈련받은 학자들조차 때로 이런 말을 하기도 한다. 성서에 관한 나의 책에 대해 서평을 쓴 어느 학자는 "은유는 항상 거짓말"이라고 하면서, 성서에는 "은유적인 픽션"(metaphorical fictions)이 포함되어 있다는 나의 주장을 비난했다. 모든 은유들이 거짓말이라는 생각이 놀라운데, 은유와 픽션의 결합에 대해서도 그럴 것이다.

그러나 나는 은유적인 픽션에 대해 말하는 것이 아니라 은유적인 진실에 대해 말하는 것이다. 이 사실의 중요성 때문에, 나는 다음 몇 가지 방식으로 이 사실을 밝히겠다.

내가 듣기로는 독일의 소설가 토마스 만이 신화(은유적 이야기의 특수한 종류)를 정의하여 "사태가 전혀 그랬던 적이 없었지만, 언제나 그런 이야기"라고 말했다고 한다. 그렇다면 신화는 진실한가? 문자적으로 진실한가? 아니다. 실제로 진실한가? 그렇다.

스웨덴의 속담을 인용하면서 약간 수정해서 말하자면, "신학은 시(詩)에 무엇인가 덧붙여진 것이지, 과학에서 무엇인가를 뺀 것이 아니다(Theology is poetry plus, not science minus.)"[4] 이 속담은 신학의 언어가 사실적 언어라기보다는 시적인 언어에 가깝다는 사실, 심지어 신학의 언어가 진리 주장을 한다는 점에서 시보다 더욱 많은 것을 표현하는 언어라는 사실을 확인해준다. 따라서 신학은 "과학에서 무엇인가를 뺀 것이 아니다." 즉 사실성의 언어보다 열등한 것이 아니다. 그러므로 성서의 은유는 시에 무엇인가 덧붙여진 것

---

[4] 이 속담은 Wilfred Cantwell Smith가 그의 책 *What is Scripture?*(Minneapolis: Fortress Press, 1993), p. 277, n. 2에서 Krister Stendahl이 말한 것으로 인용했던 것이다.

이지, 사실성의 언어보다 열등한 것이 아니다.

어느 가톨릭 사제가 강론 중에 "성서는 진실하며, 성서의 어떤 것들은 실제로 일어났다"고 말했다. 그의 요점을 분명하게 말하면, 성서의 진리는 그 역사적 사실성에 달려 있는 것이 아니라는 말이다.

이런 사실은 어느 북미 원주민 이야기꾼이 자기 부족의 창조 이야기를 들려주기 시작하면서, "나는 그것이 이런 식으로 일어났는지 아닌지 모르지만, 나는 이 이야기가 진실한 것임을 알고 있다"고 말할 때도 똑같은 요점을 말한 것이다.

나는 때때로 나의 청중들 가운데 얼마나 많은 사람들이 개리슨 케일로(Garrison Keillor)가 진행하는 라디오 쇼 프로그램인 "프레이리 홈 컴패니온"(Prairie Home Companion)에 나오는 "레이크 워비곤의 뉴스"[5]를 듣는지를 물어본다. 대개 청중의 절반 이상이 듣는다고 대답한다. 내가 그들에게 "그 이야기들이 실화(實話)입니까?" 하고 물어보면, 나의 청중들은 곧바로 내가 하려는 말의 요점을 알아차린다. 우리 모두는 그 이야기들이 케일로가 지어낸 이야기들이지만, 그 이야기들 속에서 진실을 본다는 것을 알고 있다. 그 이야기들은 즐겁고 유머가 넘치며 흔히 감동을 주기도 하지만, 그 이야기들 속에서 바로 우리들 자신과 주변 사람들의 모습을 발견하곤 하는 것이다.

---

[5] 역자주: 개리슨 케일러(1942-)가 미네소타 공중 라디오에서 1974년부터 매주 토요일마다 방송한 라디오 프로그램으로서, 가상의 도시로 설정된 미네소타 주의 레이크 워비곤(Lake Wobegon)에서 벌어지는 일들의 이야기들을 들려주는 라디오 쇼다. 그는 근본주의적인 기독교 가정에서 자랐지만 지금은 미국 성공회 교인이다.

물론, 케일로가 만들어낸 이야기를 성서와 견주는 것은 정확하지 않다. "레이크 워비곤의 뉴스"는 오늘날 창조적인 한 작가가 만들어낸 것이지만, 성서는 신앙 공동체가 천 년 이상 동안 경험한 것을 통해 만들어낸 것이다. 더군다나 성서 안에는 역사가 있다. 단순히 창조적인 픽션이 아니라는 말이다. 그러나 사실적인 보도(factual reports)가 아닐지라도 이야기들은 진실한 것일 수 있으며, 계시를 드러낼 수 있으며, 하나님의 나타나심을 보여줄 수 있다.

"은유의 진리"가 무엇인지를 성서의 잘 알려진 이야기들을 예로 들어 설명하겠다. 우선 창세기의 창조 이야기에서, 엿새 동안 천지를 창조하고, 아담과 이브를 에덴동산에서 내쫓은 이야기부터 생각해보자. 지난 200년 동안 일부 기독교인들은 이런 이야기들이 문자적으로 사실이라고 강력하게 주장했다. 창세기와 진화론 사이에, 하나님과 과학 사이에 충돌이 빚어졌다. 오늘날에는 비록 그런 사람들의 숫자가 줄어들고 있기는 하지만, 여전히 창조과학자들은 "젊은 지구"를 말하며 학교에서 진화론을 가르치는 것에 반대하고 있다. 그들이 열정적인 이유는 진리를 사실성과 똑같은 것으로 보기 때문에, 그들 생각에 만일 창조 이야기들이 사실이 아니라면 진리가 아닌 것이라고 생각하기 때문이다. 그리고 창조 이야기들이 진리가 아니라면 성서도 진리가 아니라고 생각한다. 그러므로 창조 이야기는 성서 전체에 대한 그들의 입장이 달려 있는 것이다.

은유적 접근방법은 매우 다른 결론에 도달한다. 창세기의 창조 이야기는 하나님의 창조 이야기가 아니라 이스라엘의 창조 이야기로 간주된다. 그러므로 다른 문화의 창조 이야기들(예컨대, 단군 이야기, 옮긴이)이 문자적-사실적인 의미에서 참된 것임을 하나님이 보장하지 않는 것처럼, 성서의 창조 이야기도 마찬가지다. 성서의 창조 이야기가 사실적인 이야기가 아니라 은유적인 이야기로 이해하면, 그 이야기들은 토마스 만이 말한 의미에서 "신화들"이다. 즉 사태가 전혀 그랬던 적이 없었지만, 언제나 그런 이야기이다. 이처럼 그 이야기들은 비록 문자적으로는 진실한 것이 아니지만, 실제로는 진실한 것이다.

그렇다면 성서의 창조 이야기들은 무슨 진리를 주장하는 것인가? 창조 이야기들의 진리를 몇 개의 문장으로 요약하는 것은 그 창조 이야기들 자체가 갖고 있는 풍부한 세부 묘사들과 뉴앙스, 통찰력과 우아함을 훼손시키는 것이다. 그럼에도 불구하고 나는 간단하게 요약해 보겠다.

하나님은 만물의 창조자이다.
하나님이 창조하신 세계는 매우 좋은 세계다.
우리는 하나님의 형상으로 창조되었다.
우리는 에덴 동쪽에서 살고 있는데, 이것은 무언가 잘못 되었다는 말이다.
그리고 우리는 낙원으로 되돌아가기를 갈망한다.

이것이 창조 이야기들의 은유적인 의미들이다. 이런 의미들이 진실한가? 이 은유적 의미들을 입증할 수는 없지만, 세계관으로 이해할 수는 있다. 이런 의미들은 우리가 (과학을 통해) 알고 있는 세계와 충돌하지 않는다. 이처럼 이 의미들은 정말로 진실한 것일 수 있으며, 창조 이야기들이 이런 진리를 표현하고 있다. 더군다나, 은유적 이야기들로서 이런 창조 이야기들은 우리를 이런 진리 속으로 초대한다. 은유적 언어는 특수한 방법으로 세계를 이해하도록 초대하는 것이다. 창조 이야기들은 우리로 하여금 실재와 우리의 삶 도두를 이런 방식으로 보도록 초대한다.

마태복음과 누가복음에 나오는 예수의 탄생 이야기들도 은유의 진리를 보여주는 또 다른 사례이다. 창세기의 창조 이야기들처럼, 예수의 탄생 이야기들 역시 기독교인들 사이에 충돌을 초래한 원천이었다. 어떤 기독교인들은 예수의 탄생 이야기들을 반드시 사실적인 이야기로 보아야만 한다고 주장한다. 즉 예수가 실제로 동정녀에게서 태어났으며, 동방박사들이 별을 따라 베들레헴까지 왔으며, 천사들이 실제로 한밤중에 목자들에게 노래를 들려주었다는 것이다. 흔히 그들은 예수 탄생 이야기가 정통의 시금석이라고 본다. 그러나 다른 기독교인들은 예수 탄생 이야기들을 역사적 보도가 아니라 은유로 이해하는데, 특히 부분적으로는 그 탄생 이야기들 속에 나오는 상징적인 주제들(motifs) 때문이며, 또 다른 한편으로는 하나님이 그런 방식으로 개입했던 적이 있었는지 의문스럽다고 보기 때문이다.

예수 탄생 이야기를 은유적으로 읽으면 무슨 의미를 찾아볼 수 있는가? 그 이야기들은 너무 많은 의미를 담고 있어서, 나는 단지 그 중요한 의미들 몇 가지만 제시하고자 한다.[6]

예수가 하나님의 영에 의해서 잉태되었다는 이야기는 예수 안에서 일어난 사건이 하나님의 사건임을 보여준다.

동방박사들을 인도한 별과 밤하늘을 채운 주님의 영광은 이 이야기가 우리의 어둠 가운데 비춰진 빛의 이야기라는 사실, 즉 요한복음의 언어로 표현하자면, 예수가 "이 세상의 빛"이며 "모든 사람에

---

6) 역자주: 마커스 보그와 존 도미닉 크로산이 함께 쓴 『첫 번째 크리스마스』(2011)는 예수 탄생 이야기와 모세의 출생에 관한 전승과의 관계, 로마 황제 아우구스투스의 기적적인 출생 이야기와 족보에 맞서서 예수의 동정녀 탄생 이야기와 족보가 반드시 필요했던 선교신학적 이유를 밝혀준다.

게 비춘 참된 빛"이라는 사실을 말해준다.

동방박사들이 예수가 탄생한 베들레헴에 왔다는 이야기는 예수가 이스라엘 민족만이 아니라 모든 민족들, 유대인들과 이방인들 모두를 위한 빛이라는 점을 보여준다.

목자들이 예수 탄생 이야기를 가장 먼저 들었다는 이야기는 그 기쁜 소식, 즉 복음이 특별히 사회적으로 주변부에 속하는 소외된 사람들을 위한 것임을 말해준다.

천사들의 노래는 예수가 주님이며 구세주라는 것을 선언한다. 따라서 당시에 '주님'과 '구세주'라는 칭호(title)를 사용한 로마 황제(Caesar)는 주님과 구세주가 아니라는 말이다.

헤롯 왕이 갓난 남자아이들을 모두 죽이도록 명령했다는 이야기는 모세 당시에 이와 비슷한 명령을 내렸던 이집트의 파라오 이야기를 반영한다. 즉 예수는 새로운 모세와 같으며, 새로운 출애굽 사건이 일어날 것이며, 이 세상의 파라오와 헤롯 왕과 같은 자들은 언제나 하나님의 해방적인 말씀을 선포하는 사람들을 파멸시키려 한다는 사실을 말해준다.

그러나 그들이 마지막에 이기는 것은 아니다.

이런 의미들이 예수 탄생 이야기를 은유적으로 읽을 때 얻게 되는 기본적인 의미들이다. 그리고 이런 의미들은 예수 탄생 이야기들의 역사적 사실성과는 상관없는 의미들이다.

더군다나 예수 탄생 이야기들의 역사적 사실성을 강조하면, 이런 의미들을 깨닫지 못하게 만들 수 있다. 즉 그 사실성을 강조하면, 기적적인 요소들을 강조하게 되어, 이런 이야기들을 "믿는다"는 것이 이 모든 놀라운 사건들이 실제로 일어났다는 것을 믿는다는 뜻이 된다.

그러므로 탄생 이야기들의 사실성을 강조하면, 흔히 이 이야기들이 사실이라고 생각하는 사람들과 사실이 아니라고 생각하는 사람들 사이에 쓸데없는 논쟁을 불러일으키게 되는데, 이런 논쟁은 끝도 없고 접촉점도 없다. 그렇게 되면, 예수 탄생 이야기들 속에 들어 있는 풍부하고 문자적 의미 이상의 의미는 흔히 놓치게 된다.

나의 수업시간에 이런 논쟁이 벌어지면, 나는 학생들에게 이렇게 말한다. "실제로 무슨 일이 어떻게 벌어졌는가에 대해서는 여러분들 각자가 원하는 대로 믿도록 하십시오. 이제는 그 이야기가 무엇을 뜻하는지에 대해 이야기하도록 합시다." 이 말은 창세기의 창조 이야기와 복음서에 나오는 예수 탄생 이야기를 비롯해서 성서의 이야기들 전반에 걸쳐서 적용할 수 있는 말이다. 즉 사실성의 문제에 사로잡혀 있으면, 은유적인 의미들과 그 이야기들이 은유로서 내포하고 있는 진리들을 파악하지 못하게 만들 수 있다는 말이다.

은유와 은유적인 이야기들의 진리를 또 다른 사례를 들어 밝히기 위해 이번에는 부활절 이야기들을 살펴보겠다. 부활절 이야기들의 진리에 대한 나의 이해를 그 진리에 대한 논증 없이 설명하자면, 나는 크게 두 가지 진리가 있다고 본다.

예수는 단순히 과거의 인물이 아니라 현재의 인물이다. 예수가 죽은 뒤에도 그의 제자들은 계속해서 그를 체험했으며 오늘날에도 체험하고 있다. 이것은 우리가 때로 링컨 대통령의 정신이 여전히 살아 있다고 말하는 것처럼, 단순히 예수에 대한 기억이 살아 남았거나 예수의 정신이 계속되었다는 것이 아니다. 오히려, 예수가 현재의 인물로서 체험되었으며 지금도 체험된다는 말이다. 간단히 말해 예수는 지금도 살아 있다는 말이다.

예수가 살아 있을 뿐 아니라 "예수는 주님이시다." 신약에서는 이것이 예수에 관한 기본적인 고백이며, 부활 체험에 근거한 것이다. 예수가 주님이라고 말하는 것은 단순히 예수가 살아 있다는 것 이상을 말하는 것이다. 이것은 예수가 부활하여 하나님의 오른편에 앉아 있으며, 하나님과 하나가 되었다는 뜻이다. 또한 예수가 주님(Lord)이라고 고백하는 것은 이 세상의 다른 모든 수령들(lords)을 거부하는 것이다.

내가 부활절 이야기들의 의미를 이런 방식으로 이해하기 때문에, 부활절 이야기들을 둘러싼 사실성의 문제에 대해서는 무관심할 수 있다. 예를 들어, 예수의 무덤이 실제로 비어 있었는가? 예수의 시신(屍身)이 변화되었는가? 부활한 예수가 실제로 생선을 먹었는가? 예수가 제자들에게 나타난 것이, 만일 우리가 그 장소에 있었다면 비디오 녹화를 할 수 있었을 만큼, 우리 눈에 보였으며 육체적인 방식으로 나타났는가?

나로서는 부활절 이야기들의 진리가 이런 물음들에 달려 있지 않다. 예를 들어, 빈 무덤 이야기는 역사적 보도라기보다는 부활에 대한 은유일 것이다. 은유로서 빈 무덤 이야기가 뜻하는 것은, 우리가 예수를 죽은 자들의 땅에서 발견할 수는 없다는 뜻이다. 천사는 이렇게 말한다. "왜 너희는 산 자를 죽은 자들 가운데서 찾고 있느냐?" 부활절 이야기들의 진리는 예수에 대한 계속적인 체험, 곧 예수가 현재의 인물로서 하나님과 하나 되어 "주님"이라는 계속적 체험에 근거하고 있다.

어떤 기독교인들에게는 부활절 이야기의 역사적 사실성이 매우 중요한 문제이다. 그 결과 나는 공개 강연에서 때때로 예수의 무덤이 실제로 비었었는지, 예수의 부활이 그의 육체적인 몸과 관련된 것인지하는 문제를 놓고 청중들과 대화를 나누게 된다. 최근에는 어느 보수적인 학자가 부활절 이야기들의 문자적이며 사실적인 진리를 주장하면서 마지막으로 이렇게 말했다. "예수님이 육체적으로 또한 몸으로 죽은 사람들 가운데서 부활하셨다는 확신을 입증하기 위한 나의 모든 역사적 주장들에 덧붙여서, 나는 이런 이야기들이 참되다는 것을 알고 있는 또 하나의 이유가 있는데, 그것은 내가 매일 예수님과 더불어 걷고 있기 때문입니다."

그의 주장에 대한 나의 입장을 설명하면서 마지막으로, 나는 그의 마지막 주장을 언급하면서 이렇게 말했다. "당신이 매일 예수님과 더불어 걷고 있다는 말의 진리를 저는 전적으로 받아들입니다. 그래서 만일 제가 카메라를 들고 당신 뒤를 따라다닌다면, 제가 당신과 예수님 두 분을 사진 찍을 수 있는 때가 있을까요? 물론, 이렇게 말하는 것은 어리석은 말입니다. 그러나 제가 말하려는 요점은 당신의 말은 정말로 참된 말이라고 생각하지만, 당신의 말이 문자적으로 참되다고는 결코 생각하지 않는다는 말입니다."[7)]

마찬가지로, 빈 무덤 이야기도 정말로 참된 이야기이지만, 문자적으로 참된 것은 아닐 것이라고 나는 말할 것이다. 또한 엠마오로 가는 길에서 벌어진 이야기도 정말로 참된 이야기이지만, 문자적으로 참된 것은 아닐 것이라고 말할 것이다. 이처럼 이야기들은 문자적으로나 사실적으로 참된 것이 아니더라도 참된 이야기일 수 있다.

실제로, 어떤 기독교인들은 성서가 **문자적으로**(literally) 참되다고 강조하는 이유가 성서가 **정말로**(really) 참되다고 말하고 싶기 때문이

---

7) 독자들 중에는 내가 N. T. Wright 교수와 몇 차례에 걸쳐 공개적인 대화를 나누었다는 사실을 알고 있기 때문에, 이 대화는 그 교수와 나눈 대화가 아님을 밝혀둔다. 참조, 마카스 보그 · 톰 라이트, 김준우 역, 『예수의 의미: 역사적 예수에 대한 두 신학자의 논쟁』 (한국기독교연구소, 2001).

아닌가 한다. 오늘날 사람들의 대화에서 "문자적으로"라는 말은 그 말을 강조하는 의미에서 사용하는 단어이기 때문이다. 예를 들어, 누군가가 "그는 열을 받아서 문자적으로 머리꼭지가 완전히 열려버렸다"라든가 혹은 "그는 문자적으로 폭발해버렸다"고 말하면, 우리는 그가 매우 화가 난 어떤 사람에 대해서 말하는 것임을 알고 있다. 이런 말투는 그 사람의 두뇌가 열렸다든가 몸이 폭발해버렸다는 뜻이 아니라 정말로 매우 화가 났다는 뜻이다. 여기서 "문자적으로"라는 말이 "정말로"를 뜻하는 비문자적인 의미로 사용되고 있다는 점이 흥미롭다. 따라서 사람들이 "나는 성서가 문자적으로 참되다고 믿는다"고 말하면, 나는 그에게 "당신이 말하는 것은 성서가 정말로 참되다고 믿는다는 말인가? 만일 그렇다면 나는 당신의 말에 동의한다"고 말한다.

다리 역할을 하는 은유

성서에 대한 은유적 접근방법은 과거의 패러다임과 새로운 패러다임 사이에서 다리의 역할을 할 수 있다. 기독교 역사에서 성서본문의 문자적 의미 이상의 의미(more-than-literal meaning)는 항상 가장 중요했다. 단지 지난 몇 백 년 동안에만 성서본문의 문자적 사실성(literal factuality)이 핵심적인 것으로 강조되었던 것이다.[8]

---

8) 역자주: 성서본문의 문자적 사실성을 강조하는 축자영감설은 계몽주의 시대 이후, 정통 기독교의 일반적 경향이었다. 이처럼 성서 전체를 절대화/우상화시키는 경향에 맞서서 자유주의 신학자들은 성서에 대한 역사비평 방법을 통해, 성서 기자들의 의도가 문자적 사실성에 있는 것이 아니라, 그들의 하나님 체험을 신앙으로 고백한 것임을 강조했다. 개인의 신앙발달단계(제임스 파울러)에서도 비판의식이 생기기 전에는 교회에서 가르치는 인습적 신앙을 쉽게 받아들이지만, 비판 의식이 생긴 후에는 하나님의 초자연적 개입과 같은 성서본문

더군다나, 오늘날 보수적인 기독교 설교자들 상당수는 성서 본문의 문자적 의미 이상의 의미, 역사적 의미 이상의 의미를 강조한다. 나는 간단히 두 가지 예를 들겠다.

첫째는 오순절 교회에서 있었던 일이다. 설교본문은 마가복음 2장에서 예수가 중풍으로 마비된 환자를 치유한 이야기였다. 이 본문과 설교자의 핵심 본문은 "예수가 그 마비된 환자에게 '일어나서 네 자리를 걷어서 걸어가거라'"였다. 그 설교자는 여러 가지 이유들로 인해서 마비되어 자신들의 삶에서 꼼짝도 할 수 없게 된 사람들에 관한 감동적인 이야기들을 간단히 들려주었다. 즉 여러 종류의 중독에 의해서, 장기간의 실업과 구직 자체를 포기한 것 때문에, 학대를 당해 친밀한 인간관계를 맺을 수 없게 된 사람의 경우 등이었다. 그 각각의 이야기를 들려준 후 설교자는 잠시 멈추었다가 강한 어조로 "예수님께서는

의 사실성에 대해 의심하기 쉽다. "머리가 거절하는 것은 결코 가슴이 예배하지 못한다"(존 쉘비 스퐁). 따라서 신앙이 인습적 단계에서 주체적/성찰적 단계를 거쳐 접속적 단계로 나아가 "두 번째 순진함"을 회복하기 위해서는 역사비평을 거쳐 성서를 정직하게 이해하는 게 큰 도움이 된다. 그러나 역사비평이 성서의 권위를 훼손하는 경우는 성서본문을 연구 대상으로 객관화하기 위해 거리를 두게 만들며(어느 관계에서든 거리를 두는 것은 위험성이 있다), 하나님의 초자연적 역사 개입은 애당초 역사적 관점에서 부정되며, 성서본문만 검토할 뿐 자기는 검토하지 않게 만들 수 있으며, 연구의 대상이 된 성서본문은 목적어처럼 수동적이 될 수밖에 없으며, 또한 혼히 인습적 신앙을 부정하고 정직하게 이해하는 작업에만 몰두하는 위험성 때문이다. 따라서 성서본문의 현재적 의미를 파악하고, 자신이 변화되기 위해 성서본문과 깊이 교감하지 않는다면, 또한 역사비평이 신선한 경험을 불러일으키지 못할 만큼 고착된다면, 방법론 자체에 대한 우상숭배가 될 수 있다. 성서를 은유로서 또한 성례전으로서 이해하는 것이 매우 중요한 이유는 성서의 본래 목적이 단지 본문을 이해하는 것을 넘어 신앙적 영감을 받고 그 말씀대로 살아냄으로써 개인의 철저한 자기-비움과 변화, 그리고 "그리스도의 장성한 분량이 충만한 데까지 이르도록"(엡 4:13) 영적으로 성숙하여, 모든 생명을 극진하게 섬기며 하나님 나라를 이 땅위에 실현하도록 수고하는 사회적 변혁에 있기 때문이다. Walter Wink, *The Bible in Human Transformation* (Minneapolis, MN: Fortress, 2010).

그 사람에게 '일어나 네 자리를 걷어서 걸어가거라' 하고 말씀하십니다!"라고 말했다. 그는 그 본문을 은유로서 설교하고 있었던 것이다. 즉 본문의 문자적 의미 이상의 의미, 역사적 의미 이상의 의미를 설교하고 있었던 것이다.

또 다른 사례는 어느 보수적인 침례교회에서 들었던 부활절 설교였다. 그 설교자는 본문 가운데 한 문장을 계속해서 반복했는데, "그들이 무덤에 갔지만, 그 무덤은 비어 있었다(the tomb was empty)"는 문장에서 마지막 네 단어를 특히 강조했다. 그 반복 사이에 그는 사람들이 자신들의 인생과 희망의 "끝장"처럼 느꼈던 상태들, 곧 처절한 절망, 황망한 비탄, 비극적 배신, 사고로 죽은 아이들과 감옥에 간 자녀들, 재정적인 파산 등 인간이 겪는 온갖 고난의 이야기들을 들려주었다. 그 각각의 이야기들에 뒤이어, 그 설교자는 종종 그의 눈을 크게 뜨고 목소리를 낮추었지만 분명한 어조로, "그들이 무덤에 갔지만 그 무덤은 비어 있었다"고 놀라움에 가득 차서 말했다. 그의 요점은 분명했다. 즉 그 사람들이 끝장이라고 생각해서 두려움과 죽음을 느꼈던 장소는 새로운 시작과 새로운 삶의 장소라는 것이었다. 그것은 매우 효과적이었다.

오순절 교회의 설교자처럼, 그 침례교 설교자도 본문을 은유로 설교했던 것이다. 물론 만일에 내가 그 설교자들에게 "당신들은 그 성서 이야기가 실제로 일어났다고 생각합니까?" 하고 물었다면, 그들은 "틀림없이 일어났다"고 대답했을 것이다. 그러나 그들은 그런 식으로 설교하지 않았다. 그들의 설교의 요점은 예수가 치유능력이 있었기 때문에 그가 하나님의 아들이었음에 틀림없다거나, 예수가 육체적으로 또한 몸으로 죽은 사람들로부터 부활했기 때문에 기독교가 참되다는 것을 증명한다는 것이 아니었다. 그들의 요점은 성서의 이런 이야기들이 여전히 오늘날에도 우리에게 말을 해주며 우리의 삶의 상황들에 대해 강력한 메시지를 준다는 것이었다.

이런 점에서 아마도 은유는 오늘날 성서에 대해서 서로 충돌하는 입장을 갖고 있는 기독교인들 사이에서 다리 역할을 할 수 있을 것이다. 은유는 문자적 사실성의 문제에 대해 판단유보를 선언하는 것이거나 아니면 적어도 이 문제에 대해 서로 입장을 달리 할 수 있다는 것에 대해 동의하는 것을 뜻한다. 내가 앞에서 사용한 표현을 반복해서 표현하자면, 그 이야기가 실제로 어떻게 일어났는가에 대해서는 당신이 믿고 싶은 대로 믿어도 상관없지만, 이제는 그 이야기가 무엇을 뜻하는지에 대해 이야기하도록 하자는 말이다.

은유적 접근방법에 대해 마지막으로 하고 싶은 말은 은유란 "A를 B처럼 본다"는 뜻이다. 은유적 언어는 "하나의 보는 방식"이다. 이것을 성서에 적용시키면, 성서는 은유적 언어와 은유적 이야기들을 담고 있을 뿐만 아니라, 성서 자체가 하나의 "거대한" 은유라고 생각할 수도 있다. 은유로서의 성서는 전체를 보는 하나의 방식이다. 즉 하나님, 우리들 자신, 하나님과 인간의 관계, 하나님과 세계의 관계를 보는 하나의 방식이다. 그리고 요점은 은유를 "믿는 것"이 아니라, 은유를 통해 "보는 것"이다. 그러므로 요점은 성서를 믿는 것이 아니라, 성서를 통해 하나님과 더불어 살아가는 우리의 인생을 보는 것이다.

성례전으로서의 성서

성서에 대한 성례전적인 접근방법이란 성서를 성례전으로 본다는 뜻이다. 실제로 이것은 성서가 거룩한 경전으로서 갖는 일차적인 기능들 가운데 하나다. 성례전이란 거룩함을 전달해주는 유한하며 물질적이며 눈에 보이는 매개물(visible mediator)이다. 성례전은 신성함의 도구이거나 그릇이다.

기독교적인 표현에서 성례전은 "은총의 수단"으로서 기능을 갖고 있는 "외적이며 눈에 보이는 징표"다. 성례전은 "신성함으로 들어가는 문"9)일 뿐만 아니라 신성함으로 건너가는 다리이기도 하다. 유한하며 이 세상에 있는 것이 도구가 되어 신성한 것이 우리에게 현존(現存)하게 되는 것이다.

예를 들어 성만찬(성찬례, 주님의 만찬, 기사)은 빵과 포도주라는 눈에 보이며 물질적이며 인간이 만든 것이 수단이 되어 그리스도가 우리에게 현존하는 것이다. 기독교인들은 종파에 따라서 이 과정에 대한 설명을 서로 다르게 하는데, 빵과 포도주가 (실제로 기적적으로) 그리스도의 살과 피로 변화하는지, 혹은 그리스도의 살과 피가 빵과 포도주 "안에서, 더불어, 그 아래에" 현존하는지, 혹은 그 식사가 "기념(기억)하는 것"인지에 대해 설명을 달리 한다.10) 그러나 심지어 이 세 가지 입장 가운데 "가장 부드러운" 기념주의 입장조차도 그리스도를 현재에 임재(presence)하도록 하는 것이다. 인간이 만든 빵과 포도주가 은총의 수단이 되어, 신성한 것이 우리에게 현존하는 도구가 된다.

이와 마찬가지로 성서도 하나의 성례전으로서, 사람들이 만든 것을 통해 하나님이 우리에게 현존하는 수단이 된다. 성서의 말씀은 성

---

9) Joseph Martos가 기독교 성례전들에 관해 쓴 책 제목으로, John Macquarrie가 *A Guide to the Sacraments*(New York: Continuum, 1999), p. 5에 인용했다.
10) 성만찬에 대한 이 세 가지 견해는 그 순서대로, 화체설(혹은 變體說, transubstnatiation, 가톨릭의 입장), 공체설(共體說, consubstantiation, 루터교와 성공회의 입장), 기념(기억)주의(*anamnesis*, remembering, 나머지 개신교 대부분의 입장)이다.

령이 우리에게 현재적으로 말씀하시는 수단이 된다. 성례전으로서의 성서의 기능은 성서가 개인적인 경건생활을 위해 사용된다는 점에서 많은 기독교인들에게 잘 알려진 것이다. 기독교인들이 성서를 일반적으로 이렇게 경건생활을 위해 이용하는 것은 성서본문을 읽고 그 본문을 묵상하는 데 시간을 보내는 방법이다. 즉 성서본문을 재빨리 읽거나 정보를 얻기 위해 읽는 것이 아니라, 시간적인 여유를 갖고 본문을 묵상함으로써 성령이 우리에게 개인적으로, 우리의 일상적인 삶 속에서 특별히 우리의 개인적인 삶과 관련하여, 말씀하시는 수단이 될 것이라는 희망을 갖고 성서를 읽는 것이다.

성서는 또한 기독교인들의 집단적인 상황에서도 성례전으로서 기능을 발휘한다. '렉시오 디비나'(Lectio divina, divine study)는 고대 기독교인들의 묵상 수행법으로서, 성서의 한 본문을 읽고 침묵의 시간을 갖고, 또 다시 그 본문을 읽고 침묵하는 것을 계속 반복한다. 또한 기독교 예배에서도 성서본문을 읽는 것이 성례전적인 것이 될 수 있다. 인간의 산물인 그 말씀이 하나님의 말씀을 위한 도구가 되는 것이다.

이처럼 기독교의 많은 종파들의 예배에서는 성서를 읽은 후에 그 낭독자가 "주님의 말씀입니다"라고 말한다. 성공회의 『공동 기도서』(Book of Common Prayer)에 대한 뉴질랜드 판본(version)에서는 보다 분명하게 성서 낭독자가 "성령께서 교회에 하시는 말씀을 들으십시오!"라고 말한다. 이런 사례들에서 볼 수 있는 것처럼, 성서는 말씀하시는 것과 듣는 것을 통해서 성례전적인 기능을 수행한다. 즉 우리는 성령께서 성서의 옛 말씀들을 통해 우리에게 말씀하시는 것을 듣는다.[11]

---

11) 역자주: 기독교가 "복종의 영성"을 주입한다고 비판받는 이유는 성서에 나타난 하나님의 군주적 성격만이 아니라, 설교와 성서 교육에서도 전문가(목회자나 교수)의 일방적 교육방식이 마치 정답은 하나뿐이라는 인상을 주며, 평신도들이 각자의 삶의 경험과 연관시키지 못하게 되어, 주체적으로 사고하고 결정

성서의 성례전적인 기능은 또한 그 말씀을 먹고, 먹이고, 소화한다는 표현에서도 나타나 있다. 성서 자체 안에서 예레미야와 에스겔, 요한계시록의 저자는 모두 하나님의 말씀을 "먹는 것"에 대해 말하고 있다. 교회의 전통적인 기도문 가운데 하나는 성서의 말씀에 관해서 "저희들이 그 말씀을 듣고, 읽고, 새기고, 배우고, 내적으로 소화하도록 인도하옵소서"[12]라고 말한다. 성서가 영양분이 되고, 하나님의 말씀은 매일 먹는 빵이 된다. 예수처럼 성서는 "하나님의 말씀"인 동시에 "생명의 빵"이다.

기독교인들은 보통 은총의 두 가지 수단에 대해 말한다. 즉 말씀과 성례전이 그것이다. 이런 말은 매우 적절한 표현이다. 우리는 말씀을 성례전으로 생각한다. 즉 기독교인들의 경험 속에서 성서의 말씀은 그 말씀이 말하는 실재의 매개체가 된다. 성령이 그 말씀을 통해 우리에게 말할 때, 그 말씀은 성례전이 되어, 이 땅의 그릇에 담긴 하나님의 말씀이 되는 것이다.

성서와 기독교인의 생활

새로운 패러다임이 성서를 보는 방식, 곧 역사적인 접근방법과 은유적인 접근방법, 그리고 성례전적인 접근방법은 과거의 패러다임이 제시하는 것과는 매우 다르게 성서와 기독교인의 생활에 대한 비전을 제시한다. 과거의 패러다임은 믿는 것을 강조했다. 즉 성서에 대한 믿

하고 책임지는 신앙인으로 성숙할 기회를 차단하는 위험성 때문이다. 참조, 존 캅, 이경호 역, 『생각하는 기독교인이라야 산다』 (한국기독교연구소, 2002).
[12] 에스겔 2:9-3:3; 예레미야 15:16; 계시록 10:9-10. 이 기도문은 11월 16일에 가까운 주일을 위한 기도문에 나온다.

음과 성서로부터 유래된 신학적 가르침들을 믿는 것을 강조했다. 현대에 접어들어, 이런 입장은 흔히 성서가 틀림이 없으며, 문자적으로 또한 사실적으로 참되다는 것을 믿는 것을 뜻하는 것으로서, 이런 입장은 종종 신조들과 핵심적인 신학적 교리들에까지 확대되었다.

그러나 새로운 패러다임에서는 성서가 인간이 만든 것이지만 그 지위와 기능에서는 거룩한 책으로 보며, 은유적이며 성례전적인 것으로 이해한다. 은유로서, 성서는 하나의 보는 방식인데, 하나님을 보는 방식이며 또한 하나님과 더불어 살아가는 우리의 삶을 보는 방식이다. 성례전으로서, 성서는 하나님이 우리에게 말씀하시는 방식이며 우리에게 오시는 방식이다. 성서의 기능을 이렇게 이해하는 것은 기독교 전통 전체에로 확장될 수 있다. 즉 성서만이 아니라 기독교의 신조들, 예배, 종교의식들, 수행 실천, 교리들도 은유와 성례전으로 이해할 수 있다는 말이다.

이런 관점에서는 기독교인이 된다는 것이 일차적으로 믿는 것이 아니라. 곧 현대적 의미에서 어떤 명제가 참되다고 믿는 것에 관한 것이 아니다. 그 대신에 새로운 패러다임은 신앙의 관계적인 의미를 강조하며, 기독교인의 생활에서 관계를 맺고 변화되는 차원을 강조한다. 즉 기독교인이 된다는 것은 하나님과 관계를 맺고 기독교 전통 안에서 살아가며, 특히 기독교 전통의 기초가 되는 성서를 은유와 성례전으로 경험하면서 살아가는 것을 뜻한다. 기독교인의 생활은 성서가 가리키며 매개하는(mediate) 분과 관계를 맺는 것이다. 즉 성서가 은유와 성례전으로서 성서를 통해 드러난 하나님과 관계를 맺는 것이다. 기독교인이 된다는 것은 이 전통 속에서 살아가는 것이며, 이 전통이 우리들 사이에서 변화를 일으키는 것을 받아들이는 것이다.

4장

하나님: 실재의 심장

기독교의 심장에는 하나님이 계신다. 하나님의 실재에 대한 확고한 고백이 없다면, 기독교는 말이 되지 않는다. 또한 우리가 어떻게 하나님을 "이해하는가" 하는 문제, 즉 우리가 어떻게 하나님을 생각하며, 하나님과 이 세계의 관계, 하나님의 성격에 대해 어떻게 생각하는가 하는 문제도 대단히 중요하다.

오늘날 일반적으로 기독교 안에는, 하나님에 대해 생각하는 매우 다른 두 가지 방식, 곧 하나님을 이해하는 매우 다른 두 가지 입장이 있다. 그 입장들은 주로 과거의 패러다임과 새로운 패러다임에 따르는 것이다.

하나님의 실재

윌리엄 제임스가 하나님이나 신성함을 뜻하는 포괄적인 용어로 사용한 것을 빌려서 말하자면, "'그 이상'(More)[1]이 있는가?" 하는 질문

---

1) "그 이상"(More)이라는 용어는 William James의 『종교체험의 여러 모습들』

이다. 하나님은 "실재하는가?"(Is God real?) 이것은 오늘날 서구 문화에서 핵심적인 종교적 질문이다.

미국에서는 아마 그렇지 않으리라고 생각할 수도 있을 것이다. 갤럽 조사를 보면, 거의 50년 동안 한결같이 미국인들의 95%가 자신들은 하나님을 믿고 있다고 말한 것으로 나타났다. 그러나 이런 여론조사를 어떻게 해석할 것인지는 쉽지 않다. 왜냐하면 미국인들의 95%가 가장 열심을 보이는 것이 하나님은 아니라는 사실은 분명한 것 같기 때문이다. 이것은 미국인들을 판단하는 것이 아니라 관찰한 결과이다. 즉 당신이 하나님을 믿는다고 말하면서 하나님에 대해 별다른 열심을 보이지 않는다면, 하나님을 믿는다는 것이 별다른 의미가 없는 것으로 생각되기 때문이다.2)

영국에서는 하나님을 믿는다고 말하는 사람이 약 35%에 불과하다.3) 북유럽의 여러 국가들에서는 그 수치가 더욱 낮다. 이처럼 서구 문화에서 상당부분 하나님의 중요성을 인식하는 사람들이 줄어든 이유는 무엇인가?

우리의 세계관의 중요성

현대 세계에서 하나님에 대한 질문을 이해하는 데 핵심적인 것이 "세계관"(worldview)이라는 개념이다. 우리의 세계관은 실재에 대한 우

(김성민, 정지련 역)에서 자주 사용된 용어이다.
2) 역자주: 월터 윙크는 미국인들이 실제로 믿는 것은 "폭력의 힘"이라고 지적한다. 『사탄의 체제와 예수의 비폭력』(한성수 역, 한국기독교연구소, 2004).
3) 역자주: 영국의 전체 인구의 70%가 하나님을 믿지만, 18세 연령층의 경우에는 77%가 하나님을 믿지 않는다(2000년 1월 *London Sunday Times*, Don Cupitt, "Christianity After the Church," *The Fourth R*, vol. 13, no. 6 (Nov.- Dec. 2000).

리의 이미지(our image of reality)이다. 즉 세계관이란 무엇이 실재하는 것이며 또한 무엇이 가능한 것인지에 대한 우리의 이해, 이미지, 혹은 상(picture)이다. 일상적인 용어로 말하자면, 세계관이란 세계 현실에 대한 "큰 그림"(big picture)이다. 철학적으로는 세계관이 우리의 형이상학 혹은 존재론이다.

우리는 모두 세계관이라는 것에 대해 생각해 본 적이 있든지 없든지 간에, 각자의 세계관을 갖고 있다. 우리는 단순히 성장과정을 통해서 어떤 세계관이든 갖게 된다. 사회화(socialzation) 과정에는 우리 사회(혹은 특수한 공동체)가 세상을 바라보는 방식을 각자 내면화하는(internalizing) 과정이 포함된다. 만일 우리가 이것을 내면화하지 않는다면, 우리는 한편으로는 사회적 인습을 따르지 않고 별난 사람이 되거나, 또 다른 한편으로는 광기를 보이거나 볕적인 행동을 드러내거나 하는 양극단 사이에서 어딘가에 자리잡게 될 것이다.

이처럼 한 공동체가 세상을 바라보는 방식을 개인이 내면화하는 과정에 대해 말할 때, 나는 "공동체"라는 말을 포괄적인 의미에서 "문화"를 뜻하는 말로 사용하고 있는데, 여기서 문화란 사람들이 그 안에서 살고 있는 폭넓은 문화(the broad culture)만이 아니라, 많은 문화들 속에 존재하는 하위문화(subculture)도 포함하는 말이다. 예를 들어, 우리들 대부분은 현대 서구 문화 속으로 사회화되었으며, 또한 종교 공동체처럼 보다 특수한 공동체 속으로도 사회화되었다. 따라서 우리들 대부분에게는 우리의 세계관이, 우리 문화의 세계관으로부터 내면화된 요소들과, 또한 특수한 종교전통의 세계관으로부터 내면화된 요소들이 뒤섞여 복합적으로 나타나게 된다. 대부분의 현대 이전 사회에서 살던 사람들과는 달리, 우리는 종종 우리의 세계관 속에서 충돌을 경험한다.

우리의 세계관은 실재에 대한 우리의 이미지일 뿐만 아니라, 우리가 실재를 바라보는 렌즈이기도 하다. 세계관을 내면화하게 되면, 실재에 대한 조감도(鳥瞰圖)를 갖도록 만들어, 실재를 쉽게 판단하고 친숙한 것으로 만든다. 더 나아가, 세계관을 통해 우리는 우리의 세계관에 들어맞지 않는 유별난 개념들과 유별난 사건들을 쉽게 받아들이지 않게 되며, 우리의 세계관에 들어맞는 개념들과 사건들만 쉽게 받아들이게 된다. 이처럼 우리의 세계관은 실재하는 것에 대한 우리의 감각을 형성한다.

두 종류의 세계관

수많은 문화들과 하위문화들이 있는 것처럼, 물론 수많은 세계관이 있다. 그러나 매우 기본적인 차원에서는 두 가지 종류의 세계관이 있는데, 종교적인 세계관과 비종교적인 세계관이 그것이다.

(1) 종교적인 세계관에는, 윌리엄 제임스의 용어를 다시 사용해서 말하자면, "그 이상"(More)이 있다. 즉 우리의 일상적으로 경험하는 눈에 보이는 세계, 그 과학이 밝혀내는 세계에 덧붙여서, "그 이상"이 있는데, 이것은 실재의 비물질적인 층(a nonmaterial layer), 혹은 실재의 또 다른 차원(an extra dimension of reality)이다.

이런 관점은 세계의 모든 고등종교들이 함께 공유하고 있는 관점이다. 오늘날 종교사 연구의 대가인 휴스턴 스미스의 말을 빌리자면, 이런 확신은 최근까지만 해도 "인간의 만장일치"[4]에 해당하는 확신이었다. "그 이상"은 신(God), 영, 신성한 분, 야훼, 도(道, Tao), 알라, 브

---

4) Huston Smith, *Forgotten Truth* (San Francisco: HarperSanFrancisco, 1976, 1992), pp. x, 5, 18. 첫 번째 판의 부제목은 *The Primordial Tradition*이었다.

라만, 아트만 등등 여러 이름으로 불렸다.

(2) 그러나 비종교적인 세계관에서는 "그 이상"이 없다. 단지 "이것"뿐이다. 즉 물질과 에너지의 세계 배후에, 혹은 그 너머에, 다른 어떤 자연적 힘이 있든지 간에, 우리의 과학이 밝혀내는 시공간 세계가 전부라고 본다. 17세기 계몽주의 시대에 생겨난 이 세계관은 때로 '세속적인' 혹은 '자연주의적인' 혹은 '유물론적인' 세계관이라 불린다. 이 세계관은 우주가 작은 입자들과 (중력, 전자기력, 핵력 등) 신비한 힘의 장(force fields)으로 이루어진 거대한 체계로서 이 모두가 자연법칙에 따라 움직이는 것이라는 잘 알려진 우주 이미지를 보여주는데, 이 우주에 대해서 우리는 점점 더 많이 깨달아가고 있다. 이것이 현대 서구 문화에서 가장 지배적인 세계관이기 때문에 흔히 '현대적'(modern) 세계관이라 불린다.

지난 300년 동안, 이 두 종류의 세계관이 서구 문화 속에서 충돌해 왔는데, 이 때문에 우리 시대의 가장 핵심적인 종교적 문제는 하나님의 실재에 관한 문제가 되었다. 현대적 세계관에는 하나님을 위한 여지가 없다. 따라서 이 세계관은 하나님의 실재를 문제가 많은 것으로 만든다. 어떤 사람들은 이 세계관을 통해 하나님의 실재를 부정하거나, 아니면 적어도 하나님에 관해 심각하게 의심하게 되어, 무신론(無神論, atheism) 혹은 불가지론(不可知論, agnosticism)에 빠지게 된다.[5]

그러나 계속해서 하나님의 존재를 믿는 사람들은 하나님에 대해 생각하는 방식을 바꾸게 되었다. 많은 기독교인들은 기본적으로 실재에 대한 현대적 세계관을 받아들이고 그 위에 하나님을 덧붙인다. 즉

---

[5] 역자주: 오늘날 매우 일반적인 자연주의적인 혹은 유물론적 세계관이 무신론이나 불가지론에 빠지는 이유는 눈에 보이는 "증거가 없다는 것"(absence-of-evidence)을 영적인 실재가 "없다는 증거"(evidence-of-absence)로 간주하기 때문이다. Huston Smith, *The Soul of Christianity* (2005), p. xvi.

하나님은 물질과 에너지로 이루어진 자기-충족적인 체계로서의 시공간적 세계를 창조하신 분이며, 그 세계에 시동을 걸었으며, 아마도 때때로 그 세계 속에 개입하시는 분으로 이해한다. 하나님은 우주를 창조하였으며 보통은 "저 밖에," 곧 우주 안이 아니라 우주 밖에 존재하는 초자연적 존재로 간주된다. 그러나 우리가 앞으로 살펴보겠지만, 이런 식의 하나님 이해는 "하나님"이라는 말의 의미를 심각하게 왜곡한 것이다.

다시 종교적인 세계관으로 되돌아가면, 이 세계관은 물질과 에너지로 이루어진 시공간적 세계보다 "그 이상"(More)이 있다는 세계관이다. 그리고 이 "그 이상"을 가리키는 가장 일반적인 용어는 서구 문화에서 "하나님"이라는 말이다. 그러므로 "하나님이 실재하는가?"라는 물음은 실제로는 "'그 이상'이 있는가?" 하는 물음이다. 이 물음에 대한 나의 대답은 단호하게 "그렇다"는 것이다.

물론 나는 하나님의 실재를 증명할 수는 없다. 그러나 나는 간단히 내가 호소하려는 자료(data)를 인용하겠다. 내가 하나님이 실재하는 "증거"가 아니라 "자료"라는 말을 쓴 이유는 "증거"라는 말이 "물증"을 뜻하는 것처럼 들리기 때문이다. 하나님의 실재에 대한 물증을 찾는 것은 불가능하다. 그러나 자료는 하나님의 실재를 암시한다.

첫째로, 내가 앞에서 간단히 언급한 것처럼, 이 세계의 종교들이 신의 실재에 대해 집단적으로 증언하고 있으며, 세계 종교들의 지혜가 이것을 말하고 있다. 물론 현대 이전의 대부분의 사람들과 문화가 신의 실재를 확증했다는 사실은 아무것도 증명하지 않는다. 그러나 그들의 확증은 그들이 알고 있었던 것에 기초한 것이지, 그들이 알지 못했던 것에 기초한 것이 아니었을 가능성을 심각하게 고려하는 것이 합리적이다.

둘째로, 종교 체험의 자료들은 매우 많은 것을 암시하는데, 특히 신비적인 체험, 샤머니즘의 체험, 환상을 보는 체험처럼, 보다 극적인 형태의 종교 체험의 자료들은 많은 것을 암시한다. 역사를 통해서 그리고 여러 문화들을 통해서, 사람들은 신성함을 체험한 것이 그들 자신에게 매우 분명한 그런 체험들을 했다. 또한 우리의 일상생활 속에서 체험하는 보다 "고요한" 형태의 종교 체험들도 있다. 이처럼 종교의 체험적인 기반은 매우 강력하며, 나로서는 이것이 궁극적으로 가장 설득력 있는 토대라고 생각된다.6)

셋째로, 포스트모던 과학, 특히 포스트모던 물리학은 매우 도발적인 주장들을 펼치고 있다. 휴스턴 스미스는 최근에 발표한 책 『왜 종교가 중요한가』(*Why Religion Matters*)에서, 우주에서 가장 근본적인 과정들은 시간과 공간 밖에서 일어난다고 주장한 두 사람의 현대 물리학자를 인용한다. 이런 진술은 현대적 세계관을 확장시키며, 실제로는 현대적 세계관을 무너뜨리는데, 현대적 세계관은 오직 물질과 에너지로 이루어진 시공간의 세계만을 인정하기 때문이다.7)

물론 이런 진술들이 하나님의 실재를 입증하는 것은 아니지만, 그러나 현대적 세계관의 적합성과 궁극성에 대해 의문을 제기하도록 만든다. 실제로 포스트모던 물리학에서 새롭게 등장하는 실재에 대한 이해는 종교적 세계관과 양립할 수 있는 것이다. 지난 200년을 특징지었

---

6) 나의 책 『새로 만난 하느님』, 한인철 역(한국기독교연구소, 2001), pp. 73-85도 참조하라.
7) 그 두 사람의 물리학자는 캘리포니아 주 버클리에 있는 캘리포니아 대학교의 Henry Stapp와 Geoffrey Chew 교수이다. Smith가 인용한 바에 따르면, Stapp 교수는 "우리가 자연에 관해 [지금] 알고 있는 모든 것은 자연의 근본적인 과정이 시공간 밖에 놓여 있지만, 시공간 안에 자리잡을 수 있는 사건들을 발생시킨다는 생각과 일치한다"고 말했다. Huston Smith, *Why Religion Matters* (San Francisco: HarperSanFrancisco, 2001), p. 176.

던 과학과 종교 사이의 충돌은 오늘날 교회의 많은 부분에서 점차 사라지고 있다. 종교와 포스트모던 과학은 모두 거대한 "그 이상"(More)을 가리키고 있다.

하나님에 대한 두 개념

"그 이상"에 대해 우리는 어떻게 생각해야만 하는가? 하나님에 대한 개념들은 (1) 우리가 "하나님"이라는 말이 무엇을 가리키는가에 대한 우리의 생각뿐만 아니라, (2) 하나님과 세계의 관계에 대한 우리의 생각에도 관심을 갖는다. 즉 하나님은 "저 밖에 어디에" 계시는가? 아니면 "바로 여기에" 계시는가? 아니면 둘 모두인가?

기독교 역사에서는 하나님에 대해 생각하고 하나님과 세계의 관계에 대해 생각하는 두 가지 방법이 있어 왔다. 하나님에 대한 이 두 개념을 나는 "초자연적 유신론"(supernatural theism)과 "범재신론"(panentheism)이라 부른다.8)

카렌 암스트롱의 베스트셀러 『신의 역사』(*A History of God*)의 핵심 주제들 가운데 하나는 하나님에 대한 이 두 가지 개념이 아브라함 종교, 곧 유대교, 기독교, 이슬람의 역사를 통해 나란히 흐르고 있다는 점이다. 이 두 가지 신 개념 모두 매우 오래된 것으로서, 그 세 종교가 시작된 때부터 있었던 것으로 거슬러 올라간다.

초자연적 유신론은 하나님을 사람과 비슷한 인격적 존재(a person-like being)로 상상한다. 분명히 하나님은 최고로 인격적인 존재이며 실

---

8) 이 두 개념을 잘 대조시킨 나의 설명은 *The God We Never Knew*, 한인철 역, 『새로 만난 하느님』, 1-2장에 나와 있다.

제로 최고의 존재이다. 매우 오래 전에 이 사람과 비슷한 인격적 존재가 이 세상을 창조하셨는데, 하나님 자신과는 분리된 세상을 만드셨다. 그래서 하나님과 세상은 완전히 구분된다. 즉 하나님은 "하늘 위에"(up in heaven), "저 밖에"(out there) 우주 너머에 계신다.

하나님에 대한 이런 이미지로부터 생겨난 하나님과 이 세계의 관계는 하나님이 이 세상에 개입하시는 분으로서 이해된다. 즉 "저 밖에" 계신 하나님은 때때로 이 세상에 개입하신다. 초자연적 유신론의 기독교적인 형태에서는, 성서에 보도된 놀라운 사건들, 특히 예수와 관련하여 그의 출생, 기적, 죽음, 부활이 하나님이 이처럼 세상에 개입하신 일로 간주된다. 더 나아가 초자연적 유신론자들은 일반적으로 하나님이 오늘날에도 계속해서 개입하시는데 특히 우리의 기도에 응답하시는 형태로 개입하신다고 주장한다.

한편, 범재신론, 곧 하나님에 관해 생각하는 두 번째 방식은 하나님과 하나님이 이 세상과 맺고 있는 관계에 대해 달리 생각한다. 비록 "범재신론"이라는 용어가 사용되기 시작한 것은 200년 정도밖에 되지 않았지만, 이 개념은 매우 오래된 개념이다. 이 개념은 하나님이 "저 밖에" 계신, 인간과 같은 인격적 존재라고 생각하기보다는, 하나님을 삼라만상을 둘러싸고 계신 영(the encompassing Spirit)으로 생각하여, 그 영 안에 삼라만상이 있는 것으로 간주한다. 우주는 하나님으로부터 분리된 것이 아니라, 하나님 안에(in) 있다. 실제로 이것이 "범재신론"(panentheism)이라는 말의 그리스어 어원적 의미이다. 즉 *pan*은 "범"(삼라만상)을 뜻하며, *en*은 "재"(안에), 그리고 *theism*은 "신"을 뜻하는 그리스어 *theos*에서 온 말이다.

초자연적 유신론 개념과 마찬가지로, 범재신론 개념도 성서에서 찾아볼 수 있다. 그 가장 분명한 표현은 사도행전에서 바울이 말한 것으로 기록된 표현이다. 즉 "우리는 하나님 안에서 살고, 움직이고, 존재하고 있습니다"(행 17:28, 참조, 시 139편). 이 구절의 표현에 주목할 필요가 있다. 우리는 하나님과의 관계에서 어디에 있는가? 우리는 하나님 안에 있다. 우리는 하나님 안에서 살며, 움직이며, 존재하고 있다. 하나님은 "저 밖에" 계신 것이 아니라 "바로 여기에"(right here) 우리의 모든 주변에 계신다.

중요한 점은 이 하나님 개념이 하나님을 우주로 환원시키거나, 하나님을 우주와 동일시하지 않는다는 사실이다. 삼라만상을 둘러싸고 계신 영으로서 하나님은 삼라만상 이상이며, 삼라만상은 하나님 안에 존재한다. 따라서 하나님은 "바로 여기에" 계실 뿐만 아니라 "바로 여기 그 이상"(more than right here)이다.

"범재신론"이라는 용어가 비록 많은 기독교인들에게 친숙한 용어는 아닐지라도, 그 개념 자체를 모르는 것은 아니다. 교회 안에서 성장한 사람들 대부분은 하나님이 "하늘 위에" 계신다는 것과 동시에 "어디에나 계신다"는 하나님의 편재성(omnipresent)에 대해서도 자주 들었기 때문이다. 하나님의 이런 두 차원을 가리키는 전통적인 용어는 하나님의 초월성과 내재성이다. 즉 하나님의 "그 이상(초월성)"(moreness)과 "임재하심(내재성)"(presence)이다. 이 두 가지를 결합하면, 하나님은 "그 이상"이시며 "바로 여기에" 계시는 분이라는 범재신론의 핵심적인 주장을 낳는다. 범재신론은 현대에 창안한 개념이 아니라, 하나님에 대한 고대의 개념이며 전통적인 개념이다.

하나님이 삼라만상을 둘러싸고 있는 영이라고 생각하면, 하나님과 세계의 관계도 다르게 생각하게 된다. 즉 하나님이 이 세상에 "개입하신다"는 개념이 사라지게 된다. 왜냐하면 하나님이 "개입하신다"는 것은 하나님이 이곳이 아니라 "저 밖에" 계신다는 것을 전제하기 때문이다. 그래서 하나님이 이곳에서 활동하기 위해서는 "개입"하실 수밖에 없게 된다. 그러나 하나님이 이 세상을 초월해서 계실 뿐만 아니라 "바로 여기에" 존재하고 계신다고 생각하면, 하나님과 세상의 관계에 대해 전혀 다른 모델에 이르게 된다. 즉 범재신론은 하나님의 개입에 대해 말하기보다는 "하나님의 의도"와 "상호작용"에 대해 말한다. 혹은 성례전의 용어를 사용하자면, 범재신론은 하나님이 삼라만상 "안에, 그것과 더불어, 그 아래" 계시는 것으로 이해한다. 즉 하나님을 세상에서 벌어지는 사건들에 대한 직접적 원인으로 이해하는 것이 아니라, 우리의 일상적인 생활 속에 그리고 그 아래에 계시는 것으로 이해한다.

범재신론이 하나님의 개입을 말하지 않기 때문에, 사람들은 흔히 이런 맥락에서 우리의 기도에 하나님이 응답(개입)하시는지에 대해 의문을 제기한다. 이것은 내가 공개강연에서 청중들로부터 가장 자주 듣게 되는 10개의 질문 가운데 하나다. 만일 우리가 하나님의 개입을 주장하지 않는다면, 우리의 간구와 중보기도, 즉 우리 자신을 위해서나 다른 사람을 위해 "도움"을 요청하는 기도가 무슨 효력이 있겠는가 하는 질문이다.

범재신론은 그런 기도의 효력을 부정하지 않는다. 범재신론의 신학적 틀은, 치유를 위한 기도를 포함해서, 기도하는 사람들이 효력을 얻을 수 있음을 인정한다. 또한 비범한 사건이 일어나는 것을 배제하지 않는다. 그러나 범재신론은 기도의 효력이나 비범한 사건을 하나님이 개입하신 결과로 보지는 않는다. 여기에는 몇 가지 이유가 있다. 우선 하나님의 개입은 범재신론의 하나님 개념 자체에 어긋나기 때문이다. 범재신론은 하나님을 이 세상에 부재(不在)하는 존재로 보지 않고 현존하는 존재로 보기 때문이다. 더 나아가, 범재신론은 하나님의 개입이라는 개념에는 극복할 수 없는 난관이 있다고 보기 때문이다. 즉 만일 하나님이 때때로 개입하신다면, 개입하지 않으시는 사태는 어떻게 설명할 것인가? 세상에서 일어나는 온갖 끔찍한 사건들을 생각할 때, 하나님이 개입하신다는 개념이 도대체 말이 되는 것인가?

만일 하나님이 홀로코스트(유대인 대학살)를 중지시키도록 개입하실 수 있었는데 개입하지 않기로 결정하셨다면, 이것이 도대체 (특히 그 민족을 선택하신 하나님의 결정으로서 - 옮긴이) 이해할 수 있는 일인가? 또한 하나님이 테러리스트들의 공격들을 중지시키도록 개입하실 수 있는데, (최소한 때로는) 개입하지 않기로 결정하신다면, 이것이 도대체 말이 되는가? 하나님이 마음만 먹으면 비행기 추락 사고를 멈출 수 있고 토네이도(회오리 폭풍)가 닥치지 않도록 하실 수 있다는 것이 말이 되는가? 만일 그렇다면, 왜 어떤 경우에는 그렇게 하시고, 다른 경우들에는 그렇게 하시지 않는가? 만일 그렇다면, 갖가지 비극적인 사건들과 사고들, 학대, 질병으로 인한 때 이른 죽음들이란 무엇인가? 하나님이 개입하신다고 추정하는 것은 하나님이 어떤 경우에는 개입하시지만 어떤 경우에는 개입하지 않으신다는 것을 뜻한다.

그래서 범재신론은 "하나님의 개입"이라는 말을 거부한다. 범재신론의 관점에서 보면, "하나님의 개입"이라는 개념에는 극복할 수 없는 난관이 있을 뿐만 아니라, 너무 많은 것을 알고 있다고 주장하는 셈이다. 즉 "개입"이 하나님과 세계의 관계를 설명하는 가장 중요한 방식이라고 주장하는 셈이다. 범재신론은 일반적인 의미에서 "하나님의 의도"와 "하나님의 상호작용"을 제외하고는, 하나님과 세계의 관계에 대해 알고 있다고 주장하지 않는다. 그 관계에 대해서 잘 모르는 것으로 만족한다는 말이다.9)

앞에서 이미 언급한 것처럼, 초자연적 유신론과 범재신론은 모두 기독교 전통에 깊이 뿌리박고 있지만, 지난 몇 백 년 동안에는 초자연적 유신론이 서구 기독교에서 지배적인 것이 되었다. 그 일차적인 이유는 계몽주의 때문이었다. 즉 17세기부터 이 우주는 하나님으로부터 분리된 자연적 체계로 점차 간주되었기 때문이다. 하나님은 이처럼 자연으로부터 분리되었으며, "자연에 대한 환상"에서부터 철저하게 깨어나게 되었다.10) 우주로부터 분리된 하나님은 점차 오직 "저 밖에"만 계신 것으로 간주되었다.

현대 서구 기독교에서 초자연적 유신론이 지배적인 것이 됨으로써 심각한 결과들이 초래되었다. 하나님이 "바로 여기에"서 분리되어 "저 밖에" 계신 것이 강조되자, 하나님과 세계의 관계가 왜곡되었으며, 하나님이라는 개념 자체가 더욱 더 받아들이기 어려운 것이 되었다. "저 밖에"(out there)라는 말이 오늘날에는, 과거 우리의 근대 이전(pre-modern) 조상들이 사용했던 뜻과는 많이 다른 것을 뜻하기 때문이다. 즉 과거에는 "저 위에" 혹은 "저 밖에"가 그다지 멀지 않은 곳을 가리켰다. 과거의 사람들은 우주가 작은 것이며 그 중심에 지구가 있다고 생각했다. 태양, 달, 혹성들과 별들은 지상에서 그다지 멀리 떨어지지 않은 둥근 천장에 박혀 있는 것으로 생각했었다. 그들이 이런 말을 정확히 문자적으로 어떻게 이해했는가는 알기 어렵지만, 기본적으로 모든 사람들은 우주를 작은 것으로 생각했었다.

이런 맥락에서 하나님을 "하늘에 계신 우리 아버지"라고 생각한 것은 하나님이 (지상으로부터) 매우 멀리 떨어진 곳에 계시는 분이 아

---

9) 간구와 중보기도에 대한 보다 자세한 설명은 9장을 참조하라.
10) Max Weber가 "자연에 대한 환상에서 깨어남"(disenchantment of nature)이라는 용어를 사용한 것에 대해서는 Harvey Cox, *The Secular City* (New York: Macmillan, 1965), pp. 21-24를 보라.

니라고 생각한 것이다. 그러나 우리들로서는 "저 위에" 혹은 "저 밖에"라는 말은 매우 먼 곳을 뜻한다. 만일 하나님이 초자연적 유신론이 주장하듯이 단지 "저 밖에"만 계시는 분이라면, 그 하나님은 매우 가까운 곳이 아니라 매우 먼 곳에 계신 분이다. 하나님은 멀리 떨어진 곳에 계시는 분으로서 이 세상에는 계시지 않는 분이 되어버린다. 그리고 멀리 떨어져 계시며 이 세상에 계시지 않는 하나님과 "존재하지 않는 하나님" 사이의 차이점은 별로 없는 셈이다.

우리 시대에는 초자연적 유신론이 하나님에 대한 매우 일반적인 개념이기 때문에, 많은 사람들은 하나님에 대한 이 개념이 "하나님"이라는 단어의 유일한 의미라고 생각한다. 그들로서는 하나님을 믿는 것이 "저 밖에" 계신, 사람과 비슷한 인격적 존재를 믿는 것을 뜻한다. 이것을 믿지 않으면 하나님을 믿지 않는 것이 된다.

이런 생각은 내가 가르치는 대학교 학생들에게서도 보게 된다. 매 학기마다 학생들 가운데는 내 강의가 끝난 후에, "교수님 강의는 매우 흥미롭습니다만, 교수님께서 '하나님'이라는 단어를 사용하실 때마다, 저에게는 문제가 되는데, 저는 실제로는 하나님을 믿지 않고 있습니다" 하고 말하는 학생들이 있다. 그러면 나는 언제나 그들에게, "당신이 믿지 않는 하나님에 대해 말해주겠소" 하고 말한다. 학생들이 믿지 않는 하나님은 한결같이 초자연적 유신론의 하나님이다. 그러면 나는 그 학생들에게 그런 하나님은 나도 믿지 않는다고 말해준다. 그들은 내 말에 놀라는데, 그들은 내가 하나님을 믿는 것으로 알기 때문이다. 그 학생들은 초자연적 유신론 이외에 달리 하나님을 설명할 수 있는 방법이 있다는 것을 단지 모르고 있는 것이다.

그 다른 방법이 범재신론이다. 중요한 사실은 범재신론이 유신론의 한 형태라는 점이다. 그러므로 나는 우리 시대의 몇몇 종교 사상가

들처럼 "유신론의 종말"을 말하는 것이 아니다. 내가 이해하기로는 그들이 "초자연적 유신론의 종말"을 말하는 것이다. 즉 초자연적 유신론은 많은 사람들에게 더 이상 당연하지도 않고 설득력도 없다는 말이다. 이런 주장에 대해 나는 동의한다. 그러나 이것을 ("초자연적 유신론의 종말"이라 부르지 않고) "유신론의 종말"이라고 부르는 것은 사람들에게 혼란을 가져다준다고 나는 생각한다. 많은 사람들에게 "유신론의 종말"이란 하나님에 대한 개념 자체를 거부하는 것처럼 들리기 때문이다. 그래서 많은 사람들이 유신론(有神論)에 대한 대안은 무신론(無神論)인 것으로 생각하는 것은 놀라운 일이 아니다.11)

그러나 하나님에 관해 범재신론의 방식으로 생각하는 것은 유신론의 한 대안적 형태이다. 범재신론은 초자연적 유신론처럼 성서에 근거한 것이다. 범재신론은 하나님의 초월성과 임재(내재성) 모두를 강조하지만, 초자연적 유신론은 그 현대적 형태에서 단지 하나님의 초월성만을 강조하기 때문에, 범재신론이 초자연적 유신론보다 실제로 중요한 점에서 보다 더 성서적이며 정통적이다.

하나님의 개념에 대한 설명 부분을 마치면서, 나는 두 가지 더 고려해야 할 것이 있다고 본다. 첫째는 "하나님"이라는 용어 자체의 의미에 관한 것이다. 20세기의 가장 중요한 개신교 신학자 두 사람 중 한 사람이었던 폴 틸리히(Paul Tillich)가 반세기 전에 한 다음의 말을 되새겨 보자. "만일 당신이 '하나님'이라는 용어를 생각할 때, 존재하거나 존재하지 않는 실체를 생각한다면, 당신은 하나님을 생각하는 것이 아니다." 틸리히가 말하려는 요점은 "하나님"이라는 용어는 특수하

---

11) 역자주: 미국 성공회의 존 쉘비 스퐁 주교 역시 무신론을 극복하기 위해 하나님에 대한 새로운 설명방식에 초점을 맞춘다. 『기독교 변하지 않으면 죽는다』(김준우 역, 한국기독교연구소, 2001)과 『만들어진 예수, 참 사람 예수』(이계준 역, 한국기독교연구소, 2009), p. 39, 각주 1을 참조하라.

게 존재하는 존재(초자연적 유신론의 하나님)를 가리키는 것이 아니다. 오히려, "하나님"이라는 용어는 "실재", "궁극적 실재" "존재의 근거", "존재 자체"를 뜻하는 가장 일반적인 용어라는 것이다.

매우 중요한 사실은 하나님이 단순히 현대적 세계관에서 정의하는 것과 같은 "실재"를 가리키는 이름이 아니며, 물질과 에너지로 이루어진 시공간을 가리키는 시적인 명칭이 아니라는 점이다. 오히려 오늘날 베네딕투스 수도회에 속한 교사로서 관상기도를 가르치는 토머스 키팅의 말처럼, 하나님은 "한계가 없는 실재"(isness without limitation)이다.12) 어리석은 질문처럼 보이지만, "실재"는 있는가? 물론이다. 따라서 하나님에 관한 질문은 "우주에 덧붙여서 또 다른 최고의 존재가 있는가?" 하는 질문이 아니다. 하나님에 관한 질문은 우리가 어떻게 "실재"(isness)를 이름 붙이며 이해할 것인가 하는 것이다.

두 번째로 고려할 점은 하나님에 관한 우리의 언어의 문제다. 세계의 종교들은 흔히 하나님이나 신성함이 모든 단어들 너머에 있으며 모든 언어 너머에 있다는 점을 강조한다. 이런 점을 나타내는 약간 전문적인 용어가 "표현할 수 없는"(ineffable)이라는 말이다. 기원전 6세기 중국의 종교적 인물 노자(老子)는 신성함을 "도"(道, Tao)라고 말했다. 그의 어록으로 전해진 『도덕경』의 첫 문장은 "이름 붙일 수 있는 도(道)는 영원한 도(道)가 아니다"라는 것이다. 만일 우리가 신성함에 이름을 붙인다면, 우리는 그것을 나머지 실재로부터 분리시켜냄으로써 더 이상 그것에 관해 말하는 것이 아니다. 신성함, 도(道)는 우리의 모든 언어 너머에 있다.

---

12) 2002년 1월에 오리건 주 포틀랜드에 있는 Trinity Episcopal Cathedral에서 열린 강연에서 한 말이다. 그(Thomas Keating)가 가르치는 관상기도의 종류인 "센터링 기도"에 관한 설명은 10장과 각주 11을 참조하라.

오늘날의 기독교 신학자인 벨든 레인(Be.den Lane) 역시 하나님에 관한 언어에 대해 똑같은 점을 지적하고 있다.

> 우리는 말해야 하지만, 말을 더듬지 않고 말할 수가 없다… [하나님에 관한 언어는] 언어의 한계선을 넘나드는데, 말을 하지만 말로 표현할 수 없음을 실감하게 되듯이, 수수께끼 같은 말을 하는 것으로서, 신비 앞에서 우리를 겸손하게 침묵하도록 요청한다.13)

하나님은 비물질적이며 엄청나며 놀라운 "그 이상"(More)을 가리키기 위해 우리가 사용하는 이름으로서, "그 이상"은 우주를 초월하지만 우주를 포함한다. 이것이 삼라만상을 "둘러싸고 있는 영"으로서, 그 영 안에서 "우리가 살고 움직이며 존재하며," 그 영은 우리를 둘러싸고 있으며 우리 안에도 있다. 하나님은 우주보다 크지만, 그 안에 우주가 있으며, 모든 이름들 너머에 있는 신비로서, 우리는 그 신성한 신비를 여러 방식에 따라 다르게 부른다.

인격적인 하나님

대부분의 종교에서와 마찬가지로 기독교 전통에서도, 하나님은 흔히 "인격적"(personal) 존재라고 말해진다. 즉 인격적인 특성을 지닌 사람과 비슷한 존재로 말해진다. 그러나 하나님이 인격적인가? 초자연적 유신론은 이 사실을 단호하게 주장하지만, 범재신론은 어떤 사람들에

---

13) Belden Lane, *The Solace of Fierce Landscape* (New York: Oxford University Press, 1998), p. 69.

게 실망을 안겨줄 정도로 비인격적인 것처럼 보인다. 그러므로 하나님은 인격적인가? 만일 그렇다면 어떤 의미에서 인격적이라는 말인가?

윌리엄 제임스는 『종교 경험의 다양성』의 마지막 장에서 "도매상"을 하는 하나님과 "소매상"을 하는 하나님에 관해 잠시 언급하고 지나간다.14) 나는 이 개념들을 "도매상 하나님"(wholesale God)과 "소매상 하나님"(retail God)이라 부르고, 이 개념들을 좀더 발전시킬 것인데, 제임스도 동의할 것이라 생각한다.

"도매상 하나님"은 어느 특수한 종교전통의 언어로부터 추상화된 하나님이다. 이것은 철학적 신학의 하나님으로서, 내가 방금 사용한 언어로 말하자면 "궁극적 실재", "존재 자체", "한계 없는 실재"로서의 하나님, 혹은 윌리엄 제임스 자신의 용어로 말하자면 "그 이상"으로서의 하나님이다. "도매상 하나님"은 우리가 "하나님"이라는 용어가 무엇을 뜻하며, 무엇을 가리키는지에 대해 말할 때, 우리가 말하는 하나님이다.

"소매상 하나님"은 여러 종교들에서 부르는 신성함이다. 이 개념은 세계 종교들의 경전과 이야기들의 주인공으로서의 신(혹은 신들)이다. 이 유비를 계속하자면, 이 개념은 소매상들, 지역의 판매자들의 신이다. 전형적으로 (항상 그런 것은 아니지만), "소매상 하나님"은 인격화(人格化)되어, 마치 하나님이 인간과 같은 존재처럼 인격적인 특성을 지닌 존재로 일컬어진다. 이런 인격화는 "소매상 종교"라 부를 수 있는 종교의 자연적인 언어이다. 이런 인격화는 경건과 예배의 자연스런 언어이다.

나는 "소매상 하나님," 곧 하나님에 대해 인격적인 언어를 사용하

---

14) William James, *The Varieties of Religious Experiences* (New York: Simon and Schuster, 1997), pp. 383-84.

는 것에 대해 아무런 문제를 느끼지 않는다. 나는 이런 언어를 항상 사용한다. 나는 내가 속한 교회의 예배에 참여할 때나 개인적인 경건 생활에서 이런 언어를 사용한다. 나는 하나님을 인격화하고 하나님을 마치 인격적인 존재처럼 부르는 데 아무런 문제를 느끼지 않는다.

문제가 발생하는 것은 단지 우리가 이런 인격화를 문자화할 때다. 이런 일은 보다 굳어진 방식과 보다 부드러운 방식으로 발생한다. 하나님에 대해 우리가 인격화시킨 것을 매우 문자적으로 받아들일 때, 예를 들어, "하나님의 오른 손"이라는 말을 하나님이 정말로 손을 갖고 계시다는 뜻으로 받아들일 때, 굳어진 방식의 문자화가 일어난다.

기독교인들 가운데 이런 정도까지 하나님을 문자적으로 생각하는 사람은 많지 않다. 예를 들어, 몇 년 전에 침례교도들의 한 집단이 자신들은 하나님이 남성적 존재라고 믿는다는 것에 근거해서 텍사스 침례교 총회에서 따로 떨어져 나온 적이 있었다.[15] 이런 믿음이 무엇을 뜻하는 것일지 의문스럽다. 하나님이 남성의 성적인 기관을 갖고 계신다는 뜻인가? 하나님이 면도질을 하셔야 한다는 뜻인가? 물론 이런 생각은 유치한 생각이다.

그러나 기독교인들 사이에서 훨씬 더 일관적인 것은 하나님에 대한 인격적 표현을 부드럽게 문자화하는 것인데, 하나님에게 손이나 발이 있다는 것이 아니라, 하나님이 사람과 비슷한 **인격적 존재**라는 생각이다. 하나님은 우주와 분리되고 다른 존재들로부터도 분리된 인격적 존재인데, 비록 최고의 정도이기는 하지만 우리와 비슷하다는 점에서 인격적이라는 말이다. 간단히 말해서, 굳어진 형태로든 부드러운 형태로든, 하나님을 우리가 인격화시킨 것을 문자적으로 받아들이면,

---

15) *The Christian Century* (Summer 2001)에 보도되었다.

그것은 초자연적 유신론에 도달하게 되며 그 개념과 관련된 많은 문제들에 봉착하게 된다.

나는 "도매상 하나님"과 "소매상 하나님" 사이에 가치판단을 할 마음은 없다. 그 둘 모두가 하나님에 관해 말하는 적합한 방식들이기 때문이다. 그러나 우리 시대의 많은 사람들은 "소매상 하나님"을 진지하게 받아들일 수 있기 위해서 "도매상 하나님"에 관해 배울 필요가 있다는 점을 덧붙이고 싶다. 많은 사람들처럼 나 역시 비록 하나님을 가리키기 위해 인격적인 표현을 사용하는 것에 대해 매우 편안하게 생각하지만, 하나님이 사람과 비슷한 존재라는 의미에서 인격적이라고는 생각할 수 없다.

그렇다면 하나님에 대한 인격적 표현들에 관해 우리는 어떤 의미나 내용을 찾을 수 있는가? 이제까지 나는 세 가지 차원의 의미를 찾아볼 수 있었다.

하나님이 궁극적으로 무엇과 비슷하시든 간에, 우리가 하나님과 맺는 관계는 인격적이다. 이 관계는 우리의 인격의 가장 깊은 차원과 가장 열정적인 차원에서 항상 영향을 미친다.

나는 하나님이 비인격적인 "에너지"나 "힘"이라기보다는 "임재"(presence) 하시는 특성을 더욱 많이 지닌다는 사실을 받아들인다. 마틴 부버의 표현을 빌리자면, 하나님은 "그것"(it)보다는 "당신"(you), 비인격적인 "원천"보다는 인격적인 특성을 지닌다는 사실을 받아들인다.16) 나는 하나님의 이런 특성을 경험에 기초한 "임재"

---

16) Martin Buber, 『나와 너』, 김천배 역(대한기독교서회). 매우 중요하며 명석하며 난해한 이 책은 맛볼 필요가 있으며, 끈기 있게 읽으면 많은 깨달음을 준다.

로, "당신"으로 이해한다. 나는 또한 하나님의 인격성이 유대교와 기독교 전통의 계약(covenant)이라는 개념의 중심이라고 생각한다. 우리는 "실재"와 계약 관계에 있으며, 계약은 본래적으로 실재와 관계를 맺는 모델이다.

더 나아가, 나는 하나님이 우리에게 "말씀하신다"고 생각한다. 이것은 하나님이 우리가 귀로 들을 수 있게 입으로 계시한다거나 우리가 받아쓰도록 불러주신다는 뜻이 아니다. 그러나 나는 하나님이 우리에게 "말씀하신다"고 생각하는데, 때로는 극적인 방식으로 환상을 통해서, 때로는 덜 극적으로 우리의 꿈을 통해서, 사람들, 경건 훈련과 우리의 전통의 경전을 통해서, 우리를 내적으로 "자극하거나" "인도하심을 통해서" 말씀하신다. 우리는 때로 하나님이 우리에게 말씀하고 계신다는 것을 느낄 때가 있다.

우리 시대의 저술가 프리드릭 뷰크너(Frederick Buechner)는 우리의 인생의 사건들 속에서 하나님이 우리에게 말씀하시는 방식에 관해 강력하게 쓰고 있다.

> 당신의 삶에 귀를 기울이라. 당신에게 무슨 일이 벌어지는가에 귀 기울이라. 왜냐하면 당신에게 벌어지는 일을 통해서 하나님이 말씀하시기 때문이다... 그 말씀은 항상 쉽게 해독할 수 있는 언어는 아니지만, 강력하며, 기억하게 되며, 잊을 수 없는 언어다.17)

이 책은 "정보"를 얻기 위해 읽을 책이 아니라, 다르게 보는 방식을 전해주려는 책이다.

17) *The Christian Century* (September 11-24, 2002): 26-33에 실린 그의 인터뷰에서 그가 한 말이다. 이 말은 그의 책 *The Sacred Journey* (San Francisco: Harper &

이 말을 오해하지 않는 것이 중요하다. 뷰크너는 우리에게 일어나는 모든 것이 하나님의 직접적인 뜻이라고 주장하는 게 아니다. 오히려 우리의 삶의 사건들 안에, 그 사건들과 더불어, 그 사건들 아래에서, 우리는 "항상 쉽게 해독할 수 있는 언어는 아니지만, 강력하며, 기억하게 되며, 잊을 수 없는 언어"로 말씀하시는 하나님의 말씀을 듣게 된다는 뜻이다.

그렇다면, 하나님은 인격적인가? 존재론적인 차원에서 하나님이 인격적인지는 모르겠다. 그러나 나는 하나님이 사람과 비슷한 인격적 존재는 아니라고 확신한다. 어떤 신학자들은 하나님이 "인격을 초월하는"(transpersonal) 존재라고 말한다. 이런 용어는 유용하다. 왜냐하면 우리는 흔히 "인격적"이라는 말의 유일한 대안은 "비인격"(impersonal)이라고 생각하기 때문이다. 그러나 "인격을 초월한다"는 말은 또 다른 선택 가능성으로서, "인격적인 것보다 못한"이 아니라 "인격적인 것 이상"을 뜻한다. 비록 "초인격적"이라는 말이 합리적이며 정상적인 의미에서 여전히 "인격적"인지 아닌지는 잘 모르겠지만, 나는 하나님을 "초인격적"이라고 부르는 것을 좋아한다. 그러나 나는 하나님을 인격적인 언어로 표현하는 것이 적합하다고 생각한다. 실제로, 나는 하나님이 인격적인 것보다 못한 존재가 아니라고 생각하기 때문에, 하나님을 비인격적인 언어로 표현하는 것보다는 인격적인 표현이 더 적합하다고 생각한다.[18]

Row, 1982) 서문의 주제이기도 하다.

[18] 역자주: 성육신과 삼위일체 교리의 혁명적 성격은 고대세계의 잔인성, 특히 대다수 농민들과 천민들은 법적 권리도 없으며 지배층의 철저한 무관심을 합리화해 준 종교적 세계관에 비추어 볼 때 이해할 수 있다. 고대세계의 최고신은 일반적으로 세상의 현실에 개입하지 않고, 하급신들을 통해 세상을 창조하고 개입했다. 그러나 하나님이 인간 예수 안에 성육신하신 것은 예수가 강조한 것처럼 인간이 하나님과 매우 친밀한 관계에 있을 뿐만 아니라, 교부들이 가르친

하나님의 성격

이제까지는 우리가 하나님의 존재(being)에 대해 생각했다. 즉 우리가 어떻게 하나님을 생각하며 하나님과 이 세계의 관계를 어떻게 생각하는가 하는 문제를 다루었다. 이제는 우리가 하나님의 성격(character)에 대해 어떻게 생각하는가 하는 중요한 문제를 생각해보자.

하나님의 성격이라는 말은 때로 하나님의 본성, 혹은 하나님의 의지라는 말로 표현되지만, 나는 성격이 의지보다 깊은 의미를 갖는다고 생각한다. 인간에 빗대어 설명하자면, 우리의 의지는 우리들 속의 보다 깊은 무엇의 산물이다. 즉 우리의 의지는 우리의 성격의 산물이다. 우리는 우리의 성격에 따라 "의지를 갖고" 결정을 내린다. 이와 마찬가지로, 하나님의 성격은 하나님의 의지보다 깊다. 따라서 나는 하나님의 성격이라는 말을 "당신의 하나님은 가장 기본적으로 무엇과 비슷한가?" 하는 뜻으로 사용한다.

당신의 하나님의 성격은 무엇인가?[19] 나는 이 질문의 중요성을 다음과 같은 질문들을 통해 분명히 드러내려 한다. 당신의 하나님은,

---

것처럼 인간이 하나님이 될 수 있도록 하기 위해서였다(데이비드 벤틀리 하트, 한성수 역, 『무신론자들의 망상』, 2016, 특히 15장). 이것은 참된 초월이 내재와 물질성 자체 안에서 발견되어야 한다는 뜻이다. 그러나 주류 교회는 인간이 되신 하나님의 겸비(humility of God)가 아니라, 하나님에게 카이사르(황제)의 속성들을 부여했으며(A. N. 화이트헤드), 예수보다는 플라톤의 영향을 더 크게 받아, 성육신(incarnation) 종교를 탈육신(excarnation)의 종교로 둔갑시켜, 육신, 물질, 여성, 자연을 경멸하고, 말(이론) 중심의 공격적인 종교가 되었다.(리처드 로어, 김준우 역, 『불멸의 다이아몬드』, 2015, pp. 26-27).

[19] 나는 이 표현을 John Dominic Crossan, *The Birth of Christianity* (San Francisco: HarperSanFrancisco, 1998), pp. 575-86에서 빌려왔다.

- 일차적으로 개인의 미덕에 관심을 기울이시는가?
- 일차적으로 법률을 주시는 분이며 재판장으로서, 당신이 삶의 기준으로 삼을 필요가 있는 분인가?
- 요구하시며 상을 주시는 하나님이신가?
- 일차적으로 천당과 지옥의 하나님이신가?
- 일차적으로 민족의 하나님이신가?[20]
- 대체적으로 "친절한" 하나님이신가?
- 대체적으로 무관심하신가?
- 함께 아파하는 하나님이신가?
- 사회정의의 하나님이신가?

요점은 이것이다. 우리가 하나님의 성격을 어떻게 이해하는가에 따라 차이가 생긴다는 점이다. 왜냐하면 우리가 하나님의 성격을 어떻게 이해하는가 하는 것이 하나님에 대한 충실함이 무엇인가에 대한 우리의 생각을 형성하며, 따라서 기독교인의 삶이란 무엇인가에 대한 우리의 생각을 결정짓기 때문이다.

이런 질문들을 통해 드러나는 것처럼, 하나님의 성격을 이해하는 여러 가지 방식은 두 가지 중요한 방식으로 구체화된다. 이 두 가지 방식이 완전히 대조되는 것인지 아니면 결합시킬 수 있는 것인지 하는 문제는 독자들의 판단으로 남겨놓겠다. 이 두 가지의 방식이 서로 대조되는 것으로 생각하는 입장이 우리 자신의 생각과 명료함을 위해 교육적으로 도움이 된다고 나는 생각한다. 이 두 가지 방식은 모두 성서

---

[20] 역자주: 하나님은 흰색 보좌에 흰옷을 입고 앉아계신 백발노인인 반면에, 악마나 도깨비는 새까만 존재로 표상되는 것은 인종차별과 노예제도를 정당화하는 이미지다. Howard Thurman, *Jesus and the Disinherited*, [1949] 1996, p. 33.

와 기독교 전통에서 찾아볼 수 있으며, 또한 많은 종교 전통, 아마도 대부분의 종교 전통에서 찾아볼 수 있는 방식일 것이다.

하나님의 성격을 상상하는 첫 번째 방식은 하나님을 요구와 보상의 하나님(a God of requirement and rewards)으로 생각하는 방식이다. 고대 세계의 왕처럼, 하나님은 법률을 제정해주는 분이며 재판장으로서, 그의 요구에 사람들은 반드시 부응해야만 한다. 이것은 "하나님에 대한 군주적 모델"(monarchical model)이라 부르는 것이다.21) 우리들과 하나님의 관계는 법적인 언어들을 통해 표현된다. 즉 우리는 하나님의 법에 불순종했기 때문에 처벌을 받아야 하지만, 하나님은 희생제사와 회개를 통해 우리의 죄를 해결할 길을 마련하셨고, 또한 예수의 죽음이라는 희생을 통한 우리의 용서와 구원을 가능하게 해주셨다. 이것이 진리라고 믿는 것이 우리에게 요청되는 것이며 구원의 수단이다.22)

이 모델의 극단적인 형태는 베스트셀러가 된 소설 『남겨진 자들』(*Left Behind*)23)의 하나님이다. 즉 "휴거"와 재림의 하나님으로서 어떤

---

21) *The God We Never Knew*, pp. 61-71, 한인철 역, 『새로 만난 하느님』, pp. 107-122.
22) 역자주: 성서는 하나님을 신인동형론적인 용어들로 표현하지만, 동시에 하나님에 대한 인간의 인식과 언어의 한계 때문에 하나님을 "말로 표현할 수 없는 분"(the Ineffable)이라고 부정적으로 설명하는 전통은 그분 앞에서 인간의 한계와 겸손을 인정하는 것이다. "하늘이 땅보다 높음 같이 내 길은 너희 길보다 높으며 내 생각은 너희들의 생각보다 깊다"(사 55:9). "깊도다 하나님의 지혜와 지식의 부요함이여, 그의 판단은 측량치 못할 것이며 그의 길은 찾지 못할 것이로다"(롬 11:33; 참조, 롬 9:18; 욥 38-42장). 그래서 유대인들의 속담에는 "만일 네가 하나님을 웃기고 싶다면, 하나님께 **너의** 계획을 말하라. 그러나 하나님을 더욱 크게 웃기려면, 하나님께 **하나님의** 계획이 무엇인지를 말하라"는 말이 있다. 이것은 누구나 자신이 경험한 것만큼만 이해할 수 있으며, 자신이 보고 싶은 것만을 보는 경향이 있기 때문이다. 우리의 이해란 우리 자신의 동굴/상자 속에 갇혀버리기 쉽기 때문이다. Anne Primavesi, *Making God Laugh: Human Arrogance and Ecological Humility* (Santa Rosa, CA: Polebridge Press, 2004).
23) 역자주: Jerry Jenkins and Tim LaHaye, *The Left Behind*. 1996년부터 출판된 이 지구 종말의 시리즈 소설은 모두 16권이며, 2004년까지 6,500만 부 이상이 팔렸

사람들은 구원하지만, 인류 대부분을 파멸시킬 하나님이다. 이보다 덜 극단적인 형태는 기독교 역사 전체를 통해 기독교인들이 가장 일반적으로 상상해왔던 하나님의 성격이다. 즉 예수가 우리의 죄를 위해 죽으셨다고 믿는 사람들은 구원받을 것이다. 그것을 믿지 않는 자들은 구원받지 못한다. 하나님의 성격을 이런 방식으로 생각하면, 기독교인의 삶은 하나님의 요구가 많든 적든 그것을 만족시키는 것이 된다.

하나님의 성격을 상상하는 두 번째 방식은 하나님을 사랑과 정의의 하나님(a God of love and justice)으로 생각하는 것이다. 이것은 성서 안에서 자주 강조되는 것이다. 히브리 성서의 예언자들은 하나님과 이스라엘의 관계를 말하기 위해 사랑의 관계라는 말을 사용했다. 즉 하나님은 사랑하시는 분이며 이스라엘은 사랑을 받는 자이다. 이스라엘을 한 여인으로 의인화시켜서 호세아는 하나님의 이름으로 이렇게 말한다. "그러므로 이제 내가 그녀를 꾀어서, 빈들로 데리고 가겠다. 거기에서 내가 그녀에게 다정한 말로 달래 주겠다.... 그녀는 젊을 때처럼... 거기에서 나를 기쁘게 대할 것이다." 이스라엘을 "너"라고 바꿔 부르면서 호세아는 계속하기를, "그 날에 너는 나를 '나의 남편'이라 부르고.... 내가 너를 영원히 아내로 맞아들일 것이다"라고 말한다(호 2:14-16, 19). 또한 포로 상태에 있는 유대인들을 향해, 이사야는 하나님의 이름으로, "내가 너를 보배롭고 존귀하게 여겨 너를 사랑한다"고 말한다(사 43:4).

옛날부터, (솔로몬의 노래라고도 알려진) 아가서(雅歌書)라는 연애 시집은 하나님과 이스라엘의 관계, 하나님과 인간의 관계, 혹은 그리스도와 교회의 관계를 드러내는 알레고리 혹은 비유로 간주되어 왔다. 우리는 하나님과의 관계에서 누구인가? 우리는 하나님의 사랑을 받는

다. Marcus Borg, *Jesus* (2006), p. 4.

자이다. 이것은 신약성서에서도 마찬가지다. 매우 잘 알려진 한 구절만 인용한다면, 요한복음 3:16의 첫마디, 곧 "하나님께서 세상을 이처럼 사랑하셔서…"라는 구절이다.

사랑의 하나님은 또한 정의의 하나님이다. 사랑과 정의는 서로 연결되어 있다. 왜냐하면 성서에서 정의는 사랑의 사회적 형태이기 때문이다. 따라서 사랑의 하나님은 단순히 "상냥한"(nice) 분이 아니라 날카로움, 곧 사회정의를 향한 열정을 지닌 분이다. 하나님은 모든 사람들과 모든 만물을 사랑하신다. 단지 나와 너만이 아니라, 단지 우리들만이 아니라 삼라만상 모두를 사랑하신다. 사랑과 정의의 하나님을 진지하게 생각하는 것은 정의를 진지하게 받아들이며, 계속되는 불의에는 그 마땅한 결과가 뒤따를 것임을 아는 것을 뜻한다.

하나님의 성격을 이처럼 사랑과 정의로 생각하는 방식에 따르는 기독교인의 삶은, 앞에서 말한 방식, 곧 하나님을 요구와 보상의 하나님으로 생각한 방식과는 매우 다르다. 여기서는 기독교인의 삶이란 하나님과의 관계를 통해 우리가 더욱 자비로운 존재로 변화되는 삶이다. 사랑과 정의의 하나님은 관계와 변화의 하나님이다.

하나님의 성격에 대해 이처럼 서로 대조되는 두 가지 방식을 달리 표현하면, 율법의 하나님(God of law)과 은총의 하나님(God of grace)이다. 전통적으로 루터가 대조시켰던 이 두 개념은 오늘날 다른 교파의 개신교인들 사이에서도 널리 받아들여지고 있다. 기독교인들이 일반적으로 잘못 오해하고 있는 중요한 사실은, 이 두 개념 사이의 대조는 구약성서와 신약성서 사이의 차이점도 아니며, 유대교와 기독교 사이의 차이점도 아니라는 점이다. 하나님의 성격을 이렇게 두 가지 방식으로 상상하는 것은 구약과 신약 모두에서 나타나며, 유대교와 기독교 모두에서 나타나기 때문이다.[24]

율법을 주신 분이며 재판장이신 하나님은, 바울과 루터 그리고 개신교 종교개혁자들이 일반적으로 거부했던 "행위"(works)의 하나님이다. 그들은 대신에 철저한 "은총"(grace)의 하나님을 강조했다. 즉 하나님이 우리를 용납하신 것은 무조건적인 것으로서, 우리가 믿거나 행한 것에 따른 것이 아니라는 말이다. 그러나 철저한 은총은 대부분의 기독교인들에게 너무 자주 지나치게 철저한 것으로 생각되어 왔다. 그래서 우리들은 흔히 하나님의 은총에 조건을 붙여서, 만일에(if) 당신이 ~을 한다면, 하나님은 당신을 받아들이신다고 생각했던 것이다. 이처럼 "만일에"라는 조건절이 덧붙여지면, 언제나 은총은 조건적인 것이 되어, 더 이상 은총이 아닌 것이 된다.

여기서 분명하게 밝혀야 할 중요한 점은 이것이다. 즉 무조건적인 은총은 우리가 어떻게 천당에 가는가, 혹은 누가 천당에 가는가 하는 문제에 관한 것이 아니라는 점이다. 구원이 일차적으로 "천당에 가는 것"에 관한 것이라는 개념은 잘못 왜곡된 것이다. 구원의 일차적인 의미를 그렇게 생각하면, 무조건적인 은총이라는 개념 때문에 모든 사람들이 그들의 생활과 신앙과 상관없이 천당에 간다는 말이 된다. 그러

---

24) 역자주: "율법의 하나님"과 "은총의 하나님"은 각각 하나님의 남성성과 여성성을 표상하는 것으로 이해할 수 있다. 한편 "하나님의 거룩하심"을 특히 강조한 유대인들이 아우슈비츠 포로수용소에서 경험한 것은 먹을 물과 수건과 화장지가 없어 도랑물을 마시고 설사를 계속하면서 온몸이 더러워져 서로를 바라보는 것조차 혐오스럽던 생지옥의 현실을 "하나님께서 거하시기에 충분히 거룩한 성소로 만드는 일"이었으며, 포로들의 더러워진 몸을 닦아주기 위해 자신의 거룩함마저 비우시는 쉐키나*Shekinah* 하나님이었다. 유대인 포로들의 목숨을 실제로 구출하지는 못하는 하나님이시지만, 그들이 자신들의 존엄성을 지키기 위해 투쟁하는 한, 고통당하는 그들을 지탱시켜주시는 하나님은 무방비 상태에 있으며, 그분의 생존은 세상을 파멸로부터 방어하려는 인간들의 거룩한 노력에 달려 있다는 경험이었다. Melissa Raphael, *The Female Face of God in Auschwitz: A Jewish Feminist Theology of the Holocaust* (New York, N.Y.: Routledge 2003), pp. 81-82, 117; 강영안, 『타인의 얼굴』 (2005).

나 무조건적인 은총은 내세(afterlife)에 관한 것이 아니라, 이 세상의 삶에서 하나님과 우리의 관계를 위한 기초에 관한 것이다. 하나님과 함께 살아가는 우리의 삶을 위한 기초가 율법인가 아니면 은총인가, 요구와 보상인가 아니면 관계와 변화인가? 은총은 후자를 확증한다.

사랑과 정의의 하나님, 그리고 은총의 하나님을 진지하게 받아들이는 것은 기독교의 메시지에 즉각적인 영향을 미친다. 즉 하나님은 이미 우리를 사랑하고 계시며 우리가 태어날 때부터 우리를 사랑하셨다는 뜻이다. 기독교인의 삶은 우리가 구원받기 위해서 믿을 필요가 있거나 행동해야 할 필요가 있는 것들을 믿거나 행동하는 것에 관한 것이 아니다. 오히려 기독교인의 삶은 이미 참된 진리, 즉 하나님이 이미 우리를 사랑하고 계신다는 진리를 터득하는 것이며 그 관계 속에서 살아가기 시작하는 것에 관한 것이다. 하나님과의 관계를 더욱 깊게 맺으려고 의식적으로 노력하는 것이다.

하나님의 성격에 대해 이처럼 두 가지 방식으로 상상하는 것은 결과적으로 기독교의 메시지에 대해서도 두 가지 매우 다른 방식으로 나타난다. 즉 기독교의 메시지는 "나쁜 소식"이 될 수도 있으며, "기쁜 소식"이 될 수도 있다. "나쁜 소식"이 되는 것은 우리의 인생이 끝날 때나 아니면 역사가 끝날 때에 마지막 심판이 있을 것이기 때문에, 그에 대비하지 않으면 큰 불행을 겪게 될 것이라는 메시지이다. 이것은 기독교가 협박의 종교, 근심의 종교, 자기보존의 종교로서의 모습이다.25)

---

25) 역자주: 종교적 확신 속에 자행하는 폭력보다 더 잔인한 것은 없다. 철학자 김상봉 교수는 한국 교회가 "사회적 진보를 거부하는 영원한 수구적 정신의 온상"이라고 비판한다.『도덕교육의 파시즘』(2005), p. 13. 김진호는 기독교가 인류 역사상 종족학살을 가장 많이 자행한 종교라고 비판하며, "교회는 한국 사회에서 공세적인 냉전적 반공 이데올로기의 생산 공장이요, '적'에 대한 분노

기독교 메시지가 "기쁜 소식"이 되는 것은 지금 여기에서 새로운 삶으로 초대하는 메시지, 우리의 삶을 개인적으로 변화시키고 이 세상에서의 삶을 변화시키려고 노력하는 메시지이다. "나쁜 소식"의 메시지는 모든 것을 삼켜버리는 불길에서 일부는 구출하지만 나머지는 모두 불살라버릴 것이라는 메시지이다. "기쁜 소식"의 메시지는 변화된 사람들에 대한 비전과 하나님의 영광으로 가득 넘치는 변화된 지상세계에 대한 비전이다.

하나님의 성격에 대한 질문에서 관건이 되는 것은 기독교인의 삶에 대한 우리의 이미지다. 기독교는 요구들에 관한 것인가? 즉 당신이 구원받기 위해서 당신이 해야만 하는 것들이 여기에 있다는 식의 요구들에 관한 것인가? 아니면 기독교는 관계와 변화에 관한 것인가? 즉 "여기에 길이 있으니 이 길을 따르십시오!" 하는 것인가? 이 두 가지 방식 모두에는 명령이 포함되어 있는데, 하나는 협박이며, 다른 하나는 초청이다.

를 생생하게 재생해 내는 가공 처리공장의 역할을 해왔다"고 지적한다. 『반신학의 미소』(2001), pp. 46, 53. 영국의 대표적 마르크스주의 문학비평가 테리 이글턴은 "기독교는 세상의 권력에 순응하기를 거부하기는커녕 거짓말쟁이 정치인과 부패한 은행가들, 광적인 네오콘들의 혐오스러운 위선의 도구가 되었으며, 교회 자체도 엄청나게 돈을 버는 산업이 되었다"고 비판한다. 『신을 옹호하다』(2009), pp. 80, 82. 이처럼 세계 현실과 교회의 사회적 기능에 대해 하나님의 창조와 구원의 관점에서 비판적으로 인식하는 것은 매우 중요하다. 그러나 장 바니에 신부의 통찰력처럼, 기독교인의 "지적 의식은 항상 경이감과 감사하는 마음에서 비롯되지 않으면 안 된다... 마르크스주의 철학자들은 경이와 신뢰의 자세보다는 불의에 대한 투쟁과 계급간의 불화를 출발점으로 삼고 있다... 오로지 투쟁만을 목적으로 모이게 되면 상대방에 대한 사랑이나 신뢰가 있을리 만무하다"고 지적한다. 장 바니에, 성찬성 역, 『공동체와 성장』(1985), p. 97. 한편, 동방교회는 신학이 "아름다움에 대한 사랑"(*philokalia*)에서만 시작되며, 그리스도의 평화(복음)는 아름다움에 호소하는 평화적인 방식으로 전달될 때만 설득력을 갖는다고 믿는다. David Bentley Hart, *The Beauty of the Infinite* (Grand Rapids, MI: Wm B. Eerdmans, 2003), pp. 1-3, 30, 127.

5장

예수: 하나님의 마음

　기독교의 심장에서 세 번째로 고백하는 것은 예수의 전적인 중심성이다. 예수가 세 번째인 것은 단지 설명하기 위한 순서에서만 그렇다. 왜냐하면 예수는 성서와 하나님처럼 중요하기 때문이다. 예수, 하나님, 성서의 중요성은 모두 얽혀 있다. 우리는 이스라엘의 하나님과 예수라는 인물을 주로 성서를 통해서 알고 있다. 또한 우리는 하나님의 성품과 열정(passion)에 관해서도 예수를 통해서 가장 결정적으로 알고 있기 때문이다.[1]

　실제로, 기독교를 정의하는 특성 가운데 하나는 우리가 하나님의 계시를 일차적으로 한 인격(a person) 속에서 찾는다는 점인데, 이런 고백은 세계의 중요한 종교들 가운데 독특한 고백이다. 유대교와 이슬람에서는 비록 모세와 무하마드가 계시를 받은 사람들이기는 하지만, 하

---

[1] 이 장은 내가 HarperSanFrancisco 출판사에서 출판한 세 권의 책들에서 다루었던 재료들을 새롭게 요약한 것이다. 그 세 권의 책은 『예수 새로 보기』(김기석 역, 1997), 『미팅 지저스』(구자명 역, 1995), 그리고 톰 라이트와 함께 쓴 『예수의 의미』(김준우 역, 2001)이다. 그리고 『예수 2000년』(남정우 역, 2003)과 Trinity Press International에서 출판된 *Jesus in Contemporary Scholarship* (1994), *Conflict, Holiness and Politics in the Teaching of Jesus*, rev. ed.(1998)도 연관된다.

나님이 그들 속에 인격으로서 계시된 것이 아니라, 토라(Torah)와 코란(Qur'an)의 말씀들 속에 계시되어 있다. 불교에서도 마찬가지다. 즉 인격체로서의 붓다는 신의 계시가 아니다. 오히려 붓다의 가르침들이 깨달음과 연민의 길을 드러낸다.

그러나 기독교는 하나님의 일차적인 계시를 한 인격 속에서 발견한다. 이런 사실은 기독교를 우월한 것으로 만드는 것이 아니라 다른 종교들과는 다른 것으로 만든다. 기독교인들로서는, 요한복음의 표현을 빌리자면, 예수 안에서 "말씀이 육신이 되어 우리 가운데 사셨다"(1:14). 이것이 성육신(incarnation)의 핵심적인 뜻이다. 즉 예수는 하나님에 대해서 볼 수 있는 것이 한 인간의 삶 속에 구체화된 분이다. 예수는 하나님의 성품과 열정의 계시이며 성육신이다. 즉 예수는 하나님이 무엇과 같으며 또한 하나님이 무엇에 대해 가장 열정적인지를 계시하며 성육한 분이다. 예수는 우리에게 하나님의 마음을 보여준다.

이처럼 기독교인들은 하나님이 자신을 책이 아니라 한 인격 속에서 가장 궁극적으로 드러내신다고 믿기 때문에, 예수는 성서보다 더욱 핵심적이다. 예수는 성서보다 우선한다. 성서와 예수가 서로 불일치할 때는 예수가 우선이다. 그러나 물론 우리는 예수에 관해 일차적으로 성서, 특히 신약성서를 통해 알고 있다. 이처럼 하나님, 예수, 성서가 얽혀 있는 것은 인간의 삶에 대한 기독교적 비전의 핵심에 자리잡고 있다.

새로운 패러다임은 예수에 대해 과거의 패러다임과는 매우 다르게 이해하지만, 예수의 결정적인 중심성을 주장한다. 새로운 패러다임의 역사적, 은유적, 성례전적인 접근방식은 성서와 하나님에 대해 새롭게 이해하도록 만드는 것처럼 "예수에 대해서도 새롭게 이해하도록" 만든다. 이제부터 내가 새로운 패러다임이 예수에 대해 이해하는 방식을 설명할 때, 나는 "예수를 새롭게 이해하는 것"이 왜 중요한 것인지를 강조하겠다.

예수에 대한 과거의 이미지는 더 이상 설득력이 없다

역사적-은유적-성례전적 접근방식이 중요한 첫 번째 이유는 과거의 예수 이미지와 그에 따르는 기독교인의 삶의 이미지가 이미 지난 세기에 수백만 명의 사람들에게 설득력이 없는 것이 되어버렸다는 점이다. 과거의 이미지는 매우 친숙하다. 문자주의의 굳어진 형태나 부드러운 형태를 지닌 과거의 패러다임에서는 복음서들을 문자적으로 틀림이 없는 것으로 읽어서 마치 복음서들이 정직한 역사적 문서들인 것처럼 간주한다.

이렇게 하면, 다음과 같은 예수의 이미지가 만들어진다. 우선 과거의 예수 이미지는 예수의 정체성을 강조한다. 즉 예수는 하나님의 아들이었으며, "세상의 빛," "생명의 떡," 약속되었던 메시아로서 다시 오실 분 등으로 생각하며, 예수가 자신의 이런 정체성에 대해 알고 있었으며 직접 가르쳤다고 주장한다. 또한 과거의 이미지는 예수의 죽음이 사람들을 구원하는 죽음이었다는 의미를 강조하며 이것을 예수의 삶의 목적이라고 이해한다. 즉 예수는 우리의 죄를 위해 죽으셨다고 고백한다. 과거의 예수 이미지는 기적 사건들, 특히 동정녀 탄생과 육체적인 몸의 부활을 강조한다. 또한 예수가 구원의 유일한 길이며, 따라서 기독교는 유일하게 참된 종교라는 것을 강조한다.

예수에 대한 이런 이미지와 함께 가는 기독교인의 삶에 대한 이미지는 이런 모든 주장들이 참된 것이라고 믿을 것을 강조한다. 즉 예수는 하나님의 유일한 아들로서 동정녀에게서 태어났으며, 우리의 죄를 위해서 죽었으며, 죽은 자들로부터 육체적으로 다시 살아났으며, 다시 오실 것이라는 사실 등을 믿을 것을 강조한다. 이런 예수 이미지는 더 이상 교회 안이나 밖에 있는 수많은 사람들에게 설득력이 없다. 이들 수많은 사람들에게는 예수 이미지의 문자주의와 배타주의가 더 이상 설득력이 없을 뿐만 아니라 기독교인이 되는 것을 방해하는 장애물이 되고 있다.2)

물론 예수를 이런 방식으로 이해하는 수백만 명의 기독교인들도 있다. 그러나 이런 과거의 이미지를 받아들일 수 없는 사람들에게는, 예수와 기독교의 기원에 대한 역사적-은유적 접근방식이 예수를 진지하게 생각할 수 있는 길을 제공해준다.

부활절 이전의 예수와 부활절 이후의 예수

둘째로, 역사적-은유적 접근방식이 중요한 이유는 부활절 이전의 예수(pre-Easter Jesus)와 부활절 이후의 예수(post-Easter Jesus) 사이를 구분하는 것이 중요하기 때문이다.3) 부활절 이전의 예수는 그의 죽음

---

2) 역자주: 양성(신성+인성) 기독론은 예수가 체험한 하나님과의 일치(합일)에 근거한 것으로서, 예수가 계시한 인간의 참된 모습이 바로 인간적이며 동시에 신적인 존재라는 의미였다. 그러나 양성기독론은 그리스의 "본체 형이상학"으로 표현되어 오늘날 이해하기 어렵고, 그분을 체험할 수 없으며, 논리적으로는 우리가 따를 수 없으며(그분은 신의 아들로 태어났기 때문에), 따를 필요도 없으며(우리의 구원을 위해 필요한 일을 그분이 십자가에서 다 하셨기 때문에), 따라서도 안 되는 분(행함이 아니라 믿음으로 구원받기 때문에)으로 오해받는다.
3) 독자들은 부활절 이전의 예수와 부활절 이후의 예수 사이의 구분에 대해 다른 말로 표현된 것을 본 적이 있을 것이다. 이전 세대의 학자들은 흔히 이것을 "역사의 예수"와 "신앙의 그리스도"라고 불렀다. 그러나 후자에서 "신앙"이란 단

이전의 예수다. 즉 기원전 4년경에 태어나 기원후 30년경 로마인들에 의해 처형된 갈릴리의 유대인이다. 부활절 이전의 예수는 죽었으며 사라졌다. 그는 더 이상 어느 곳에도 없다. 이 말은 부활절을 어떤 방식으로든 부정하지는 않지만, 살과 피가 흐르는 예수는 과거의 인물이라는 사실을 단지 인정하는 것이다.

부활절 이후의 예수를 가장 간략하게 정의하자면, 부활절 이후의 예수는 예수가 그의 죽음 이후에 되어진 분이다. 좀더 부연해서 설명하자면, 부활절 이후의 예수는 기독교인들의 체험과 전통의 예수이다. 여기서 체험과 전통이라는 명사 모두가 중요하다. 부활절 이후의 기독교인들의 체험의 예수라는 말로써 내가 뜻하는 것은, 예수는 그의 죽음 이후에도 그의 제자들에 의해 현재의 신적인 실재로서 계속해서 체험되어졌으며 그런 체험은 오늘도 계속된다는 뜻이다. 모든 기독교인들이 그런 체험을 하는 것은 아니지만 어떤 기독교인들은 그런 체험을 한다는 말이다. 부활절 이후의 예수는 이처럼 체험적 실재이다.[4] 한편 부활절 이후의 기독교 전통의 예수라는 말로써 내가 뜻하는 것은 초기 기독교 운동의 발전하는 전통에서 우리가 만나게 되는 예수, 곧 복음서들과 신약성서 전체만이 아니라 신조들 속에서 만나게 되는 예수를 뜻한다.

부활절 이전의 예수와 부활절 이후의 예수 사이를 구분하는 것이 왜 중요한가? 첫째 이유는, 우리가 그런 구분을 하지 않을 경우에는 우리가 부활절 이전의 예수와 부활절 이후의 예수 모두를 잃어버릴 위험이 있기 때문이다. 이런 위험성에 대해 나 자신의 체험을 토대로 설

어를 사용한 것 때문에 불행하게도 많은 사람들은 이것이 체험되는 것이라기보다는 단지 믿을 수만 있는 것처럼 생각하게 만든다.

[4] 20세기의 예수 체험에 대한 한 사례에 대한 사려 깊은 연구를 보려면, Philip H. Wiebe, *Visions of Jesus* (New York: Oxford University Press, 1997)를 보라.

명하자면, 내가 교회 안에서 자라던 어린 시절에는 이런 구분을 알지 못했다. 그 결과, 나는 내가 예수에 관해 들었던 것들, 즉 신약성서, 신조, 설교, 혹은 찬송을 통해 예수에 관해 들었던 모든 것들을 당연한 사실들로 받아들였다. 따라서 나는 예수를 신적인 존재로 생각했다. 심지어 역사적 인물로서도 예수는 하나님의 독생자였으며, 인간의 육신을 입은 하나님이셨으며, 삼위일체의 제2격 등으로 생각했으며, 또한 예수도 자신의 이런 정체성을 알고 계셨다고 생각했다. 나는 예수가 신적인 지식과 권능을 갖고 계신 것으로 생각했다. 그렇기 때문에 예수는 미래를 알 수 있었으며, 권위 있게 말씀하시고, 물을 포도주로 바꾸며 죽었던 나사로를 다시 살리는 것과 같은 놀라운 기적을 일으킬 수 있었다고 생각했다.

그러나 무슨 일이 벌어졌는가를 주목하라. 예수는 더 이상 확실한 인간이 아니게 되었다. 하나님의 지식과 권능을 지닌 존재는 아무리 우리들처럼 보인다 하더라도 우리와 같은 인간은 아니다. 더 나아가, 우리가 예수의 인간성을 희생시키면서 그의 신성을 강조할 때마다, 우리는 그처럼 탁월한 인간의 발자취를 잃어버린다. 만일에 우리가 예수의 지혜, 연민, 용기, 치유 능력이 그의 신성의 결과라고 생각한다면, 그런 모든 능력들은 어떤 점에서 "별것이 아니다." 심지어 물 위를 걷고, 폭풍을 잔잔하게 만들며, 수많은 군중을 먹이고, 죽은 사람들을 다시 살리는 것처럼 예수가 행한 것으로 전해지는 가장 놀라운 사건들조차도 하나님의 능력을 지닌 존재로서는 단순히 그의 장기(長技)를 보여준 것에 지나지 않는다. 이런 점에 대해 남아프리카의 복음서 학자이며 예수 연구가인 앨버트 노울란이 정곡을 지적했는데, 나는 그의 표현이 날이 갈수록 더욱 좋아진다. 즉 "예수는 매우 평가절하된 인간이다. 예수에게서 인간성을 박탈하는 짓은 그에게서 위대함을 박탈하는 짓이다."5)

우리가 부활절 이전의 예수와 부활절 이후의 예수 사이를 구분하지 않을 때, 우리는 앞의 것을 잃어버릴 뿐 아니라, 어떤 점에서는 뒤의 것도 잃게 된다. 예수는 과거의 신적인 존재가 되기 때문이다. 즉 예수는 지상에 35년 남짓 존재했었다. 그러나 부활절 이후에는 그가 하늘로 승천했다. 그가 언젠가는 다시 오실 것이지만, 그렇게 되기까지는 그는 여기에 없다. 이처럼 우리는 여전히 이곳에 존재하는 살아 계신 예수, 오늘날도 체험할 수 있는 실재인 부활절 이후의 예수를 잃어버리게 된다. 그러나 우리가 그 둘 사이를 구분할 때, 우리는 둘 모두를 만날 수 있으며, 그 둘 모두가 중요하다.

복음서들의 성격

세 번째로 역사적-은유적 접근방식이 중요한 것은 그 방식이 우리로 하여금 복음서들의 성격을 이해하도록 도와줌으로써 복음서들을 더욱 잘 이해하도록 돕기 때문이다. 새로운 패러다임이 복음서들을 이해하는 방식에 대해서는 다음 두 가지 주장이 핵심적이다.

첫째로, 복음서들은 하나의 발전하는 전통(a developing tradition)의 산물이다. 신약성서의 네 복음서들은 모두 예수의 생애 이후 수십 년이 지나서 기록되었다. 가장 먼저 기록된 마가복음은 기원후 70년경, 즉 부활절 이후 약 40년이 지나서 기록되었으며, 아마도 가장 늦게 기록되었을 요한복음은 십중팔구 90년대에 기록되었을 것이다. 그러므로 부활절에서부터 복음서들이 기록되기까지의 수십 년 동안 예수에

---

5) 앨버트 노울런, 정한교 역, 『그리스도교 이전의 예수』(분도출판사, 1980).

관한 전승들(traditions)이 발전했는데, 이 말은 예수에 관한 전승들이 자라났다는 말이다. 이렇게 전승들이 발전하게 된 이유는 부분적으로, 그 공동체가 계속해서 부활절 이후의 예수를 체험했기 때문이며, 이런 체험은 그들이 부활절 이후의 예수를 기억하는 방식에 영향을 미쳤기 때문이다. 또 다른 이유는 1세기가 진행되면서 초기 기독교 운동의 변화된 상황에 적합하도록 예수에 관한 전승들을 변경시켰기 때문이다. 복음서들은 1세기의 마지막 30여 년 동안에 기독교 교회 공동체들 안에서 쓰여진 것이며 또한 그 공동체들에게 말해진 것들이다.

고고학적인 은유(발굴층)를 사용하자면, 복음서들은 이처럼 하나의 발전하는 전통으로서 초기의 전승층들과 후대의 전승층들을 갖고 있다. 즉 어떤 전승들은 예수의 시대까지 거슬러 올라가며, 어떤 전승들은 후대의 교회 공동체의 산물이다. 음성이라는 은유를 사용하자면, 복음서들은 두 개의 음성을 담고 있는데, 예수의 음성과 교회 공동체의 음성이 그것이다. 그 두 개의 전승층들과 음성들 모두가 중요하다. 앞의 것은 부활절 이전의 예수에 관해 말해주며, 뒤의 것은 부활절 이후 수십 년 동안 교회 공동체들의 체험 속에서 예수가 무엇이 되었는지에 대한 증언과 고백이다.6)

---

6) 새로운 패러다임이 복음서들을 어떻게 이해하는가에 대한 간단한 설명이 필요하겠다. 요한복음은 가장 역사적이지 않은 복음서로서, 주로 초기 기독교 공동체의 체험 속에서 예수가 무엇이 되었는지에 대한 증언이다. 마태, 마가, 누가(이 셋을 공관복음이라 부른다)도 비록 초기 공동체들의 증언이기도 하지만, 좀더 역사적인 기억을 담고 있다. 그 발전하는 전통의 최초의 전승층들은 마가와 Q 자료(마태와 누가에 공통적인 재료들로부터 재구성한 예수의 가설적인 어록집으로서 아마도 50년대에 기록되었을 것이다)에서 가장 쉽게 찾아볼 수 있는데, 마태나 누가에만 나오는 어떤 재료들도 매우 초기의 전승들인 것으로 보인다. 좀더 자세하게 알고 싶으면, 주류 성서학자의 신약개론이나 복음서 개론을 참조하라. 내가 요약한 것은 *Jesus at 2000*, pp. 121-47에 실린 "The Historical Study of Jesus and Christian Origins"에 나온다.

둘째로, 복음서들은 하나의 발전하는 전통일 뿐만 아니라, 기억(memory)과 은유(metaphor)를 결합한 것이기드 하다. 일반적으로 성서와 마찬가지로, 복음서들도 역사적 기억과 은유적 이야기가 섞여 있는 것이다. 은유와 은유적 이야기들은 내가 앞장에서 성서를 다루면서 강조한 것처럼, 문자적으로 사실은 아닐지라도 근본적으로 참된 것일 수 있다.

우리 시대에는 많은 사람들이 역사와 은유 사이를 구분하는 것에 대해 들어야 할 필요가 있는데, 그 이유는 복음서들 속의 많은 부분들은 문자적으로 읽을 수 없는 것들이기 때문이다. 문자적으로 읽으면, 예수의 이야기는 문자적으로 믿을 수 없는 이야기가 된다. 예수의 이야기는 믿을 수 없는 것이 되도록 의도(기록)된 것이 아니다. 기쁜 소식으로서, 예수 이야기는 믿지 않을 수 없도록 의도된 것이다.

더 나아가, 복음서들 속의 은유를 인정하는 것이 중요한 이유는 그렇게 인정하는 것이 우리로 하여금 본문들 속의 풍부한 의미를 볼 수 있게 도와주기 때문이다. 그것을 인정하지 않는다면 우리는 아마도 그 풍부한 의미를 놓치고 말 것이다. 문자적으로 읽는 것은 본문을 무미건조한 것으로 만들 수 있다. 요한복음 2장에 나오는 가나(Cana)의 혼인잔치에서 예수가 물을 포도주로 바꾼 이야기가 이 점을 잘 드러내준다. 이 이야기를 문자적으로 읽는 것은 그 놀라운 행적을 강조한다. 즉 만일 예수가 120~150 갤런의 물을 포도주로 바꿀 수 있었다면, 예수는 틀림없이 대단한 존재로서 하나님의 능력을 지닌 존재였음에 틀림없다. 즉 이 이야기는 예수의 정체성에 대한 "증거"가 되며, 예수가 자신이 누구라고 말한 존재의 "증거"가 된다.

그러나 이 혼인잔치 이야기를 역사적-은유적 이야기로 읽으면 매우 다른 의미를 발견하게 된다. 이렇게 읽는 것은 그 문학적 맥락에 주목한다. 즉 요한복음에서 가나의 혼인잔치는 예수의 공적인 활동이 시작되는 장면이다. 그렇기 때문에, 이 잔치 이야기를 통해 요한은 "이것이 예수 이야기란 무엇인지를 보여주는 것이다"라고 말하고 있다. (이것은 다른 복음서들에서 예수의 공적인 활동이 시작되는 장면에 그들의 예수 이야기에 관한 신적인 현현의 이야기가 나오는 것과 마찬가지다). 혼인잔치 이야기는 특정한 기억을 환기시키는 방식으로 시작된다. "사흘째 되는 날에 ... 혼인잔치가 있었다." 예수 이야기는 혼인에 관한 것이며, "사흘째"라는 말은 예수 이야기가 시작되는 지점에서 부활절 이야기를 환기시킨다.

혼인은 성서 전통과 기독교 전통에서 매우 풍부한 은유적 연상작용을 일으키는 것이다. 거기에는 하늘과 땅의 혼인, 사랑하는 하나님과 사랑받는 우리들 사이의 혼인이라는 신비주의적인 이미지가 있다. 예수 이야기는 바로 이런 것에 관한 이야기다. 예수 이야기는 또한 지상에서 일어나는 것이기도 하다. 즉 혼인잔치는 유대인 농민들의 삶에서 가장 즐거운 축제였다. 7일 동안 계속되는 혼인 축하잔치는 춤추고 풍부한 먹거리와 술판이 벌어지는 때로서, 농민들이 평소에는 겨우 곡식, 채소, 과일이나 먹고, 어쩌다 한 번씩 생선을 먹게 되는 식생활과는 판이하게 대조되는 때였다.

그렇다면 예수 이야기는 무엇에 관한 것인가? 예수의 공적인 활동을 시작하는 것에 대한 요한의 이야기에 따르면, 예수 이야기는 혼인에 관한 것이다. 더 나아가, 예수 이야기는 혼인잔치에 관한 것이다. 더 나아가, 예수 이야기는 포도주가 떨어지지 않는 혼인잔치에 관한 것이다. 더 나아가, 예수 이야기는 포도주가 떨어지지 않는 혼인잔치일 뿐만 아니라, 최고의 포도주가 마지막에 나오는 잔치에 관한 것이다. 가나의 혼인잔치 이야기는 우리로 하여금 예수 이야기가 바로 이런 것에 관한 것임을 보도록 초대한다.

이 이야기를 문자적으로 읽으면 이 모든 점을 놓칠 수 있다. 문자적으로 읽으면 대신에 이야기에서 벗어나 걸림돌이 될 수 있는 질문, 즉 당신은 이것이 정말로 일어났다고 믿는가 하는 사실에 관한 질문을 묻게 만든다. 그러나 이 이야기를 은유적으로 읽으면, 이런 (사실에 관한) 질문에 초점을 맞추지 않도록 만들어, 우리로 하여금 이 본문의 풍부한 의미를 파악하도록 돕는다. 은유적인 본문읽기는 문자적인 읽기 방식보다 열등한 것이 아니라 오히려 더욱 풍부한 읽기 방식이다.

우리의 기독론적인 표현의 의미

넷째로, 역사적-은유적 접근방식이 중요한 이유는 이 방식이 우리로 하여금 우리의 기독론적인 표현의 의미를 이해하도록 도와주기 때문이다. 기독론적인 표현이란 신약성서에서 예수의 정체성과 의미를 가리키기 위해 사용된 높여진 "칭호들"(titles)을 말한다. 이런 칭호들에는 하나님의 아들, 주님, 메시아, 하나님의 말씀, 하나님의 지혜, 대제사장과 희생제물, 하나님의 어린양, 세상의 빛, 생명의 떡, 참 포도나무 등이 포함된다.

이런 표현 모두가 예수가 하신 말씀으로 전해진 말씀들 속에 나오는 것은 아니지만, 어떤 표현은 그렇다(특히 요한복음에서 그렇다). 따라서 예수는 자신에 관해 이런 (기독론적) 주장을 한 것으로 소개된다. 이것이 과거의 패러다임이 예수의 정체성에 대해 이해했던 것의 토대이다. 이것은 또한 C. S. 루이스의 잘 알려진 말의 토대이기도 한데, 그의 말은 여전히 보수적인 기독교 변증서적들에서 찾아볼 수 있다.

단순히 한 사람으로서 예수가 말한 것과 같은 종류의 것을 말한 사람은 위대한 도덕적 스승일 리가 없다. 그런 사람은 자신이 반숙한 달걀이라고 말하는 것과 같은 차원의 미치광이거나 아니면 지옥의 악마일 것이다. 그러므로 이 사람은 하나님의 아들이었으며 지금도 하나님의 아들이거나, 아니면 미치광이거나 혹은 그보다 더 형편없는 존재이거나 할 것이다.[7]

루이스의 이 말은 복음서들의 기독론적인 표현들이 예수 자신에게서 비롯된 표현들이라는 주장에 의존한 말이다.

    그러나 사실은 그렇지 않다는 것이 거의 틀림없다. 새로운 패러다임에서는 이런 표현들이 매우 다르게 보인다. 다음 네 개의 진술이 중요하다. 첫째, 기독론적인 표현들은 부활절 이후의 표현들이다. 주류 신약학자들의 거의 대다수는 예수가 자신에 관해 이런 표현들을 사용했으리라고는 생각하지 않는다. 예수는 아마도 자신을 가리켜 메시아, 하나님의 아들, 세상의 빛 등으로 말하지는 않았을 것이다. 오히려 이런 표현은 부활절 이후 몇 년이 지나거나 몇 십 년이 지난 다음에 교회 공동체의 음성인 것이다. 그것은 자기 선언의 표현이 아니라, 그 공동체가 자신들의 삶에서 예수가 지닌 의미에 대해 증언한 것이다.

    그렇기 때문에 그것은 매우 강력한 힘이 있다. 교회 공동체는 이렇게 증언했던 것이다. 즉 우리는 이 사람 안에서 우리의 어둠 속에서 빛을 보았으며, 우리를 죽음으로부터 생명으로 인도한 길을 찾았으며, 지금도 우리를 양육하는 생명의 떡을 찾았다. 우리는 이 사람 속에서 하나님의 말씀과 지혜를 발견했으며, 우리는 이 사람 속에서 하나님의 아들, 그 약속된 메시아를 보았다. 그는 하나님과 한 분이며, 우리는

---

7) C. S. Lewis, 『순전한 기독교』, 장경철/이종태 역(홍성사).

그를 "나의 주님이며 나의 하나님"이라고 부른다. 실제로 나로서는 이런 표현이 한 사람이 자신에 관해 사용했던 표현이라고 상상하려 할 때 느끼는 강력함보다는 교회 공동체의 증언으로 볼 때 더욱 강력한 힘이 있는 것으로 생각된다.

둘째로, 이런 표현 모두는 은유적인 것이다. 우리가 이런 칭호들을 한 문장 속에 나열할 때 그 은유성을 가장 잘 알 수 있다. 즉 "나는 예수가 하나님의 어린양이며, 세상의 빛, 생명의 떡, 하나님의 말씀, 하나님의 아들이라고 믿는다." 명백한 사실을 말하자면, 예수는 한 마리의 어린양이나 양이 아니며, 불꽃이나 촛불이 아니며, 떡 한 조각이 아니며, 말 한 마디(한 마디의 소리나 페이지에 기록된 단어)가 아니다. 이 모든 것은 은유들이다.

또 다른 예를 들어보자. 요한복음에서는 예수가 "문"이다(10:9). 요한계시록에서는 예수가 "문 밖에 서서, 문을 두드리고 있다"(3:20).8) 그렇다면, 예수는 문인가 아니면 문 밖에서 문을 두드리는 분인가? 문자적으로는 예수가 문이면서 동시에 문을 두드리는 분일 수는 없다. 심지어 이런 식의 질문을 제기하는 것 자체가 잘못된 것이다. 왜냐하면 이것은 "둘 중의 어느 하나"(either-or)가 아니라, "둘 모두"(both-and)이기 때문이다. 즉 예수는 문이면서 동시에 문 밖에서 두드리는 분이다. 은유적으로 볼 때, 예수는 그 둘 모두이다. 비록 문자적으로는 그렇지 않지만 실제로는 그 둘 모두이다.

그러나 우리는 기독론적 칭호들 가운데서 적어도 "하나님의 아들"이라는 칭호만큼은 문자적으로 이해하려는 경향이 있었다. 우리가 그렇게 생각했던 이유가 부분적으로는 예수의 탄생 이야기들을 문자적

---

8) 예전의 영어성경 번역본들은 'door'를 사용했지만, NRSV은 'gate'를 사용한다.

으로 읽었기 때문이며, 또 다른 점에서는 신조들과 삼위일체에 관한 우리의 표현들 속에 "하나님의 아들"이라는 칭호가 매우 두드러지기 때문이다.

그러나 "하나님의 아들" 역시 다른 칭호들과 마찬가지로 하나의 은유이다. 그것은 예수와 하나님의 관계가 마치 아이와 그 부모의 관계처럼 매우 친밀하다는 것을 고백하는 것이다. 요한복음에 나오는 표현을 빌리자면, 그 아들은 아버지를 알고, 아버지는 그 아들을 알고 있으며, 그 아들은 아버지의 사랑받는 자라는 말이다. "하나님의 아들"을 (생물학적이거나 존재론적인 것이 아니라 - 옮긴이) 이처럼 그 (친밀한) 관계를 보여주는 것으로 이해하는 방식은 예수가 살았던 유대인들의 세계에서는 쉽게 찾아볼 수 있다. 즉 히브리 성서에서는, 이스라엘과 유다의 왕들이 하나님의 아들로 불려진 것처럼 이스라엘 백성 역시 하나님의 아들이라고 불려진다. 예수 시대에 좀더 가깝게는 치유자들이었던 유대인 신비주의자들이 때때로 하나님의 아들이라고 불려졌다. 또한 "아들"은 대리권(agency)의 뜻도 갖고 있다. 즉 예수가 살았던 세계에서는 아들이 아버지를 대신할 수 있었으며 아버지의 권위를 갖고 말할 수 있었다. 예수를 "하나님의 아들"이라고 부르는 것은 이런 모든 의미를 뜻한다.

셋째로, 기독론적인 표현들은 고백과 결단의 표현이다. 은유는 "A를 B처럼 본다"는 뜻이다. "예수는 세상의 빛이다"라고 말하는 것은 "나는 예수를 세상의 빛이라고 본다"고 말하는 것이다. "예수는 메시아이며 주님이시다"라고 말하는 것은 "나는 예수를 메시아와 주님으로 본다"고 말하는 것이다. 이처럼 그것은 고백의 표현으로서, 이것은 예수가 제자들에게 "너희는 나를 누구라고 하느냐?" 하고 물었을 때 베드로가 "선생님은 그리스도이십니다" 곧 "선생님은 메시아입니다"

라고 대답했다는 것처럼 고백을 진술한 것이다.9)

고백의 언어로서, 그것은 또한 결단의 표현이기도 하다. "예수는 세상의 빛이다"라고 말하면서 예수에 대해 무관심하다면 말이 되지 않는다. 예수에 관해 이런 언어를 사용하는 것은 자신을 예수에게 헌신하는 것이다. 반면에, 예수가 자신에 관해 이런 표현을 사용했다는 사실을 단순히 믿는 것은 결단이 연관된 것은 아니다. 우리는 예수가 자신에 관해서 이런 모든 것들을 말했다고 믿으면서도 예수가 착각했던 것이라고 생각할 수도 있다.

기독론적 칭호들의 각각 개별적인 은유들은 그 풍부한 의미들 때문에 계속해서 간직하는 것이 중요하다. 즉 예수는 우리의 어둠 속의 빛이며, 우리의 굶주림을 채워주는 떡이며, 우리의 생명의 원천인 포도나무이며, 우리를 온전하게 만들어주는 치유자이며, 문이며, 또한 길이다. 그러나 이 모든 표현들을 함께 결합시켜 그 중층적인 의미를 말할 수도 있다.

이런 사실은 네 번째 진술로 이어지는데, 이것은 초기 교회 공동체의 기독론적인 언어의 의미를 분명하게 보여주는 진술이다. 한 마디로 말하자면, 예수는 우리 기독교인들에게 하나님으로 충만한 삶이 무엇처럼 보이는지에 대한 결정적인 계시이다. 철저하게 하나님을 자신의 삶의 중심에 모시고 그 영에 사로잡힌 예수는 한 인간의 삶 속에 구현된 하나님의 보이는 모습에 대한 결정적인 드러냄이며 현현이다. 하나님의 말씀과 지혜와 영이 육신이 된 분으로서, 예수의 삶은 하나님의

---

9) 마가 8:27-29. 마태 16:13-16과 누가 9:18-20에는 약간 다르게 나온다. 주류 학자들은 이 대화가 예수 생전에 있었던 대화를 반영하는 것인지, 아니면 부활절 이후의 창작인지에 대해 의견이 양분되어 있다. 어느 경우이든, 예수가 그리스도라는 고백이 예수 자신의 자기 선언이 아니라 한 제자의 고백이라는 사실을 주목하라.

성품을, 실제로 하나님의 열정을 성육한 삶이다. 그분 안에서 우리는 하나님의 열정을 본다.

또한 우리는 과거의 패러다임이 주장하듯이 예수는 하나님의 유일하며 배타적인 계시라고 말할 필요는 없이, 예수가 우리 기독교인들을 위한 하나님의 결정적인 계시라고 말할 수 있다. 20세기의 저술가이며 행동가였던 윌리엄 슬로운 코핀(William Sloane Coffin) 목사의 말을 풀어서 표현하자면, 우리 기독교인들에게는 하나님이 예수에 의해 정의되어지지만, 예수에게만 한정되지는 않는다. 신약성서 학자로서 하버드 신학대학원의 학장을 역임했으며 스웨덴 교회의 감독을 역임한 크리스터 스텐달(Krister Stendahl)의 말을 풀어서 설명하자면, 우리 기독교인들은 다른 종교들을 폄하할 필요 없이, 예수에 대한 우리의 사랑 노래를 마음껏 부를 수 있다.10) 우리가 다른 종교들의 타당성을 인정하기 위해서 예수를 하나님의 결정적인 계시로 보는 우리의 확신과 예수에 대한 헌신을 약화시킬 필요는 없는 것이다.

부활절 이전의 예수에 대한 간단한 설명

예수에 대한 역사적-은유적 연구가 중요한 다섯 번째 이유이자 마지막 이유는 기독론적 언어의 중층적인 의미를 토대로 한 것이다. 즉 우리 기독교인들에게 예수는 하나님으로 충만한 삶이 무엇과 같은 것인지를 결정적으로 보여주신 분이시기 때문에, 부활절 이전의 예수를

---

10) 나는 이 진술 모두를 강연을 통해 들었다. 코핀 목사의 말은 2002년 5월 오리건 주 포틀랜드의 트리니티 성공회 교회에서 강연할 때 들었으며, 스텐달 감독의 말은 2001년 3월 매사추세츠 주 케임브리지의 하버드-엡워스 감리교회에서 강연할 때 들었다.

간단히 살펴보는 것이 중요하다.

쓸데없는 오해를 피하기 위해서, 나는 지난 2세기에 걸쳐 진행된 역사적 예수 연구가 기독교인이 되는 데 반드시 필요하다고는 생각하지 않는다. 현대 시대 이전 그리고 오늘이 되기까지 이전의 기독교인들은 "오직" 복음에 기초해서 또한 신약성서의 예수상에 기초해서, 즉 예수에 대한 역사적 예수 연구에 대해 전혀 알지 못한 채로도, 그리스도를 닮으려는 방식으로 자신들의 삶을 살아왔다. 이처럼 나의 주장은 비교적 온건한 편이다. 즉 예수에 대한 역사적 연구는 특별히 우리 시대를 위해서 현실적합성을 갖고 있다는 말이다. 역사적 예수 연구는 우리가 성육신을 살아내도록 도와준다.[11]

그렇다면, 예수는 그의 역사적 생애 동안에 과연 어떤 인물이었는가? 이 문제에 대해 학자들 사이에 합의된 것은 없지만, 예수에 대해 다음과 같은 사실들은 상당히 합리적인 개연성을 갖고 알 수 있다고 나는 생각한다. 나는 다른 책에서 이 문제를 자세하게 다루었기 때문에, 여기서는 부활절 이전의 예수를 크게 다섯 가지로 간략하게 설명하겠다.[12]

1. 예수는 유대인 신비주의자(a Jewish mystic)였다. 이 첫 번째 설명은 역사적 예수에 대한 나의 가장 간결한 설명이다. 이것은 또한 나머지 네 가지 설명의 토대라고 나는 생각한다. 신비주의자는 하나님,

---

[11] 따라서 나는 일부 신학자들과 역사적 예수 연구자들의 "양자택일"(either-or)의 입장, 곧 부활절 이후의 예수와 부활절 이전의 예수 가운데 어느 하나가 중요하다고 보는 입장을 반대한다. 나는 "둘 모두"(both-and)의 입장을 취한다. 즉 부활절 이전의 예수와 부활절 이후의 예수 모두가 중요하다는 입장이다.

[12] 5장의 각주 1을 보라. 부활절 이전의 예수에 관해 내가 가장 최근에 한 장에 걸쳐 설명한 것은 『예수의 의미』 제4장을 보라.

곧 "한 분"(the One), "성스러운 존재"(the sacred)에 대해 생생한 체험을 갖고 있으며 으레 자주 체험하는 사람이다. 우리가 알고 있는 모든 문화 속에서 찾아볼 수 있는 신비주의자들은 유대인 전통에서도 중심적인 인물들이었다. 내가 여기서 신비주의자라는 용어를 사용하는 폭넓은 의미에서 본다면, 히브리 성서에서 그 종교를 형성한 인물들은 신비주의자들이었다. 즉 아브라함, 야곱, 모세, 엘리야, 엘리사, 그리고 고대의 예언자들은 자신들에게 하나님이 체험적 실재였던 사람들로 묘사한다. 그런 인물들은 예수 당시에도 유대인들 가운데 알려진 인물들이 있었는데, 원을 그리는 호니(Honi), 하나나 벤 도사(Hanina ben Dosa), 바울, 베드로 등이 그렇다. 예수에 관해서 다른 무엇을 설명할 필요가 있다고 해도, 분명히 예수는 이런 신비주의자 가운데 한 사람이었다. 복음서들에 따르면, 예수는 비전을 보았으며, 금식했고, 오랜 시간 동안 기도했으며, 친밀한 말로 하나님에 대해 말했으며, 하나님과 직접 소통할 수 있다고 가르쳤는데, 이것은 신비주의자들이 자신의 체험을 통해 아는 것이었다. 유대인 신비주의자로서 예수는 철저하게 하나님을 중심에 모시고 살았다. 이것이 신비주의자의 기본이었다.

2. 예수는 치유자(a healer)였다. 모든 신비주의자들이 치유자가 되지는 않지만, 일부는 그렇게 된다. 예수가 과학적으로 설명할 수 없는 치유를 행했으며 예수 자신과 그의 동시대인들이 귀신축출로 경험한 것을 행했다는 점에 대해서는 심지어 비종교적인 학자들조차도 동의한다. 유대인 전통에서 예수보다 더 많은 치유 이야기가 전해진 사람은 없다. 그는 탁월한 치유자였음에 틀림없다.

3. 예수는 지혜의 스승(a wisdom teacher)이었다. 지혜의 스승은 인생의 길을 가르친다. 예수가 말한 "좁은 길"은 인습과 전통의 "넓은 길"

을 넘어 가게 했다. "좁은 길"이란 시인 로버트 프로스트(Robert Frost)의 표현으로서 최근에 스캇 펙(M. Scott Peck)의 유명한 책제목이 된 표현을 빌리자면 "사람들이 보통은 가지 않는 길"(road less traveled)이었다. 예수의 대안적인 지혜의 중심에는 죽음과 부활의 길, 곧 내면적인 심리적-영적 과정을 뜻하는 은유로 이해되는 죽음과 부활의 길이 자리잡고 있었다. 그것은 낡은 정체성에 대해 죽고 새로운 정체성으로 태어나는 것, 낡은 존재 방식에 대해 죽고 새로운 존재 방식으로 태어나는 것과 관련되어 있다. 새로운 정체성과 새로운 존재 방식은 철저하게 하나님을 중심에 모시는 삶, 예수가 자신의 체험을 통해 알게 된 하나님의 영을 중심으로 하는 삶이었다. 이것에 관해서는 6장에서 좀더 설명하겠다.

4. 예수는 사회적 예언자(a social prophet)였다. 이것에 대해 역사적으로 비견할 만한 인물들은 이사야, 예레미야, 아모스, 미가와 같은 히브리 성서의 위대한 사회적 예언자들이다. 그들은 하나님에 사로잡혀서, 당시 지배체제의 경제적 및 정치적 불의에 맞섰던 종교적이며 사회적인 저항의 목소리였다. 예수는 하나님 나라의 예언자였다. 즉 만일에 하나님이 이 세상의 왕이며, 이 세상의 왕들과 황제들이 통치자들이 아니라면, 이 세상은 어떤 모습처럼 될 것인지를 선포한 예언자였다. 그렇기 때문에 예수는 당시에 소수의 부자들을 더욱 부자가 되게 만들고 수많은 사람들을 가난하게 만들었던 지배체제에 대해 급진적인 비판자였다. 이것에 관해서는 7장에서 좀더 설명하겠다.

5. 예수는 운동의 창시자(a movement initiator)였다. 예수의 공적인 활동은 비록 매우 짧았지만(공관복음서들은 1년, 요한복음은 3년 혹은 4년이었음을 보여준다), 그의 생애 동안에 그를 중심으로 운동이

생겨나게 되었다. 그 운동은 그 구성원들과 비전 모두에서 근본적으로 유대인의 운동이었다. 매우 포괄적이었던 이 운동은 당시에 날카롭게 구분되었던 사회적 경계선들을 무너뜨렸다. 그 운동에서 가장 눈에 띄는 공적인 활동은 누구나 참여할 수 있었던 공동식사였는데, 이것은 흔히 예수를 비난했던 자들의 표적이 되었다. 예수는 변두리로 밀려난 사람들과 부랑자들과 더불어 함께 식사했다. 이런 공동식사는 하나님 나라의 이름으로 행해진 종교적 행위였으며 동시에 정치적 행위였다. 예수의 이런 식사 관행은 음식과 포괄성(지배체제의 날카롭게 분리되고 각자 생존하는 세계가 아니라)이 하나님 나라임을 확실하게 보여주는 것이었다.

예수의 죽음: 역사와 신학에서의 십자가

그리고 예수는 살해되었다. 이것은 누구나 알고 있는 사실들 가운데 하나지만, 그 의미는 흔히 간과되고 있다. 그는 단순히 죽은 것이 아니다. 그는 처형당했다. 우리는 기독교인들로서 중요한 종교 전통 가운데 그 창시자가 기존 당국에 의해 처형당한 유일한 종교 전통에 가담하고 있다. 만일에 "왜 예수가 처형당했는가?" 하고 묻는다면, 그 역사적 대답은 그가 사회적 예언자였으며 운동의 창시자였기 때문이며, 하나님의 정의에 대한 열정적인 주창자였으며, 지배체제에 대한 급진적인 비판자로서 추종세력을 얻었던 인물이었기 때문이다. 만일에 예수가 단순히 신비주의자, 치유자, 지혜의 스승이기만 했다면, 그는 십중팔구 처형당하지 않았을 것이다. 예수가 처형당한 것은 그의 정치학 때문이었다. 그가 하나님의 정의에 대한 열정을 갖고 있었기 때문이다.

예수가 처형당한 성 금요일(Good Friday)과 부활절 이후 수십 년이 지나서도, 초기 기독교 운동은 예수의 처형에 대한 기억을 간직했으며, 그의 죽음에 대한 또 다른 의미들을 찾아냈다. 그의 죽음에 대한 몇 가지 해석들을 신약성서 자체 안에서 찾아볼 수 있다. 십자가의 의미에 대한 후대 기독교인들의 성찰과 더불어, 이것은 "속죄 신학"(atonement theology)의 주제다. 그 중에서 가장 잘 알려진 것이 "예수는 우리 죄를 위해서 죽으셨다"는 것이다. 그러나 우리가 나중에 살펴보겠지만, 이것은 신약성서 안에서 예수의 죽음에 대한 유일한 해석은 아니다. 그뿐 아니라 예수의 죽음에 대한 이런 해석을 은유적인 것이라기보다 문자적인 것으로 이해할 경우에는 문제가 매우 많아진다.

주류 학자들 대다수의 판단으로는, 속죄 신학이 예수 자신에게까지 거슬러 올라가지는 않는다. 즉 예수가 자신의 생애의 목적과 자신의 사명이 자신이 (십자가에서) 죽는 것으로 생각했다고는 볼 수 없다. 그의 목적은 치유자로서, 지혜의 스승으로서, 사회적 예언자로서, 또한 운동의 창시자로서 자신이 하고 있었던 일을 계속 수행하는 것이었다. 그의 죽음은 그의 삶의 목적이 아니라, 그가 하고 있었던 일의 결과였다. 최근의 인물들에 비유해서 설명하자면, 마하트마 간디와 마틴 루터 킹 목사의 죽음은 그들의 삶의 목적이 아니라, 그들이 하고 있었던 일의 결과였던 것과 마찬가지다. 그들과 마찬가지로, 예수는 비록 자신이 하는 일이 자신에게 치명적인 결과를 초래할 수 있다는 사실을 알고 있었지만 용기 있게 자신의 하던 일을 계속했다.

따라서 우리는 예수가 이 세상의 죄를 위해서 죽는 것을 자신의 삶의 목적으로 삼았다고는 생각하지 않는다. 오히려 이처럼 우리 죄를 위해서 죽었다는 해석은 신약성서의 다른 해석들처럼 부활절 이후의 해석으로서 과거를 회고한 해석이다. 예수의 처형을 되돌아보면서, 초기 예수운동은 이 끔찍한 사건 속에 신의 뜻에 의한 목적이 있음을 보려고 했던 것이다.13)

신약성서 자체 안에서는 십자가에 대해 적어도 다섯 가지의 해석을 찾아볼 수 있다.14) 첫 번째 해석은 십자가의 정치적 의미에 가장 가까운 해석이다. 이 해석은 단순하게 성 금요일과 부활절을 거부(rejection)와 해원(解冤 vindication)으로 해석한 것이다. 당국자들은 예수를 거부하고 죽였지만, 하나님은 그를 다시 살려 하나님의 오른 편에 앉게 하심으로써 그가 옳았음을 입증했다. "하나님께서는 여러분이 십자가에 못박은 이 예수를 주님과 그리스도가 되게 하셨습니다"(행 2:36). 권력 당국은 예수에 대해 "노"(No)라고 말했지만, 하나님은 "예

---

13) 성서에서 과거를 회상하면서 신의 뜻에 의한 섭리가 있었다고 해석한 뚜렷한 사례는 창세기 45장에서 요셉이 그의 형들과 다시 만난 이야기에서 나타난다. 그 이야기를 상기시켜 보자. 요셉의 형들은 그를 이집트의 노예로 팔았다. 수십 년이 지나, 그 형들은 식량을 구하기 위해 이집트로 온다. 그 동안에 요셉은 이집트에서 권력의 자리에 올랐지만, 그 형들은 이 사실을 모른다. 그들은 심지어 요셉이 여전히 살아 있는지도 모르고 있다. 그래서 요셉이 자기 형들을 만나게 되었을 때, 그 형들은 기절초풍한다. 요셉은 자기가 원하는 것이면 무슨 일이든 할 수 있는 권력을 갖고 있기 때문이다. 그러나 요셉은 그동안 일어난 일에 대해 하나님의 섭리가 있었음을 형들에게 확신시킨다. 창세기 45장 5절, 7절, 8절에서 인용해보면, "하나님이, 형님들보다 앞서서 나를 여기에 보내셔서 우리의 목숨을 살려 주시려고 그렇게 하신 것입니다." "하나님이 나를 형님들보다 앞서서 보내신 것은, 하나님이 크나큰 구원을 베푸셔서 형님들의 목숨을 지켜 주시려는 것이고, 또 형님들의 자손을 이 세상에 살아남게 하시려는 것입니다." "그러므로 실제로 나를 이리로 보낸 것은 형님들이 아니라 하나님이십니다." 여기서 그 형들이 동생 요셉을 노예로 팔아버린 것이 하나님의 뜻이었다는 말인가? 아니다. 형제를 노예로 파는 것은 결코 하나님의 뜻이 아니다. 예수의 십자가도 마찬가지다. 예수의 십자가가 하나님의 뜻이었는가? 아니다. 죄없는 사람이 처형당하는 것은 결코 하나님의 뜻이 아니다. 그러나 과거를 회고하면서 그 공동체는 성 금요일과 부활절 사건들 속에 하나님의 섭리가 있음을 확실히 말할 수 있었다.

14) 이것에 대해 내가 이전 책에서 다룬 것을 보려면, 『예수의 의미』 8장을 보라.

스"(Yes)라고 말하셨다.

두 번째 해석은 때로 십자가에 대한 이해에서 "권세들의 패배"로 알려진 것인데, 이 해석 역시 정치적 의미에 가까운 해석이다.15) 여기서는 예수의 십자가 처형에 책임이 있는 것이 단순히 로마 당국과 유다의 귀족들만이 아니라, 그들이 대리하며 화육(化肉)한 (하늘의) "권세들"에게도 책임이 있다. 이런 표현은 바울이 쓴 것으로 전해진 편지들 속에서 찾아볼 수 있다. 즉 이 세상은 "천신(天神)들과 권세들," "우주의 초보적 영들," "공중의 권세잡은 자들"에게 매어 있다. 최근에 신약성서 학자 월터 윙크는 이 "권세들"이 인간의 제도들 속에 내장된 지배체제라고 설득력 있게 주장했다.16)

이 해석에서는, 지배체제 곧 로마 총독과 성전 귀족들보다 더욱 큰 것으로 이해되는 지배체제가 예수의 죽음에 책임이 있다. 바울이 말한 것으로 돌려진 표현에 따르면, 하나님은 예수를 통해서 "통치자들과 권세들을 무력화하여 드러내어 구경거리로 삼으시고 십자가로 그들을 이기셨느니라"(골 2:15, 개역개정판). 지배체제가 예수를 살해함으로써 그 자체의 도덕적 파산과 궁극적인 패배를 드러냈다는 말이다.

세 번째 해석은 예수의 죽음을 "길"(the way)의 계시로 본다. 그의 죽음과 부활은 기독교인의 삶의 중심에 놓여 있는 내면적인 심리적 및 영적 변화의 길을 구현한 것으로 이해된다. 이 길(다음 장에서 좀더 설명할 것이다)은 낡은 존재 방식에 대해 죽는 것이며 새로운 존재 방식으로 다시 살아나는 것이다. 우리는 이런 죽음과 부활의 길을 신약

---

15) 이 해석은 속죄론에서 "승리자 그리스도"(*Christus Victor*)로 부른다.
16) 역자주: "악한 자를 대적지 말라. 다른 쪽 뺨을 돌려대라"(마태 5:38-41)에 대한 월터 윙크의 탁월한 해석은 『예수와 비폭력 저항: 제3의 길』(2003)과 『사탄의 체제와 예수의 비폭력』(2004)을 보라. 특히 『참사람: 예수와 사람의 아들 수수께끼』(한성수 역, 2014)는 역사적 예수 연구의 금자탑이다.

성서 전반에서 찾아볼 수 있는데, 아마도 가장 간결하게 표현된 것은 바울의 다음과 같은 말씀일 것이다. "나는 그리스도와 함께 십자가에 못박혔습니다. 이제 살고 있는 것은 내가 아닙니다. 그리스도께서 내 안에서 살고 계십니다"(갈 2:20). 바울은 자신이 내면적인 십자가 처형을 겪음으로써 낡은 바울은 죽고 새로운 바울이 지금 그리스도와 하나되어 살고 있다고 말한다. 십자가는 "길"을 보여주며, 실제로 "길"이다.

네 번째 해석 역시 예수의 죽음을 계시로 본다. 즉 예수의 죽음은 우리를 향한 하나님의 사랑의 깊이를 드러낸다는 말이다. 이 해석을 받아들이기 위해서는 예수가 단순히 역사적으로 유대인 사회적 예언자로서 당국자들에 의해 처형된 인물로 볼 것이 아니라, 하나님의 아들로서 우리를 구원하기 위해 이 세상에 보내진 분으로 받아들여야만 한다. 하나님은 얼마나 많이 우리를 사랑하시는가? 우리가 잘 아는 요한복음 3:16절의 말씀으로는 "하나님께서 세상을 이처럼 사랑하셔서 (우리를 위해) 외아들을 주셨다." 바울의 말씀으로는 "그러나 우리가 아직 죄인이었을 때에, 그리스도께서 우리를 위하여 죽으셨습니다. 이리하여 하나님께서는 우리들에 대한 자기의 사랑을 실증하셨습니다"(롬 5:8). 이처럼 십자가에서 우리는 우리를 향한 하나님의 사랑을 본다.

다섯 번째 해석은 예수의 죽음에 대해 희생제물로 해석하는 잘 알려진 것이다. 즉 "예수는 우리 죄를 위해 죽으셨다." 이 해석의 재료들은 신약성서 속에 들어 있지만, 이 해석이 완전히 발전하게 된 것은 지금으로부터 약 900년 전이다. 그러나 이 해석은 대중적 기독교에서 가장 강조된 것이며 과거의 패러다임에서 핵심적인 것이다. 이 해석이 발전된 형태에서는 예수 이야기를 일차적으로 죄, 죄에 대한 책임, 그리고 용서의 틀 속에서 본다. 즉 우리는 모두 하나님에게 죄를 지었고 죄에 대한 책임이 있다. 우리의 죄는 오직 적합한 희생을 치를 때에만 용서받을 수 있다. 동물을 희생제물로 바치는 것은 이런 목적을 성취하지 못하며, 불완전한 인간을 제물로 바치는 것 역시 이런 목적을 이룰 수 없다(그런 사람은 단순히 자신의 죄를 위해 죽는 것일 따름이기 때문이다). 그러므로 하나님은 완전한 인간의 형태로 완전한 제물을 마련하셨는데 그 제물이 바로 예수다. 이제 용서를 받을 수 있게 되었지만, 오직 예수가 우리의 죄를 위해 죽었다는 것을 믿는 사람들에게만 용서가 허락된다.

이 해석을 문자적으로 받아들이면, 이 모든 것은 매우 기이하다. 이 해석은 하나님의 용서할 능력에 한계가 있음을 함축하기 때문이다. 즉 하나님은 오직 적합한 희생제물을 바칠 때만 용서할 수 있기 때문이다. 예수가 십자가 위에서 죽는 것이 반드시 필요했던 것은 단지 예수가 하던 일의 결과로서만이 아니라, 십자가 처형은 하나님의 구원 계획의 일부였기 때문에 반드시 필요했고 일어날 수밖에 없었다는 말이 된다. 이 해석은 또한 하나님과 함께 하는 우리의 삶의 중심에는 요구되는 것이 있는데, 그것은 예수와 그의 희생적인 죽음에 대해 알고 믿는 것이 요구된다는 뜻이다.

그러나 이 해석의 1세기적 배경에서는, "예수가 죄를 위한 희생제물이다"라는 말이 매우 다른 의미를 뜻했다. 이 표현의 "고향," 곧 이 표현이 의미를 갖는 틀은 예루살렘 성전을 중심으로 한 희생제사 제도였다. 성전신학(temple theology)에 따르면, 특정 종류의 죄와 불결함은 오직 성전에서의 희생제사를 통해서만 처리될 수 있었다. 성전신학은 이처럼 죄의 용서에 대해 제도적인 독점을 주장했다. 또한 죄를 용서받는 것이 하나님의 임재 속으로 들어가기 위한 필요조건이었기 때문에, 성전신학은 하나님께 나아가는 길에 대해서도 제도적 독점을 주장했다.

이런 맥락에서 "예수는 죄를 위한 희생제물이다"라고 해석하는 것은 성전의 용서 독점권과 하나님께 나아가는 길의 독점권을 부정하는 것이었다. 즉 이 해석은 성전 반대(antitemple) 선언이었다. 희생제물이라는 은유를 사용하여 이 해석은 희생제사 제도를 뒤엎는 것이었다. 따라서 이 해석은 하나님이 예수 안에서 이미 희생제물을 마련해주셨으며, 당신이 하나님으로부터 멀어지게 된 것이 무엇이라고 생각하든 하나님께서 이미 예수 안에서 처리하셨다는 뜻이었다. 당신은 성전과는 별도로 또한 그 희생제사 제도와는 별도로 하나님께 나아가는 길이 생겼다는 뜻이었다. 이 고백은 철저한 은총의 은유이며 놀라운 은총의 은유이다.

따라서 "예수는 우리 죄를 위해 죽으셨다"는 해석은 본래 체제전복적인 은유였지, 예수의 생애에 대한 하나님의 목적이나 예수의 소명에 대한 문자적인 묘사가 아니었다. 그것은 철저한 은총에 대한 은유적 선언이었다. 그리고 적절하게 이해한다면 여전히 지금도 그렇다. 그러므로 예수를 중심으로 형성된 종교가 400년이 채 지나기도 전에 은총에 대한 제도적 독점권과 하나님께 나아가는 길에 대한 독점권을 스스로 주장하기 시작했다는 사실을 생각하면 참 어처구니가 없다.

이런 희생제물의 은유가 흔히 매우 문자적으로 받아들여지기 때문에, 교회 안에 있는 우리들은 예수의 죽음을 흔히 순하게 길들여왔다. 즉 예수의 죽음은 하나님이 예정한 뜻으로서, 일어날 수밖에 없었던 것이며, 세상의 죄를 위한 죽음이었다고 말함으로써, 예수의 죽음을 순하게 길들였던 것이다. 그러나 예수의 죽음에 대한 이런 해석과 그 밖에 다른 목적이 있었다는 해석들은 부활절 이후에 과거를 회고하면서 신의 뜻이 있었다고 해석한 것들이다. 이런 해석들은 중요하며, 또한 올바로 이해할 경우에는 계속해서 복음을 선포하는 한 방식이 된다. 그러나 이런 해석들이 예수가 처형당한 역사적 이유를 가려버리면 안 된다.

바바라 에렌라이(Barbara Ehrenreich)는 최근에 미국의 빈곤한 노동계급에 관한 책(『노동의 배신』으로 번역됨)에서, 메인 주 포틀랜드에서 열린 부흥회에 참석했던 이야기를 적고 있다. 설교자의 주제는 "십자가에 달린 예수"였으며, 천당에 가기 위해서 그를 믿는 것이 얼마나 중요한가에 관한 것이었다. 그 설교자의 설교를 듣다가 주변에 가장 가난한 청중들을 둘러보면서 그녀는 이런 생각이 들었다.

> 이처럼 슬픈 눈망울을 가진 청중들에게 만일 누군가 산상설교를 읽어주면서 현재의 소득 불평등에 대해 격분시키는 주석과 최저임금을 올릴 필요성을 역설한다면 멋진 일일 것이다. 그러나 예수가 여기서는 단지 시체로서만 나타난다. 그 살아있는 인간, 포도주를 단숨에 들이키던 방랑자이며 조숙한 사회주의자는 여기서 한 번도 언급되지 않고 있으며, 또한 그가 말해야만 했던 것들도 전혀 언급되지 않고 있다. 그리스도는 법규들을 십자가에 못 박았다. 그러나 현대 기독교의 진짜 비즈니스는 그리스도를 계속해서 못 박음으로써 그의 입에서 단 한 마디도 나오지 못하도록 만드는 것인지 모르겠다.

그녀는 결론짓는다.

> 나는 빠져나오기 위해 일어섰다. 그 설교자는 메트로놈처럼 그의 머리를 정확하게 이쪽저쪽으로 돌리는 틈을 타서 야외 천막을 빠져나와 내 자가용을 찾으러 가면서, 천막 바깥의 그 캄캄하고 재갈이 물리고 천막 장대에 밧줄이 묶여 있는 사람들 가운데 예수를 발견할 수도 있을지 모르겠다는 기대를 갖고 걸었다.17)

십자가에 대한 신앙

1년 전쯤에 내가 신앙의 의미에 관한 강연을 마치고 질문을 받는 시간에 어떤 사람이 물었다. "교수님은 신앙의 의미에 관해 말씀하셨는데, 십자가에 대한 신앙에 대해서는 한 말씀도 하지 않으셨습니다. 십자가에 대한 신앙이 매우 중요하다고 생각하지 않으십니까?"

나는 그 질문을 좀더 명확하게 하기 위해서, "당신의 질문은 예수님이 우리의 죄를 위해 죽으셨다는 것을 제가 믿고 있는가 하는 질문입니까?" 하고 되물었다. 그는 "그렇습니다" 하고 대답했다. 그래서 나는 이 책에서처럼, 역사적으로는 아니라고 설명했다. 나는 예수가 문자적으로 우리의 죄를 위해 죽었다고는 생각하지 않는다는 말이다. 나는 예수가 자신의 인생과 삶의 목적을 그런 식으로 생각했다고는 생각하지 않는다. 나는 예수가 우리의 죄를 용서하기 위해서 십자가에서 죽는 것을 하나님께서 자신에게 주신 소명이라고 생각했다고는 믿지 않는다는 말이다.[18]

이어서, 그러나 나는 십자가가 지배체제의 악을 여실히 폭로한 것으로서, 권세들의 패배를 노출시킨 것으로서, 변화된 삶의 "길"에 대한 계시로서, 우리를 향한 하나님의 사랑의 깊이를 보여준 계시로서, 그리고 철저한 은총을 선포한 것으로서, 십자가에 대한 신앙을 갖고 있다고 대답했다. 나는 이런 모든 것으로서의 십자가를 믿는다.[19]

---

17) Barbara Ehrenreich, *Nickel and Dimed* (New York: Henry Holt, 2001), pp. 68-69.
18) 역자주: 레슬리 웨더헤드는 십자가와 관련된 "하나님의 뜻"을 의도적인 뜻, 상황적인 뜻, 궁극적인 뜻으로 구분해서 설명한다. 『하나님의 뜻 』(2001).
19) 역자주: 십자가에 대한 서방교회의 "사법적 이해"가 안고 있는 심각한 문제는 리처드 로어, 『불멸의 다이아몬드』(2015), pp. 166, 174-175, 197-198를 보라.

하나님의 은유와 성례전으로서의 예수

이처럼 예수는 하나님의 한 은유(a metaphor)이다. 실제로 우리 기독교인들에게는 예수가 하나님의 유일한 은유(the metaphor)이다. 물론 그는 진짜 인간이었다. 하나님의 은유로서 예수는 하나님이 무엇과 같은지를 드러낸다. 우리는 하나님을 예수를 통해서 본다.

우리는 예수의 죽음을 예수의 "수난"(passion)이라고 부르며, 그의 죽음의 이야기를 "수난 설화"(passion narrative)라고 부르는 데 익숙해 있다. 우리가 그렇게 부를 때, 우리는 으레 "passion"을 "수난"을 뜻하는 것으로 생각한다. 실제로 그런 뜻이다. 그러나 passion에는 또 다른 의미도 있다. 예수의 죽음과 그의 처형은 하나님과 하나님의 정의에 대한 예수의 열정(passion) 때문이었다. 우리가 예수를 하나님의 계시로 보기 때문에, 우리는 그의 삶과 죽음에서 하나님의 열정을 본다. 예수는 하나님의 성품과 열정 모두를 드러낸다.

우리 기독교인들에게는 바로 이 예수가 하나님의 말씀이며, 하나님의 아들이며, 하나님의 지혜이며, 세상의 빛이다. 이제 하나님의 우편에 앉아 계시며, 하나님과 하나되어, 삼위일체의 제2격인 예수는 그의 역사적 생애 속에서 하나님의 성품과 열정을 성육하셨다. 하나님의 은유로서 그는 하나님의 마음이 육신으로 나타난 분(the heart of God made flesh)이다.[20]

예수는 또한 하나님의 성례전으로서, 그를 통해 하나님의 영이 현

---

[20] 예수가 "육신이 된 하나님의 마음"(heart of God become flesh)이라는 표현은 Henri Nouwen, *In the Name of Jesus* (New York: Crossroad, 1989), pp. 38-39에 나온다.

재화한 수단이다. 예수는 그의 역사적 생애 동안 존재했다. 그의 제자들은 언젠가 그를 통해서 또한 그 안에서 하나님의 영을 분명한 현존(現存, presence)으로 체험했다고 나는 확신한다. 그 이후 예수는 계속해서 하나님의 성례전이셨다. 빵과 포도주의 성만찬은 그의 몸과 피의 성례전으로서 그 성례전을 통해 우리는 그와 하나가 되며 따라서 하나님 앞에 서며, 하나님은 우리 앞에 현존하신다. 예수에 관한 신성한 본문들은 하나님의 성례전이 된다. 이 살아계신 그리스도는 기독교인들의 체험 속에서 계속해서 하나님의 현존으로서 확인되고 있다. 하나님의 말씀이 언어로 표시된 성서와 마찬가지로, 그는 인격 속에 나타난 하나님의 말씀으로서, 하나님의 은유이며 동시에 하나님의 성례전이다.

나는 내가 겪은 이야기를 들려줌으로써 이 장을 마치고자 한다. 한 해 전에 나는 아내와 아시시에서 한 주간을 보냈는데, 그곳은 이탈리아의 산악 지방에 있는 마을로서 성 프란치스코와 성 클라라의 고향이다. 성 프란치스코(1182-1226)는 일반적으로 교회의 성인들 가운데 가장 그리스도와 같았던 분으로 간주된다. 그는 20대 초반에 예수에 대한 환상을 보고 난 후, 자신의 모든 재물을 포기하고 하나님께만 헌신하는 삶을 살기 시작했다. 20년 정도 지나서 그가 죽게 되었을 때, 그를 중심으로 한 수도회가 수천 군데 생겨났는데, 그의 여성 제자들 가운데 가장 중요한 인물이었던 성 클라라를 중심으로 한 수도회도 마찬가지였다.

프란치스코는 새들, 짐승들, 태양, 달, 죽음 등 어디에서나 하나님을 발견했으며, 그의 삶은 기쁨을 전염시키는 삶으로 두드러졌다. 그는 자기가 이름 붙인 "가난이라는 이름의 여인"을 포옹했으며, 가난한 사람들과 철저하게 자신을 동일시한 것으로 알려졌다. 그에 관한 이야기에 따르면, 그는 죽기 직전에 그의 손, 발, 옆구리에 그리스도의 상처 자국이 새겨졌다고 한다.

그가 죽은 후 몇 년 내에, 그를 기념하여 아시시에 큰 교회가 세워졌다. 성 프란치스코 대성당은 건축학의 걸작이며 세상의 위대한 예술작품들로 그득한데, 성 프란치스코의 생애에 대한 지오토의 프레스코 벽화들만이 아니라, 시마무, 로렌제티 등의 훌륭한 프레스코 벽화들도 있다. 규모가 작기는 하지만, 성 클라라를 위해서도 인상적인 교회가 봉헌되었다. 그 두 성인은 그런 건축물에 반대했을 것이며 그 돈이 가난한 사람들을 위해 사용되기를 바랬을 것이다.

프란치스코에게 봉헌된 이 엄청나게 사치스런 대성당 안에서 나는 아내와 함께 몇 시간을 보내고, 또 다시 방문하면서, 나는 프란치스코와 가난한 사람들을 위한 그의 열정에 대해 생각했다. 그는 그처럼 많은 돈을 들여 자신에게 존경을 표하는 일을 원하지 않았을 것이다. 그는 "(이 대성당은) 나에 관한 것이 아니다"라고 잘라 말했을 것이다.

그러나 비록 프란치스코는 그 대성당 건축을 반대했을 것이지만, 나는 그 대성당이 하나의 실수라고는 생각하지 않는다. 그 대성당이 결코 건축되지 말았어야 했을 것이라고는 생각하지 않는다는 말이다. 그 대성당은 우리에게 프란치스코를 상기시켜주며, 우리를 그에게 가깝게 이끌어주며, 아마도 심지어 우리를 그의 비전으로 이끌어줄 수 있기 때문이다. 프란치스코는 자신 너머의 하나님과 예수를 가리켰기 때문에, 우리 역시 더욱 커다란 비전에 이끌릴 수도 있다.

이 이야기를 교회가 기독론과 신조, 예배, 예술, 음악, 건축 등을 통해 예수를 찬미하는 것에 적용시킨다면, 예수 역시도 "(이 모든 것은) 나에 관한 것이 아니다"고 잘라 말했을 것이라고 생각한다. 예수는 생전에 자신이 주목받는 것을 원하지 않았다. 마가복음에 나오는 이야기가 예수의 이런 태도를 잘 드러내는데, 한 사람이 예수에게 "선하신

선생님"이라고 부르자, 예수는 "어찌하여 너는 나를 선하다고 하느냐? 하나님 한 분 밖에는 선한 분이 없다"(마가 10:18)고 잘라 말했다.21)

그러나 나는 교회가 사치스럽게 예수에게 헌신하는 것이 하나의 실수라고는 생각하지 않는다. 왜냐하면 교회, 기독론, 신조의 목적은 우리에게 예수를 가리키는 것이기 때문이다. 그러면 예수는 "그것은 나에 관한 것이 아니다"라고 말한다.22) 예수는 자신 너머의 하나님을 가리키며, 하나님의 성품과 열정을 가리킨다. 이것이 우리의 기독론적 표현들의 의미이며, 우리들의 신조가 예수에 대해 고백하는 것의 의미이다. 즉 이 사람 예수 안에서 우리는 하나님의 계시를 보며, 하나님의 마음을 본다는 뜻이다. 그는 하나님의 은유이며 또한 하나님의 성례전이다.23)

---

21) 역자주: 인류 역사에서 신(神)은 공포의 대상이었고, 종교는 희생제물을 바쳐 (신을 통제함으로써) 두려운 일은 없을 테니 안심하라고 확신시키는 역할을 했다. 예수는 이런 공포의 종교를 종식시켰고, 도덕과 보상의 종교를 은총과 용서, 잔치의 종교로 바꾸었다. 리처드 로어, 『불멸의 다이아몬드』 (2015).

22) 역자주: 로즈마리 류터는 예수가 메시아주의("폭력이 구원한다")라는 신화를 거부하고 비폭력주의와 평등 공동체를 요청한 "안티 메시아"(an anti-messiah)였다고 말한다. "Faith and Ecofeminism," in *The Task of Theology* (2014), p. 203.

23) 역자주: 예수는 인류가 믿어왔던 하나님, 즉 분노, 심판, 질투, 복수, 폭력의 하나님의 모습에서 그 모든 하나님의 속성들을 제거하고, 오직 무차별적 사랑과 무한한 용서의 하나님만을 가르쳤지만, 예수의 재림과 최후심판이라는 묵시론은 예수의 가르침을 뒤집어 또 다시 분노와 복수, 폭력적인 심판자 하나님(계 19장)으로 둔갑시켰다는 주장과 성직자들과 정치권력이 심판과 복수의 하나님을 선호하는 이유에 관해서는 월터 윙크, 한성수 역, 『참사람』 (2014)을 보라. 예수는 율법 이후의 하나님 나라 복음을 가르쳤지만, 복음서 기자들은 다시 예수를 율법과 연관시켰다는 주장은 Don Cupitt, *A New Great Story* (2010)을 보라. 한편 돈 큐핏은 예수의 삶과 죽음을 직접종교와 성전중보체제의 갈등 관계에서 파악한다. "(하나님과의 직접종교를 가르친) 예수는 종교적 중보체제에 대해 비판하고 반대하다 죽어갔지만, 그의 비판과 반대는 이제 새로운 종교적 중보체제의 토대로 둔갑하였다."『예수 정신에 따른 기독교 개혁』 (2006), p. 43. 이런 설명들은 예수를 살해하고 또한 신비주의자들을 박해하는 데 성전 제사장들과 신학자들(율법학자들)이 앞장섰던 이유를 설명해준다.

제2부

기독교인의 생활 새로 보기

6장

중생: 새로운 심장

앞장에서 나는 기독교의 세 가지 기본적인 고백들, 곧 성서, 하나님, 그리고 예수를 중심으로 하는 고백이 새로운 패러다임에서는 어떻게 고백되는지를 정리했다. 이제는 새로운 패러다임에서 기독교인의 생활을, 관계를 맺으며 변화를 일으키는 비전으로 보는 방식에 대해 설명하고자 한다. 2장에서 나는 "신앙"에 대해 관계를 맺는 것으로 이해하는 방식을 설명했다. 이 장과 다음 장에서 나는 기독교인의 생활의 중심에서 일어나는 두 가지 변화, 곧 개인적이며-영적이며-인격적인 변화와 공동체적이며-사회적이며-정치적인 변화에 관해 말함으로써 신앙의 이런 관계론적인 이해를 계속해서 강조할 것이다.[1]

---

1) 역자주: "중생"을 "새로운 심장"으로 이해하는 것이 극히 중요한 이유는 미국의 대표적인 복음주의 신학자 중 한 사람인 Ronald Sider의 *The Scandal of the Evangelical Conscience: Why are Christians Living Just Like the Rest of the World* (2005)의 서론에 인용된 통계들에서 잘 드러난다. 미국 남부 바이블 벨트 지역의 "중생한 복음주의자들"의 이혼율은 미국 평균 이혼율보다 약 50% 더 높으며, "중생한" 교인들 가운데 온전한 십일조를 하는 사람은 6%에 불과할 정도로 돈에 집착하며, 특히 아내 구타, 인종차별에서 전국 평균보다 훨씬 폭력적이다. 복음주의자들은 이런 현실을 "주님에 대한 충성심"이 부족하기 때문이라고 본다. 그러나 진보적 신학자들은 "성서 자체 속의 폭력성"에 대해 무비판적으로 받아들인 결과로 본다. 존 도미닉 크로산은 "폭력적인 기독교 성서에 입각한

165

이 두 가지 변화는 쌍둥이와 같다. 똑같지는 않지만 서로 뗄 수 없이 연결되어 있기 때문이다. 이 연결을 강조하기 위해 그 요점을 다시 반복하겠다.

- 성서는 개인적이며 또한 정치적이다.
- 인생에 대한 성서의 비전, 곧 하나님과 함께 하는 우리의 삶에 대한 성서의 비전은 개인적이며 또한 정치적이다.
- 구원에 대한 성서의 이해는 개인적이며 또한 정치적이다. 구원은 개인과 사회 모두에 관한 것이며, 영적인 것과 사회적인 것 모두에 관한 것이다. 구원은 개인들로서의 우리들에 대해 관심을 기울이며, 우리들이 개인들로서 하나님과 맺는 관계에 관한 것이다. 구원은 또한 정치에 관한 것이며, 우리들이 사회에서 함께 사는 생활에 관한 것이며, 정의에 관한 것으로서, 정치적, 사회적, 및 경제적 정의에 관한 것이다.2)

이 장에서는 이런 변화들의 첫 번째 변화를 "중생"(born again)이라는 은유를 통해 강조하고자 한다. 내가 이 은유를 사용하는 것은 두 가지 이유 때문이다. 하나는 중생이라는 은유가 신약성서에서 중심적

폭력적인 기독교 안에서 어떻게 비폭력적인 기독교인이 될 수 있는가?" 하고 묻는다(*God and Empire*, 2007, p. 237). 성서 자체의 폭력성을 극복하기 위한 신학적 반성들은 존 쉘비 스퐁, 김준년·이계준 역, 『성경의 시대착오적인 폭력들』(2007); 존 도미닉 크로산, 김준우 역, 『비유의 위력』(2012); ; 월터 윙크, 한성수 역, 『사탄의 체제와 예수의 비폭력』(2004)과 『참사람』(2014)을 보라.
2) 역자주: 성서에서 분배정의를 위한 구조적 개혁이 매우 강조되는 이유이다. 참조, 울리히 두크로, 손규태 역, 『성서의 정치경제학』(한울, 1997); 존 도미닉 크로산, 『가장 위대한 기도: '주님의 기도'의 혁명적인 메시지』(2011); 『성경을 어떻게 읽어야 참 그리스도인이 되는가』(2015).

이기 때문이다. 또 다른 이유는 중생이 보수적이며 근본주의적인 기독교인들에게 매우 중요하기 때문이다. 따라서 "중생"은 두 패러다임 사이에 다리를 놓을 수 있는 은유이다. 만일 주류(mainline) 기독교인들이 중생의 중요성에 대해 말하는 것을 배울 수 있다면, 교회 안에서 이처럼 서로 나뉘어 있는 기독교인들이 함께 할 가능성이 그만큼 높아질 것이다.

불행하게도, 주류 기독교인들은 일반적으로 좀 더 보수적인 기독교인들만이 "중생"을 독점하도록 내버려두고 있다. 여기에는 여러 가지 이유들이 있다. 어떤 사람들에게는 중생이라는 말이 부흥회와 "열광적인" 기독교를 연상시켜 너무 뜨겁고 무거운 말처럼 들리기 때문이다.

더군다나, 중생이라는 말이 때로는 너무 좁게 정의되고 있다. 어떤 기독교인 집단에서는 중생이 일정한 믿음 체계, 특정한 보수적 신학을 받아들이는 것을 뜻하는 것으로서, 흔히 "당신은 예수 그리스도를 당신의 개인적인 주님과 구원자로 믿는가?" 하는 식의 구원에 관한 질문으로 표현된다. 성령의 은사(선물, gifts)를 강조하는 교회에서는 중생이 성령의 선물을 받는 것, 특히 방언을 하는 것을 뜻한다. 지난 몇 년 동안 베스트셀러가 되었던 소설 『남겨진 자들』(*Left Behind*)의 앞부분에서는 중생이 더욱 좁은 의미로 정의되어, "휴거"와 예수의 임박한 재림을 믿는 것과 거의 똑같은 것으로 나온다(125쪽 각주 참조).

그뿐 아니라 우리들 대부분은 중생했다는 사람 가운데 전혀 매력적이지 않은 사람을 최소한 한 사람 정도는 알고 있을 것이다. 중생이 그처럼 자기 의로움에 사로잡히거나 남에 대해 쉽게 심판하며 내부인과 외부인을 엄격하게 구분하는 식이라면, 그것은 진정한 중생 체험도 아니며 비난받기 십상이다.

중생: 신약성서의 중심

그러나 올바로 이해한다면, 중생은 매우 풍부하며 포괄적인 개념이다. 중생은 신약성서와 기독교인의 생활의 중심에 놓여 있다. 우리는 중생을 다시 고백할 필요가 있다.

고전적인 본문

"중생"의 필요성은 요한복음 3:1-10에 나오는 니고데모와 예수의 이야기의 주제이다. 요한복음은 역사적이기보다는 상징적이기 때문에, 이 이야기는 십중팔구 예수와 니고데모의 실제 이야기가 아닐 가능성이 크다. 즉 예수 자신의 목소리가 아니라 요한공동체의 목소리일 가능성이 높지만, 이 이야기는 예수의 메시지와 신약성서 전체의 중심적인 내용을 말해준다.

요한복음의 대부분의 본문들과 마찬가지로, 이 이야기 역시 상징적인 것이 매우 많고, 앞뒤가 잘 연결되지 않는 점들, 그리고 이중적인 의미가 많다. "바리새파 사람 가운데 니고데모라는 사람이 있었다. 그는 유대 사람의 한 지도자였다." 니고데모는 요한복음의 뒷 부분에도 다시 등장한다(7:45-52; 19:38-42).[3] 그는 부자이며 지배계층의 한 사람인데, 지배계층 사람 가운데 최소한 예수운동에 매력을 느낀 사람이 있었다는 사실이 흥미롭다. 초기 기독교에 관해 지배계층이 주목할 무엇인가가 있었다는 말이다.

---

[3] 19장에서는 니고데모가 예수의 시신을 위해 몰약에 침향을 섞은 것을 백 근쯤 가지고 왔다고 한다. 그는 다른 복음서들에서는 언급되지 않고 있다.

"이 사람이 밤에 예수께 왔다." 여기서 이 이야기의 이중적 의미들 가운데 첫 번째가 나타난다. 밤이다. 즉 니고데모는 어둠 속에 있다. 빛과 어둠이라는 상징은 요한복음에 많이 나온다. 즉 예수는 어둠 속에 빛나는 빛이며, 이 세상의 빛이며, 모든 사람들을 깨우치는 참된 빛이며, 눈먼 사람들을 보게 하는 분이다. 비록 니고데모가 빛에게 왔지만, 그는 아직 빛을 보지 못했다. 그래서 그는 예수에게 아첨하듯 듣기 좋은 말을 한다. "랍비님, 우리는 선생님이 하나님께로부터 오신 분임을 압니다. 하나님께서 함께 하지 않으시면, 선생님께서 행하시는 그런 표징들을, 아무도 행할 수 없습니다."

그러자 예수는 앞뒤가 연결되지 않게 만드는 것처럼, 주제를 바꾸어 말한다. 마치 니고데모의 말을 듣지 못했거나, 아니면 그의 말의 밑에 깔린 마음을 읽었는지도 모른다. 어쨌거나, 그 다음이 이 이야기의 핵심적인 구절이다. 즉 "예수께서 그에게 말씀하셨다. '내가 진정으로 진정으로 너에게 말한다. 누구든지 위로부터 나지(born from above) 않으면 하나님 나라를 볼 수 없다."

"밤"이라는 말처럼, 여기서도 이중적 의미를 찾아볼 수 있다. 즉 "위로부터 태어난다"는 그리스어는 "다시 태어난다" 혹은 "새로 태어난다"고 번역할 수도 있다. 번역하는 일은 불행하게도 그 둘 가운데 한 단어를 선택해서 번역할 수밖에 없는 일이지만, 요한복음 기자는 그 두 가지 의미를 모두 뜻하고자 했다. 즉 "다시/새로" 태어난다는 것은 "위로부터" 태어나는 것으로서 성령으로 태어나는 것이다.

니고데모는 그 뜻을 파악하지 못한다. 그는 요한복음의 다른 많은 인물들처럼 문자주의자다. 예수의 말을 문자적으로 받아들여서 그는 요점을 파악하지 못한 채, "사람이 늙었는데, 그가 어떻게 태어날 수 있겠습니까? 어머니 뱃속에 다시 들어갔다가 태어날 수야 없지 않습니까?" 하고 말한다. 그는 여전히 어둠 속에 있는 것이다.

그래서 예수는 요점을 다시 반복한다. "내가 진정으로 진정으로 너에게 말한다. 누구든지 물과 성령으로 나지 아니하면, 하나님 나라에 들어갈 수 없다. 육에서 난 것은 육이요, 영에서 난 것은 영이다. 너희가 다시 태어나야 한다고 내가 말한 것을, 너희는 이상히 여기지 말아라." 여기서 "물"이라는 말도 이중적인 의미를 지닌다. 한편으로 요한복음 독자들에게는, 물이 세례를 환기시키는 것이며, 또 한편으로는 "물"이 "육"의 병행어로서 양수를 가리킨다. 비록 우리가 "물에서," 곧 "육에서" 태어나지만, 우리는 또한 "영에서" 태어나야만 하는데, 이것은 새롭게 위로부터 태어나야만 한다는 말이다.

본문이 계속되면서 예수는 성령과 연결되는 것을 강조한다. "바람은 불고 싶은 대로 분다. 너는 그 소리는 듣지만, 어디에서 와서 어디로 가는지는 모른다. 성령으로 태어난 사람은 다 이와 같다." 여기에도 또 다른 이중적 의미, 실제로는 삼중적인 의미가 있다. 즉 그리스어로 "바람"을 뜻하는 말은 또한 "숨"과 "성령"도 뜻한다. 하나님의 숨, 하나님의 성령이 새로운 출생의 원천이다. 다시 태어나는 것은 성령을 통해, 성령 안에서 새로운 삶으로 들어가는 것이며, 이 새로운 삶은 하나님의 성령을 중심으로 한 삶이다.

이 고전적인 본문의 요점은 분명하다. 즉 니고데모에게 필요한 것은 영적으로 새로운 출생, 내면적인 새로운 출생, 개인적인 변화이다. 이것이 우리 모두가 필요로 하는 것임을 밝히겠다.[4]

---

4) 역자주: 기독교인들이 평상시에는 도덕적인 모습을 보이지만, 자신의 이익이 침해당하는 갈등, 전쟁, 포로수용소처럼 인간의 감추어진 본성이 여실히 드러나는 상황에서 매우 이기적인 행동을 하는 이유는 우리의 "에고"가 철저한 보상을 원하며, 모든 변화에 대해 극구 저항하며, 회심조차 흔히 '가짜 자기'의 차원에서 일어나기 때문이다. 대다수 사람들은 하나님의 은총보다 도덕적 성취

중생: 죽고 다시 살아남

"중생," 곧 "다시 태어난다"는 표현은 신약성서에 단 한번 나온다 (벧전 1:22-23).5) 그러나 이 개념은 흔히 죽고 다시 살아남(dying and rising), 곧 죽음과 부활이라는 언어로 표현되는데, 초기 기독교와 신약성서 전체에서 매우 중심적인 개념이다. "죽고 다시 살아남"과 "다시 태어남"은 기독교인의 삶의 중심에서 일어나는 개인적 변화 과정을 보여주는 "뿌리 이미지"이다. 즉 다시 태어나는 것에는 죽음과 부활이 연관되어 있다. 그것은 과거의 존재 방식에 대해서 죽는 것과 새로운 존재 방식으로 다시 태어나는 것, 과거의 정체성에 대해서 죽는 것과 새로운 정체성으로 다시 태어나는 것을 뜻하며, 신성함, 성령, 하나님을 중심으로 존재하며 정체성을 갖는 방식을 말한다.

복음서들과 그 나머지 신약성서에서, 죽음과 부활, 죽고 다시 살아나는 것은 반복적으로 개인적인 변화, 기독교인의 삶의 중심에서 일어나는 심리적-영적 과정을 나타내는 은유로 사용되고 있다. 그 중요성 때문에 우리는 이 주제를 중심으로 신약성서의 핵심적인 증언들을 전체적으로 살펴보겠다.

와 보상의 종교를 선호한다. 참조, 리처드 로어, 『불멸의 다이아몬드: 우리의 진짜 자기를 찾아서』 (2015). 한편 아우슈비츠에서는 성직자들이 거의 대부분 각종 생체실험의 대상이 되었지만, 끝까지 희생정신을 통해 많은 이들에게 존경을 받은 것은 중생과 수행의 잘 의미를 보여준다. Olga Lengyel, *Five Chimneys: The Story of Auschwitz* (1947), pp. 109-111.

5) 이 구절은 중생의 열매로부터 시작하여, 다시 태어난다는 말은 거의 마지막에 나온다. "여러분은 진리에 순종함으로 영혼을 정결하게 하여서 꾸밈없이 서로 사랑하기에 이르렀으니 [순결한] 마음으로 서로 뜨겁게 사랑하십시오. 여러분은 다시 태어났습니다. 그것은 썩을 씨로 그렇게 된 것이 아니라, 썩지 않을 씨 곧 살아 계시고 영원하신 하나님의 말씀으로 그렇게 되었습니다."

공관복음서들에서 "죽고 다시 살아나는 것"

공관(마태, 마가, 누가) 복음서들에서 죽음과 부활의 길은 예수 자신이 가르친 "길"(the way)이다. 최초의 복음서인 마가복음에 따르면, 예수는 "나를 따라오려고 하는 사람은, 자기를 부인하고, 자기 십자가를 지고, 나를 따라오너라" 하고 말씀하셨다(8:34). 마태와 누가에 나오는 말씀 가운데 마가에 의존하지 않은 말씀에서도, "누구든지 자기 십자가를 지고 나를 따라오지 않으면, 내 제자가 될 수 없다"고 하셨다(누가 14:27 = 마태 10:38).[6]

이 말씀은 초기의 말씀이다. 이 말씀은 예수를 따르는 것, 곧 그의 제자가 되는 것을 "십자가를 지는 것"과 같은 것으로 본다. 1세기에는 십자가가 처형과 죽음의 상징이었다. 아직 십자가가 느슨한 은유, 곧 사람이 맞닥뜨리게 되는 관절염이나 법적인 곤경처럼 어떤 고통이나 불편함을 나타내는 것이 되기 이전이었다. 즉 십자가는 죽음을 뜻하는 것이었다. 예수를 따른다는 것은 그를 따라 죽음의 길을 간다는 뜻이었다. 우리가 이 십자가를 분명히 은유적으로 이해하도록 만들기 위해, 누가는 "자기 십자가를 지라"는 말 앞에 "날마다"라는 말을 덧붙였다(9:23).[7]

공관복음서들은 예수가, 죽는 것을 새로운 삶의 길로서 말했다고 보도할 뿐만 아니라, 그 복음서들의 문학적 전체 구조 또한 죽음과 부

---

[6] 마태와 누가에는 공통적으로 나오는 말씀이지만 마가에서 유래된 말씀이 아닌 이 말씀은 Q 재료에 속한 말씀으로서, 대다수 학자들은 Q 재료가 예수의 초기 어록집으로서 아마도 50년대에 기록되었을 것으로 본다. 비록 소수의 학자들은 Q의 존재를 인정하지 않지만, 이 말씀이 초기의 재료라는 점에는 동의할 것이다.

[7] 누가복음 기자는 여기서 마가복음 8:34를 베낀 것이기 때문에, "날마다"라는 말을 덧붙인 것은 매우 의도적인 것이었다.

활이 예수의 "길"이라는 주제를 토대로 하여 만들어졌음을 보여준다. 우리는 마가복음의 이 구조를 살펴볼 것인데, 마태와 누가도 이 패턴을 따랐다.

마가복음의 중심 주제는 "길"(the way)이다. 그는 이것을 자신의 복음서를 시작하는 첫머리 부분에서 선언한다. 즉 자신의 복음서는 "주님의 길"에 관한 것이다(1:3). 그리고 치밀하게 구성한 자신의 복음서 중심 부분에서 "예수의 길"은 예수가 갈릴리에서부터 예루살렘으로 여행하는 이야기이다. 이 여행의 과정에서 세 번이나, 예수는 자신의 임박한 죽음과 부활에 관해 말한다. 수난(passion)에 대한 이 세 차례의 예고에서, 매번 예수를 따르는 것에 관한 가르침이 이어진다. 그 첫 번째 가르침은 이렇다(8:31).

> 그리고 예수께서는, 인자[예수 자신]가 많은 고난을 받고, 장로들과 대제사장들과 율법학자들에게 배척을 받아, 죽임을 당하고 나서, 사흘 후에 살아나야 한다는 것을 그들에게 가르치기 시작하셨다.

예수를 따르는 것은 예수의 길을 따르는 것이다.

> 그리고 예수께서 제자들과 함께 무리를 불러 놓고 그들에게 말씀하셨다. "나를 따라오려고 하는 사람은, 자기를 부인하고, 자기 십자가를 지고, 나를 따라오너라."(8:34)

이 구절은 똑같은 요점을 말하는 것으로 이어진다. 즉 "누구든지 제 목숨을 구하고자 하는 사람은 잃을 것이요, 누구든지 나와 복음을 위하여 제 목숨을 잃는 사람은 구할 것이다"(8:35).[8]

세 번째 수난 예고에는 가장 자세한 내용들이 나온다. 예수와 그 일행은 예루살렘으로 가던 중이다. 마가복음에 따르면, 예수는 이렇게 말씀하신다.

"보아라, 우리는 예루살렘으로 올라가고 있다. 인자가 대제사장들과 율법학자들에게 넘어갈 것이다. 그들은 인자에게 사형을 선고하고, 이방 사람들에게 넘겨줄 것이다. 그리고 이방 사람들은 인자를 조롱하고 침 뱉고 채찍질하고 죽일 것이다. 그러나 그는 사흘 후에 살아날 것이다."(10:33-34)

그리고 예수는 제자들에게 물으신다. "내가 마시는 잔을 너희가 마실 수 있고, 내가 받는 세례를 너희가 받을 수 있느냐?"(10:38). "잔을 마시고" "세례를 받는 것"은 모두 죽음을 뜻하는 은유이다.

이처럼 마가에게는 예수의 "길"이 갈릴리로부터 예루살렘에 이르는 길이다. 그 여행의 종착지 예루살렘은 죽음과 부활의 장소이며, 끝과 시작의 장소로서, 무덤이 자궁이 되는 장소이다. 마가에게는(마가의 패턴을 반복하고 확대시킨 마태와 누가에게도), 이 길, 즉 개인적 변화의 길은 죽음과 부활의 길이다.[9]

특히 인상적인 점은 마가가 이 중심적인 부분을 하나의 틀 속에 넣은 것인데, 그 틀의 앞과 뒤는 모두 눈먼 사람이 눈을 뜨게 되는 이야기로 이루어져 있다. 즉 벳새다의 한 눈먼 사람이 점차 그의 시력을 회복하는 이야기(8:22-26)로 시작해서, 바디매오라는 눈먼 거지가 그

---

8) 두 번째 수난 예고는 마가 9:31에 나오며, 예수는 "누구든지 첫째가 되고자 하면, 그는 모든 사람의 꼴찌가 되어서 모든 사람을 섬겨야 한다"고 말씀하신다.
9) 마태와 누가 모두 이 패턴을 유지하는데, 누가는 흔히 누가의 여행 이야기(9:51-19:27)라 불리는 부분에서 예수의 마지막 여행 이야기를 길게 확장시키고 있다.

의 시력을 회복하여 겉옷을 벗어 던지고 예수를 따라 나선 이야기(10:46-52)로 끝난다. 이런 틀 속에 넣은 것은 사람이 시력을 회복하여 볼 수 있게 된 것은 예수를 따라 예루살렘에 이르는 그의 여행을 따르는 것이 바로 그 "길"임을 깨닫는 것, 곧 변화의 길은 죽음과 부활에 이르며 그 길을 통하게 된다는 것을 깨닫는 것과 연관된 것임을 암시한다.

바울의 편지들 속에서 "죽고 다시 살아나는 것"

이것은 바울의 편지들 속에서도 마찬가지다. 즉 예수와 함께 죽고 다시 살아나는 것, 그리스도와 함께 죽고 다시 살아나는 것은 기독교인의 삶의 중심에 자리잡고 있는 개인적 변화를 나타내는 은유이다.[10] 바울은 이 은유를 사용하여 자신의 체험을 말했다. 바울은 갈라디아에 있는 그의 공동체에게 편지를 쓰면서, "나는 그리스도와 함께 십자가에 못박혔습니다. 이제 살고 있는 것은 내가 아닙니다. 그리스도께서 내 안에서 살고 계십니다"(2:20)라고 고백했다. 이 고백도 초기의 것으로서 50년대에, 어떤 복음서도 기록되기 이전에 고백된 것이다. 이 고백을 주목할 필요가 있다. 즉 바울은 자신이 내면적인 십자가 처형을 겪었다고 말한다. 과거의 바울은 죽었다. 그 결과는 새로운 생명이다. 새로운 바울이 태어났으며 그 안에 그리스도께서 살고 계신다.

바울에게 이것은 단지 그 자신만의 체험이 아니라, 그 공동체가 부름받은 삶이기도 했다. 로마의 기독교인들에게 보낸 편지에서 바울은

---

10) 내가 "예수와 함께 죽고 다시 살아나는 것"과 "그리스도와 함께 죽고 다시 살아나는 것"이라는 표현을 모두 사용한 이유는 바울에게는 이 두 표현이 실제로 번갈아 가면서 사용할 수 있는 같은 의미이기 때문이다. "그리스도" 즉 "메시아"는 바울에게 예수를 가리키는 한 이름이 되었다.

그리스도와 함께 죽고 다시 살아나는 것을 세례와 연결시켰는데, 세례라는 입회의식(入會儀式)은 죽음과 재창조의 물밑으로 잠기는 것과 연관된다.

> 세례를 받아 그리스도 예수와 하나가 된 우리는 모두 세례를 받을 때에 그와 함께 죽었다는 것을 여러분은 알지 못합니까? 그러므로 우리는 세례를 통하여 그의 죽으심과 연합함으로써 그와 함께 묻혔던 것입니다. 그것은, 그리스도께서 아버지의 영광으로 말미암아 죽은 사람들 가운데서 살아나신 것과 같이, 우리도 또한 새 생명 안에서 살아가기 위함입니다.(롬 6:3-4, 이 구절 전체는 11절까지 계속된다.)

이처럼 종교의식으로 구체화된 세례의식은 과거의 존재 방식에 대해 죽고 새로운 존재 방식으로 다시 태어나는 내면적인 변화를 상징한다.

개인적인 변화를 나타내는 은유로서의 죽음과 부활, 곧 중생은 이처럼 새로운 생활을 가리키는 바울의 고백의 토대인 것이다. 이것이 "그리스도 안에서" 사는 생활인데, 바울은 "그리스도 안에"(in Christ)라는 말을 그의 편지들에서 165회나 사용하고 있으며, 이 말은 그가 20회 정도 사용한 "성령 안에"(in the Spirit)라는 말과 거의 동의어인 셈이다.11)

"그리스도 안에," "성령 안에" 거하는 결과는 새로운 존재방식과 새로운 정체성, 새로운 창조다. 고린도의 기독교인 공동체에게 바울은 "누구든지 그리스도 안에 있으면, 그는 새로운 피조물입니다. 옛 것은 지나갔습니다. 보십시오, 모든 것이 새 것이 되었습니다"(고후 5:17)라

---

11) 바울의 "그리스도 안에"라는 말을 사용한 용법을 보기 위해서는 나의 책 *Reading the Bible Again for the First Time*, pp. 245-51을 참조하라.

고 썼다.

"그리스도 안에"는 또한 인습의 날카로운 경계선들을 없애버리는 새로운 공동체의 정체성을 갖게 한다. 갈라디아 교인들에게 바울은 "여러분은 모두 그 믿음으로 말미암아 그리스도 예수 안에서 하나님의 자녀들입니다"(갈 3:26)라고 썼다. 그들은 죽음과 부활을 구현하는 세례의식을 통해 그렇게 된 것이다. 즉 "여러분은 모두 세례를 받아 그리스도와 하나가 되고 그리스도를 옷으로 입은 사람들이기 때문입니다"(갈 3:27). 그 결과는 "유대 사람도 그리스 사람도 없으며, 종도 자유인도 없으며, 남자와 여자가 없습니다. 여러분 모두가 그리스도 예수 안에서 하나이기 때문입니다"(갈 3:28). 즉 1세기 로마와 유대인의 사회에서의 뚜렷한 분열이 "그리스도 안에서" 극복된 것이다.

"그리스도 안에" 존재하는 것은 바울의 가장 유명한 구절들 가운데 하나의 토대이다. 그는 "누가 우리를 그리스도의 사랑에서 끊을 수 있겠습니까?" 하고 수사학적으로 묻는다. 그의 대답은, 어떤 것도, 즉 "죽음도, 삶도, 천사들도, 권세자들도, 현재 일도, 장래 일도, 능력도, 높음도, 깊음도, 그 밖에 어떤 피조물도 우리를 우리 주 예수 그리스도 안에 있는 하나님의 사랑에서 끊을 수 없습니다"(롬 8:38-39)이다. 그리스도 안에서 우리는 하나님과 다시 연결되며, 하나님은 죽음과 삶, 천사들과 권세자들, 현재 일과 장래 일, 그 모든 피조물 너머에 계신다.

그러면 우리는 어떻게 "그리스도 안에" 존재하게 되는가? 바울에게는 그 방법이, 과거의 삶 곧 "아담 안에서" 사는 삶에 대해 죽고, 그리스도 안에서 다시 태어나는 것이다. 그리스도 안에서 사는 길은 그리스도와 함께 죽고 다시 살아나는 것이다. 그 길은 죽음과 부활, 죽음과 재탄생의 길이다. 바울이 "그리스도와 십자가에 못박히신 그리스도만 설교"하려고 결심했을 때, 이것이 그가 뜻한 바 가장 중심적인 것이었다. 즉 십자가는 기독교인의 생활의 중심에서 일어나는 개인적 변화의 과정을 상징하는 것이다.

요한복음에서 "죽고 다시 살아나는" 것

요한복음은 단순히 중생에 대한 고전적인 본문만 포함하고 있는 것이 아니다. 공관복음서들과 바울과 마찬가지로, 요한복음 역시 죽음과 부활을 새로운 삶에 이르는 길의 이미지로 사용하고 있다. 요한복음 전체가 이 주제를 중심으로 이루어져 있다. 심지어 요한복음은 이 주제를 간략하게 한 구절로 이렇게 표현한다. "내가 진정으로 진정으로 너희에게 말한다. 밀알 하나가 땅에 떨어져서 죽지 않으면 한 알 그대로 있고, 죽으면 열매를 많이 맺는다"(12:24).[12]

실제로 이 주제는 흔히 기독교인들의 배타주의의 기초로 이용되는 유명한 구절, 곧 "나는 길(the way)이요, 진리요, 생명이다. 나를 거치지 않고서는, 아무도 아버지께로 갈 사람이 없다"(요 14:6)는 말씀을 이해하는 열쇠이기도 하다. 이 구절을 요한복음의 성육신 신학의 맥락 속에 넣어보면, 예수가 "육신이 된 말씀"인 것처럼, 예수는 육신이 된 "길"(the way)이다. 즉 한 사람의 일생 속에 구체화된 길이다. 그렇다면 핵심적인 질문은, 예수가 성육한 그 "길"은 무엇인가? 예수 자신인 그 "길"은 무엇인가? 요한복음은 신약성서 일반과 마찬가지로, 예수 안에서 구체화된 그 "길"이 바로 죽음과 부활의 길이라는 사실을 증언한다. 죽고 다시 살아나는 것이 하나님께 이르는 유일한 길이다.

---

[12] 이 구절 뒤에는 자기 목숨을 사랑해서 잃는 것과 자기 목숨을 미워하여 영생을 얻는 말씀이 이어진다.

기독교인들의 배타주의는 이 구절을 오해하여, 마치 당신이 구원받기 위해서는 예수에 관해 알아야만 하며 예수에 관한 특정 교리들을 믿어야 하는 것으로 잘못 이해한다. 그러나 요한복음이 말하는 "길"은 예수에 관한 교리들을 믿는 것이 아니다. 오히려 그 "길"은 예수 안에 성육한 길로서, 죽음과 부활의 길이 하나님 안에서 다시 태어나는 길이다. 요한복음에 따르면, 이것이 유일한 길이다. 그리고 내가 다음에 제시하겠지만, 이 길은 세상의 모든 중요한 종교들이 말하는 길이다. 죽고 다시 살아나는 것이 그 길이다. 그러므르 예수는 "길"이다. 그 길이 육신이 되신 분이다. 오직 예수 안에서만 알려진 독특한 계시라기보다는, 예수의 삶과 죽음이 모든 참 종교들을 통해서 알려진 보편적인 길을 성육한 삶과 죽음인 것이다.

십자가와 중생

십자가는 신약성서, 기독교인의 예배와 관행, 서양 문화 안에 나타난 기독교의 가장 보편적인 하나의 상징이다. 모든 상징들과 마찬가지로 십자가 역시 많은 의미들을 갖고 있으며, 기독교인들은 십자가에서 적절하게 많은 의미들을 찾았다. 문자적으로 또한 역사적으로, 십자가는 예수의 처형이었다. 당국자들이 그를 죽였다. 이 세상의 통치자들이 그를 처형했다. 그러나 5장에서 설명한 것처럼, 초기 기독교 운동은 그 십자가에서 많은 의미를 찾아냈다.

특별히 초기 기독교 운동은 십자가를 그 "길"의 상징으로 보았다. 십자가는 그 "길" 곧 변화의 길, 중생의 길을 구현한 것이다. 기독교의 중심적인 상징인 십자가는 기독교인의 삶의 중심에서 일어나는 과정, 곧 그리스도와 함께 죽고 다시 살아나는 것, 새로운 생명으로 살아나는 것, 그리스도 안에서, 성령 안에서 중생하는 과정을 가리킨다. 따라서 바울이 "십자가에 달린 그리스도 이외에는 어떤 것"도 설교하지 않겠다고 맹세한 것은 놀라운 일이 아니면서도, 여전히 놀라운 일이다. 복음서들이 예수의 길을 십자가의 길로 본 것은 놀라운 일이 아니면서도 여전히 놀라운 일이다. 성 금요일과 부활절에서 절정에 도달하는 사순절 기간이 예수의 죽음과 부활에 참여하는 것에 관한 절기라는 것이 놀라운 일이 아니면서도, 여전히 놀라운 일이다.

때로는 이런 죽음의 내면적인 과정을 "자기에 대한 죽음"(dying to self) 혹은 "자기의 죽음"(death of self)이라고 말한다. 아마도 20년 전까지만 해도, 나는 그렇게 말했었다. 그러나 지금은 "자기에 대한 죽음"이라는 표현이 오해를 불러일으킬 수 있기 때문에 정확하지 않다고 생각한다. "자기에 대한 죽음"은 자기를 억제하고 자기의 적절한 욕망들을 억압하기 위한 말로 사용되어졌다. 사회와 가족 안에서 억압당하는 사람들은 흔히 하나님께 순종하는 마음으로 자기 자신을 꼴찌에 놓으라는 말을 듣곤 했다. 이렇게 받아들일 경우에는 십자가의 메시지가 억압적인 권위와 자기포기의 도구가 된다.

그러나 십자가는 우리의 해방과 재연결의 수단이다. 십자가는 자기를 종속시키는 것에 관한 것이 아니라 새로운 자기에 관한 것이다. 그래서 "자기에 대한 죽음"이라는 말이 부정적으로 사용될 가능성을 피하기 위해, 나는 십자가를 과거의 정체성과 새로운 정체성, 과거의 존재 방식과 새로운 존재 방식에 관한 것이라고 좀 더 정확하게 사용하기를 원한다. 즉 십자가의 길은 과거의 정체성에 대해서 죽는 일과 새로운 정체성으로 다시 태어나는 것, 과거의 존재 방식에 대해 죽는 것과 새로운 존재 방식, 곧 하나님을 중심에 모신 존재 방식으로 다시 태어나는 것과 관련되어 있다.

이런 이해는 "자기에 대한 죽음"이라는 말의 부정적인 의미를 피할 뿐 아니라, 우리가 자기로서 존재한다는 사실을 인정한다. 이것은 잘못된 것이 아니다. 나는 이것이 창조에 대한 성서적 이해 중 하나라고 생각한다. 즉 우리는 자기가 되도록 창조되었다(we are created to be selves). 문제는 우리가 자기들이라는 점이 아니다. 문제는 우리가 어떤 종류의 자기인가, 우리가 어떤 종류의 자기일 수 있는가 하는 점이다.

왜 우리는 중생이 필요한가

왜 우리는 다시 태어날 필요가 있는가? 왜 우리는 과거의 존재 방식과 과거의 정체성에 대해 죽고 새로운 존재 방식과 새로운 정체성, 곧 성령 안에서, 그리스도 안에서, 하나님을 중심에 모시고 사는 새로운 삶으로 다시 태어날 필요가 있는가? 그 이유는 우리의 인생의 초기 단계에서 우리 안에서 생겨나, 성장 과정을 통해 더욱 강하게 되는 무엇인가가 있기 때문이다.

우리의 인생에서 초기에 생겨나는 것은 자아의식(self-consciousness)이다. 이것은 단순히 자아인식, 곧 자아와 세상 사이에 구분이 있다는 인식이다. 이런 자아인식이 얼마나 초기에 생겨나는지는 정확히 말할 수 없지만, 언어를 배우기 이전 단계에 생겨나는 것은 분명한 것 같다. 갓난아기는 아직 자아를 인식하지 못한다. 부모가 잘 돌볼 때, 아기들은 우선 이 세상을 자신들이 연장된 것으로 경험한다. 즉 자신들이 배고프면 먹여주고, 똥오줌을 싸면 갈아주고, 울면 안아준다. 그러나 어느 순간엔가, 아기들은 걸음마를 배우는 과정에서 자신들과 세상이 분리되어 있다는 것을 인식하게 된다.

몇 년 전에 나는 어떤 세 살 먹은 여자아이에 관한 이야기를 들었다.13) 그 여자아이는 첫 아이였으며 그 가족의 외동딸이었는데 그 엄마가 또 다시 임신을 하게 되었고, 그 여자아이는 새로 동생이 생긴다는 사실에 매우 들떠 있었다고 한다. 그 엄마가 병원에서 남자아이를 낳아 사흘만에 집에 데려왔는데, 몇 시간도 지나기 전에 그 여자아이가 부모에게 요구하기를, 자기가 잠시 방문을 닫은 채 새로 태어난 동생과 단둘이만 있고 싶다고 했다는 것이다. 그 부모는 방문을 닫고 갓난 동생과 단 둘이만 있고 싶다는 딸아이의 요구에 약간 불안했지만, 갓난아기가 올 것을 예상해서 인터컴을 설치한 것을 기억하고, 만일에 조금이라도 이상한 소리가 들리면, 즉시 갓난아기 방으로 달려갈 수 있으리라 생각해서 딸아이의 요구를 들어주기로 했다는 것이다.

그래서 그 부모는 딸을 갓난아기 방으로 들어가게 한 다음 방문을 닫고, 인터컴 수화기로 달려갔다고 한다. 딸의 발걸음 소리가 들리기에, 아마 아기 침대 위에서 갓난 동생을 들여다보고 있을 거라고 상상하고 있었는데, 갑자기 딸아이가 태어난 지 사흘된 동생에게, "너 내게 하나님에 대해 말해줄래. 나는 이제 거의 다 잊어버렸단 말이야!"라고 말하는 소리가 들려왔다.

이 이야기는 내 머리에서 좀처럼 떠나지 않는 이야기이며 많은 것을 생각하게 하는 이야기인데, 그것은 우리를 보내신 분은 바로 하나님이라는 사실과 우리가 매우 어렸을 때에는 이 사실을 기억하며 잘 알고 있다는 것을 환기시켜주기 때문이다. 그러나 성장의 과정은 이

---

13) 내가 어느 부부에게서 처음으로 이 이야기를 들은 것은 10년 전쯤 시애틀에서였다. 최근에 나는 이 이야기가 오늘날의 퀘이커 학자인 **Parker Palmer**의 책에 나오는 이야기라는 말을 들었다. 내가 그의 책 어디에서 이 이야기가 나오는지 찾아볼 시간은 없었지만, **Palmer**가 쓴 많은 명저들을 감사한 마음으로 추천하고 싶다.

세상에 관한 배움의 과정으로서, 이 세상에 으리를 보내주셨고 언제나 그 품에 우리를 품어주시는 하나님을 점차 잊어버리게 되는 과정이기도 하다.14)

자아의식이 생겨나고 그것이 강화되는 과정은 점차 하나님과의 분리가 일어나는 과정이기 때문이다. 자아의식이 생긴다는 것은 분리된 자아가 탄생된다는 뜻이다. 이 자아의식이 생겨날 때, 당연히 생겨나는 결과는 자기관심(self-concern)이다. 이 둘, 곧 분리된 자아와 자기중심적인 자아는 언제나 함께 간다.

자아의식의 탄생, 분리된 자아의 탄생은 에덴동산 이야기의 중심적인 의미 가운데 하나다. 그것은 우리의 이야기다. 낙원에서 살았던 아담과 이브는 정반대되는 것, 곧 선과 악을 의식하게 되는데 그 결과로 두 가지가 생겨났다. 즉 그들은 자신을 가림으로써 더 이상 벌거벗은 것에 대한 부끄러움을 느끼지 않게 되었고, 또한 삶이 고생과 짐이라는 것을 체험하면서 낙원에서 추방되게 되는 것이 그것이다. 창세기 이야기는 그들이 (또한 우리가) "에덴의 동쪽"에서 서로 멀어진 상태로 유배생활을 시작하는 것으로 끝이 난다.15)

---

14) 이것과 연관된 연구는 K. Tmminen, "Religioous Experiences in Childhood and Adolescence," in the *International Journey for the Psychology of Religion* 4.61-85 (1994)일 것이다. 이 연구는 다양한 연령층의 청소년들에게, "당신은 때로 하나님이 특별히 당신 가까이 계신다고 느낀 적이 있는가?" 하는 질문을 했다. 그 결과는 성장과정이 하나님에 대한 체험적 느낌을 줄이게 된다는 것이다. 1학년 아이들 가운데 84%가 "예"라고 대답한 반면에, 5학년 학생들은 69%가, 중학교 1학년 학생들은 57%가, 고등학교 2학년 학생들은 47%가 그렇게 대답했다. 이 연구는 Benjamin Beit-Hallahmi and Michael Argyle, *Religious Behavior, Belief and Experience* (New York: Routledge, 1997), pp. 149-50에 보고되었다. 이 자료에 대해 나는 휴스턴 커뮤니티 칼리지에서 은퇴한 심리학 교수이며 *Visions of God: The Near Death Experience* (Burdett, NY: Larson, 1994)의 저자인 Ken Vincent에게 감사한다.

15) 에덴동산 이야기의 또 다른 의미는 *Reading the Bible Again*, pp. 77-81을 보라.

분리된 자아의 탄생은 우리가 "타락"이라고 부르는 것으로서 우리 인생의 초기 단계에 겪게 되는 것이다. 우리 모두는 이것을 경험했다. 이것은 피할 수 없는 것이며 반드시 필요한 것이기도 하다. 아담과 이브가 이 자아의 탄생을 피할 수 있었을 것이라고 상상하는 것은 요점을 놓치는 것이다. 우리는 자아의식 없이는 성숙한 인간으로 발전할 수 없기 때문이다. 그럼에도 불구하고 이것이 "타락"인 것은 이것이 자아의식과 자기중심성의 세계 속으로 들어가는 것이며 서로 멀어져서 유배생활을 시작하는 것이기 때문이다.

이런 분리의식과 자기관심은 성장을 하면서 점차로 더욱 강해진다. 일반적으로 "사회화"라 불리는 이 과정은 자기 안에서 자신의 성장과정에서 받은 중심적인 "메시지들"을 내면화하는 과정이기 때문이다. 사회화 과정에는 기본적으로 언어가 포함되는데, 이 언어를 통해 사물에 이름을 붙이고 개념화함으로써 본질적으로 세상을 나누어버리게 된다. 또한 사회화 과정에는 세계관이 포함되는데, 세계관이란 무엇이 실재하며 무엇이 가능한 것인지를 이해하는 방식이다. 중요한 것은 사회화 과정에 우리가 누구이며 우리가 무엇과 같아야 하는지에 관한 메시지들이 포함되어 있다는 점이다. 부모의 메시지, 문화적 메시지, 그리고 우리들에게는 종교적 메시지들이 여기에 포함된다.

그 결과 우리는 더욱 깊은 자아의식과 자기관심의 세계 속으로 내려가게 된다. 우리의 정체성과 존재 방식은 "세계"에 의해 더욱 분명하게 형성되는데, 이것은 우리가 성장과정에서 세계를 내면화한다는 뜻이다. 아이들의 세계, 그 신비하고 주술적인 세계는 점차 더욱 더 우리의 뒤에 남게 된다.

미국의 계관시인 빌리 콜린스(Billy Collins)의 시 속에는 아동기가 끝날 때 경험하게 되는 상실의 아픔이 잘 표현되어 있다. 이 시의 제목이 "열 살이 되면서"(On Turning Ten)라는 것은 의미심장하다.

> 그 생각은 처음부터 끝까지 모두 내게
> 무언지 모를 것과 함께 아래로 내려가고 있다고 느끼게 하는 것
> 배 아플 때보다 더 싸르르하게 기분 나쁜 그 무엇
> 희미한 불빛 아래서 책 읽을 때 아팠던 머리보다
> 더 어질거리며 기분 나쁜 그 무엇
> 정신의 홍역 같은 것
> 마음이 시무룩해지는 것
> 흉측한 영혼의 수두(水痘)보다 더 볼성사나운 기분 나쁜 그 무엇.
>
> 당신은 내게 뒤돌아보기에는 아직은 너무 이르다고 했지요.
> 그러나 그건 당신이 하나의 완전한 단순함과
> 둘이 함께 하는 아름다운 복잡성을 잊었기 때문이랍니다.
> 하지만 나는 내 침대에 누워서 모든 걸 기억할 수 있답니다.
> 네 살 때 난 아라비아의 마법사였지요.
> 내가 우유 한 잔을 요령껏 마시면
> 나는 날 안 보이게 만들 수도 있었답니다.
> 일곱 살 때 난 군인이었고, 아홉 살 땐 왕자였지요.
> 그러나 이제 난 창가에 마냥 앉아서
> 오후의 늦은 햇살을 바라봅니다.
> 옛날에도 햇살이 나무 위에 지은 내 집 곁을
> 이토록 진지하게 비춘 적이 있었던지요
> 내가 타던 자전거도 새파란 속도가 다 빠져나간 채
> 오늘처럼 이렇게 차고 곁에 팽개쳐진 적이 있었던지요
>
> 나는 내게 말합니다 이게 슬픔의 시작이라고.
> 운동화를 신고 이 세계를 스쳐가면서

이제는 내 상상 속 친구들에게 작별을 고할 시간
열 살이라는 큰 숫자가 되는 시간

내 몸 속엔 온통 빛밖에 없다던 생각이 바로 어제일 같은데
당신께서 나를 베어내면 빛이 눈부시게 내게서 빛났을 터인데.
이제 나 삶이라는 길 위에 넘어지면
무릎이 깨질 뿐입니다. 피를 철철 흘리며.

우리가 청소년기 초기에 도달할 때까지는, 아마도 그보다 더 일찍, 우리가 누구인가 하는 우리의 의식은 점차 문화의 산물이 되어간다. 우리가 자신에 대해 긍정하거나 부정하는 것은 우리가 내면화시킨 메시지들의 정도에 따르게 된다. 우리의 문화에서는 이런 메시지들이 외모(appearance), 성취(achievement), 재산(affluence)을 중심으로 한다(3A's라 한다). 즉 청소년들이 가장 신경을 많이 쓰는 문제들은, 우리가 충분히 매력적인가? 우리는 충분히 잘 나가는 사람으로 보이는가? 우리는 돈 씀씀이가 괜찮은가? 하는 문제들이다. 어른들이 되면, 매력의 문제는 계속되지만 성취와 재산의 문제만이 아니라, 친밀성, 예민함, 돌보는 자세도 문제가 된다. 나는 넉넉한가? 나는 충분히 괜찮은가?

이 과정을 통해서, 우리는 더욱 더 분리와 소외의 세계 속으로 빠져 들어가며, 자신과 타인들을 비교하고 판단하는 세계 속으로 들어간다. 우리는 토머스 키팅(Thomas Keating)이 "거짓 자아"(false self)라 부른 것과의 관계 속에서 살아가는데, 거짓 자아란 문화에 의해 만들어지며 주어지는 자아를 말한다. 프리드릭 뷰크너(Frederick Buechner)의 표현을 빌려 말하자면, 우리는 내면이 밖으로 나아가는(from the inside out) 삶을 사는 것이 아니라 외부가 내면으로 들어오는(from the outside in) 삶을 살고 있다.16)

우리가 유배상태로 타락한 것은 그 뿌리가 매우 깊다. 인간의 조건에 관한 성서의 묘사는 처절하다. 인간의 자아는 분리되고 자기에게만 관심을 기울여, 눈이 어두워지고, 자기에게만 정신이 팔려 있으며, 교만하고, 근심이 많고, 집착하며, 불쌍하며, 둔하며, 분노하고 폭력적이다. 때로 어떤 사람들은 위대하지만, 대부분은 그저 그럴 따름이거나 "신통치 않다." 어둠 속에서 우리는 장님이며 깨닫지를 못한다. 우리는 이집트의 노예로 살거나, 바빌론에 포로가 되거나 하며, 때때로 우리 자신이 이집트와 바빌론이 된다. 우리는 심지어 희생자이며 동시에 억압자가 될 수도 있다. 특별히 집단으로서는 우리가 잔인하며 억압적일 수 있다. 우리가 집단적으로 저지르지 못하는 죄악은 없는 것처럼 보인다.

프랑스의 수학자이며 철학자이며 신비주의자인 파스칼(Blaise Pascal, 1623-62)은 인간의 선과 악의 능력에 대한 놀라움을 이렇게 표현했다. "우리의 위대함과 우리의 비천함은 너무 명백하기 때문에 참된 종교는 그 놀라운 모순을 설명해야만 한다."[17] 우리의 놀라운 모순에 대한 성서의 비전은 우리가 하나님의 형상으로 창조되었지만, "에덴의 동쪽," 그 낙원 바깥에서 소외와 자아집착의 세계 속에서 살아가고 있다는 것이다. 이것은 성장의 불가피한 결과이며, 자기가 되는 과정의 불가피한 결과이다. 우리가 성공하든 실패하든, 아무도 이런 인간 조건을 회피하지 못한다.

---

16) Thomas Keating, *Intimacy with God* (New York: Crossread, 1997), p. 163. 뷰크너의 말은 1990년에 샌프란시스코의 Grace Episcopal Cathedral에서의 강연에서 한 말이다. 그의 책 *Telling Secrets* (San Francisco: HarperSanFrancisco, 1991)에도 나오는 말이라고 생각한다.

17) Richard J. Foster and James Bryan Smith, eds., *Devotional Classics* (San Francisco: HaperSanFrancisco, 1993), p. 172.

그러므로 우리는 다시 태어날 필요가 있다. 중생은 우리가 유배된 상태로부터 되돌아오는 길이며, 우리의 참된 자기를 회복하는 길이며, 외부가 내면으로 들어오는 삶이 아니라 내면이 외부로 나아가는 삶을 살기 시작하는 길이며, 우리의 개인적이며 집단적인 이기심으로부터 탈출하는 것이다. 다시 태어나는 것은 거짓 자아에 대해 죽는 일, 그 정체성과 존재 방식에 대해 죽는 일과 성령 안에서, 그리스도 안에서, 하나님 안에서 중심을 잡는 정체성으로 다시 태어나는 일이다. 이것은 자아에 대해 새롭게 정의하는 내면적 과정으로서 그 과정을 통해 우리들 속에 참 사람이 태어나는 과정이다.

중생의 과정

중생의 체험은 갑작스러울 수 있으며 극적인 체험일 수 있다. 이 체험에는, 다마스커스로 가던 길에서 사울이 체험하고 바울이 되었던 것과 같은, 극적인 계시와 인생을 변화시키는 신의 출현이 관계될 수도 있다. 이런 극적인 회심은 오늘날까지도 계속된다. 어떤 사람들은 그런 체험을 한 날짜와 시간까지 밝히곤 한다. 이런 "급작스런 회심"이 일어난다는 것을 의심할 이유는 없다. 윌리엄 제임스는 수많은 이런 체험들을 보고할 뿐만 아니라, 이런 체험들이 가장 두드러진 심리학적 현상 가운데 하나라고 말한다.[18]

그러나 우리들 대다수에게는, 다시 태어나는 중생 체험이 단 한번의 강렬한 체험이 아니라 점진적인 과정이다. 과거의 정체성에 대해 죽고 새로운 정체성으로 태어나는 것, 과거의 존재 방식에 대해 죽고

---

18) William James, *The Varieties of Religious Experience*, lecture 10.

새로운 존재 방식으로 태어나는 것은 일생 동안 계속되는 과정이다. 기독교인의 삶이 성숙할수록 더욱 깊이 성령을 중심으로 한 삶이며, 예수 안에서 알려진 하나님의 영, 곧 그리스도의 성령을 중심으로 한 삶을 사는 것이다.

우리들 대부분에게는 이런 과정이 시간이 걸린다. 심지어 자신이 거듭난 시간을 밝힐 수 있는 사람들조차도 새로운 인생을 살아내는 데는 시간이 걸린다. 물론 영혼이 진보하는 것이 자동적인 것은 아니다. 그것을 가로막기도 하며, 방해하기도 하며, 차단시키기도 한다. 그러나 기독교인의 삶에서는 나이를 먹는 것이 방해를 받지 않는다면 성령을 중심으로 하는 우리의 삶이 더욱 깊어지는 길이 될 수 있다. 청년기와 중년기에 받은 메시지들과 유혹들이 약하게 되며, 우리는 더욱 하나님 안에서 안식할 수 있으며, 더욱 쉽게 하나님과 더불어 침묵 속에 지낼 수 있게 된다. 하나님을 더욱 우리의 중심에 모심으로써 우리의 삶이 변화된다. 기독교인의 삶이 성숙하게 되면서, 우리는 하나님을 더욱 깊이 신뢰하는 데 동반되는 자기 망각을 체험하기 시작한다.

중생이라는 은유는 단 한번의 극적인 사건 혹은 평생의 과정에만 적용되는 것이 아니라, 우리의 삶 속에서 경험하는 보다 짧은 리듬에도 적용된다. 그것은 원인이 무엇이든지 간에, 중요한 변화의 기간 동안에 여러 차례 일어날 수 있는 과정이다.

중생은 심지어 일상생활의 작은 리듬에드 적용된다. 나의 소년시절의 영적인 스승이었던 마틴 루터는 "그리스도와 더불어 매일 죽고 다시 살아나는" 것에 대해 말하는데, 약간 옛날 투로 말하자면, "옛 아담에 대해 매일 죽는" 것, 곧 우리들 속의 옛 자아에 대해 매일 죽는 것을 뜻한다. 루터는 "매일"이란 단어를 덧붙임으로써 누가복음을 반영하고 있다.

이 과정이 "매일" 일어난다는 것은 나의 경험에 맞을 뿐 아니라 내가 아는 많은 사람의 경험에도 맞는다. 하루의 생활에서 나는 때때로 나의 짐이 무거운 것을 느끼는데 그 원인은 내가 하나님을 잊어버렸기 때문이다. 하나님을 기억하고, 나 자신에게 하나님의 실재를 환기시킴으로써 나는 때때로 존재의 가벼워짐을 느끼는데, 이것은 나의 자기집착과 짐처럼 느껴지는 감금상태에서 벗어남을 느끼는 것이다. 우리는 계속해서 우리 자신의 무덤으로부터 나오도록 부름받고 있다.

이 과정은 기독교만의 심장에 있는 것이 아니라 세상의 다른 참 종교들의 심장에도 있다. "길"을 따른다는 이미지는 유대교에도 흔한 이미지이며, 그 "길"은 새로운 심장, 하나님을 중심에 모신 새로운 자기와 관련되어 있다. "이슬람"이라는 말의 뜻 가운데 하나는 "항복한다"는 뜻이다. 즉 하나님을 삶의 중심에 모심으로써 자신의 삶을 철저하게 하나님에게 항복하는 것이다. 무하마드는 "너희가 죽기 전에 죽어라"고 가르쳤다. 당신이 육체적으로 죽기 전에 영적으로 죽어라. 당신이 문자적으로 죽기 전에 은유적으로(또한 실제로) 죽어라. 불교의 길의 중심에는 "내려놓음"이 있다. 이것은 과거의 존재 방식에 대해 죽고 새로운 존재 방식으로 다시 태어나는 똑같은 내면적인 길이다. 도교와 선불교 모두의 기본 문서인 『도덕경』에 따르면, 노자는 "당신이 가득하게 되기를 원한다면, 당신 자신을 비우도록 하라. 당신이 다시 태어나고 싶으면, 당신 자신이 죽어라"고 말했다.

이처럼 개인적인 영적인 변화의 과정을 우리 기독교인들은 중생, 곧 그리스도와 함께 죽고 다시 살아나는 것, 성령 안의 생활이라 부르는데, 이런 과정은 세계 종교들에 중심적인 것이다. 이것을, 예수는 "길"이라고 가르친 요한복음의 고백과 연결시키면, 예수가 성육한 길은 보편적인 길이지, 배타적인 길이 아니다. 예수는 오랜 역사를 거친 종교들을 통해 알려진 변화의 길을 구현하고 성육한 분이다.

예수의 길과 세계 종교들의 길 사이의 이런 공통성을 인식하는 것은, "예수가 유일한 길"이라고 가르친 교회 역사를 볼 때, 때로는 기독교인들을 혼란스럽게 만드는 것이다. 그러나 이런 공통성은 놀랄 일이 아니라 축하할 일이다. 이것은 사도행전의 외침대로, 성령이 이슬람교도들, 불교도들, 유대인들, 힌두교도들에게도 주어졌다는 뜻일 뿐만 아니라, 기독교에 대한 신빙성을 더해준다는 뜻이기도 하다.19) 기독교인의 길을 철저하게 독특한 것으로 간주하면 그것은 미심쩍은 것이다. 그러나 예수가 다른 곳에서도 보편적으로 말해진 길을 성육한 분으로 이해하면, 그분 안에서 우리가 깨닫는 길은 훨씬 더 큰 신빙성을 갖게 된다.

중생: 의도성

중생은 성령의 역사다. 중생이 갑자기 일어나든지 아니면 점진적으로 일어나든지 간에, 우리는 강렬한 욕망과 결심에 의해서나 혹은 올바른 믿음체계를 배우고 믿는 것을 통해서, 다시 태어나도록 우리 스스로 만들 수는 없다. 그러나 우리는 다시 태어나기 위해 의도할 수는 있다. 비록 우리가 중생이 일어나도록 만들 수는 없지만, 그 중생과정의 산파(産婆) 역할을 할 수는 있다. 이것이 영성의 목적이다. 즉 새로운 자기가 태어나고 새로운 삶을 양육하기 위해 돕는 것이다. 영성은 산파인 셈이다.

---

19) "이방 사람들에게도 성령을 선물로 부어 주선 사실에 놀랐다"(행 10:45). 행 11:18도 참조하라.

영성은 인식, 의도, 수행을 결합한 것이다. 나는 영성을 정의하여 "하나님과의 관계를 의식하며 더욱 깊은 관계 속에 들어가도록 의도하는 것"이라고 한다. 이 정의는 매우 치밀한 단어 선택을 통한 정의이다. 우선은, 하나님과 우리의 관계를 의식하는 것이다. 나는 우리 모두가 이미 하나님과 관계를 맺고 있으며, 우리가 태어났을 때부터 그 관계 속에서 살아왔다고 확신한다. 하나님은 우리와의 관계 속에 계신다. 영성은 이처럼 이미 존재하는 관계에 대해 의식하는 것이다.

하나님과 우리의 관계에 대해 의도하게 되는 것이다. 즉 영성은 하나님과의 관계에 대해 주의를 기울이는 것이다. 비록 하나님은 "신비"이지만, 하나님과 우리의 관계에 대해 주의를 기울이는 것에는 신비한 것이 없다. 이것은 우리가 인간관계에 주의를 기울이는 것과 같은 방식이다. 즉 그 관계 속에서 시간을 보내며, 전념하며, 생각을 깊이 하는 방식이다. 우리는 하나님과의 관계에 주의를 기울이는 것을 예배를 통해서 하는데, 집단적인 예배와 개인적인 예배, 곧 예배, 공동체, 기도, 성서, 경건의 시간 등을 통해서 한다. 수행에 관해서는 10장에서 좀더 자세하게 설명하고자 한다.

하나님과 더욱 깊은 관계 속에 들어가는 것이다. 우리들에게 친숙한 주제가 된 것처럼, 기독교인의 삶은 믿음의 조항들을 믿는 것이 특별히 중요하다기보다는 오히려 그분 안에서 우리가 살아가며 움직이며 존재하는 분과의 관계를 더욱 깊게 하는 것이다. 이 관계에 주의를 기울이면 우리가 변화하게 된다. 이것이 우리의 삶이 이루어야 할 목표이다. 즉 "실재"(what is) 곧 "그 이상"(the More)과의 관계를 통해 우리의 삶이 변화되는 것이다.

간단히 말해서, 영성은 다시 (또 다시 그리고 또 다시) 태어나는 과정에 관한 것이다. 이것이 기독교인의 삶의 중심에 놓인 것이다. 만일 우리가 기독교인으로서 또한 교회로서 이것을 진지하게 받아들인다면, 우리는 기독교 전통의 풍부한 영적인 예배들을 회복하게 될 것이다. 우리는 그 예배들을 배우고 그런 예배들을 이용할 것을 격려하게 될 것이다. 우리가 교회라는 공동생활을 하는 중심적인 목적들 가운데 하나는 중생 과정의 산파가 되고 그 과정을 양육하는 것이다.

이런 일은 일어나고 있다. 오늘날 주류 교회들 안에서 영성과 영적인 예배를 회복하는 것은 기독교 문명의 고무적인 신호다. 이것은 또한 새로운 패러다임이 신앙과 기독교인의 삶에 대해 좀 더 관계를 맺는 관점과 체험적 관점에서 이해하는 것을 강조하는 신호이기도 하다.

새로운 삶

중생은 새로운 삶의 시작이다. 실제로 서로움은 중생의 결정적인 특징이다. 이런 체험을 가장 극적으로 체험하며 기뻐하는 사람들은 자신들의 인생이 도저히 구원받을 수 없다고 생각했던 사람들, 곧 잔인한 범죄를 저질러 감옥에 갇혔거나, 노예 상인으로서 "나 같은 죄인 살리신"(Amazing Grace)을 작사한 존 뉴턴(John Newton) 같은 사람들이다. 하나님의 은총과 성령에 의해 "다시 태어난다"는 이미지는 희망이 넘치며, 끝장난 것처럼 보이는 가운데서 새로운 시작을 나타내는 이미지다. 항상 은총과 중생이 가능하다.

또한 중생은 다른 종류의 인생 속으로 들어가는 것이다. 죽고 다시 살아나는 것에는 결과가 뒤따른다. 중생은 우리의 삶이 변화되지 않은 상태로 내버려두지 않는다. 중생은 "성화"(聖化, sanctification)라 불리는 계속적인 변화의 과정이 시작되는 변화다. 신약성서는 한결같이 새로운 삶에 대해 말한다. 그럼으로써 새로운 삶은 열광적(rhapsodic)이며 동시에 현실적(realistic)이다. 새로운 삶의 현실적인 모습은 복음서들, 서신들, 요한계시록 모두가 초기 기독교 공동체 안에서의 문제들에 대해 노골적인 혹은 암시적인 증거를 제공하고 있다는 사실을 통해 알 수 있다.

그러나 내가 강조하고 싶은 것은 새로운 삶의 열광적인 측면이다. 새로운 삶이란 무엇과 같은가? 그것은 무척 매력적인 것이다. 그것은 하나님과 다시 연결된 삶이다. 집을 떠나 낯선 곳을 방황하던 탕자가 집에 되돌아와 환영받는 삶, 귀신에 사로잡혔다가 고침을 받아 제 정신을 차리게 되고 다시 공동체 안에서 회복된 삶, 고개를 들지 못한 채 살던 여인이 일어나 건강을 회복한 삶, 자신의 사랑을 통해 구원받은 여인의 삶, 죽은 자들 가운데서 다시 살아난 나사로의 삶이다.

바울은 "그리스도 안에"서의 새로운 삶에 대해 가장 특별한 표현으로 말한다. 새로운 삶은 바울이 가장 즐겨하는 네 단어, 곧 자유, 기쁨, 평화, 사랑으로 특징지어지는 삶이다. 즉 우리 인생의 모든 가짜 수령들(lords)의 음성들로부터 자유를 얻은 삶이며, 풍성한 삶의 기쁨, 하나님과 다시 연결된 평화로서 모든 이해를 뛰어넘는 평화, 우리를 향한 하나님의 사랑과 우리들 속의 하나님에 대한 사랑의 삶이다.[20]

바울을 비롯해서 신약성서의 다른 저자들은 중생한 사람의 이런 새로운 삶의 특징을 한결같이 성령의 "열매"와 "선물"로 이해한다. 그것은 인간이 수고한 열매가 아니라 새로운 정체성과 새로운 존재 방식의 열매다. 즉 성령 안에서 하나님을 중심에 모시고 사는 삶의 열매다.

---

20) 바울이 기독교인의 삶을 자유, 기쁨, 평화, 사랑으로 특징지어진 삶으로 보는 그의 비전에 대한 분명한 주해를 보기 위해서는 Robin Scroggs, *Paul for a New Day* (Philadelphia: Fortress, 1977), pp. 21-38을 참조하라.

바울이 새로운 삶에 대해 묘사한 가장 유명한 대목은 고린도전서 13장에 나오는데, 이 장은 흔히 바울의 "사랑의 찬송"이라 불린다. 고린도전서 12장과 14장 사이에 자리잡고 있는 맥락 자체가 사랑이 "성령의 선물들"과 연결된다는 사실을 명백하게 해준다. 이 선물들에는 예언, 지혜, 치유, 방언, 방언의 해석이 포함된다. 그리고 13장에서는, 불행하게도 흔히 그 맥락에서 따로 떼어내어 읽기는 하지만, 바울은 사랑에 관해 성령의 다른 선물들과의 관계 속에서 말한다.

> 내가 사람의 모든 말과 천사의 말을 할 수 있을지라도,
> 내게 사랑이 없으면,
> 울리는 징이나 요란한 꽹과리가 될 뿐입니다.
> 내가 예언하는 능력을 가지고 있을지라도,
> 또 모든 비밀과 모든 지식을 가지고 있을지라도,
> 또 산을 옮길 만한 모든 믿음을 가지고 있을지라도,
> 사랑이 없으면, 아무것도 아닙니다.
> 내가 내 모든 소유를 나누어줄지라도,
> 내가 자랑삼아 내 몸을 넘겨줄지라도,
> 사랑이 없으면, 내게는 아무런 이로움이 없습니다.(13:1-3)

이런 고백은 13장 끝에서 바울이 믿음과 소망과 사랑이라는 세 가지에 대해 기억하기 쉽게 말한 것에도 다시 나온다. "그러므로 믿음, 소망, 사랑, 이 세 가지는 항상 있을 것인데, 그 가운데서 으뜸은 사랑입니다." 바울에게는 사랑이 성령의 일차적인 선물이며, 실제로 가장 결정적인 선물이다.

이것은 예수도 마찬가지다. 예수에게 하나님을 중심에 모신 삶의 일차적인 특징은 '함께 아파하는'(compassion) 연민이다. 예수는 자신의

신학과 윤리를 간략히 요약하여, "너희의 아버지께서 함께 아파하시는 것 같이, 너희도 함께 아파하는 사람이 되어라"(누가 6:36, 옮긴이 私譯)고 말씀하신다.21) 바울이 "사랑"이라는 말을 사용한 곳에서 예수는 "함께 아파함"이라는 말을 사용하신다. 이 말이 아람어와 히브리어에서 연상시키는 것은 매우 중요한 사실을 일깨운다. 즉 함께 아파하는 연민을 갖는다는 것은 "자궁과 같은" 것이 됨을 뜻한다. 다시 말해서, 생명을 낳고, 양육하며, 포옹하는 마음을 뜻한다. 하나님이 그런 분이시기에, 우리도 그런 사람이 되어야 한다.

이처럼 사랑 안에서 성장하고 함께 아파하는 연민 속에서 성장하는 것은 성령 안에서의 삶의 가장 중요한 특징이다. 이것은 또한 진정으로 중생한 체험과 단지 겉으로만 그렇게 보이는 체험을 구분하는 가장 일차적인 기준이다. 이것은 또한 윌리엄 제임스가 "그들의 열매를 보아 그들을 안다"는 예수의 말씀을 인용하여 주장한 실용적인 테스트이기도 하다. 그 열매는 사랑이다.22) 실제로 그런 열매는 기독교인의 삶의 목적이다.

---

21) 대부분의 영어 번역본은 이 구절에서 'mercy'를 사용하지만, 이 구절의 맥락은 'compassion'이 더욱 나은 번역임을 보여준다. 영어에서 mercy는 잘못을 저지른 상황을 암시한다. 즉 우리에게 잘못을 저지른 사람에 대해 우리는 자비를 베풀 수 있다. 그러나 누가복음의 맥락은 관대함을 가리킨다. 즉 원수를 사랑하고, 선을 행하고, 돌려 받을 생각을 하지 말고 돈을 빌려주라는 것이다.
22) 역자주: "빵을 먹는 것은 물질적 행위이고, 빵을 나누는 것은 영적 행위다."(니콜라스 베르자예프). "누군가에게 기쁜 소식은 불가피하게 누군가에게는 나쁜 소식이다."(피터 고메즈). "신앙의 도약(跳躍)은 사고의 도약이라기보다는 행동의 도약이라는 걸 깨닫는 것이 매우 중요하다. 왜냐하면 일반적인 경우에는 우리가 먼저 알고 난 다음에 행동을 하게 되지만, 신앙의 문제에서는 먼저 행동한 다음에 우리는 알게 되고, 먼저 참여한 다음에 우리가 알게 되기 때문이다. 요컨대, 우리는 절대적 확신이 없더라도 용기를 내어 전심으로 행동해야만 한다."(윌리엄 슬로언 코핀).

7장

하나님의 나라: 정의의 심장

우리는 이제 하나님과 함께 사는 우리의 삶에 대한 성서의 비전의 중심에 자리잡고 있는 또 다른 변화, 곧 사회적 및 정치적 변혁을 살펴 볼 차례다. 복음서들에 나오는 핵심적 은유를 사용하자면, 기독교인의 삶은 "하나님의 나라"에 관한 것이다. 기독교인의 삶은 "중생"과 "하나님의 나라"이다.

성서는 개인적일 뿐 아니라 정치적이다. 성서는 날카로운 정치적 비판과 열정적인 정치적 옹호를 결합시키고 있다. 즉 지배체제에 대한 철저한 비판과 대안적인 사회적 비전에 대한 열렬한 옹호를 결합시키고 있다. 성서는 악몽과 같은 불의에 대해 저항하면서, 그 중심적인 음성은 하나님의 정의에 대한 꿈, 곧 이 땅을 위한 꿈을 선포한다. 비판과 옹호는 하나님의 성격과 열정에 대한 이해에 근거하고 있다. 성서의 하나님은 사랑과 정의의 하나님으로서 우리의 더불어 사는 삶을 위한 하나님의 열정이 하나님의 나라다.[1]

---

[1] 역자주: 하나님 나라를 위한 영적 전투가 정치적 관점에서 매우 중요한 이유는 "공산주의, 나찌즘, 파시스트들이 온건파들을 이기고 성공한 것은 많은 사람들이 참여해서 이룬 것이 아니다. 그 모두는 소수의 훈련받은 광신자들에 의해 이루어졌다."는 사실 때문이다. Crane Brinton, *The Anatomy of Revolution* (New

무시되어 왔던 하나님의 정의에 대한 열정

성서가 정치적이며, 성서의 하나님이 정의에 대해 열정적이라는 주장은 많은 기독교인들에게 놀라운 주장일 것이다. 우리는 흔히 이 사실을 간과해왔기 때문이다. 따라서 이 사실을 지적하면 우리는 흔히 그것을 외면하려 한다. 우리가 이 사실에 대해 비교적 장님이 된 이유들을 생각해보면, 많은 것을 깨닫게 한다. 그렇게 함으로써 우리는 왜 성서의 이 중요한 흐름이 교회 밖의 사람들에게만이 아니라 수많은 기독교인들에게도 낯선 것이 되었는지를 이해하는 데 도움을 받을 수 있을 것이다.

한 가지 이유는 매우 오랜 세월 동안 기독교가 지배문화의 종교였기 때문이다. 이것은 4세기에 로마 황제 콘스탄티누스가 기독교를 받아들임으로써 시작되어 최근까지 지속되었다. 이처럼 오랜 기간 동안에 "권력자들"이 기독교인들이었다. 기독교와 지배문화의 혼인상태가 계속되는 동안, 기독교인들은 사회질서에 대한 철저한 비판을 거의 하지 못했다. 그 대신에, 내세(afterlife)에서의 개인구원이 일차적인 메시지였으며, 오늘날도 대부분의 교회들은 죽은 다음의 영혼 구원을 계속해서 강조하고 있다. 이런 이유 때문에 성서의 정치적인 목소리는 잘 들리지 않게 되었고, 성서의 정치적 열정은 순하게 길들여졌다.

또 다른 이유는 "하나님의 정의"(God's justice)에 대한 일반적인 오해 때문이다. 신학적으로 우리는 흔히 하나님의 정의에 반대되는 것이 "하나님의 자비"(God's mercy)라고 생각해왔다. "하나님의 정의"는 우

York, NY: Random House, 1965), 154-155; 리처드 호슬리 엮음, 『제국의 그림자 속에서』 (정연복 역, 한국기독교연구소, 2014).

리의 죄로 인해 우리가 마땅히 받아야 할 하나님의 징벌로 이해한 반면에, "하나님의 자비"는 우리의 죄에도 불구하고 우리를 향한 하나님의 사랑과 용서로 이해해왔던 것이다. 따라서 이 둘 가운데 하나를 선택해야 한다면, 누구나 "하나님의 자비"를 선택하고, "하나님의 정의"에서 벗어날 희망을 갖고 싶어 할 것이다. 그러나 정의의 반대가 자비라고 생각하는 것은 성서가 말하는 정의를 왜곡시키는 것이다. 성서에 가장 흔하게 나타나는 것처럼, 하나님의 정의에 대한 반대는 하나님의 자비가 아니라 인간의 불의다. 문제는 우리가 사회를 이루고 함께 살아가는 우리의 사회적 형태이지, 하나님의 자비가 마지막 심판에서 하나님의 정의를 무색하게 만들 것인지 아닌지 하는 문제가 아니다.

특히 미국에서는 우리가 흔히 정의에 대한 성서의 열정을 망각하게 되는 또 다른 이유가 있다. 우리의 문화는 개인주의에 의해 지배되는 문화다. 개인주의는 우리 문화의 핵심 가치다. 우리는 아마도 인류 역사상 가장 개인주의적인 문화를 갖고 있을 것이다.[2] 물론 개인주의에는 좋은 점들이 많이 있다. 즉 개인의 삶의 가치, 개인의 권리의 중요성, 개인의 선택과 기회에 대한 강조 등이 그것이다. 개인주의는 자유를 강조하며, 자유는 하나님의 선물들 가운데 하나다. 그러나 핵심 가치로서의 개인주의는, 사회체제가 사람들의 삶에 미치는 엄청난 영향을 눈에 잘 보이지 않도록 만든다.

개인주의는 우리의 행복에 대해 일차적으로 책임이 있는 요소는 개인의 노력이라고 강조한다. "자수성가한 사람"이라는 개념은 우리들이 일차적으로 우리 자신의 주도권과 힘든 노력의 산물이라는 개념으로서 우리 문화 속에 널리 퍼져 있다. 개인주의는 흔히, 개인적인

---

[2] Robert Bellah et al., *Habits of the Heart* (Berkeley: University of California Press, 1985).

"성공"에 대한 보상을 극대화하며 "성공적"이지 못한 사람들에 대한 사회적 안전망을 최소화하는 (정치적 및 경제적) 사회체제를 정당화하는 데 이용된다. 이런 사고방식에 따르면, 우리는 개인들로서 우리가 얻을 자격이 있는 것들만 얻게 된다. 우리의 삶의 질은 우리가 삶의 기회들을 얼마나 책임적으로 이용했는가에 따른 결과인 셈이다.

물론, 개인적인 책임은 매우 중요하지만, 아무도 실제로는 자신의 노력만으로 자신의 인생을 이루지는 못한다. 우리는 또한 우리가 통제할 수 없는 많은 요인들의 산물이기도 하기 때문이다. 여기에는 우리의 건강과 지능에 영향을 끼치는 유전적 요인들, 우리가 태어나고 자라난 가정의 요인들, 우리가 받은 교육의 질, 행운이든 불운이든지 우리의 삶의 과정에서 겪는 온갖 "사고들"이 포함되어 있다. 우리가 일차적으로 우리 자신의 개인적인 노력의 산물이라고 생각하는 것은 우리의 인생을 형성하는 관계의 그물망과 상황들을 무시하는 것이다.

사회체제는 개인을 넘어서는 요인들 가운데 하나로서 사람들의 삶에 많은 영향을 끼친다. 이 점을 이해하는 것이 정의를 위한 성서의 열정을 이해하는 열쇠다. 사회체제에는 정치체제, 경제체제, 인습체제가 포함되는데, 인습체제란 사회 속에 간직된 문화적 태도들과 가치들을 말한다. 이런 요인들은 흔히 억압적인 것들이다.

사회체제가 인간의 삶에 끼친 부정적인 영향들은 흔히 인생을 뒤돌아볼 때 더욱 쉽게 인식할 수 있다. 우리는 오늘날 노예제도가 끔찍한 것이라고 쉽게 생각하지만, 200년 전까지만 해도 많은 기독교 국가들이 노예제도를 갖고 있었으며, 법과 관습을 통해 재가했을 뿐만 아니라, 심지어 성서에 근거해서 그 합법성을 주장하기도 했다.[3] 보다

---

[3] 교회가 노예제도와 성서에 관한 질문으로 씨름한 과정에 대해서는 Peter Gomes, *The Good Book* (New York: William Morrow, 1996), pp. 84-101을 보라.

최근의 역사에서는 우리들 대부분이 인종차별주의와 성차별주의를 체제로 생각하여, 그 둘 모두가 정치적 및 경제적 구조 속에, 그리고 사람들의 인습적 태도 속에 깊이 뿌리박고 있(었)다고 생각한다. 그러나 최근까지도 유색인종과 모든 여성들은 우리 사회에서 백인남성들처럼 똑같은 기회를 얻지 못했었다. 그들의 사회적 위치와 가능성은 개인의 노력의 결과라기보다는 사회체제의 결과였던 것이다.

문제는 흔히 "체제적 불의"(systemic injustice)라고 불리는 것으로서, 불의한 정치, 경제, 사회체제가 만들어내는 불필요한 인간의 고난의 원천이다. 그 반대는 물론 "체제적 정의"로서. 구조적, 사회적, 실질적, 혹은 분배적 정의다. 사회체제의 정의에 대한 시금석은 그 체제가 인간의 삶에 끼치는 영향이다. 즉 사회체제가 어느 정도까지 인간을 꽃피우게 하는가, 그리고 어느 정도까지 인간을 고통스럽게 만드는가 하는 문제다.

이것이 성서의 정치적 열정이 관심을 기울이는 것이다. 성서의 중요한 목소리들은 세계를 지배한 왕국들과 제국들의 체제상의 불의에 대해 저항한다. 그 목소리들은 하나님의 이름으로, 희생자들을 위해, 곧 이집트의 노예들, 바빌론의 포로들, 왕정시대와 예수 당시의 착취당하던 농민들, 그리고 어느 시대나 가장 취약한 사람들인 과부들과 고아들과 가난한 사람들과 주변부로 밀려난 사람들을 위해, 체제상의 불의에 대해 저항한다. 그리고 하나님의 이름으로, 성서의 중요한 인물들은 매우 다른 사회생활의 비전을 옹호한다.[4]

---

[4] 역자주: 로마제국의 목표는 "정의로운 세계 건설"이었으며 그 방법은 (정복전쟁과 반란진압에서) "승리를 통한 평화"였다(요세푸스의 상당히 과장된 기록에 따르면, 66-70년의 반란에서 110만 명이 살해되었다). 그러나 성서는 "정의를 통한 평화"를 강조한다. 콘스탄티누스 황제 이후, 철저하게 비폭력적인 하나님과 비폭력적인 예수를 배반한 것은 기독교가 제국의 종교가 된 탓이다. 참조.

히브리 성서 안에서 정의를 위한 하나님의 열정

성서의 정치적 열정은 이스라엘의 기원에까지 거슬러 올라간다. 그것은 모세와 출애굽 사건에서 시작한다. 고대 이스라엘의 기초가 된 이 이야기는 이집트 제국에서 노예생활하던 상태에서 해방된 이야기다. 억압은 정치적, 경제적, 종교적인 억압이었으며, 해방 역시 정치적, 경제적, 종교적 해방이었다.

이런 정치적인 흐름은 모세 이후 수백 년 동안 이스라엘의 예언자들 속에서 계속되었다. 이제 그 공격목표는 이스라엘과 유다 왕국의 왕정체제가 만들어낸 불의였다. 고대 이스라엘의 고전적인 예언자들, 곧 아모스, 이사야, 미가, 예레미야와 같은 인물들은, 권력자들과 부자들이 장악한 불의한 체제로 인해 생겨나는 인간의 고통에 맞서 저항했던 예언자들로서 하나님의 열정에 도취된 목소리들이었다. 이집트가 이스라엘 속에 다시 창조되었기 때문이다. 예언자들의 눈에는 이것이 이스라엘이 하나님과 맺은 계약을 배신한 것과 다르지 않았다.

이스라엘과 유다의 왕정체제가 이집트와 똑같이 닮았던 점은 그 모두가 "고대의 지배체제" 형태로서, 현대 이전 세계에서 가장 넓게 퍼졌던 사회형태였다. 왕정체제 중심에서 권력과 재물을 장악한 귀족들은 자신들의 이익을 위해 정치적 구조 및 경제체제를 만들어냈다. 이런 전근대적 지배체제의 세 가지 특징은 다음과 같다.

- 지배체제들은 정치적으로 억압적이었다. 일반 사람들은 이런 사회 구조 안에서 자신들의 목소리를 낼 수 없었다. 오히려, 그들은 왕들

리처드 호슬리 편, 『제국의 그림자 속에서』(정연복 역, 2014), pp. 101-128.

과 특권계급에 의해 다스려졌다.
- 지배체제들은 경제적으로 착취했다. 특권계급은 연간 생산하는 부(富)의 대략 1/2에서 2/3까지가 전체 인구 중 가장 부유한 1~5%의 손에 들어가도록 경제구조를 만들었다. 그 결과 농민들(인구의 대략 90%에 달하며 산업발전 이전 사회에서 일차적인 부의 생산자)의 생활은 비참했다. 궁핍하여 겨우 생존하는 상태로서 영양실조와 질병, 온갖 변화들에 무방비 상태였다. 농민계층의 삶의 질과 평균수명은 지배계층보다 훨씬 떨어졌다.
- 지배체제들은 종교적으로 정당화되었다. 대부분의 (모든?) 전근대적 사회에서는 사회 질서가 신의 뜻을 반영하는 것이라고 주장했다. 왕들은 신적인 권리로 통치하며, 권력자들은 신이 정해준 것이며, 법률은 신으로부터 왔다는 것이다.[5] 물론, 이런 식으로 세상을 바라본 것은 지배계층이었다. "왕권의 의식"(royal consciousness)이라는 유리한 관점에서 볼 때, 그들의 특권적인 지위는 신으로부터 왔다는 것이다.[6]

---

[5] 역자주: "정의로운 세계 건설"을 목표로 하는 로마의 제국신학자들 역시 "은총으로 구원받는다"고 믿은 것은 승리의 여신, 전쟁의 신, 바다의 신의 은총으로 구원받는다고 믿었기 때문이다. 또한 그들 역시 "믿음으로 의롭게 된다"고 믿은 것은 그런 신들에 대한 믿음뿐 아니라, '구세즈,' '주님,' '신의 아들,' '죄를 속량해주시는 분'이신 아우구스투스에 대한 믿음과 로마제국의 가치들에 대한 믿음이 정의를 가져다준다고 믿었기 때문이다. 따라서 최근의 해석자들은 바울이 말한 "우리가 믿음으로 의롭게 된다"(롬 5:1)는 것은 "우리"(대안 공동체)가 "예수에 대한 믿음"보다는 "예수의 믿음"(갈 2:16)으로 의롭게 되는 것으로 해석한다. 참조 Helmut Koester, *Paul and His World* (Fortress, 2007); John B. Cobb, Jr. and David J. Lull, *Romans* (Chalice Press, 2005). 연구소, 2015); John Dominic Crossan, *The Challenge of Paul* (FaithandReason.org.); 마커스 보그 & 존 도미닉 크로산, 『첫 번째 바울의 복음』(김준우 역, 한국기독교연구소, 2010).

[6] "왕권의 의식"이라는 말은 오늘날 미국의 가장 탁월한 히브리 성서학자 Walter Brueggemann에게서 빌려온 것이다. 그의 책 『예언자적 상상력』, 김기철 역 (복있는 사람)을 보라.

이것이 이집트와 왕정체제의 세계였다. 이것이 출애굽 이야기와 예언자들이 저항한 세계였다.[7]

신약성서 안에서 정의를 위한 하나님의 열정

정의에 대한 하나님의 열정과 지배체제에 대한 비판은 또 다시 1세기에 예수, 바울, 요한계시록, 그리고 신약성서 전체 안에 나타난다. 그러나 우리는 이런 열정과 비판을 히브리 성서 안에서는 어느 정도 보았지만, 초기 기독교 안에서는 훨씬 덜 보아왔다. 그러나 신약성서의 중심에 그런 열정과 비판이 자리잡고 있으며, 나는 이 주장을 다음 네 가지 관점에서 설명하겠다.

하나님의 나라(왕국)

"하나님의 나라"(Kingdom of God)는 예수의 메시지와 열정을 가장 잘 요약한 말이다. 어느 신약성서 학자는 이렇게 말했다. "나사렛 예수의 핵심 메시지가 무엇인지에 대해 전 세계의 신약성서 학자들—가톨릭이든, 개신교든, 비기독교인이든—에게 물어보면, 대다수 학자들은 그것이 하나님의 나라를 중심으로 한 것이라는 점에 동의할 것이다."[8]

---

[7] 이것이 오늘날 히브리성서 학자들이 공통적으로 강조하는 점이다. 내가 히브리 성서에서 정의의 문제를 좀더 자세히 다룬 것을 보려면, 『성경 새롭게 다시 읽기』, 5-6장; 『새로 만난 하느님』, 6장을 보라.

[8] John Reumann, *Jesus in the Church's Gospels* (Philadelphia: Fortress, 1968), p. 142.

예수에게 하나님 나라가 매우 중요했다는 사실은 최초의 복음서인 마가복음서 기자를 통해 분명하게 드러났다. 다른 복음서 기자들과 마찬가지로 마가는 예수의 공적인 사역의 첫 장면, 즉 그의 "취임 연설"을 통해, 자신의 복음의 주제를 미리 밝힌다. 예수의 첫 말씀은 하나님 나라에 관한 것이다.

> 요한이 잡힌 뒤에, 예수께서 갈릴리에 오셔서, 하나님의 복음을 선포하셨다. "때가 찼다. 하나님의 나라가 가까이 왔다. 회개하여라. 복음을 믿어라."(마가 1:14-15).9)

예수 이야기의 핵심은 무엇인가? 하나님의 나라. 하나님의 나라는 예수의 많은 비유들과 짧은 말씀들의 주제이기도 하다. 또한 하나님의 나라는 가장 잘 알려진 기독교인들의 기도, 곧 주기도문의 핵심이다. "당신의 나라가 임하옵시며"가 그것이다.10)

일반적으로 은유들과 상징들과 마찬가지로, 하나님 나라는 예수의 메시지에서 한 가지 이상의 의미를 갖고 있다. 하나님의 나라가 때로는 예수가 치유자와 악령축출자(exorcist)로서 일하시는 사역 속에 활동하는 하나님의 능력을 가리킨다. 때로는 하나님의 나라가 신비적인 의

---

9) "회개한다"는 말에 대해 간단히 설명하자면, 이 단어는 "우리의 죄에 대해 죄송하게 생각한다"는 일반적 의미와는 매우 다른 뜻을 갖고 있다. 이 단어는 히브리 성서에서 말하는 "되돌아온다"는 의미와 연결된 것으로서, 하나님께 되돌아온다, 유배지로부터 되돌아온다는 뜻이며, 이 단어의 그리스어 어원은 "당신이 가진 생각 너머로 간다"는 뜻이다.
10) 역자주: 존 도미닉 크로산, 『가장 위대한 기도: '주님의 기도'의 혁명적인 메시지』(김준우 역, 한국기독교연구소, 2011)를 보라.

미를 지녀 하나님의 현존을 가리키기도 한다. 다른 본문들에서는 하나님의 나라가 공동체를 가리키며, 또한 역사의 끝에 혹은 역사 너머에 올 나라로서 "많은 사람이 동과 서에서 와서" "아브라함과 이삭과 야곱과 함께 잔치 자리에 앉을" 나라를 가리킬 수도 있다.11)

"하나님의 나라"는 또한 정치적 의미를 갖고 있는데, 나는 이 점을 강조하고 싶다. 하나님 나라는 물론 정치적인 은유다. 즉 "왕국"12) (Kingdom)은 정치적인 용어다. 예수는 하나님의 "가족" 혹은 하나님의 "공동체"라는 말을 사용했을 수도 있었지만, 하나님의 "왕국"이라는 용어를 선택해서 사용했다. 비록 우리가 가족의 정치학 혹은 교회 정치학이라는 말을 할 수는 있지만, 이런 말들은 본래적으로 정치적인 말은 아니다. 그러나 "왕국"은 본래적으로 정치적인 용어다.

더군다나, 예수의 청중들은 실제로 왕국들이 있는 세상에서 살고 있었다. 왕국들은 그들에게 현실적인 실체였지, "옛날 옛적에 있었던" 무엇이 아니었다. "왕국"은 월트 디즈니의 "마술 나라"(Magic Kingdom)처럼 환상과 연관된 것이 아니었다. 또한 오늘날의 영국처럼 헌법에 의해 제한되는 왕권이 다스리는 의회 민주주의를 가리키는 것도 아니었다. 오히려, "왕국"은 강력하고 부자들인 지배계층이 통치하던 고대의 지배체제를 가리켰다.

---

11) 마태 8:11에서 인용한 것으로, 누가 13:28-29로 참조하라. "하나님 나라"의 의미에 대한 좀 더 자세한 설명은 『예수의 의미』, pp. 127-129; *Jesus in Contemporary Scholarship* (Valley Forge, PA: Trinity Inter- national, 1994), pp. 86-88을 보라.

12) 역자주: 그리스어 *basileia*가 kingdom으로 번역된 것은 번역 당시 정치체제가 kingdom 체제였기 때문이며, 오히려 당시의 유일한 *basileia*였던 로마제국에 대립되는 "하나님의 제국"으로 번역해야 옳다고 주장하는 학자들도 있다.

따라서 예수가 하나님의 왕국을 말할 때, 그의 청중들은 즉각적으로 자신들이 살고 있는 왕국과 대조가 되는 왕국을 들었을 것이다. 그들은 다른 왕국, 곧 헤롯 왕국과 씨이저의 왕국 아래 살고 있었기 때문이다. 그들은 그 왕국들이 어떤 왕국들이며, 그 안에서 산다는 것이 어떤 것인지를 잘 알고 있었다. 이런 그들에게 예수는 하나님의 왕국에 대해 가르쳤던 것이다.

예수가 사용한 하나님 나라는 물론 종교적 은유이기도 하다. 즉 그 나라는 "하나님의" 나라인 것이다. 따라서 우리는 이 말을 "종교-정치적인" 은유, 혹은 "신학-정치적인" 은유로 볼 수 있다. 존 도미닉 크로산이 표현한 것처럼, 예수에게 하나님 나라는, 결코 하나님 없는 나라가 아니었으며, 나라 없는 하나님이 아니었다.[13]

그렇다면 하나님 나라의 정치적 의미는 무엇인가? 한 마디로 말해서, 만일에 이 세상의 통치자들이 세상을 통치하지 않고 하나님이 이 세상의 왕이라면 우리의 생활이 어떻게 될 것인가 하는 것이다.[14] 하나님 나라는 이 세상의 지배체제와 왕국들의 체제적 불의와 대조되는 하나님의 정의에 관한 것이다.

중요한 점은 예수에게 하나님 나라가 이 땅을 위한 것이라는 점이

---

[13] 1996년에 내가 John Dominic Crossan, Luke Timothy Johnson과 함께 벌인 인터넷 논쟁에서.

[14] Crossan이 2002년 6월 오리건 주 포틀랜드의 Trinity Episcopal Cathedral에서 한 강연에서 한 말이다. 그가 Jonathan Reed와 함께 쓴 책 『예수의 역사: 고고학과 주석학의 통합』(김기철 역, 한국기독교연구소, 2010), p. 267에서 표현한 바에 따르면, "하느님 나라라고 부르든 하늘나라로 부르든 상관없이, 그것이 의미하는 것은 이 땅을 향한 하느님의 뜻, 즉 이 아래, 지금 이곳을 향한 하느님이 뜻이다. 달리 말해 하느님께서 만일 카이사르의 왕좌에 앉으신다면, 이 세상을 어떤 식으로 다스리시겠는가하는 것이다."

다. 우리는 흔히 이 점을 놓치곤 했다. 그 이유들 가운데 하나는 마태복음 기자가 선택한 언어 때문이기도 하다. 그는 "하나님"이라는 단어를 사용하지 않으려 했는데, 아마도 하나님에 대한 외경심 때문이었을 것이다. 많은 유대인들은 하나님이라는 단어를 발음하거나 쓰는 것을 피했기 때문이다. 따라서 마태는 자신의 복음서에서 "하나님 나라"를 줄곧 "하늘 나라"(kingdom of heaven)로 바꾸었다. 또한 마태복음은 오랜 세월 동안 교회에서 주일마다 정해놓고 읽는 성서일과에서 가장 자주 읽는 공관복음서였기 때문에, 기독교인들은 예수가 하늘 나라에 관해 말한 것으로 생각해왔다. 그 결과 예수는 하늘에 관해, 즉 죽은 다음의 내세에 관해 가르친 것으로 생각하게 된 것이다.

그러나 하나님 나라는 하늘에 관한 것이 아니라 이 땅을 위한 것이다. 이 사실에 대해 놀랄 이유는 없다. 왜냐하면 우리가 주기도문을 외울 때마다, 우리는 "(당신의) 나라가 임하옵시며, (당신의) 뜻이 (이미) 하늘에서 이룬 것 같이, 땅에서도 이루어지이다"라고 기도하기 때문이다. 존 도미닉 크로산의 재치 있는 말을 인용하자면, "하늘은 멋지게 정돈되어 있지만, 땅은 문제가 많은 곳이다."15)

주기도문은 전체적으로도 하나님 나라의 지상적(地上的)인 의미를 가리킨다. 이 사실을 가장 분명하게 이해하기 위해서는 예수의 일차적인 청중이 농민계층이었다는 사실을 기억할 필요가 있다. 권력이 있으며 부자들인 지배계층은 그 지지계층과 더불어 주로 도시에 살았던 반면에, 인구의 대부분을 차지했던 농민계층은 시골 지역에서 살았다.

---

15) 크로산이 강연에서 한 말이다. 『예수의 역사』 (김기철 역, 한국기독교연구소, p. 418)에서는 "하느님의 나라는 이 세상을 향한 하느님의 뜻에 관한 것이다. 하늘나라는 완전한 상태이며, 문제가 되는 것은 이 세상이다."라고 했다.

예수는 도시들을 피했지만 예루살렘은 예외였다. 예수는 작은 성읍들, 촌락들과 시골에서 가르쳤다. 지배계층이 예수에 관해 듣고, 그들 중 몇몇은 예수에게 매력을 느끼고 심지어 그를 지원하기도 했지만, 예수는 주로 농민들을 대상으로 가르쳤다.

이런 맥락에서 주기도문은 농민들의 절박한 생활을 보여준다. "당신의 나라가 임하옵시며"라는 간구에 이어 나오는 간구는 빵에 관한 것이다. 즉 "오늘날 우리에게 일용할 양식을 주옵시고." 빵과 넉넉한 식량은 항상 농민계층의 가장 절박한 문제였다. 더군다나, 예수 당시에 농민들이 식량을 구하는 데 더욱 절박하게 된 이유들이 있었다. 따라서 하나님 나라는 당시에 농민들이 알고 있었던 왕국들과는 대조적으로 넉넉한 식량에 관한 나라였다.

하나님 나라의 이 지상적인 의미는 그 다음의 간구, 곧 용서에 관한 간구에서도 계속된다. 이 대목에서 어떤 단어를 사용하고 있는가 하는 점은 기독교인들이 다른 교회를 방문할 경우 주의 깊게 들어볼 부분이다. 즉 우리의 "빚(debt)을 용서해 주옵소서"인가? 아니면 우리의 "죄를 용서해 주옵소서"인가? 이 부분이 교회들에 따라 다른 이유들 가운데 하나는 영어성서에서 이 본문을 서로 다르게 번역한 때문이다. 또한 초기 기독교에서는 주기도문에 대해 세 개의 판본(versions)이 있었기 때문이기도 하다. 마태와 누가에 각각 하나씩 나오며, 기원후 100년경에 기록된 『디다케』(*Didache*)에도 하나의 판본이 나온다.16)

이 부분에서 사용된 단어들이 거의 똑같지만, 마태와 디다케는 모

---

16) 마태 6:9-15; 누가 11:2-4; 디다케 8:1-2. 이 세 가지 판본을 한 페이지에 나열한 것을 보려면, Burton H. Throckmorton, ed., *Gospel Parallels*, 5th ed. (Nashville: Thomas Nelson, 1992), p. 31을 보라.

두 "빚"(debt)이라는 단어를 사용한다. 즉 "우리가 우리에게 빚진 사람을 탕감해준 것처럼 우리의 빚을 탕감해 주옵소서"이다. 그러나 누가의 판본은 다르다. 누가는 앞에서는 "죄"(sins)를 사용한다. 즉 "우리의 죄를 용서하여 주옵소서. 왜냐하면 우리가 우리에게 빚진 모든 사람들을 용서하기 때문입니다."라고 되어 있다. 여기서 기독교인들이 마태복음의 "빚"을 사용해왔건, 누가복음의 "죄"를 사용해왔건, 우리는 이 구절의 "실제" 의미는 "죄"라고 이해하는 것이 보통이다. 즉 "하나님께서 우리의 죄를 용서하신 것처럼, 우리들도 우리에게 죄를 지은 사람들을 용서하겠습니다"라는 뜻으로 이해한다. 이 기도는 훌륭한 가르침이며, 사람들이 이 가르침을 지킨다면 이 세상은 훨씬 좋은 세상이 될 것이다. 그러나 이런 해석은 "빚"이라는 개념을 너무 정신화시킨 것일 수도 있다. 비록 어떤 유대인들의 저술에서 "빚"이라는 단어가 1세기에는 "죄"라는 은유적인 의미를 갖게 된 것이 사실이지만, 그 은유적인 의미가 문자적인 의미를 완전히 덮어버렸을 것이라고는 생각하기 어렵다. 즉 "빚"이라는 단어는 십중팔구 경제적 부채의 의미를 여전히 갖고 있었을 것이다.

빚은 식량과 더불어 농민들의 일차적인 생존의 문제였다. 빚을 진 농민들은 만일 농토를 갖고 있다면, 그 농토를 잃을 수 있으며, 또한 소작농이나 일용 노동자로 전락할 수 있었기 때문이다. 만일 농민이 땅이 없을 경우, 빚을 지게 되면 그 자신들과 가족들이 계약 노동자로 팔려갈 수도 있다.

따라서 주기도문은 예수 당시 가장 중심적인 두 가지 물질적 관심을 보여준다. 하나님 나라가 도래하는 것에는 빵과 빚의 탕감이 관련되어 있다. "하나님의 나라"라는 말처럼, 주기도문도 신학적-정치적 의미를 갖고 있다. 심지어 주기도문의 첫 번째 간구인 "당신의 이름이 거룩히 여김을 받으시오며"라는 구절도 이런 맥락에서 들어야 한다고 생각한다. 하나님의 이름이 어떻게 거룩하게 될 수 있는가? 하나님의 이름을 거룩하게 하는 것은 하나님 나라가 오는 것, 곧 빵과 빚의 탕감과 연관된 것이다. 물론 주기도문에는 정치적인 의미 이상이 있다. 이 기도는 단순히 더 좋은 세상, 더 정의로운 세상을 위한 기도는 아니다. 그러나 그 이하도 아니다.

주기도문만큼 잘 알려진 것이 팔복(八福, Beatitudes)인데, 마태복음에서는 산상수훈의 일부이며 누가복음에서는 평지설교의 일부분이다. 팔복도 마찬가지로 하나님 나라와 가난한 사람들과 식량을 결합시키고 있다. 누가복음을 인용하면 다음과 같다.

> 너희 가난한 사람들은 복이 있다.
> 하나님의 나라가 너희의 것이다.
> 너희 지금 굶주리는 사람들은 복이 있다.
> 너희가 배부르게 될 것이다.17)

하나님 나라가 오는 것은 가난한 사람들을 위한 축복과 행복을 뜻

---

17) 누가 6:20-21. 마태의 약간 다른 판본은 5:3-12에 나온다. 누가복음에 나오는 것보다 더 덧붙인 마태의 팔복은 가난한 사람들과 굶주린 사람들을 정신화시킨다. 즉 "마음이 가난한 사람은 복이 있다"(5:3), "의에 주리고 목마른 사람은 복이 있다"(5:6). 누가는 실제적인 가난과 실제적인 굶주림에 대해 말하고 있다는 점은 그의 지복선언에 "화가 있다"는 말이 곧바로 이어지는 것에서 분명하게 드러난다. 즉 "너희, 부요한 사람들은 화가 있다.... 너희, 지금 배부른 사람들은 화가 있다... 너희, 지금 웃는 사람들은 화가 있다"(누가 6:24-25).

한다. 그것은 굶주린 사람들을 위한 식량을 뜻한다. 즉 그들이 배부르게 될 것이다.

그 다음 구절도 가난한 농민계층의 고통을 가리킨다. "너희 지금 슬피 우는 사람들은 복이 있다. 너희가 웃게 될 것이다." 우리는 당연히 이 구절의 표현을 탄식과 통곡, 죽어감과 죽음 등과 연관시키게 되는데, 이런 일반적 현실들이 우리가 고통을 받고 울게 되는 일차적인 상황이기 때문이다. 그러나 빈궁한 농민들의 생활에서는 이런 현실들이 울게 되는 일차적 이유가 아니었다. 농민들의 생활은 매일 절박한 슬픔으로 가득 찬 생활이었다. 즉 자녀들의 고통, 끼니와 돈에 대한 염려, 병든 상태지만 아무도 도와주지 않는 현실, 벗어날 길이 없는 현실, 희망이 없는 현실이 농민들의 절박한 슬픔이었다. 그들은 단지 죽음을 앞에 두고 울었던 것만이 아니라, 지금의 현실이 슬퍼서 울고 있었던 것이다. 그러나 하나님 나라가 오면, 가난한 사람들은 복을 받고, 굶주린 사람들은 배부르게 되며, 슬퍼 우는 사람들은 웃게 될 것이다.

이처럼 하나님 나라는 만일에 하나님이 왕이라면 이 지상에서의 삶이 어떻게 달라질 것인지 하는 것이다. 이것은 유대인 전통의 위대한 인물들이 꿈꾸었던 하나님의 꿈이다. 즉 모세, 예언자들, 그리고 우리 기독교인들에게는, 예수가 꿈꾸었던 하나님의 꿈이다. 이것은 이 땅을 위한 꿈이다.

예수는 주님이시다

"예수는 주님이시다"(Jesus is Lord.)는 것은 초기 기독교인들이 가장 일반적으로 고백했던 주장이다. 이 고백은 바울과 신약성서의 나머지 부분들에서도 중심적인 고백이다. "하나님 나라"처럼, "예수는 주님이시다"는 고백 역시 종교적 의미만이 아니라 정치적 의미도 갖고 있다.

이 고백의 정치적 의미를 이해하는 열쇠는 "주님"이 로마황제의 칭호들(titles) 가운데 하나였다는 사실을 인식하는 것이다. 사람들은 황제를 "주님"이라고 불렀다. 따라서 "예수는 주님이시다"고 말하는 것은 "황제는 주님이 아니다"라고 말하는 것이다. 그리스도가 주님이라고 고백하는 것은 황제가 주님이라는 것을 부인하는 것이다.

실제로, 신약성서에 나오는 예수의 몇 가지 "칭호들"은 황제의 칭호들이기도 했다. 당시의 동전들과 기념비들에 새겨진 비명(碑銘)들에서, 황제는 "주님"일 뿐 아니라 "신의 아들," "구세주," "왕들 중의 왕," "주님들의 주님"이라고 표현되어 있었다. 황제는 또한 지상에 평화를 가져다준 사람이라고 말했다. 초기 기독교인들은 이런 표현들을 이용해서 예수를 가리키는 말로 이용했다. 심지어 성탄절 이야기조차도 오늘날 우리들은 그 정치적 의미를 삭제한 채 읽고 있지만, 황제에 대해 도전하는 내용을 담고 있다. 누가복음에는 천사들이 목자들에게, "너희에게 구주가 나셨으니, 그는 곧 그리스도 주님"으로서 이 땅에 평화를 가져올 분이라고 말한다.[18] 황제의 칭호들은 예수에게 속하는 것이 적합하다는 말이다.

이처럼 "예수는 주님이시다"는 매우 친숙한 고백이 지금은 기독교인들의 상투어처럼 되어버렸지만, 본래는 제국의 주권에 도전하는 것

---

[18] 누가 2:11, 14. 예수 탄생 이야기 전체의 정치적 의미를 보려면, 크로산과 함께 쓴 『첫 번째 크리스마스』와 리차드 호슬리의 『크리스마스의 해방』을 보라.

이었다. 지금도 여전히 그렇다. 보다 최근에는 나치 독일의 기독교인들이 "예수는 나의 총통이시다"라고 고백함으로써, 히틀러는 아니라고 말하는 것과 같다.19) 혹은 미국에서 "예수는 나의 최고 사령관이시다"라고 말함으로써 대통령은 아니라고 말하는 것과 같다. 그리스도가 주님이라고 고백하는 것과, 정반대로 제국이 주님이라고 고백하는 것 사이에 이런 대조를 찾아볼 수 있는 것은 하나님 나라와 세상의 왕국들 사이의 대조를 찾아볼 수 있는 것과 똑같다.

제국에 대한 초기 기독교인들의 인식

"하나님 나라" 그리고 "예수는 주님이시다"라는 고백의 정치적 의미들과 일치하는 점은 초기 기독교인들이 로마제국에 대해 매우 부정적인 인식을 갖고 있었다는 점이다. 우리는 특히 요한계시록에서 이런 사실을 분명하게 볼 수 있는데, 이 책은 요한이라는 이름을 가진 초기 기독교인이 쓴 반 제국적(anti-imperial) 묵시문학이다. "묵시"란 "계시" 혹은 "폭로"를 뜻하는 말로서, 요한계시록은 요한이 조만간 일어날 것으로 생각했던 것을 폭로할 뿐 아니라 제국의 본성을 폭로한다.

바다에서 올라온 짐승: 요한은 로마제국이 "바다에서 올라온 짐승"(the Beast from the Abyss)이라고 말하는데, 이것은 태초에 혼돈으로써 창조 자체를 위협했던 뱀을 말하며, 사탄의 화신이다. 그럼으로써 요한 기자는 제국이 스스로를 인식한 것을 뒤집어엎는다. 아폴로

---

19) 이 표현도 크로산이 2000년도에 오리건 주 포틀랜드의 **Trinity Episcopal Cathedral**에서 강연하면서 했던 표현이다. 그는 초기 기독교인들이 사용한 언어의 정치적 의미를 매우 예민하게 파악해낸다.

(Apollo)가 파이톤(Python)을 살육하는 신화에서, 로마는 스스로를 아폴로라고 이해했는데, 아폴로는 빛과 질서의 신이었으며, 파이톤은 옛 뱀이었다. 그러나 요한계시록의 저자는 이것을 뒤집어서, 로마제국은 아폴로가 아니라 파이톤이라고 말한 것이다. 로마제국은 세계를 혼돈 속으로 몰아넣으려는 원흉이다.[20]

큰 창녀: 요한 기자는 또한 로마제국을 '큰 창녀' 곧 큰 유혹자로 묘사함으로써 로마제국에 대한 고발을 이어간다. 그녀는 유혹하는데, 멋진 옷을 입고, 금과 보석들로 치장한 채, 그녀의 재물과 권력으로 세상의 통치자들을 유혹한다. 그러나 요한이 본 환상에서는, 그녀가 먼저 본 환상의 짐승과 한패가 되어, 그녀가 그 큰 뱀을 타고 다닌다. 그녀는 과거에 파괴적인 제국이었던 "큰 바빌론"으로서 "세상의 임금들을 다스리는 통치권을 가진 큰 도시"다. 바로 그 창녀가 로마다.[21]

로마(Roma): 제국에 대한 세 번째 인식은 초기 기독교인들의 '아크로스틱'(acrostic)에서 찾아볼 수 있다. '아크로스틱'이란 (삼행시처럼 - 옮긴이) 어떤 문구나 문장의 각 단어의 첫 철자들을 연결해 만든 말이다. 여기서 초기 기독교인들이 라틴어로 말한 문장 하나가 "라딕스 옴니움 말로룸 아바리티아"(*radix omnium malorum avaritia*)다. '라딕스'는 '뿌리'를 뜻하며, '옴니움'은 '모두', '말로룸'은 '악' 그리고 '아바리티아'는 '탐욕'을 뜻한다. 따라서 이 라틴어 문장은 "탐욕이 모든 악의

---

20) 요한계시록 12-13장. 이 부분에 대해 내가 좀 더 자세하게 언급한 것을 보려면, *Reading the Bible Again*, pp. 281-84를 보라.
21) 요한계시록 17장. 그 파멸은 18장에 나온다. 이 두 장에서 그 창녀의 재산과 권세와 물질적 영광이 어떻게 강조되고 있는지를 주목할 필요가 있다. *Reading the Bible Again*, pp. 286-89 참조.

뿌리다"라는 뜻이다.22) 이 문장의 각 단어의 첫 철자들을 연결해 말을 만들면 로마(*Roma*)가 되는데, 이것은 로마(Rome)에 대한 라틴어 표기 방식이다. 이것은 정곡을 찌르는 것이다. 즉 로마제국은 탐욕의 화신인 것이다. 이것이 제국이다. 지배체제에서 탐욕의 화신이 모든 악의 뿌리이다.

물론 이 아크로스틱은 다른 기억할 만한 많은 말들처럼 과장하는 측면이 있다. 지배체제 속에 뿌리박고 있는 탐욕 이외에도 다른 악의 원천들이 있으며, 초기 기독교인들은 이 사실을 알고 있었다. 신약성서가 문제삼고 있는 것들은 단순히 정치적인 억압과 경제적인 착취만이 아니다. 신약성서는 개인적인 문제들, 개인적인 죄, 그리고 개인적인 변화의 필요성을 역설한다. 두드러진 점은 신약성서가 정치적인 문제들, 정치적인 죄와 정치적인 변혁도 역설한다는 점이다.

신약성서의 정치적인 열정과 제국에 대한 고발 부분을 마무리하면서, 제국들 가운데 로마제국이 특별히 악한 것은 아니었다는 사실을 기억할 필요가 있다. 로마제국이 오히려 다른 제국들보다는 나았다는 주장을 할 수도 있다. 로마제국의 법 체계, 강도들과 해적들로부터 사람들을 보호하는 능력, 안정된 질서, 도로와 같은 공공사업들의 측면에서 볼 때, 로마제국은 그 이전의 체제보다 나았으며, 대부분의 왕국들과 로마제국을 대체한 제국들보다 나았다. 그러나 로마제국의 정책들은 수백만 명의 사람들의 삶에 부정적인 영향을 끼쳤던 것이 사실이다. 로마제국의 정복 전쟁은 잔인했다. 제국의 세계에서는 부자들이

---

22) 따라서 이것은 "돈을 사랑하는 것이 모든 악의 뿌리입니다"(딤전 6:10)라는 친숙한 말씀과 매우 비슷하다. 내가처럼 이 아크로스틱에 대해 배우게 된 것은 2002년 여름 Beliefnet에 올라온 Phyllis Tickle의 칼럼을 통해서였다.

가난한 사람들에게 세금을 징수했다. 더구나, 로마제국의 상업화 정책은 유대인 농민들로 하여금 대지주들에게 토지를 빼앗기도록 만들었다. 제국의 다른 지역들에서는 많은 농민들이 도시로 이주하도록 만들어, 그들은 도시의 누추함 속에서 뿌리뽑힌 삶을 살아야 했다.23)

십자가의 정치적 의미

초기 기독교의 반(反) 제국적인 정신은 또 다른 곳에서도 찾아볼 수 있다. 어떤 점에서 그것이 가장 명백하게 드러난 것은, 예수가 로마제국에 의해 십자가에 처형되었다는 사실이다. 예수 당시의 지배체제가 그를 죽인 것이다. 내가 5장에서 강조한 것처럼, 우리 기독교인들은 세계의 주요 종교 가운데 그 창시자가 기성체제에 의해 처형된 유일한 종교에 참여하고 있는 것이다. 이것이 성 금요일(Good Friday)의 정치적 의미로서, 지배체제가 예수에 대해 "안 된다"(No)고 한 것이다. 부활절의 정치적 의미는 하나님이 예수와 그의 비전에 대해 "옳다"(Yes)고 한 것이며, 하나님이 지배체제에 대해 "안 된다"(No)고 한 것이다. 사도행전이 당국자들에게 말한 것처럼, "하나님께서는 여러분이 십자가에 못박은 이 예수를 주님과 그리스도가 되게 하셨습니다"(행 2:36). 예수가 주님이시지, 이 세상의 권력들이 주님이 아니다.

이처럼 십자가는 개인적이면서도 동시에 정치적이다. 십자가는 개인적인 변화의 길, 곧 그리스도와 함께 죽고 다시 살아남으로써 새로

---

23) 로마제국의 대도시들에서의 비참한 생활에 대해서는 Rodney Stark, *The Rise of Christianity* (San Francisco: HarperSanFrancisco, 1996), 7장을 보라.

태어나는 길을 구체화한 것이며, 또한 이 세상의 지배체제를 고발한다. 성 금요일과 부활절은 비록 정치적 의미 이상을 갖고 있지만, 이처럼 분명히 정치적 의미도 갖고 있다. 실제로 우리의 종교적 언어들이 1세기에는 얼마나 두드러진 신학적-정치적 언어들이었는가 하는 점을 유념해야 한다. 그 언어들은 권력과 재산을 장악한 지배체제가 세상을 억압하는 방식을 고발한 언어들이다.

우리 시대를 위한 의미들

성서의 정치적 의미를 이해하게 되면, 기독교인의 삶에서 정치적 차원을 이해할 수 있게 된다. 만일 우리가 하나님이 오늘도 어제도 내일도 동일한 분이라고 믿는다면, 즉 하나님의 본성이 한결같다고 믿는다면, 정의를 위한 하나님의 열정은, 모세와 예언자들 시대, 예수의 시대와 신약성서의 시대처럼 우리 시대에도 강렬하다는 점을 깨닫게 된다.

나는 정치를 넓은 의미에서 우리가 살아가는 사회체제로 정의한다. 정치를 뜻하는 영어(politics)는 '도시'를 뜻하는 그리스어 '폴리스'(*polis*)에서 온 말로서, 정치는 도시의 형성에 관한 것이다. 그 뜻을 확장시키면, 정치는 인간 공동체의 형성에 관한 것으로서, 이것은 작은 공동체들부터 국가와 국제사회의 형성까지 포함한다.

따라서 정치는 통치체제(법과 절차), 경제체제(상당한 정도까지는 지배계층에 의해 형성되는 것), 신념과 태도에 대한 인습체제(흔히 법으로 구현되는 것)를 포함한다. 이 모든 체제들은 공동체를 이루고 사는 우리들의 삶을 형성한다. 그리고 이런 체저들은 더 나을 수도 있고 더 나쁜 것일 수도 있다. 우리 모두가 끔찍한 체제들의 명단에 올릴 수 있는 것 가운데 하나가 나치 독일이다. 체제는 매우 중요하다. 체제란 정치가 만들어내는 것이다.

만일 우리가 왜 성서의 하나님이 정치에 대해, 체제의 정의에 대해 깊은 관심을 기울이는지를 묻는다면, 그 대답은 놀랄 만큼 간단하다. 하나님이 정의에 대해 깊은 관심을 기울이는 이유는 성서의 하나님이 고통에 대해 깊은 관심을 갖고 계시기 때문이다. 그리고 역사를 통해 불필요하게 인간이 고통을 당하게 된 가장 큰 이유는 불의한 사회체제 때문이었으며, 지금도 마찬가지다. 우리가 이 사실을 진지하게 받아들인다는 것은 무엇을 뜻하는가?

교회 안에서의 의식화(意識化) 작업

불의한 사회체제를 진지하게 받아들인다는 것은, 그 불의한 사회체제들이 우리를 비롯해서 많은 사람들의 삶을 형성하며 그 생활에 영향을 미치는 방식에 관해, 교회 안에서 의식화 작업(consciousness-raising)을 하는 것을 뜻한다. 체제의 영향에 대한 의식화 작업은 분명한 사례들, 예컨대 앞에서 지적한 것처럼, 인종차별주의와 성차별주의가 사람들의 삶에 끼치는 영향과 같은 분명한 사례들을 통해 가장 잘 소개할 수 있다. 체제의 중요성은 또한 대부분의 동성애자들이 왜 최근까지 숨어서 살아야만 했는지에 대해 성찰함으로써 이해할 수도 있다. 그 이유는 동성애에 대해 부정적이며 깊이 배어든 인습적 태도의 체제 때문이었던 것이다.

체제의 영향들은 비교적 작은 문제들, 예컨대 최근까지 "노처녀"라는 말을 사용한 것과 같은 경우를 통해서도 잘 드러난다. 그렇게 부르는 것이 깊은 고통을 초래하지는 않았을 테지만, 혼인이라는 문화적 규범에 순응하지 않는 여자들에게 부정적인 꼬리표를 붙이는 일이었다. 체제는 우리들 자신과 타인들에 대한 우리의 인식을 포함해서 우리의 사고방식에 영향을 끼친다.

체제는 또한 생활의 물질적 조건들에도 영향을 끼친다. 우리 시대에, 우리의 경제체제가 사람들의 생활에 영향을 끼치는 방식에 대해 의식화 작업을 하는 것은 가장 중요한 정의의 문제 가운데 하나다. 이 문제가 매우 중요하기 때문에, 나는 여기서 이 문제를 좀 길게 다루겠다. 이것이 체제의 영향들에 관한 의식화 작업이 얼마나 중요한지를 보여줄 뿐 아니라, 권력자들과 부자들이 고대세계와 마찬가지로 오늘날에도 자신들의 이해관계에 맞추어 경제구조를 만드는 방식을 보여주기 때문이다.24)

이 문제를 잘 보여주는 것이 케빈 필립스(Kevin Phillips)가 최근 발표한 책제목 『재산과 민주주의』(*Wealth and Democracy*)다. 첫째로, 미국 인구의 상위 1%가 소유한 재산이 극적으로 증가하고 있다. 둘째로, 이처럼 소수의 사람들의 손에 재산이 집중되는 것은 민주주의를 위협하는 것인데, 그 이유는 단순히 정치적 권력과 영향력이 재산과 함께 가기 때문이다. 이 주장이 타당한 것은 부분적으로 이 책의 저자가 정

---

24) 오해를 불러일으키지 않도록 하기 위해 미리 밝혀둘 것은 이 문제가 자본주의 대 사회주의의 문제가 아니라 우리의 자본주의 체제의 특정한 구조를 말하는 것이다.

치적 자유주의자가 아니기 때문이다. 만일 그가 정치적 자유주의자라면, 보수주의자들은 이 저자가 자기의 주장을 뒷받침하기 위해 정보를 왜곡하고 있지 않나 의심할 것이다.25)

이 책은 그의 주장을 뒷받침하는 풍부한 자료들을 제시하고 있다. 그가 제시하는 미국의 통계들 가운데 하나는 다음과 같다.

> 1970년대 말부터 1990년대 말까지 20년 동안, 미국 인구의 상위 1%가 소유한 전체 재산의 퍼센트는 21%에서 40%까지 거의 두 배로 늘어났다.26)
>
> 같은 기간 동안에 미국인 대다수의 경제상황은 더욱 나빠졌다. 미국인의 하위 60%의 연간소득과 순 재산은 실제로 하락했다.27)

왜 이런 변화가 일어났는가? 분명한 사실은 상위 1%가 다른 사람들보다 더욱 열심히 일했기 때문이 아니다. 같은 기간 동안에 중산층과 하류층은 매우 열심히 일했다. 필립스에 따르면, 미국은 선진국들 가운데 가족 중 두 사람이 직장을 갖고 있는 퍼센트가 가장 높으며, 연간 노동시간도 가장 많다.28) 최상위 계층에 재산이 집중되는 일차적 요인은 그들의 개인적인 노력 때문이 아니다.

---

25) Kevin Phillips, *Wealth and Democracy: A Political History of the American Rich* (New York: Random House, 2002). 필립스는 자신이 공화당원이라고 밝히고 있다. 경제체제가 가난한 노동자들에게 끼치는 영향에 관한 의식화 작업에 큰 도움을 주는 또 다른 책은 Barbara Ehrenreich, *Nickel and Dime* (New York: Henry Holt, 2001)이다. 『노동의 배신』, 최희봉 역(부키, 2012)으로 번역되었다.
26) Phillips, *Wealth and Democracy*, p. 123.
27) Phillips, *Wealth and Democracy*, pp. xviii, 111.
28) Phillips, *Wealth and Democracy*, p. 113.

또한 빈부격차가 벌어지는 것이, 마치 보이지 않는 손이 자연법칙으로서 그 격차가 벌어지는 것에 대해 책임이 있는 것처럼, 효율적인 자유시장체제의 필연적인 결과도 아니다. 자유시장체제를 갖고 있는 다른 민주주의체제에서는 인구의 상위 20%와 하위 20% 사이의 소득 비율이 훨씬 낮다. 일본의 경우에는 그 비율이 4.3 대 1이며, 벨지움은 4.6 대 1, 캐나다와 프랑스는 7.1 대 1이다. 미국은 선진국들 가운데 그 비율이 가장 높아 11 대 1이다.[29)]

 이처럼 빈부격차가 더욱 벌어지는 것은 "체제"의 결과이며, 우리의 경제체제의 구조방식의 산물이다. "경제체제"에는 구체적인 경제정책들(세금 정책, 규제 정책, 금리 정책 등)과 그 체제에 뿌리박고 있는 자유와 장려금(incentive)의 정도가 포함된다. 명백한 사실은 우리의 경제체제가 이제까지 매우 부유한 사람들에게 혜택을 주는 구조를 갖고 있었다는 사실이다. 국민 대다수의 경제상황이 정체되거나 더욱 나빠진 기간 동안에 부자들은 재산을 더욱 축적시킬 수 있었다는 사실을 달리 어떻게 설명할 수 있는가? 비록 어떤 사람들은 "바닷물이 올라가면 모든 배들도 올라가게 된다"고 주장하지만, 실제로는 바닷물이 올라감으로써 모든 요트들만 올라가게 된 것처럼 보인다.

 더군다나 부자들이 더욱 큰 이득을 얻도록 만드는 경제정책들이

---

29) Phillips, *Wealth and Democracy*, p. 124. 한국의 소득 5분위 배율은 7.59 대 1이다(통계청 소득분배지표, 2008년). 그러나 "2012년 배당소득, 이자소득 100분위 자료"에 따르면, 불로소득이라 할 수 있는 자본소득(부동산, 주식, 예금 등 자산에서 발생하는 소득)의 72%, 이자소득의 45%를 상위 1%가 가져갔으며, 배당소득의 93.5%, 이자소득의 90.6%를 상위 10%가 가져갔다(한겨레 2014/10/8). 2000~2013년 상속세 자료를 보면, 자산 상위 10%가 전체 자산의 66%를 보유한 반면, 하위 50%가 가진 자산 비중은 전체의 2% 정도로, 하위 50%는 2%의 자산을 놓고 서로 잘 살아보겠다고 다투는 현실이다(경향신문, 2016/2/23). - 옮긴이.

계속되고 있다. 예를 들어, 2001년의 감세(減稅, tax-cut)와 2003년의 감세정책들은 일차적으로 가장 부유한 1%의 사람들에게 혜택을 준 정책으로서, 감세 총액의 대략 절반이 그들에게 돌아갔다. 그 이유는 가장 부유한 그들이 (예외도 있다) 하나의 집단으로서 정치적 영향력을 발휘하여 세금 정책을 자신들의 이해관계에 맞도록 만들기 때문이다. 경제체제의 정의 (혹은 불의)에 대해 분경하게 깨닫게 되면, 감세정책은 부자들보다 중산층과 하류층에게 그 혜택이 돌아가도록 만들어야 한다고 주장하게 될 것이다.

재산 문제는 이 책의 독자들을 포함해서 많은 사람들에게 매우 민감한 문제다. 우리들 대다수는 경제적으로 안락하며, 우리들 가운데 일부는 상위 5% 혹은 1%에 속할 것이다. 우리가 경제적으로 안락하다는 사실이 마치 도덕적으로 잘못된 것처럼 비판을 받는다고 생각할 수도 있다. 따라서 재산 문제는 부자들의 개인적인 선함 혹은 미덕의 문제가 아니라는 점을 강조하는 것이 중요하다. 부자들도 가난한 사람들처럼 개인들로서는 매우 선한 사람들일 수 있다.

문제는 오히려 체제다. 즉 경제체제의 구조가 문제이며, 그 체제가 누구의 이익을 위한 것인가 하는 점이다. 경제적으로 여유가 있는 사람들에게 문제는, "우리가 어떻게 우리의 재산과 영향력을 사용할 것인가?" 하는 점이다. 우리가 소수의 협소한 이해관계를 반영하는 정책들을 지지할 것인가, 아니면 그런 정책들을 변화시키는 데 우리의 재산과 영향력을 사용할 것인가?

신약성서에는 예수와 그의 비전에 매력을 느낀 부자들의 이름이 나온다. 요안나, 수산나, 뵈베, 니고데모, 아리마대의 요셉 등이 그들이다. 그들은 지배계급에 속했으면서도 그 마법에서 풀려난 사람들이었음이 분명하다. 그들은 경제적으로 안락하거나 부유한 사람들의 역할 모델이 될 수 있다. 우리들이 요안나 혹은 아리마대의 요셉이 되는 것에는 아무런 잘못된 것이 없다. 실제로, 우리는 그런 사람들을 더욱 많이 필요로 한다. 즉 경제적으로 안락하지만 그 체제의 불의라는 마법에서 풀려나 하나님 나라에 헌신하는 사람들이 많이 필요하다.

하나님의 정의를 옹호함

둘째로, 성서의 정치적 열정을 진지하게 받아들이는 것은 하나님의 정의를 옹호하는 것을 뜻한다. 민주주의 사회에서는 이것이 좁은 의미의 정치, 곧 정치적 과정에 참여하여 하나님의 꿈에 충성하는 것을 뜻한다. 나는 이런 종류의 정치를 무엇이라 이름 붙여야 좋을지 모르겠다. "자유주의적 정치"가 그 한 측면을 반영하기는 하지만, "자유주의"라는 용어가 우리 시대에는 너무 많은 중상모략을 당해서 실제로 구제받을 수 없는 용어가 되어버렸다. 아마도 "진보적 정치," "함께 아파하는 정치," 혹은 "하나님 나라의 정치"라 부를 수 있을 것이다.

이런 정치는 부자들과 권력층이 자신들의 권력과 재산을 사용하여 주로 자신들의 이익을 위해 체제의 구조를 만드는 방식에 대해 의심하는 정치다. 지배계층은 언제나 이런 작업에는 탁월한 수완을 발휘했기 때문이다. 이런 정치는 특권에 관심을 기울이는 정치가 아니라, "가장 작은 자들"에 대해 연민을 느끼는 일에 관심을 기울이는 정치다.

이런 정치의 세부적인 요소들이 구체적으로 어떤 정책들로 이루어질 것인가에 대한 논의는 개방되어 있지만, 그 일반적 형태는 이 땅에 대한 하나님의 연민에 관한 비전에 입각해서, 충분한 식량과 부채로부터의 자유, 근심 걱정과 슬픔으로부터의 자유를 특징으로 하는 정의에 기초한 것이다. 물론, 이것은 우리가 결코 성취할 수 없는 이상이다. 궁극적으로 하나님의 나라는 항상 우리가 손에 잡을 수 있는 것 너머에 있지만, 사회체제들은 그 이상에 가까운 것과 먼 것이 있다.

구체적인 사례들

셋째로, 하나님 나라를 진지하게 받아들이는 것이 오늘날 우리들에게 무엇을 뜻하는지에 관해 몇 가지 사례를 들겠다. 하나님 나라에 대해 단순히 일반적인 논의에만 그치는 것이 아니라 구체적인 사례들을 제시함으로써, 우리의 사회생활이 어떻게 그 구조를 이룰 수 있는가에 대해 깊이 생각할 수 있도록 하기 위해서다.

(1) 의료 보장: 사회에서 주변부로 밀려난 사람들에 대한 하나님의 열정을 진지하게 생각하는 것은, 의료보험에 가입하지 않은 사람들에 대한 의료 보장 체제를 법으로 제정하는 것을 뜻한다. 이것을 어떻게 하는 것이 가장 좋은 방법인지는 내가 알지 못하지만, 기독교인이 된다는 것이 그 세부적인 방법에 대해 구체적인 안내를 할 수 있다고는 생각하지 않는다. 모든 사람들에게 의료 보장 체제를 갖춘 다른 체제들의 장점과 단점들을 배워서 우리의 상황에 적합한 방식을 찾을 수 있을 것이다. 그 세부적인 방법들을 어떤 것으로 선택하든지 간에, 그 목표는 논쟁의 여지가 없는 것 같다. 우리가 그 비용을 감당할 수 없다

는 주장은 어이가 없는 주장이다. 우리들보다 덜 풍요로운 자본주의 사회들도 나름대로 의료 보장 문제를 해결할 방법들을 찾았기 때문이다. 더군다나 우리는 모든 사람들에게 의료 보장을 확대하는 것보다 더 많은 액수의 감세를 고려하고 있는 중이다. 미국은 더욱 많은 비용이 드는 국토안보부를 신설했으며, 내가 이 책을 쓰는 동안에 미국은 더욱 많은 비용이 드는 전쟁을 시작했다. 우리 사회에서는 연민보다 공포가 더욱 강력한 정치적 동기라는 결론을 피하기 어렵다.

(2) 환경: 환경과 생태계에 대한 관심은 장기적인 관점에서 인류의 이익을 위해서만이 아니라 피조세계에 대한 성서의 이해 때문에도 매우 중요하다. 이 땅은 누구에게 속한 것인가? 성서의 대답은 분명하다. "땅과 그 안에 가득 찬 것이 모두 다 주님의 것"(시 24:1)이다. 우리는 이 땅의 소유주가 아니라 청지기들이다. 그리고 청지기들은 다른 누군가에게 속한 것을 관리할 따름이다.

그러나 우리는 흔히 이 땅이 마치 우리들에게 속한 것처럼 다루었다. 우리는 자연을 일차적으로 본래적 가치(그 자체의 가치 곧 하나님에 대한 가치)를 지닌 것이 아니라, 도구적 가치(우리를 위한 사용 가치)를 지닌 것으로 생각해왔다. 이런 견해는 인간중심적인 것이지만, 하나님은 단지 인간만이 아니라 삼라만상 전체를 사랑하신다. 그리고 우리의 인간중심적 견해에서는 우리가 일차적으로 우리들 자신만 생각하지, 우리의 미래 세대들에 대해서는 별로 많이 생각하지 않는다. 땅은 하나님께 속한 것이지, 단지 우리들에게 속한 것이 아니며, 또한 단순히 지금 살아있는 사람들에게 속한 것이 아니다.

(3) 경제정의: "땅과 그 안에 가득 찬 것이 다 주님의 것"이라는

사실은 또한 경제정의도 요청한다. 우리는 땅이 마치 인류에게만 속한 것처럼 다루어왔을 뿐만 아니라, 땅이 다른 사람들보다는 우리들 일부분에게 속한 것처럼 다루어왔다. 경제정의는 하나님의 땅을 정의롭게 분배하는 것에 관한 문제다.[30] "정의롭다"는 말은 절대적인 동등함을 뜻하는 것은 아니다. 차이가 날 수는 있지만, 그 차이가 얼마나 큰 차이인가 하는 것이 중요하다. 그 차이가 큰가 작은가에 따라, 보다 정의로울 수도 있고 덜 정의로울 수도 있다. 하나님의 땅을 정의롭게 분배하는 것은 유토피아적인 것도 아니며 우리가 성취할 수 없는 절대적인 것도 아니다. 이것은 심지어 어떤 사람들은 더 많이 갖기는 하겠지만, 모든 사람이 생활에 반드시 필요한 물질적 필수품들을 갖게 되는 것을 뜻한다.

경제정의를 더욱 잘 확립하기 위해서는 빈부격차가 더욱 심화되는 이유에 대한 통찰력과 행동이 필요하다. 내가 앞에서 강조했던 것처럼, 빈부격차는 더욱 벌어지고 있으며 민주주의를 위협하고 있다. 빈부격차는 전 세계적으로도 더욱 악화되고 있다. 경제정의는 오늘날 가장 중요한 국내 문제이며 동시에 국제 문제일 것이다.

(4) 제국의 힘: 하나님 나라를 진지하게 생각하는 것이 기독교인들에게는, 제국의 힘을 갖는다는 것이 무엇을 뜻하는지에 대해 비판적 사고를 하는 것을 뜻한다. 우리가 이 사실을 좋아하건 좋아하지 않든 간에, 소련이 붕괴되고 냉전이 끝난 후, 미국은 세계의 제국이 되었다.

군사적으로, 미국은 세계의 초강대국(superpower)이다. 미국은 또한

---

30) 이 표현은 John Dominic Crossan이 2002년 6월, 오렌곤 주 포틀랜드의 Trinity Episcopal Cathedral에서 행한 강연에서 사용한 표현이다.

세계의 가장 중요한 경제 권력이다. 전 지구적인 군사력과 경제력이 결합된 것이 제국의 결정적 특성이다. 미국은 오늘날의 로마제국이다.

제국의 끈질긴 유혹은 그 힘을 남용하고 오용하려는 유혹이다. 우리는 힘을 사용하는 데 있어서, 가능한 한 깊이 생각하고 책임적이며 창조적일 필요가 있다. 왜냐하면 제국의 힘은 서로 매우 다른 두 가지 방식으로 사용될 수 있기 때문이다. 즉 우리는 제국의 힘을 사용해서 우리 자신의 이익에 따라 세계를 통제하고, 우리를 섬기도록 그 체제를 구성하고, 우리의 의지를 세계에 부과하려고 할 수 있다. 아니면 건설적인 방향으로 제국의 힘을 사용할 수도 있다. 즉 우리는 이 세계를 일차적으로 우리들 자신의 것이라고 생각하기보다는 세계 전체의 행복을 염두에 두고 우리의 힘을 사용할 수도 있다.

여기에는 우리의 군사력을 사용하는 문제도 포함되는데, 이 문제는 내가 지금 이 장을 쓰는 동안에도 매우 첨예한 문제가 되고 있다. 우리는 지금 가난하고 허약한 나라에 대한 전쟁을 시작했는데, 이 전쟁이 우리의 안보를 위해 필요하다고 생각하기 때문이다.[31] 이것은 전쟁에 대한 기독교의 모든 가르침과 배치되는 것으로서, 초기 기독교인들의 평화주의에 배치될 뿐 아니라, 기독교가 유일하게 적법한 것으

---

31) 역자주: 2003년 3월, 미국과 영국 등은 이라크의 사담 후세인 대통령의 테러지원 차단과 대량살상무기 제거를 명분으로 이라크를 공격하여, 이라크인 10만 명 이상, 미군 약 5천 명이 죽었다. 2005년에 미국 중앙정보국은 대량살상무기가 없었다고 보고했다. 한편 National Energy Policy Development Group이 2001년에 발표한 보고서(Cheney Report)에 따르면, 미국이 2020년에는 원유 수입량이 2001년의 수입량보다 60% 이상 증가된 양을 수입할 필요가 있으며, 원유 확보는 "미국의 무역과 대외정책의 최우선순위"임을 강조했다. 이라크 전쟁의 실질적 목표가 무엇이었는지를 보여준 보고서인 셈이다. Jack Nelson-Pallmeyer, *Saving Christianity from Empire* (New York: Continuum, 2005), p. 61.

로 받아들이는 입장인 소위 "정당한 전쟁" 이론에도 배치된다. 미국은 제국처럼 행동하고 있는 것인데, 그 이유는 제국들은 자신들의 이익을 위해 전쟁을 시작할 권리가 있다고 생각하기 때문이다.

우리가 제국의 힘을 어떻게 사용할 것인가 하는 문제에는 군사력만이 아니라 경제력의 세계적인 사용도 포함된다. 경제적인 지구화(globalization)는 현재 일어나고 있으며 불가피한 것처럼 보이지만, 매우 다른 방식들로 진행할 수도 있다. 즉 지구화는 세계의 부자들의 이익을 염두에 두고 진행할 수도 있으며, 인류 대다수의 이익을 염두에 두고 진행할 수도 있다. 이제까지는 부자들의 이익을 염두에 두고 진행되어 왔다. 즉 현재 지구화의 경제 구조는 인류의 상위 1%의 이익을 위한 것이다. 우리는 우리의 경제력을 다르게 사용할 수도 있었다.

예언자 에스겔이 당시 무역 중심 도시로서 부유함으로 명성이 높았던 두로에 대해 고발했던 내용은 지금도 오싹하게 들린다. 두로에 대해 에스겔은 "너는 네 영화를 자랑하다가 지혜가 흐려졌다"(겔 28: 17)고 말했다. 제국의 권력과 지혜를 잃는 것은 흔히 병행된다. 초강대국이 지혜롭고 친절하며 연민을 갖는 것은 매우 어렵고 기이한 일이다. 그러나 이런 생활을 위해 우리가 부름받은 것이다.

하나님의 나라를 진지하게 받아들이는 것은 사회적 체제 때문에 인간이 고통을 겪는 것을 진지하게 생각하는 것을 뜻한다. 하나님 나라를 진지하게 생각하는 것은 하나님의 정의를 진지하게 생각하는 것이다. 10장에서 나는 이것이 오늘날 기독교인들의 수행을 위해 무슨 의미를 지니는지를 좀더 설명하겠다.

결론

성서의 정치적 열정을 이해하는 것은 우리로 하여금 정치적으로 적극 참여하는 영성(politically engaged spirituality)을 갖도록 요청한다.32) 이 표현은 성서와 예수 안에서 본 것처럼, 두 가지의 변화, 곧 개인적 변화와 정치적 변혁을, 기독교인의 생활에 대한 비전의 중심에서 결합시킨 것이다.

만일 우리가 이 두 가지 중에 단 하나만 강조하면, 우리는 성서 메시지의 절반, 복음의 절반을 놓치는 것이다. 보수적인 기독교의 강점은 첫 번째 개인적 변화를 강조해왔던 것이다. 그 약점은 하나님 나라를 흔히 무시해왔다는 점이다. 자유주의적 기독교의 강점은 흔히 하나님 나라를 강조해왔다는 점이다. 그 약점은 흔히 거듭나는 중생을 무시했다는 점이다. 정치적으로 참여하는 영성은 영적인 변화와 정치적 변혁 모두를 강조한다. 예수의 메시지와 성서 전체는 그 둘 모두에 관한 것이다. 우리가 예수와 성서에서 보는 것은 우리의 깊은 개인적 열망 곧 중생에 대한 열망에 대답할 뿐 아니라, 이 세계의 가장 큰 필요성 곧 하나님 나라에 대해 대답해준다.33)

---

32) 이 표현은 내가 William Sloane Coffin 목사로부터 배운 것이다. 그의 최근의 책은 탁월한 통찰력들로 가득 차 있으며 책제목도 탁월하다. *The Heart Is a Little to the Left* (Hanover, NH: University Press of New England, 1999). 참고로 그의 책 *Credo*는 『나는 믿나이다』(최순님 역, 한국기독교연구소)로 출판되었다.

33) 역자주: 현재 기후변화 속도는 히로시마 원폭 40만 개가 매일 지구 전역에서 폭발하여 그 열이 더해지는 것과 같다(제임스 핸슨). 기후변화로 인해 인류의 운명은 "닭장 속의 닭 몇 마리가 곡식 몇 알을 놓고 다투고 있지만, 몇 시간 후 모두 죽게 될 줄 모르고 있는 것과 같다."(틱낫한). 『생태 영성』, p. 45.

8장

얇은 곳: 마음 열기

"열린 마음"(open heart)과 "얇은 곳"(thin places)은 기독교인의 삶의 중심이 무엇인지를 상당 부분 말해준다. 이 두 마디 은유는 기독교인의 삶이 관계를 맺는(relational) 삶이며 변화될(transformational) 삶이라는 사실을 뜻하는 새로운 패러다임을 보여준다. 이 은유들은 그 변화의 목표와 수단, 기독교인의 삶의 목적과 여배가 우리들 개인들에게 그리고 교회라는 공동생활에서 무엇인지를 말해준다.

마음: 자기를 나타내는 은유

"마음"이라는 단어는 성서에 천 번 이상 나온다. "심장"(heart)을 가리키는 이 단어는 가장 흔히 자아(self)를 나타내는 포괄적인 은유로 사용되고 있다. 성서에서 이 단어는 오늘날 영어의 heart가 뜻하는 은유적 의미보다 더욱 많은 의미를 지니고 있다. 오늘날 영어에서 heart는 주로 사랑(Valentine hearts처럼), 용기(brave hearts처럼), 슬픔(broken hearts

처럼)과 관련되어 있다. 그러나 성서에서 "마음"은 이런 의미들을 포함할 뿐 아니라, 내적인 자아 전체를 뜻하는 은유이기도 하다.

히브리 성서와 기독교 성서에서 몇 구절을 인용해보면, "마음"이라는 단어가 이처럼 포괄적인 의미로 사용되고 있음을 알 수 있다.

"마음에 생각하는 모든 계획이 언제나 악한 것뿐임을..."(창 6:5)
"사람은 어릴 때부터 그 마음의 생각이 악하기 마련이다"(창 8:21)
"내가 오늘 당신들에게 명하는 이 말씀을 마음에 새기고"(신 6:6)
"마음을 다하고 정성을 다하여 주 당신들의 하나님을 섬기며"(신 10: 12)
"마음을 주 이스라엘의 하나님께 바치십시오"(수 24:23)
"주님께만 마음을 두고 그분만을 섬기십시오"(삼상 7:3)
"나 주는 중심을 본다"(삼상 16:7)
"주님, 나의 마음을 다 바쳐서 감사를 드립니다"(시 9:1)
"내 입의 말과 내 마음의 생각이 언제나 주님의 마음에 들기를 바랍니다"(시 19:14)
"내 마음이 주님을 굳게 의지하였기에"(시 28:7)
"주님의 법을 제 마음속에 간직하고 있습니다"(시 40:8)
"아, 하나님, 내 속에 깨끗한 마음을 창조하여 주시고"(시 51:10)
"우리에게 우리의 날을 세는 법을 가르쳐 주셔서 지혜의 마음을 얻게 해주십시오"(시 90:12)
"나를 샅샅이 살펴보시고, 내 마음을 알아주십시오"(시 139: 23)
"명철에 네 마음을 두어라"(잠 2:2)
"너의 마음을 다하여 주님을 의뢰하고"(잠 3:5)
"내 아들아, 네 마음을 내게 주며"(잠 23:26, 한글개역)

"만물보다 더 거짓되고 아주 썩은 것이 사람의 마음이니"(렘 17:9)

"나의 율법을 그들의 가슴 속에 넣어주며, 그들의 마음 판에 새겨 기록하여"(렘 31:33)

"너의 보물이 있는 곳에 너의 마음도 있을 것이다"(마 6:21)

"마음에서 악한 생각이 나온다"(마 15:19)

"마리아는 이 모든 말을 고이 간직하고 마음속에 곰곰이 되새겼다" (눅 2:19)

"사람의 마음을 꿰뚫어 보시는 하나님께서는"(롬 8:27)

"'어둠 속에서 빛이 비쳐라' 하고 말씀하신 하나님께서, 우리의 마음 속을 비추셔서"(고후 4:6)

"하나님께서 그 아들의 영을 우리의 마음에 보내 주셔서 우리가 하나님을 '아빠, 아버지'라고 부를 수 있게 하셨습니다"(갈 4:6)

"그분의 성령을 통하여 여러분의 속 사람을 능력으로 강건하게 하여 주시고, 믿음으로 말미암아 그리스도를 여러분의 마음속에 머물러 계시게 하여 주시기를 빕니다"(엡 3:16-17)

이처럼 "마음"은 우리의 인식, 지능, 감정, 의지보다 더 깊은 차원의 자아를 나타내는 이미지다. 자아 전체의 영적인 중심으로서, 마음은 우리의 시각, 사고, 느낌, 의지에 영향을 미친다.

닫혀진 마음

성서에는 인간의 조건들과 필요에 대해 짝(pair)을 이루는 은유들이 많이 나온다. 이런 이미지들은 우리의 곤경과 해결책을 보여준다. 즉 속박상태에서는 우리가 해방을 필요로 한다. 유배되고 소외된 상태에서는 우리가 되돌아가고 다시 연결될 필요가 있다. 눈이 멀었을 때는 우리의 시력을 회복할 필요가 있다. 어둠 속에서는 빛을 필요로 한다. 병들고 상처를 입은 상태에서는 치유를 필요로 한다. 굶주리고 목마른 때는 음식과 마실 것을 필요로 한다. 죄를 짓고 불결한 상태에서는 우리가 용서와 씻김을 필요로 한다. 죽어서 무덤에 묻힌 상태에서는 새로운 생명으로 다시 일으켜질 필요가 있다.

우리의 조건과 해결책을 보여주는 성서의 또 다른 은유들은 "닫혀진 마음"(closed heart)과 "열린 마음"(open heart)이다. 마음의 상태가 관건이다. 자아의 가장 깊은 차원인 마음은 하나님을 향해 있을 수도 있고, 하나님으로부터 떠나 있을 수도 있으며, 하나님을 향해 열린 상태일 수도 있고, 하나님을 향해 닫힌 상태일 수도 있다. 그러나 마음의 가장 전형적인 상태는 하나님으로부터 떠나 "닫혀진" 상태다. 성서는 이런 마음 상태에 대해 이와 같은 뜻을 나타내는 많은 은유들로 표현하고 있다. 우리의 마음은 "닫혀" 있을 수 있다. 마치 두꺼운 외피 속에 둘러싸인 것처럼 "뚱뚱할" 수 있다. 마음이 "교만하여" 풍선처럼 커질 수도 있다. 살로 만들어진 심장이라기보다는 "돌 심장"(made of stone)이 될 수도 있다. 마음은 종종 "강퍅해진다"(hard). 이런 마음 상태를 뜻하는 그리스어는 '스클레로카르디아'(*sklerokardia*)인데, 이 말은 우리가 심장 경화(硬化, sclerosis)를 앓고 있다는 뜻이다.[1]

---

1) 역자주: 리처드 로어는 우리가 모두 자신의 사고방식에 중독되어 있기 때문에, 신앙은 인식의 회심에서 출발한다고 본다. 즉 이분법적(dual) 사고방식에서 불이적(不二的, non-dual) 사고방식으로 회심할 것을 강조한다. 그는 우리의 에고

마음이 닫혀지면 어떻게 되는가? 이 상태는 무엇과 비슷한가? 성서에는 특히 이런 마음 상태를 보여주는 많은 이미지들이 나온다. 많은 이미지들은 우리의 조건과 우리의 필요에 대한 다른 짝 이미지들과 연결되어 있다. 내가 닫혀진 마음 상태를 설명할 때, 독자 여러분들도 자신의 경험에 얼마나 일치하는지를 생각해보기 바라는 것은 이런 표현들이 우리의 마음 상태, 곧 하나의 존재방식을 묘사하려는 것이기 때문이다.

- 마음이 닫혀지면 눈이 멀거나 제한된 시력을 갖게 된다. 우리 마음이 닫혀지면 선명하게 볼 수 없다. 이처럼 닫힌 마음과 닫힌 눈은 함께 간다. 눈이 있지만 보지 못하는 것이다. 또한 귀가 있지만 듣지 못하는 것이다. 우리들 자신만의 세계 속에 갇혀서 잘 보지도 못하고 듣지도 못하게 된다.
- 닫혀진 마음은 우리의 정신과 생각하는 과정 자체에도 영향을 미친다. 자아의 이 깊은 차원을 책임지는 것이 정신이 아니라, 오히려 마음이 정신을 다스린다. 마음은 심지어 우리가 "합리화"라 부르는 과정을 통해 정신을 속일 수도 있는데, 합리화는 결국 자기의 이익

(ego)가 모든 변화에 저항하는데, 종교는 흔히 성/속, 선/악, 정결/불결로 나누고 자신은 성스럽고 선하며 정결한 집단에 속한다고 믿어, 자기 눈 속의 대들보는 보지 못한 채 타인의 눈 속에서 티끌을 찾아 정죄하는 바리새적인 위선과 거짓 자아(에고)의 팽창을 초래하지만, 하느님은 선한 사람과 악한 사람 모두에게 햇빛과 비를 내려주시는 어머니의 마음이라는 것을 강조한다. 특히 로어는 성육신이 영/육, 신성/인성의 이원론을 극복한 것이라고 강조하며, 이런 이분법적 사고방식은 플라톤주의의 뿌리 깊은 잔재일 뿐 아니라, 계몽주의 이후 합리주의, 과학주의, 세속주의와의 싸움에서, 기독교가 신비, 사랑, 지혜, 체험, 묵상 중심의 종교에서부터 이분법적인 인간, 믿음, 머리 중심의 공격적 종교로 변질되었다고 비판한다(『불멸의 다이아몬드』). 마틴 부버 역시 **"악한 사람들의 주된 동기는 위장인 까닭에 악한 사람들이 가장 흔히 발견되는 장소들 가운데 하나가 교회다"** 라고 지적한다.(스캇 펙, 윤종석 역, 『거짓의 사람들』, pp. 137-38).

8장. 얇은 곳   *235*

을 추구하는 자기 정당화다. 우리는 종종 우리 자신의 기만행위를 믿는다. 이런 자기기만 현상은 언제나 우리들 자신 안에서보다는 다른 사람들에게서 쉽게 찾아볼 수 있는 것으로서, 흥미로운 점은 "내 안에" 있는 무엇인가가 나를 속일 수 있다는 점이다. 따라서 닫혀진 마음은 이해 부족과 어두워진 정신과 연관되어 있다.

- 닫혀진 마음과 속박은 함께 간다. 출애굽 이야기에서처럼 파라오의 마음이 강퍅하기 때문에 우리도 노예가 될 수 있다. 파라오는 우리들 속에도 살아 있을 수 있다. 우리는 흔히 우리 자신의 마음의 욕망에 매인 노예가 된다.
- 닫혀진 마음은 감사할 줄 모른다. 닫혀진 마음을 지닌 사람이 만일 인생에서 성공했다면 흔히 자기 노력의 당연한 결과라고 생각하며, 만일 성공하지 못했다면, 속았다며 원성이 높다. 그러나 감사함은 닫혀진 마음과는 거리가 멀다.
- 닫혀진 마음은 신비함과 경이에 대해 무감각하다. 우리의 마음이 닫혀져 있을 때는 세상이 평범하게 보일 따름이다.
- 닫혀진 마음은 하나님을 망각한다. 닫혀진 마음은 우리가 그분 안에서 존재하며 살아가는 분을 기억하지 않으며, 항상 우리를 감싸고 있는 신비의 흔적을 놓친다.
- 닫혀진 마음과 유배생활은 함께 간다. 자기에게 사로잡힌 채, 자신의 내면을 향해 있는 닫혀진 마음은 보다 큰 현실로부터 단절되어 있다. 분리되고 단절되어 있는 닫혀진 마음은 다른 존재들로부터 떨어져서 유배상태에 처해 있다.
- 닫혀진 마음은 함께 아파할 줄 모른다. 성서에서 연민은 다른 사람의 느낌을 자신의 머리보다 낮은 차원, 곧 "자궁에서," "창자에서" 느끼고 그에 따라 행동할 수 있는 능력을 말한다. 닫혀진 마음은 이

것을 느끼지 못한다. 닫혀진 마음이 자선을 베풀 수는 있지만, 타인의 고통을 느끼지는 못한다.
- 이와 똑같은 이유 때문에, 닫혀진 마음은 불의에 대해 무감각하다. 닫혀진 마음과 불의는 함께 간다. 예언자들과 예수, 하나님의 정의를 적극 옹호하는 사람들은 흔히 굳어진 마음의 상태를 고발한다.

"닫혀진 마음"은 우리의 상태를 보여주는 뚜렷한 이미지다. 그것은 마치 우리 자신이 보통 단단한 껍질, 딱딱한 외피(外皮) 속에 갇혀 있는 것과 같다. 왜 그런가? 왜 우리는 흔히 닫혀진 마음 상태를 갖게 되는가? 어떤 사람들에게는 이것이 어린 시절에 겪은 학대나 철저한 불안정의 결과로 나타난다. 상처를 주며 믿을 수 없는 세계로부터 자신을 방어하기 위해 자아가 보호벽을 쌓기 때문이다.

그러나 이런 마음 상태는 어린 시절을 힘들게 보낸 사람들에게서만 나타나는 것은 아니다. 닫혀진 마음은 성장과정의 자연적 결과이기 때문이다. 자아의식이 생겨나고 발전하게 되는 것은 자신이 분리된 자아라는 의식이 더욱 심하게 되는 과정이기도 하다. 우리는 이처럼 분리된 자아 속에서, 마치 둥근 덮개(dome) 속에 갇힌 듯이, 투명한 껍질 속에서, 세상은 "저 밖에" 있으며 나는 "이곳 안에" 있는 것처럼 살아간다. 눈에 보이지 않는 보호막처럼, 이 둥근 덮개는 자아를 세상으로부터 분리시키는 경계선이다. 이 둥근 덮개는 굳어지고 딱딱해질 수 있다. 이것이 우리를 세상으로부터 차단시키고, 우리는 자기중심적으로 살아간다. 바로 이런 성장과정은 우리로 하여금 다시 태어날 필요가 있게 만들며, 우리의 마음이 열리게 될 필요가 있도록 만든다. 우리가 다시 태어나야만 하는 이유는 우리가 닫혀진 마음을 갖게 되었기 때문이다.

닫혀진 마음 상태는 그 굳어진 정도가 가지각색이다. 모든 마음들이 다 똑같은 정도로 강팍한 것은 아니다. 심한 경우에는 강팍한 마음이 폭력, 잔인성, 교만, 완력으로 세상을 집어삼키려는 탐욕과 연관되어 나타난다. 이 모든 것은 보다 가벼운 상태, 덜 강팍한 상태로 나타나기도 한다. 폭력의 덜 강팍한 형태는 누구에 대해서나 심판하는 마음 자세이며, 잔인성의 덜 강팍한 형태는 무감각이며, 교만의 덜 강팍한 형태는 자기중심적인 태도이며, 세상을 집어삼키려는 탐욕의 덜 강팍한 형태는 일상적으로 자기의 이익을 추구하는 태도이다.

또한 우리의 일상생활에서 무엇이 우리의 마음을 열게 만들며, 무엇이 우리의 마음을 닫혀지게 만드는지를 성찰하는 것은 흥미롭다. 어떤 날에는 나의 마음이 다른 날들보다 더 열려 있음을 깨닫게 된다. 심지어 하루 동안에도, 어느 순간에는 나의 마음이 보다 열려 있거나 보다 닫혀 있거나 한다. 때로는 나의 마음이 피로, 염려, 혹은 분주함 때문에 닫혀진다. 내가 심술이 나거나 자기에 사로잡혀 있을 때, 세상이 무미건조하게 보일 때, 내 머리 속에서 나 자신이나 타인들에 대한 비판적인 음성이 강할 때는 언제나 나의 마음이 닫혀진다. 내가 수퍼마켓 계산대 앞에서 기다리면서 내 눈에 보이는 모든 사람들이 시무룩하게 보일 때, 나는 내 마음이 닫혀 있음을 깨닫는다.

우리의 마음이 닫혀 있을 때는 우리가 껍질 속에서 살고 있는 것이다. 새의 알처럼, 그 껍질 속의 생명이 온전한 생명으로 나오기 위해서는 그 껍질을 깨고 나올 필요가 있다. 우리에게 필요한 것은 이와 같은 "마음의 부화(孵化)"[2]다. 그리고 만일에 우리의 마음이 부화하지 않는

---

[2] "마음의 부화"(hatching of the heart)라는 표현은 Alan Jones, *Exploring Spiritual Direction* (New York: Seabury, 1982), pp. 127-30에서 빌려온 것인데, 그는 Frederick Buechner의 소설 *Godric* (New York: Atheneum, 1980)에서 빌려왔다.

다면, 우리는 죽는다. 마음이 부화하는 것, 곧 자아가 하나님, 신성함에 대해 열리는 것은 기독교인의 삶의 개인적 차원에 대한 포괄적 이미지다.

이처럼 열린 마음, 새로운 심장, 순수한 마음에 대한 갈망, 약속, 그리고 명령은 성서 전체에 걸쳐 흐르고 있다.

> "아, 하나님, 내 속에 깨끗한 마음을 창조하여 주시고
> 내 속을 견고한 심령으로 새롭게 하여 주십시오"(시 51:10)
> "마음과 영을 새롭게 하여라.
> 이스라엘 족속아, 너희가 왜 죽고자 하느냐?"(겔 18:31)
> "너희에게 새로운 마음을 주고 너의 속이 새로운 영을 넣어 주며,
> 너희 몸에서 돌같이 굳은 마음을 없애고 살갗처럼 부드러운 마음을
> 주며"(겔 36:26; 참조 11:19).

이런 일이 어떻게 일어나는가? 마음이 어떻게 열리게 되는가? 이 물음에 대한 성서의 대답은 하나님의 영이 그렇게 하신다는 것이다. 그리고 하나님의 영은 얇은 곳(thin places)을 통해 활동하신다.

얇은 곳

나는 "얇은 곳"(thin places)이라는 은유를 켈트족(Celtic) 기독교에서 배웠는데, 켈트족 기독교는 5세기에 시작되어 아일랜드, 스코틀랜드, 웨일즈, 그리고 영국 북부지역에서 번창했던 기독교 형태다. 그 이후 이 지역의 밑바탕에서 흘러왔던 켈트족 영성은 우리 시대에 새롭게 발견되고 있다.3)

"얇은 곳"은 하나님에 대해 생각하는 특별한 방식을 가리킨다. 성서와 기독교 전통에 깊이 뿌리내리고 있는 이 특별한 방식은 하나님을 "그 이상"(the More)으로 생각하며, 삼라만상을 둘러싸고 있는 영(the encompassing Spirit)으로 이해한다. 하나님은 어디 다른 곳에 계시는 것이 아니라 "바로 이곳에" 계신다. 사도행전에서 바울이 말한 것으로 되어 있는 말씀처럼, 하나님은 "우리가 그분 안에서 살고, 움직이고, 존재하는" 분이다(행 17:28). 이 말씀의 구조에 주목할 필요가 있다. 즉 우리는 하나님 안에 있으며, 우리는 하나님 안에서 살며, 하나님 안에서 움직이며, 하나님 안에서 존재한다. 하나님은 "바로 이곳에" 만이 아니라 "바로 이곳 이상"에서 우리를 둘러싸고 있는 비물질적 실재의 층(層)이다.4) 하나님을 이처럼 생각하는 방식은 실재에는 최소한 두 개의 층 혹은 차원이 있음을 주장하는 것으로서, 우리의 일상적인 경험의 눈에 보이는 세계와 하나님, 신성함, 영의 세계가 있다는 뜻이다.

하나님에 대한 이런 이해를 가장 잘 표현해준 것으로 내가 즐겨 인용하는 구절은 20세기 트라피스트(Trapist) 수도단 소속의 수도승이었던 토머스 머튼(Thomas Merton)의 글이다.

> 인생은 이처럼 단순하다. 우리는 절대적으로 투명한 세계 속에서 살고 있으며, 하나님은 언제나 그 투명한 세계를 통해 빛나고 계신다. 이것은 단지 우화이거나 듣기 좋은 이야기가 아니다. 이것은 사실이다. 만일 우리가 우리 자신을 하나님께 내어 맡기고 우리 자신을 잊

---

3) 켈트족 영성에 관해서는 최근에 많은 책들이 출판되었다. 예를 들어 Edward C. Sellner, *Wisdom of the Celtic Saints* (Notre Dame, IN: Ave Maria Press, 1993); Philip Newell, 『켈트 영성 이야기』, 정미현 역(대한기독교서회); Esther de Wall, *Celtic Light* (London: HarperCollins, 1997) 등이다.
4) 4장을 참조하라.

어버린다면, 때로 이 사실을 깨닫게 되며, 아마도 자주 깨닫게 될 것이다. 하나님께서는 자신을 어느 곳에서나 보여주시며, 삼라만상 안에서, 곧 사람들과 사물들과 자연과 사건들 속에서 보여주신다. 하나님께서 어디에나 계시며 만물 속에 계시며, 우리는 그분 없이는 존재할 수 없다는 사실이 매우 분명하게 된다. 그분 없이는 우리가 결코 존재할 수 없다. 단지 우리가 이 사실을 깨닫지 못할 뿐이다.5)

그러나 우리가 이 사실, 곧 하나님께서 삼라만상을 통해 빛나고 계시다는 사실을 깨닫는 순간이 있다. "얇은 곳"은 실재의 이 두 차원이 만나는 장소다. 이 장소는 그 두 차원 사이의 경계선이 매우 부드러워지고 서로 스며들며 투과할 수 있게 되는 장소다. 얇은 곳은 그 두 차원을 나누고 있던 베일이 순간적으로 벗겨져 우리가 하나님을 보게 되며, 그분 안에서 우리가 살아가는 분, 우리 둘레를 감싸고 계시며 우리 안에 계신 분을 경험하게 되는 순간이다.

얇은 곳은 문자적으로 지리적인 장소일 수도 있다. 켈트족 기독교인들에게는 스코틀랜드 서부 해안선에서 좀 떨어진 이오나 섬이야말로 고전적인 얇은 곳이다. 또한 전통적인 순례지들, 곧 기독교인들에게는 예루살렘과 로마, 캔터베리 등지가, 이슬람 교도들에게는 특히 메카와 메디나와 예루살렘과 같은 순례지들도 얇은 곳이다. 산과 높은 언덕들도 많은 종교전통들에서, 특히 성서와 북미 원주민 전통에서, 얇은 곳이다.

그러나 얇은 곳은 단순히 지리적인 장소만을 가리키는 것이 아니

---

5) Thomas Merton의 1965년 강연 녹음 테이프에서. 이것을 인용할 수 있게 해준 몬태나 주 연합감리교 목사 David McConnell에게 감사한다.

다. 우리의 마음이 열리게 되는 곳이면 어느 곳이나 얇은 곳이다. 성례전 용어를 사용하자면, 얇은 곳은 신성함의 성례전, 신성함의 매개자, 그 신성함이 우리에게 현존하게 되는 수단이다. 얇은 곳은 은총의 한 수단이다.

많은 종류의 얇은 곳이 있다. 어떤 곳은 노골적으로 종교적인 것이 아니라는 점에서 "세속적"인 것들도 있다. 예를 들어, 자연, 특히 광야 지역은 때때로 얇은 곳이 될 수 있다. 인간의 손이 잘 닿지 않은 지역에서 홀로 적막 속에 지내면 "하나님의 영광으로 가득 찬 땅"을 경험할 순간을 맞을 수 있다. 어떤 사람들에게는 예술도 얇은 곳이 될 수 있다. 음악, 시, 문학, 비주얼 아트(visual arts), 춤(dance)도 자신과 세상 사이의 경계선이 순간적으로 사라지는 얇은 곳이 될 수 있다.

토머스 머튼에게는 루이빌 시내의 길모퉁이가 얇은 곳이 되었다. 내가 경험했던 가장 오래 지속된 얇은 곳은 대서양을 건너는 비행기 안에서였다. 얇은 곳의 경험은 어디에서든지 일어날 수 있다. 심지어 심각한 질병과 고통, 애도의 순간도 얇은 곳이 될 수 있다. 물론 항상 그런 것은 아니다. 그러나 때로는 그런 경험들을 통해 우리의 마음이 찢어지고 깨어져 열린다는 말이다.

사람들도 얇은 곳이 될 수 있다. 우리들 가운데 많은 사람들은 자신의 인생의 특별한 분기점에서 만났던 한두 사람을 통해 영의 임재를 체험했던 일이 있을 것이다. 특히 예수는 두드러진 얇은 곳이었음에 틀림없다. 예수의 제자들이 예수에게 헌신한 것은 그들이 예수를 그처럼 하나님의 영을 체험할 수 있었던 두드러진 얇은 곳으로 체험했기 때문이다. 그리고 모든 성인들은, 알려지거나 알려지지 않았거나 기독교인이거나 비기독교인이거나, 모두 얇은 곳이(었)다.

얇은 곳과 기독교인의 예배

내가 강조하고 싶은 것은 어떻게 "얇은 곳"이라는 개념이 우리로 하여금 전통적인 기독교인의 예배, 곧 집단적 예배와 개인적 예배를 이해하는 데 도움을 주는가 하는 점이다. 내가 주장하려는 것은 기독교 예배의 중심적인 목적은 우리의 마음이 열려지는 "얇은 곳"이 되려는 것이라는 점이다. 10장에서 나는 예배와 기도생활에 관해 좀더 자세하게 설명할 것이지만, 여기서 나의 일차적인 목적은 예배와 기도생활이 어떻게 얇은 곳으로서의 기능을 갖고 있는지에 대해 밝히려는 것이다.

예배는 얇은 곳이 될 수 있다. 실제로, 이것이 예배의 일차적 목적 가운데 하나다. 물론 예배는 하나님을 찬양하는 것이다. 그러나 예배는 찬양을 필요로 하는 하나님에 관한 것이 아니다. 나는 어느 라디오 설교자가 "하나님께서 찬양 받는 것을 얼마나 좋아하시는가"에 대해 말하는 것을 들었던 적이 있다. 그는 하나님이 나르시즘에 빠진 것처럼 만들었다. 그러나 예배는 오히려 우리를 깨뜨려 우리 자신으로부터 나오게 만드는 힘을 갖고 있다. 예배는 하나님께(to) 드리는 것이지만, 중요한 의미에서 우리를 위한(for) 것이다.

예배는 신성함에 대한 의식, 곧 얇은 곳을 창조하는 것이다. 기독교 예배의 다양한 형태들은 서로 다른 방식으로 이것을 추구하는 것이다. 하나의 극단적인 측면으로 오순절 교회 예배의 열광적 모습은 성령의 임재에 대한 거의 명백한 의식을 매개함으로써 얇은 곳이 될 수 있다. 또 다른 극단에서 퀘이커 교도들의 침묵 역시 똑같은 목적을 갖고 있다. 예배의 전례적인 형태들과 성례전적인 형태들에서, 거룩한 말씀들과 의식들을 사용하는 것은 또 다른 세계에 대한 의식을 창조한다.

예배에서 음악이 차지하는 중요한 역할은, 그 음악이 연주하는 것이든 함께 부르는 것이든 간에, 얇은 곳이 되기 위한 것이다. 우리는 헨델의 메시아, 두루플의 레퀴엠, 바흐의 B 단조 미사곡, 아카펠라 챈트곡, 복음송 등의 연주를 통해서 깊은 감명을 받을 수 있다.

회중들이 함께 부르는 찬송의 중요한 목적은 얇은 곳을 마련하기 위한 것이다. 보다 많은 개신교인들은 예배의 다른 어느 요소보다도 찬송을 통해 감동을 받고 있다고 말한다. 우리는 하나님께 찬양하며 우리의 마음이 열려진다. 이런 찬송들은 그 가사가 감동적이며 쉽게 따라 부를 수 있는 찬송들이다.

우리가 이런 사실을 진지하게 받아들인다면 찬송을 고르는 데 영향을 미칠 것이다. 부르기가 어려운 찬송은 얇은 곳을 마련해줄 가능성이 적다. 회중들이 함께 부르는 찬송들은 음악적인 훈련을 받지 않았거나 음악에 재능이 없는 사람들도 쉽게 따라 부를 수 있어야 한다. 나는 음치인 셈인데, 내 음정이 맞는지 자신이 없을 때가 많다. 그러나 곡조가 쉬워서 회중들이 마음을 열고 찬송을 부를 수 있을 때는 나 역시 음정이 틀리는 것에 개의치 않고 마음을 다해 따라 부를 수 있다.

문제는 현대적인 찬양과 전통적인 찬송가 사이의 차이가 아니다. 전통적인 찬송가들 가운데 많은 곡들은 매우 쉽기 때문에 얇은 곳이 될 수 있다. 옛날 찬송곡 가운데 몇 개만 예를 들자면, "곧 오소서 임마누엘," "내 맘의 주여 소망되소서," "내 주는 강한 성이요," "오 거룩하신 주님," "참 반가운 신도여" 등이 그렇다.

세례예식과 성만찬 성례전에 참여하는 것도 얇은 곳이 될 수 있다. 실제로 이런 성례전은 공식적으로 정의된 은총의 수단들이다. 우리가 언제나 성례전을 이렇게 은총의 수단으로 체험하는 것은 아니다. 그러나 우리가 성례전에 참여하는 순간에 그런 은총을 경험하든 하지 못하든 간에, 그 성례전들은 은총의 수단이며 얇은 곳이다.

설교 역시 얇은 곳이 될 수 있다. 물론 항상 그런 것은 아니지만, 때로는 설교가 강렬함, 잊고 살았던 것을 일깨우는 특성, 혹은 성령의 활동 때문에, 그 설교를 들으면서 우리 자신들에게 주시는 말씀으로 받아들이게 된다. 말씀을 설교하는 것은 우리의 마음이 열려지는 얇은 곳이 되기 위한 것이다.

성서도 얇은 곳이 될 수 있다. 이것이 성서의 성례전적인 기능이며 개인적인 경건 생활에서 성서를 읽을 때 가장 명백하게 드러나는 점이지만, 성서는 교회의 예배생활에서도 얇은 곳이 될 수 있다. 성서를 일과표에 따라 읽으면 성서적 설교처럼 성례전적인 경험을 할 수 있다.

정규 예배에서 사용하는 전례적인 표현들도 얇은 곳이 될 수 있다. 실질적으로 모든 기독교인들에게 주기도문을 포함해서 모든 전례적 고백들이 얇은 곳이 될 수 있으며, 대부분의 기독교인들에게는 사도신경을 통한 신앙고백, 죄의 고백, 그리고 몇몇 응답의 말씀들("신부님과도 함께," 혹은 "하나님께 감사를 드립니다")도 얇은 곳이 될 수 있다. 우리가 "마음에" 외우고 있는 것들을 말할 때, 이것은 그 말의 의미에 대해 생각하는 지적인 활동이 아니다. 전례적인 표현들은 지적인 내용을 고백하는 것이 아니다. 그것은 다른 기능을 갖고 있다.

우리가 함께 주기도문을 외울 때, 요점은 그 말의 의미를 "골똘히" 생각하고 그 의미를 뜻하는 것이 아니다. 내가 어린아이였을 때, 주기도문을 단지 외우는 것이 중요한 것이 아니라 주기도문을 기도하는 것, 곧 실제로 그 의미를 뜻하는 것이 중요하다고 배웠다. 그래서 나는 그 말에 관해 골똘히 생각하는 것에 신경을 쓰게 되었다. 그러나 나는 이제 더 이상 주기도문을 그런 식으로 애를 써가며 기도하지 않는다. 요점은 오히려 우리가 외우고 있는 주기도문의 단조로운 저음을 통해서 주기도문이 얇은 곳이 되도록 하는 것이다. 20세기 서양의 탁월한 영성가였던 시몬 베유(Simone Weil)는 시종일관해서 주기도문을 외움으로써 얇은 곳에 도달하곤 했는데, 이것은 그녀가 주기도문의 말뜻에 주의를 기울이고 기도했던 때문은 아니었다.

또한 사도신경을 통해 함께 신앙고백을 하는 것도 얇은 곳이 될 수 있다. 주류 기독교인 가운데 많은 사람들은 사도신경과 같은 신조(creed)에 대해 난색을 표명하고 있는데 나는 그 이유를 이해한다. 만일 우리가 신조를 고백하는 것이 지적으로 그 교리의 문자적 진리에 헌신하는 것이라고 생각한다면, 생각이 있는 현대인들로서는 그렇게 고백하는 것이 불가능하기 때문이다. 두 가지 분명한 사례를 들자면, 예수는 지옥에 "내려가지" 않으셨으며(지옥은 "아래쪽"에 있지 않다), 하늘로 "올라가시지" 않으셨다(하늘은 "위쪽"에 있지 않다). 또한 많은 기독교인들은 "동정녀 마리아에게 태어나시고," "산 자와 죽은 자를 심판하러 오시리라," "죽은 자 가운데서 다시 살아나시며"와 같은 말들을 고백하는 것에 대해 난색을 표명한다.

그러나 이런 신조의 모든 내용들이 문자적으로 참된 명제들이라고 확언하는 것이 예배에서 신조를 고백하는 목적은 아니다. 물론 사도신경에는 명제적인 내용들이 들어 있다. 즉 사도신경은 최소한도로 하나님, 예수, 성령의 중심성을 확언한다. 그러나 예배에서 사도신경을 고백하는 것의 일차적인 목적은 명제적인 것이 아니라 성례전적인 것이다. 즉 비록 사도신경의 부담스런 언어들은 신비의 현존 앞에서 서툴게 더듬거리는 언어들이지만, 그럼에도 불구하고 사도신경은 하나님을 매개하는(mediate) 것이다. 우리가 외우고 있는 그 말들은 신앙 공동체가 함께 그 고백을 할 때, 우리 자신이 그 소리에 참여함으로써 얇은 장소가 될 수 있다. 우리가 그렇게 함께 신앙을 고백할 때, 우리는 시간을 초월해서 오랜 세월 동안 그 말을 들었으며 고백해왔던 신앙 공동체에 참여하는 것이기도 하다. 우리는 성도들의 교제(communion of saints)의 한 부분이 되어 함께 얇은 곳 속에 들어가게 되는 것이다.

예배의 전례적인 표현들이 얇은 곳이 될 수 있는 것과 마찬가지로 예배 시간 자체도 거룩한 시간이 될 수 있다. 기독교인들에게는 교회력의 중요한 절기들, 곧 부활절과 성탄절이 흔히 얇은 곳으로 경험된다. 우리가 성탄절과 부활절 예배에 많이 참석하는 것은 단순히 관습 때문이 아니라, 특히 감동적이기 때문이다. 비록 많은 사람들은 이런 특별 예배에 대한 향수를 갖고 참석하지만, 이 예배 시간들은 단순히 우리를 감상에 젖게 만드는 것이 아니라 종종 우리 자신의 깊은 차원을 열게 만든다. 우리의 마음을 감동시킨다는 말이다. 예배가 상징하는 것들은 놀라운 것이며 매우 강력한 힘을 갖고 있다. 성탄절과 부활절 예배는 모두 어둠 속에서 시작되어 새로운 생명을 선포한다. 한겨울의 어둠 속에서 시작되는 성탄절 전야예배는 예수, 곧 우리의 어둠 속의 빛이며 이 세상의 빛으로서, 바울의 표현대로, 우리 마음속에 빛나는 예수를 경축한다. 부활절 전야예배 역시 무덤의 어둠 속에서 시작되어 회중이 "예수 부활했으니"를 찬송하면서, 죽은 사람들 가운데서 다시 일어난 예수처럼, 소리 높여 "할렐루야"를 부를 때, 밀려오는 빛 속에서 그 절정에 이른다.

성탄절과 부활절에 이르는 절기 동안의 예배가 그렇듯이 그 특별 예배 시간은 큰 힘을 갖고 있다. 대림절 기간 동안에 우리는 빛이 오기를 갈망하며 준비한다. 우리는 "곧 오소서 임마누엘, 오 구하소서 이스라엘, 그 포로생활 고달파 메시아 기다립니다"를 노래한다. "모든 가슴마다 그의 방을 예비하라"와 "오늘 우리들 안에 태어나소서"라고 찬양한다. 사순절 기간 동안에는 우리가 예수와 함께 갈릴리에서부터 예루살렘으로 여행하며 성 주간(Holy Week)에 참여하여 그 절정인 그의 죽음과 부활에 참여한다. 사순절과 대림절의 목적은 얇은 곳이 되기 위한 것이다.

만일 우리가 예배의 중요한 목적이 얇은 곳이 되기 위한 것임을 진지하게 받아들인다면, 우리가 어떻게 예배를 드려야 할 것인지에 영향을 미칠 것이다. 여러 교단들과 마찬가지로, 내가 속한 미국 성공회 역시도 비교적 틀이 잡힌 예배 순서를 따르고 있다. 그러나 그 틀 속에서도 선택을 할 수는 있다. 즉 찬송가 선곡, 예배 중에 침묵하는 시간의 길이, 예배 순서를 사회자가 말로 할 것인지 아니면 찬양대의 음악으로 진행할 것인지, 성서본문을 조심스럽게 읽는 방법 등에서 선택을 할 수 있다. 일반적으로 말해서, 말로 하는 것은 마음을 여는 데 가장 효과가 적은 방법이다. 말로 하는 것은 시(詩)나 이야기가 아닌 다음에야 머리를 향해 말하는 것이 되기 쉽고, 그래서 우리는 정신적인 집중을 해야만 한다. 물론 설교와 성서본문 낭독은 중요하지만, 예배의 다른 부분들은 가능한 한 얇은 곳이 되도록 디자인할 필요가 있다.

교회의 집단적 예배에 덧붙여서, 개인적 예배들도 얇은 곳이 될 수 있다. 이것이 기도의 중심 기능 가운데 하나다. 즉 기도는 우리의 마음이 열리는 얇은 곳이 되기 위한 것이다. 이것은 비록 우리가 하나님께 말로 기도를 드리는 상황에서 일어날 수 있지만, 특히 내적인 침묵기도의 목적이기도 하다. "잠잠하여 내가 하나님임을 알라"는 말씀처럼, 침묵은 우리가 하나님의 현존 속에 앉아 있는 얇은 곳이 된다.

그밖에도 영적인 일기를 기록하는 일, 수련회나 피정에 참여하는 일, 순례와 금식과 같은 수행의 일차적인 기능도 얇은 곳이 되기 위한 것이다. 그 목적은 뜻과 정신을 모아 마음을 열기 위한 것이다.

전체적인 의미에서, 마음을 여는 것은 영성의 목적이며, 집단적인 예배와 개인적인 예배 모두의 목적이다. 기독교인의 생활은 "마음의 부화(孵化)"를 위한 것으로서, "얇은 곳"에서 시간을 보냄으로써 자신을 하나님의 영에 개방시키는 것이다. "얇은 곳"이란 우리가 그분 안에서 살고 움직이며 존재하는 분의 신비에 대해 우리가 마음을 열고 그 신비에 의해 양육되는 장소들과 수행들을 말한다.6)

---

6) 역자주: 예수를 신비주의적 전통과 융의 분석심리학 관점에서 해석하여 예수가 가르친 복음에 대해 강한 설득력을 지닌 탁월한 책은 월터 윙크의 『참사람: 예수와 사람의 아들 수수께끼』(한성수 역, 한국기독교연구소, 2014)이다.

열린 마음

열린 마음과 함께 하는 것은 무엇인가? 우리의 마음이 열리면, 우리가 무엇과 같으며, 우리의 삶은 무엇과 같은가? 그것은 앞에서 설명한 닫혀진 마음의 특성과 반대되는 모습이다. 그러나 열린 마음의 특성을 전부 나열하기보다는 몇 가지 사례를 들고자 한다.

열린 마음과 보는 것은 함께 간다. 우리 마음이 열리면, 우리 눈앞의 사람, 우리 앞에 펼쳐진 풍경을 더욱 선명하게 볼 수 있다. 우리가 "깨달은 마음의 눈으로 볼"(엡 1:18) 때, 우리는 어둠으로부터 빛으로, 밤으로부터 낮으로 이동하게 된다. 열린 마음과 깨달음은 함께 간다.

열린 마음은 "자연"의 경이와 신비에 대해 생생하게 느낀다. 세계가 존재하며, 우리가 여기에 있으며, 우리가 세계를 경험할 수 있다는 사실이 놀라운 사실이 된다. 세계는 결코 평범한 것이 아니다. 실제로 세계가 우리에게 평범하게 보일 수 있었다는 사실이야말로 놀라운 것이다. 열린 마음은 "갑작스런 놀람"[7]을 안다.

열린 마음과 감사함은 함께 간다. 우리는 이것을 우리의 몸으로 느낄 수 있다. 내 인생에서 내가 가장 감사했던 순간에는 내 가슴이 부풀어오르고 거의 터질 것만 같았다.

열린 마음, 함께 아파하는 마음과 정의를 위한 열정은 함께 간다. 열린 마음은 세계의 고통과 고난을 느끼며 그에 대해 응답한다. 연민

---

[7] 아브라함 요수아 헤셸, 이현주 역, 『사람은 혼자가 아니다』(한국기독교연구소, 2007), pp. 27-34.

과 정의를 위한 열정은 열린 마음과 함께 하는 윤리적 자극이며 명령이다. 실제로, 그런 마음은 성령의 일차적인 열매들이다. "하나님께서 자비로우신 것 같이 너희도 자비로운 사람이 되어라"(누가 6:36)고 예수는 가르쳤다. 바울은 이 똑같은 것을 다른 말로, "믿음, 소망, 사랑, 이 세 가지는 항상 있을 것인데, 그 가운데서 으뜸은 사랑입니다"(고전 13: 13)라고 가르쳤다. 기독교인의 삶, 그리스도 안에서 사는 생활의 목적은 더욱 더 자비로운 사람이 되는 것이다.

오랜 세월 동안 기독교인들은 열려진 마음, 새로운 마음, 변화된 마음을 갈망해왔다. 어린 시절부터 즐겨 불렀던 찬송가에 표현된 바로는 다음과 같다.

> 주 예수님 내 맘에 오사 날 붙들어 주시고
> 내 마음에 새 힘을 주사 늘 기쁘게 합소서
> 사랑의 주, 사랑의 주, 내 맘 속에 찾아 오사
> 내 모든 죄 사하시고 내 상한 맘 고치소서.

많은 교단에서 예배 시작 때 사용되는 기도문(collects, 特禱)을 통해, 우리는 성령이 우리 마음속에 들어오시기를 기도한다.

> 당신의 성령을 보내주시고, 저희들의 마음속에 당신의 가장 훌륭한 선물을 부어 주십시오. 사랑과 평화의 참된 결속과 모든 미덕들, 그것 없이 사는 사람들은 누구나 당신 앞에서 죽은 영혼들로 간주되는 그 선물들을 말입니다.

> 저희들 안에 새롭고 뉘우치는 마음을 창조하옵소서.

저희들의 마음속에 당신을 향한 사랑을 부어 주시어, 모든 일에서나 모든 것보다 당신을 더욱 사랑하는 저희들이 당신의 약속을 얻을 수 있게 하옵소서. 저희들이 바랄 수 있는 모든 것을 능가하는 당신의 약속을 얻게 하옵소서.[8]

또한 마음은, 20세기 중엽에 유엔 사무총장을 역임한 스웨덴의 외교관 출신의 다그 함마슐드의 감동적인 기도문의 주제이기도 하다. 그는 또한 기독교 신비주의자이기도 했는데, 그의 생전에 이 사실을 알았던 사람은 거의 없었다. 그가 콩고에서 평화 유지 사업을 하던 중 사망하자 그가 쓴 일기들이 발견되었다. 그는 일기에 이렇게 썼다.

저희들에게 순수한 마음을 주셔서 저희들이 당신을 보게 하시며,
겸손한 마음을 주셔서 저희들이 당신을 듣게 하시며,
사랑의 마음을 주셔서 저희들이 당신을 섬기게 하시며,
신앙의 마음을 주셔서 저희들이 당신 안에서 살아가게 하소서.[9]

기독교인의 삶은 새로운 마음, 열려진 마음, 살갗처럼 부드러운 마음, 자비의 마음에 관한 것이다. 기독교인의 생활은 하나님의 성령이 얇은 곳에서 우리의 마음을 여시는 것에 관한 것이다.[10]

---

8) *The Book of Common Prayer*에서. 기도문은 주현절 후 일곱 번째 주일, 재의 수요일, 부활절 후 여섯 번째 주일의 기도문에서.
9) Dag Hammarskjöld, *Markings*, trans. W. H. Auden and Lief Sjoberg (London: Faber and Faber, 1964), p. 93.
10) 역자주: "본질적으로 인류는 신자라고 불리는 사람들과 비신자라고 불리는 사람들로 나뉘는 것이 아니라, 타인의 고통 앞에서 고개를 돌리는 사람들과 고통받는 사람들과 더불어 투쟁하는 사람들로 나뉜다. 후자의 사람들은 타인의 고통을 자신의 고통으로 여기고 그들과 더불어 그 고통으로부터 해방되기 위해 투쟁한다." 『피에르 신부의 고백』 (백선희 역, 마음산책, 2002), p. 22.

9장

죄와 구원: 마음의 변화

"죄"와 "구원"은 기독교인들에게 매우 익숙한 단어들이다. 이 단어들에는 많은 의미들이 담겨 있으며, 기독교 역사의 처음부터 핵심적인 단어들이었다. 그러나 이 두 개의 단어들은 흔히 잘못 이해되고 있다. 어떤 이해방식들은 그 의미를 모호하게 만들며 심지어 사소한 것으로 만들어버리기도 한다.[1]

죄에 관해서 생각하기

죄에서부터 시작하자. 죄(와 용서)라는 말은 기독교인의 상상력을 지배한다. 죄가 기독교인의 생각과 예배에서 중심을 차지한다는 사실은 명백하다. 실제로 모든 기독교 예배에는 "죄에 대한 고백"이 포함되어 있다. 나처럼 루터교에서 성장한 사람들은 매 주일 아침 예배 때

---

1) 나는 죄와 구원의 문제를 다른 책에서 다루기도 했는데, 특히 *Meeting Jesus Again for the First Time* (San Francisco: HarperSanFrancisco, 1994)과 『새로 만난 하느님』(한인철 역, 한국기독교연구소, 2001)의 마지막 장에서 다루었다. 창세기의 "타락" 이야기에 관해서는 특히 *Reading the Bible Again for the First Time* (San Francisco: HarperSanFrancisco, 2001), 4장을 보라.

마다 "저희들을 창조하시고 구원하시는 전능하신 하나님, 불쌍한 저희 죄인들은 본성 상 죄가 많고 불결하며, 저희들의 생각과 말과 행동에서 당신께 죄를 지었음을 고백합니다. 그러므로 저희들은 당신의 무한한 자비에 의지하여 당신의 은총을 간구합니다..."라고 고백했다.

가톨릭 교인들도 최근까지 성만찬을 받기 전에 사제에게 공식적인 고백을 하는 것으로 알고 있었다. 그리고 전례에서 좀더 자유로운 교단들(장로교, 침례교, 감리교 등)은 그처럼 공식적인 "죄의 고백"을 하지는 않지만, 여전히 죄는 중대한 문제로 다가온다. 다른 종교의 입장에서 보면, 기독교인들이 죄를 강조하는 것은 이상하게 보인다. 어느 불교인이 재치 있게 표현한 것처럼, "너희 기독교인들은 항상 자신들의 죄를 고백하는 것으로 보아, 매우 나쁜 사람들임에 틀림없다."2)

죄가 중심을 차지하는 것은 예배에서 하는 죄의 고백만이 아니다. 가장 익숙한 주기도문에서도 우리는 "우리의 죄를 용서하여 주옵시며"라고 기도한다. 죄 문제는 우리가 해방되어야 할 문제다. 예수가 죽은 이유는 흔히 우리의 죄 때문인 것으로 이해되고 있다. 즉 예수는 우리의 죄를 위해 죽으셨다고 고백한다. 실제로 기독교의 많은 형태에서, 예수가 십자가에서 희생되지 않았다면, 우리는 죄에서 용서받을 수 없다고 가르친다. 죄는 이처럼 성육신(incarnation)의 이유다. 만일 우리가 죄를 짓지 않았다면, 예수의 생애와 죽음은 필요하지 않았을 것이라는 뜻이다. 하나님은 "독생자를 보내실" 필요가 없었을 것이라는 말이다. 이처럼 오랜 세기 동안 기독교인들은 우리를 하나님으로부터 분리시킨 중심적인 문제를 "죄"로 간주해왔다.

최근 몇 십 년 동안 일부 교회들은 죄를 그처럼 강조하지 않고 있

---

2) 내가 이 말을 어디서 읽었는지 들었는지 기억이 나지 않는다. 그러나 이 말을 빈정거리는 뜻으로 한 말은 아니라고 기억한다.

다. 어떤 사람들은 이런 발전을 환영한다. 그러나 또 다른 사람들은 이런 사태를 의아하게 생각하며, 죄를 강조하지 않는 것을 탄식하면서, "죄 문제는 어찌 된 것인가?" 하고 묻는다.3) 그 탄식이 우리들에게 무엇인가 "잘못된" 것이 있다는 생각이 점차 약화되는 것에 대한 탄식이라면, 그 탄식은 가치가 있다. 우리에게는 잘못된 것이 많이 있다. 아이들이 읽는 동화책 속에 나오는 말처럼, "무엇인가 잘못되어 있다."

이런 생각은 성서에서도 한결같다. 무엇인가 틀어져버렸다는 사실은 분명하다. 성서의 중심적인 줄거리(plot)를 설명한 프리드릭 뷰크너의 표현을 보자면 다음과 같다.

> 성서의 그 모든 엄청난 다양성에도 불구하고, 성서는 하나의 줄거리로 묶어져 있다고 말할 수 있다. 단순하지 말해서, 하나님은 세상을 창조하셨고, 세상은 길을 잃어버렸으며, 하나님은 세상을 창조하신 목적대로 그 영광을 회복시키기 위해 애쓰신다는 것이다.4)

세상은 길을 잃어버렸다. 우리는 길 잃은 사람들이다.

내가 여기서 제기하는 문제는, 이처럼 세상이 잘못되고 우리가 길을 잃게 된 이유를 말하는 가장 적절한 말이 "죄"인가 하는 것이다. 기독교인들의 상상력에서 죄와 용서가 지배적인 자리를 차지하는 것이 도움이 되며 중요한가? 죄의 중심성이 기독교인의 삶을 밝혀주는가, 아니면 흐리게 만드는가?5)

---

3) *Whatever Became of Sin?* (New York: Hawthorne, 1973)은 심리분석가 Karl Menninger의 책제목이다. 이 질문은 많은 기독교인 저술가들이 이용해왔다.
4) Frederick Buechner, "The Good Book as a Good Book," in *The Clown in the Belfry: Writings on Faith and Fiction* (San Francisco: HarperSanFrancisco, 1992), p. 44.
5) 역자주: 성육신과 십자가의 동기를 '죄'에 대한 반작용이 아니라 '하나님의 사랑'에 관한 것으로 보는 입장은 리처드 로어, 『불멸의 다이아몬드』를 보라.

죄란 무엇인가?

"죄"라는 단어에는 여러 뉘앙스가 있다. 내가 기독교인들의 모임에서 사람들에게, "죄"라는 단어를 들으면 무슨 생각을 하게 되는지를 물었을 때, 가장 흔하게 연상되는 것은 "불순종"이라고 했다. 그들 대부분은 죄라는 단어를 듣고 가장 먼저 떠오르는 것은 "하나님의 율법에 불순종하는 것," "규칙을 어기는 것," "나쁜 사람이 되는 것"이라고 생각했다. 비록 죄는 그런 의미들보다 더욱 많은 의미를 담고 있을 수 있지만 말이다. 이것은 물론 놀라운 것이 아니다. 우리는 어려서부터 규칙을 지키는 것에 관해 배운다. 그리고 규칙들은 중요하다. 규칙들이 없이는 우리가 함께 살아갈 수 없을 것이기 때문이다.

이런 규칙들 가운데는, 만일 우리가 기독교인으로 성장했다면, 십계명과 같은 "하나님의 율법들"이 포함된다. 죄는 하나님의 율법을 지키지 않는 것이다. 에덴동산의 문제는 불순종이었다. 이브와 아담은 하나님께서 그들에게 주신 명령을 순종하지 않았다. 하나님의 율법은 흔히 생각에까지 확장되어, 분노와 성적인 욕망과 같은 생각도 살인과 간음만큼 죄가 된다. 이것은 잘못된 구체적 행동들(내적인 혹은 외적인 행동들)을 뜻한다는 점에서 복수형태로 표현되는 "죄들"이다.

기독교 사상사에서 죄는 또한 "행동의 뿌리가 되는 존재방식"(root ways)으로 이해되기도 했다. 즉 구체적인 행동들로서 복수형태라기보다는, 우리가 흔히 죄라고 부르는 구체적 행동들을 낳는 "상태" 혹은 "조건"을 뜻한다. 이것은 단수로 표현되는 "죄"다. 20세기 중엽의 위대한 신학자들인 라인홀드 니버(Reinhold Niebuhr)와 폴 틸리히(Paul Tillich)는 "원죄"(root sin)를 이해하는 탁월한 방식을 제시했다. 그 두 사람 모두 기독교 전통으로 되돌아가서 죄를 이해했다.

라인홀드 니버는 적어도 아우구스티누스(Augustine)에게까지 거슬러 올라가는 사상적 계보를 따라, "원죄"를 "교만"(pride), 그리스어로 '휴브리스'(hubris)로 보았다. '휴브리스'는 자기중심성이다. 이것은 우리의 유한성과 취약성을 인식하고 있는 유한한 존재로서의 우리의 본성에서 불가피하게 생겨나는 근본적인 자기 관심을 가리킨다. 그 결과는 우리가 매우 어려서부터 염려하게 되며, 이런 근본적인 염려 상태가 자기중심적인 태도를 낳는다.6) 우리가 흔히 죄라고 부르는 좀 더 구체적 행위들은 이처럼 근본적인 자기중심성에서 생겨나는 것이다.

폴 틸리히는 "죄"의 근원적인 의미를 분리, 즉 따로 떨어지게 되는 것으로 보았다. 이런 상태를 가리키는 틸리히의 용어는 "소외"(estrangement)인데, 이 용어는 우리가 속해 있는 것으로부터 분리된 상태를 뜻하기 위해 매우 의도적으로 선택한 용어다. 우리의 삶은 하나님으로부터 소외되어 있다. 우리는 '에덴의 동쪽'에서 유배된 상태로 살고 있다. 그리고 우리가 분리되어 있다는 의식은 하나님보다는 자기 혹은 세계(혹은 둘 다)를 중심으로 하여 살도록 만들며, 우리가 흔히 죄라고 부르는 보다 구체적인 행동들로 이끈다.7) 틸리히는 "죄"를 단수로만 사용하고 결코 복수형태로는 사용하지 말 것을 주장함으

---

6) 인간의 본성에 대한 이런 이해는 니버의 저작에서 중심을 차지하며, 두 권으로 출판된 *The Nature and Destiny of Man* (New York: Scribner, 1941, 1943)에서 가장 잘 묘사되고 있다. 나는 내가 스물세 살 먹은 대학원생으로서 이 두 권을 읽을 때 느꼈던 흥분을 아직도 생생하게 기억한다. 이 두 권은 이제까지 내가 읽었던 책들 가운데 인간의 본성과 역사에 관해 가장 지적으로 설득력이 있는 책이라고 생각하며, 또한 이 책을 읽는 사람들은 기독교의 인간 이해에 대한 진리를 확신하게 될 것이라고 생각했다는 사실도 기억한다.

7) Paul Tillich, *Systematic Theology*, vol. 2 (Chicago: University of Chicago Press, 1957), pp. 44-59. 그는 이어서 소외가 "불신앙"("불충성"의 의미), "교만"(*hubris*) "정욕"(concupiscence)이라고 말하는데, 그는 "정욕"을 "현실 전체를 자기 자신에게로 끌어들이려는 무한한 욕망"이라고 정의한다(p. 52).

로써 "원죄"의 중요성을 강조한다.

때때로 원죄는 하나님에 대한 "불충성"으로 사용된다. 이 죄는 "너희 마음을 다하고 뜻을 다하고 정성을 다하고 힘을 다하여 너희 하나님을 사랑"하지 않는 것이며, 다른 사람 혹은 다른 물건을 극진하게 사랑하는 죄다. 이처럼 근본적 죄는 2장에서 말한 것처럼 "우상숭배"와 "간음"이다. 즉 하나님 이외의 것을 중심으로 하여 사는 것이다. 때로는 원죄가 하나님에 대한 신뢰가 없는 것, 곧 "불신"으로 이해되기도 한다.8)

원죄에 관해 이렇게 말하는 모든 것들은 옳고 현명하다고 나는 생각한다. 그 각각은 우리들의 본성 안에서 작동하는 포괄적인 역학관계를 "파악한" 것이다. 문제는 불순종이다. 문제는 소외다. 문제는 교만이다. 문제는 부정(不貞)이다. 문제는 신뢰가 없는 것이다. 이 모든 것은 서로를 훌륭하게 보완해준다. 죄에 관한 기독교 사상의 역사는 지혜로 가득 차 있다.

"죄"는 우리의 문제를 드러내는 가장 적절한 용어인가?

그러나 이제는 "죄"에 대해 다른 질문을 해 보자. 즉 "죄"가 우리의 문제를 가리키는 가장 포괄적인 용어인가? 아니면 만일 우리가 우리의 문제를 드러내는 복합적인 이미지를 사용한다면, 우리의 문제(와

---

8) 틸리히와 니버의 죄 이해를 통합시킨 것을 포함해서, 죄의 영적 차원과 사회적 차원에 대한 탁월한 "사례 연구"(case study)를 보기 위해서는 Langdon Gilkey가 제2차 세계대전 중에 중국에서 민간인 포로로서 지하 수용소에서 지낸 경험을 쓴 책 *Shantung Compound* (New York: Harper & Row, 1966)를 보라. 죄에 관해 최근에 출판된 책으로는 Ted Peters, *Sin: Radical Evil in Soul and Society* (Grand Rapids: Eerdmans, 1994)가 있다.

해결책)를 보다 잘 이해할 것인가?

오해를 피하기 위해서, 내가 지금 묻고 있는 것은 우리들에게 심각하게 잘못된 것이 있는지의 여부에 관한 것이 아니라는 점을 강조하고 싶다. 만일 "우리는 모두 죄인들이며, 우리는 모두 죄가 많다"고 말하는 것이 "무엇인가 잘못되었으며, 심각하게 잘못되었으며, 우리는 길을 잃었다"라고 말하는 우리의 표현방식이라면, 나는 이에 동의한다. 다시 되풀이하는 것 같지만, 나의 질문은 우리에게 잘못된 것을 나타내는 가장 적절한 방식이 죄인가 하는 질문이다.

내가 이 질문을 제기하는 이유는 성서 안에 우리의 문제를 나타내는 많은 이미지들이 있으며, 그 가운데 하나가 죄이기 때문이다. 물론 죄는 중요한 이미지다. 히브리 성서에서 "죄"로 번역된 세 가지 가장 자주 사용된 단어들은 거의 천 번이나 나온다.9) 그러나 인간의 조건을 나타내는 다른 이미지들도 나온다.

그 다른 이미지들 몇 가지만 열거하자면, 우리는 눈이 멀었으며, 유배상태에 있으며, 묶여 있으며, 닫혀진 마음을 갖고 있으며, 굶주리고 목마르며, 길을 잃었다. 우리의 문제를 드러내는 이런 이미지들 각각은 그에 상응하는 이미지들을 갖고 있다. 즉 그 각각은 치유, 해결책

---

9) "Sin, Sinners (OT)," by Robin C. Cover, in *The Anchor Bible Dictionary*, ed. David Noel Freedman (New York: Doubleday, 1992), 6:31-40. 죄를 뜻하는 일반적인 성서 단어는 (활을 쏘는 사람이 표적을 맞히지 못하는 것처럼) "표적을 빗나가다"라는 뜻이라고 흔히 알고 있다. 이것이 사실이기는 하지만, 나는 아직까지 이런 뜻의 심오한 의미를 별로 찾아내지 못했다. 우리가 빗나간 "표적"이란 무엇인가? 어떤 기독교인들은 그 "표적"이 완전함인 것처럼 가르친다. 우리들 가운데 완전한 사람은 아무도 없기 때문에, 이런 점에서 우리 모두는 죄인들이다. 그러나 우리는 정말로 완전하기로 되어 있는가? 완전함이란 우리가 도달할 수 있는 목표인가? 우리가 완전하지 못한 것에 대해 우리는 계속해서 하나님께 사죄해야만 하는가? 아니면 하나님께서는 우리의 불완전함 속에서도 우리를 받아들여주시며, 우리의 눈이 멀고, 유배당하고, 속박 당하고, 닫혀진 마음을 극복할 수단을 마련해주신다는 것이 기독교의 복음인가?

을 함축하고 있다. 만일 우리가 눈이 멀었다면 우리는 볼 필요가 있으며, 만일 우리가 유배상태에 있다면 우리는 다시 돌아갈 필요가 있으며, 만일 우리가 묶여 있다면 우리는 해방을 필요로 하며, 만일 우리가 닫혀진 마음을 갖고 있다면 우리는 마음을 열 필요가 있으며, 만일 우리가 굶주리고 목마르면 음식과 마실 것이 필요하며, 만일 우리가 길을 잃었으면 우리는 길을 필요로 하며 제 자리를 찾을 필요가 있다.

"죄" 역시도 성서와 기독교인의 상상력에서 그에 상응하는 이미지를 갖고 있는데, 그것은 "용서"다. 이처럼 죄가 문제될 때, 그 이미지의 논리는 그 해결책이 용서임을 가리킨다. 죄가 인간의 조건을 가리키는 만능 지시어가 될 때, 용서는 만능 해결책이 된다. 이것이 문제다. 만일 눈이 먼 상태가 문제라면, 우리에게 필요한 것은 용서가 아니라 시력이기 때문이다. 만일 묶여 있는 것이 문제라면, 우리에게 필요한 것은 용서가 아니라 해방이기 때문이다.

내가 경험한 이야기를 통해 이런 사실을 설명하겠다. 몇 년 전에 어느 교회에서 예배시간에 나는 죄와 용서가 기독교인들의 생각을 지배하고 있는 방식 때문에 또 다시 충격을 받았다. 나는 설교를 통해 우리들의 "닫혀진 마음"에 관해 이야기하고 "열린 마음"의 필요성을 강조했다. 설교에 뒤이은 목회자의 기도에서, 그 목사는 "오 주님, 저희들의 닫혀진 마음을 용서해주시기를 간구합니다"라고 기도했다. 그 기도를 들으며 나는 생각했다. "그럴 수는 있지만, 요점을 빗나간 것이다. 우리에게 필요한 것은 용서라기보다는 우리의 마음을 여는 것이기 때문이다."

물론, 죄는 흔히 성서에서 인간의 조건을 나타내는 다른 이미지들과 관련되어 있다고 주장할 수도 있을 것이다. 우리의 눈이 먼 것은 우리들 자신의 행위의 결과일 수 있으며, 우리가 의도적으로 보려고 하지 않기 때문일 수도 있다. 우리가 소외된 것이 더욱 굳어지게 되는 것은 우리의 사는 방식 때문으로서, 우리는 흔히 자기 중심성에 매몰되어 살기 때문이다. 그러나 이런 것들 가운데 많은 것들은 단순히(혹은 전혀) 우리의 행위의 결과들이 아니다. 소외의 문제, 즉 분리된 자아가 생겨나는 문제는 성장의 자연스런 결과로서, 피할 수 없는 것이다. 똑같은 이유로 우리는 닫혀진 마음을 갖게 되며 자기 둘레에 껍질을 뒤집어쓰게 된다. 어떤 점에서는 우리가 눈이 멀게 되는 것이 우리의 문화가 우리의 심리와 이해력에 강한 자국을 남기기 때문이다. 어떤 점에서는 우리가 묶여 있는 것이 전혀 우리 자신의 잘못 때문이 아니라, 성장과정의 불가피한 결과이다.

이스라엘이 이집트에서 속박 당한 이야기는 여기서 특별히 많은 것을 시사한다. 그 이야기에서는 히브리인들이 노예가 된 것이 그들 자신의 잘못 때문이었다는 점을 찾아볼 수 없다. 이집트에서 그들이 필요로 했던 것은 용서가 아니라 해방이었다. 만일 모세가 이집트에 가서 히브리인 노예들에게, "나의 자녀들아, 너희들의 죄는 용서받았다"라고 말했다면, 그들은 "좋습니다. 그러나 당신도 알다시피 우리의 문제는 속박 당해 있다는 사실입니다"라고 대꾸했을 것이다. 물론 우리는 우리의 행위나 나태함으로 인해 우리의 속박상태를 더욱 심하게 만들 수 있다. 그러나 중요한 점은 우리가 속박 자체, 혹은 유배상태, 눈이 먼 상태, 혹은 닫혀진 마음을 갖게 되는 것 자체를 피할 수는 없다는 점이다.

죄와 용서의 메시지는 이런 문제들에 대해 적절하게 다루지 않는다. 이런 인간의 조건들에 대해 우리가 책임이 있는 정도까지만, 용서의 메시지는, 비록 우리 마음이 닫혀 있으며, 비록 우리가 묶여 있으며, 비록 우리가 자기 중심적이라 할지라도, 하나님께서는 우리를 받아들여주신다는 것을 뜻한다. 이 메시지는 진실하며 중요하다.

그러나 용서는 이런 문제들 자체에 대해서는 다루지 않는다. 우리는 "우리의 눈 먼 것을 용서하소서"라고 기도드릴 수는 있지만, 만일 우리가 눈이 멀었다면, 우리는 볼 필요가 있다. 용서는 우리로 하여금 보게 하는 데 도움을 주지 않는다는 말이다. 또한 우리의 문제가 닫혀진 마음, 속박, 혹은 유배상태라면, 우리는 용서 이상을 필요로 한다.

그러므로 나의 질문은 또 다시, 우리를 괴롭히는 것에 대한 근원적인 진단, 공통분모로서 우리가 "죄"라는 단어를 사용해야 하는가 하는 질문이다. 아니면 우리를 괴롭히는 것들에 대한 많은 성서적 이미지들 가운데 하나의 용어로서 죄라는 단어를 사용해야 하는가? 매우 실제적인 이유 때문에, 나는 죄를 인간의 문제를 가리키는 우산과 같은 개념으로 사용하기를 바란다. 죄는 우리의 잘못된 것에 관해 말하는 하나의 방식으로 남아 있게 될 것이다.

나는 인간의 문제와 그 해결책에 대한 성서의 여러 이미지들을 사용함으로써 인생에 대한 기독교의 핵심적 비전이 더욱 풍부해진다고 생각한다. 인간의 문제는 태초 이래 단순히 우리가 나빴었고 하나님께 대해 반역했다는 것(비록 이것이 사실일지라도)만이 아니라, 우리가 눈이 멀고, 소외되었으며, 길을 잃고, 유배상태에 있으며, 자기 중심적이며, 상처를 입고, 병들고, 마비되었으며, 속박된 상태이며, 욕심이 넘친다는 사실 등이다. 용서는 이런 문제들에 대해 대답하지 않는다. 그러나 기독교인의 삶의 중심적인 이미지를 "길"로 이해하는 경우에는 이런 문제들에 대해 대답해준다. 즉 기독교인의 삶은 유배상태로부터 되돌아가 가는 길이며, 다시 연결짓게 되는 길이며, 속박에서 벗어나는 해방의 길이며, 우리의 시력이 회복되는 길이며, 얇은 곳에서 시간을 보냄으로써 우리의 마음을 열게 만드는 길이며, 길을 잃은 상태로부터 길을 찾고 제 자리를 깨닫도록 이끄는 길이다.

구체적으로 성서의 이런 여러 이미지들을 진지하게 받아들이면, 우리가 예배에서 사용하는 표현들에 영향을 끼칠 것이다. 죄와 용서는 우리의 문제에 관해 말하는 단 하나의 방식이 될 것이다. 거의 모든 교회 예배에서 보편적으로 사용하는 "죄의 고백과 사죄"의 시간은 "우리를 괴롭히는 것들과 우리에게 약속하신 하나님의 약속에 대한 선포"10)로 대체되거나 보완될 수 있을 것이다. 어느 주일에는 그 선포가 죄를 강조하고, 다른 주일에는 속박을, 또 다른 주일에는 소외를, 또 다른 주일에는 눈이 먼 것 등을 강조할 수 있을 것이다. 혹은 이런 여러 이미지들 가운데 몇 개를 하나의 선포 속에 결합시킬 수도 있을 것이다. 또한 성만찬 의식도 수정하여, 죄와 용서를 위한 (십자가에서의) 희생제물의 언어들이 일차적이거나, 배타적으로 강조되지 않도록 만들 수 있을 것이다.

죄를 우리의 문제들에 대한 포괄적인 이미지로서 생각하기보다는 여러 이미지들 가운데 하나로 생각하는 데는 적어도 두 가지 이유가 더 있다. 첫째는 "죄"가 때때로 (아마도 흔히) 우리의 경험에 잘 들어맞지 않기 때문이다. 나는 이미 "죄"가 이집트에서 히브리 노예들의 곤경을 묘사하는 데 적절한 것이 아니었다는 점을 언급한 바 있다. 이것은 우리들에게도 마찬가지다.

많은 사람들에게 실존의 중심적인 문제는 죄에 대한 생각이 아니다. 죄라는 말은 많은 사람들에게 매우 강하게 다가오지 않을 수 있지만, 눈이 멀었다든가, 유배상태에 있다든가, 소외되었다든가, 닫혀진 마음을 갖고 있다든가, 문화의 포로가 되어 있다는 말은 강하게 다가

---

10) 이 표현을 그대로 예배순서에 사용하라는 것이 아니라, 좀더 우아한 표현을 찾아낼 수 있을 것이지만, 이런 개념으로 사용할 것을 제안하는 것이다.

올 수 있다. 또한 어떤 사람들에게는 실존의 문제가 그들 자신의 죄가 아니라 타인들에 의해 피해자가 된 현실이다. 예를 들어, 가정 폭력의 피해자들에게 죄와 용서의 메시지는 무슨 의미를 갖는가? 비록 어느 순간에는 자신들의 삶을 계속하기 위해 그 가해자들을 용서할 필요가 있을지 모르지만, 죄를 강조하는 것은 그 가해자들로 하여금 그 폭력을 행사하도록 만든 피해자들의 잘못된 행동들에 초점을 맞추도록 이끌 수 있다는 말이다. 그 피해자들이 들어야 할 메시지는 자신들이 죄를 저질러서 용서를 받을 필요가 있다는 것이 아니라, 그들이 폭력적이며 억압적인 파라오 밑에서 살아가는 것이 하나님의 뜻이 아니라는 메시지다. 하나님께서는 그들의 해방과 안전을 바라시기 때문이다.

또 다른 이유는 죄가 대중적인 기독교에서 흔히 개인주의적으로 이해됨으로써 "사회적 죄"의 현실을 가려버리기 때문이다.11) 죄를 강조하는 것은 흔히 내가 잘못한 것에 대한 반성으로 인도한다. 물론, 그런 반성은 도움이 될 수는 있지만, 인간의 고통과 비극의 상당부분은 개인적인 죄 때문이 아니라 집단적인 죄 때문이라는 사실을 가려버리게 된다. 예를 들어, 예수가 "우리의 죄를 위해 죽으셨다"(그래서 나의 죄와 당신의 죄를 위해서 죽으셨다)고 강조할 때, 우리의 죄는 예수의 죽음에 책임이 있는 것으로 생각하게 된다.

그러나 예수의 죽음을 초래한 것은 개인적인 죄가 아니었다. 그가 살해된 것은 청년들의 불순한 생각이나 우리의 일상적인 속임수, 혹은 우리의 이기심 때문이 아니었다. 요점은 이런 문제들이 중요하지 않다는 게 아니다. 요점은 오히려 이런 문제들이 예수를 죽게 만든 것이

---

11) 신학적으로 보다 정교한 관점에서는 죄가 단순히 개인주의적인 관점에서만 이해되지는 않는다. 예를 들어, 틸리히와 니버는 모두 죄의 사회적 영향, 혹은 "사회적 죄"에 대해 강하게 설명한다.

아니라는 점이다. 오히려, 예수는 "사회적 죄," 다시 말해서 그 당시의 지배체제 때문에 살해된 것이다. 죄에 대해 흔히 개인주의적인 관점에서 이해하는 것은 흔히 성서와 예수의 정치적 열정을 무시하고 길들이는 역할을 한다.

이런 주장을 하는 목적은 죄의 개념을 약화시키려는 것이 아니라, 우리가 구원을 필요로 하는 인간의 조건에 대해 더욱 폭넓게 이해하려는 것이다. 성서의 많은 이미지들을 사용하는 데는 큰 가치가 있다. 일차적으로 죄에만 고착해서 생각하는 입장은 인간의 조건에 대한 우리의 이해를 허약하게 만든다.

구원

"죄"와 마찬가지로, "구원"이라는 말도 여러 의미들을 갖고 있다. 또한 "죄"와 마찬가지로, "구원"이라는 말이 가장 흔하게 연상시키는 것도 성서와 기독교 전통에서 사용했던 그 용어의 풍부한 의미들을 밝혀주기보다는 가려버린다. 구원은 흔히 "천당" 혹은 "천당에 가는 것"을 연상시키기 때문이다. "당신은 구원받았습니까?"라는 질문은 흔히 "당신이 죽으면 천당에 갈 거라고 확신합니까?"라는 뜻이다. 이처럼 구원은 흔히 죽은 다음의 내세에 관한 것으로 이해되고 있다.

구원은 천당인가?

일 년 전쯤에 순회 강연을 하면서, 나는 "만일에 기독교가 종교에 끼친 열 가지 가장 나쁜 영향을 꼽으라면, 그 중에 대중적인 기독교가 내세(afterlife)를 강조했던 것이 포함될 것인가?" 하는 나 스스로의 질문에 대해 대답해야만 했었다. 그 이후에 여러 사람들로부터 "나머지 아홉 가지는 무엇인가?"에 대한 질문들을 편지나 이메일을 통해서 받았다. 그건 잘 모르겠지만, 내가 왜 스스로 그런 질문을 묻고 대답했는지에 대해서는 세 가지 이유가 있다.

첫째 이유는 내가 1장에서 이미 언급했다. 내세를 강조할 때마다, 거의 똑같은 결과는 그것이 기독교를 요구와 보상의 종교로 둔갑시킨다는 사실이다. 만일 천당이 있다면, 인생을 어떻게 살았든 상관없이 모두가 천당에 간다는 것은 옳지 않은 것처럼 보이기 때문에, 천당에 갈 수 있는 사람과 갈 수 없는 사람을 분리시킬 무엇인가가 반드시 필요하게 되며, 그것은 우리가 믿거나 행하는 무엇이 그 분리의 조건이 된다. 두 번째 이유는 내세를 강조하는 것이 집단 내부의 사람과 집단 외부의 사람 사이를 구분하게 만든다는 점이다. 즉 구원받은 사람과 구원받지 못한 사람 사이를 구분하게 만든다. 세 번째 이유는 내세를 강조하는 것이 우리로 하여금 이 세상을 변화시키는 일보다는 다음 세상에 초점을 맞추도록 만든다는 점이다.

내세를 강조할 때 생겨나는 일들에 대한 나의 비판은 내세를 부인하는 것이 아니다. 오히려 내가 말하려는 요점은, 천당이 중심이 되고 구원이 실제로 천당에 가는 것과 같은 것이 되어버릴 때 무슨 일이 생기는지를 강조하려는 것이다.

이 세상에서의 구원

구원에 대한 성서의 이해는 다음 세상이 아니라 이 세상에 초점을 맞추고 있다. 비록 구원이 성서에서 중심적인 것이지만, 죽은 다음의 삶으로서의 천당은 성서에서 중심적인 것이 아니다. 오래 전부터 주류 성서학자들과 신학자들은 내세에 대한 믿음이 히브리 성서가 쓰여지는 거의 마지막 단계에서야 비로소 등장했다는 사실을 알고 있었다. 내세에 대한 첫 번째 확실한 언급은 대부분의 학자들이 기원전 165년 경에 쓰여진 것으로서 히브리 성서의 마지막 문서로 간주하는 다니엘서 마지막 장에 나온다. 비록 시편과 기타 책들의 저자들이 종종 사망으로부터의 구원을 기도하지만, 다니엘서 이전에는 내세에 대한 명백한 믿음이 나타나지 않는다.12)

이 사실은 성서 시대의 모든 과정에서, 고대 이스라엘 민족은 죽음 이후의 삶을 믿지 않았다는 사실을 뜻한다. 명백한 사실은 "천당에 가는 것"은 그들이 하나님을 진지하게 받아들인 동기가 아니었다는 사실이다. 또 하나 명백한 사실을 덧붙이자면, 비록 그들이 종종 구원에 관해 말하고 또 썼지만, 구원은 "천당에 가는 것"을 뜻하는 것이 아니었다는 사실이다.

다니엘서가 기록된 이후 약 200년이 지나, 예수가 공적인 활동을 시작할 때는 유대인들의 대다수가 내세를 믿었다. 내세를 믿게 된 중요한 이유는 계속해서 억압과 박해를 경험했기 때문이다. 실제로, 유대교 안에서 내세에 대한 믿음이 생겨난 것은 다니엘 시대부터 시작된 순교의 상황에서였다. 많은 유대인 순교자들은 하나님과 율법에 대한 그들의 깊은 충성 때문에(예컨대 안식일에는 율법에 따라 무기를 들지 않음으

---

12) 부활 개념은 다니엘서보다 일찍 기록된 문서들에 나타나는데, 가장 기억할 만한 언급은 에스겔 37장에 나오는 것으로서, "마른 뼈들의 골짜기"가 다시 결합되어 살을 입게 되는 환상이다. 그러나 이것은 이스라엘(혹은 유대) 민족이 바빌로니아 시대(기원전 6세기)에 겪은 패배, 포로, 유배생활의 경험을 넘어 다시 나라를 되찾게 될 것에 대한 은유이다. 따라서 이것은 민족 집단에 대한 희망이지, 개인들이 죽은 다음에도 미래에 존재하게 될 것을 확신한 것은 아니다.

로써 - 옮긴이) 외세에 의해 살해당하고 있었던 것이다. 만일 살해당하는 사람들이 하나님께 대한 그들의 충성을 타협하지 않으려다 살해당한다면, 이것을 어떻게 하나님의 정의와 조화시킬 수 있겠는가? 그래서 이처럼 하나님께 대한 그들의 충성 때문에 살해된 사람들에 대한 보상으로서 내세라는 개념이 생겨난 것이다. 내세의 가능성은 조만간 순교자들만이 아니라 그밖에 다른 사람들에게로 확대되었다.

예수 자신은 내세를 믿었던 것처럼 보이지만, 내세에 대해 별로 많이 말하지는 않았다. 복음서들에서는 내세 문제가 주로 다른 사람이 언급한 것으로 나온다. 그리고 예수가 내세에 관해 말할 때, 우리는 예수가 내세에 관한 "정보"를 제공하는 것으로 이해해야 하는지, 아니면 내세가 어떤 세상일 것이라고 사람들이 매우 확신하고 있었던 것을 예수가 뒤집어엎는 것으로 들어야 하는지 분명하지가 않다.[13] 어느 경우이든 간에, 예수의 메시지는 천당에 가는 방법에 관한 것이 아니었다는 점은 분명하다. 그의 메시지는 이 세상을 새롭게 바꾸는 방식, 이 땅 위에 하나님의 나라를 세우는 방법에 관한 것이었다. 만일 예수도 천당을 믿었다면, 그것은 놀랄 만한 일이 아니었을 것이다. 그러나 예수는 죽은 다음의 세상에 대해서는 별로 큰 관심을 갖지 않았다.

신약성서 저자들(과 그들이 대상으로 쓴 초기 기독교 운동)은 내세를 믿었다. 바울은 영원히 그리스도와 함께 있는 것에 관해 말한다.

> 보십시오, 내가 여러분에게 비밀을 하나 말씀드리겠습니다. 우리가 다 죽을 것이 아니라, 다 변화할 터인데, 마지막 나팔이 울릴 때에, 눈 깜빡할 사이에, 홀연히 그렇게 될 것입니다. 나팔소리가 나면, 죽은 사람은 썩어 없어지지 않을 몸으로 살아나고, 우리는 변화할 것입

---

13) 마가 12:18-27; 마태 25:31-46; 마태 8:11-12 = 누가 13:28-30.

니다… 이렇게 기록한 성경 말씀이 이루어질 것입니다. "죽음을 삼키고서 승리를 얻었다."(고전 15:51-52, 54)

나에게는, 사는 것이 그리스도이시니, 죽는 것도 유익합니다. 그러나 육신을 입고 살아가는 것이 나에게 보람될 일이면, 내가 어느 쪽을 택해야 할지 모르겠습니다. 나는 이 둘 사이에 끼여 있습니다. 내가 원하는 것은, 세상을 떠나서 그리스도와 함께 있는 것입니다. 그것이 훨씬 더 낫습니다.(빌 1:21-23)

이리하여 우리가 항상 주님과 함께 있을 것입니다(살전 4:17)

요한복음에서는 "영생"(eternal life)이 중요한 주제다. 기독교 성서는 요한계시록의 마지막 장에서 "새 예루살렘"에 대한 장엄한 환상과 더불어 끝난다. 그 빛의 도시에서는 모든 눈물이 닦여질 것이며 죽음이 더 이상 없게 될 것이다.

그러나 신약성서에서 내세에 대한 확신이 비록 나타나 있지만, 내세는 초기 기독교의 일차적 메시지였던 것 같지는 않다. 바울은 내세를 긍정하지만 그의 편지들은 그가 일차적으로 강조하는 것이 이 세상의 삶에서 "그리스도 안에서" 새로운 삶을 사는 것으로서, 이것은 개인적인 차원과 사회적인 차원 모두를 갖는 은유이다. 이 새로운 삶은 그리스도와 함께 죽고 다시 살아나, 새로운 공동체적인 현실인 "그리스도의 몸"의 한 부분이 되는 것과 관련되어 있다. 그가 이 세상에서의 삶에서 경축해야 할 기쁨들은 자유, 평화, 사랑, 그리고 기쁨 자체이다. 우리가 바울을 그의 1세기 맥락에서 주의 깊게 읽으면, 그는 "당신들이 천당에 가기 위해서 마땅히 해야만 하는 것들은 이것입니다"라고 선포하는 설교자처럼 들리지 않는다. 그는 주로 현재의 세상에서 새로운 삶을 사는 것에 관해 말한다.

요한복음에서도 마찬가지다. 요한복음이 비록 내세를 긍정하지만, 요한복음이 말하는 "영생"14)은 일차적으로 그런 내세를 뜻하는 것이 아니다. "영생"이라는 말은 해당 그리스어를 번역한 것으로, 그 해당 그리스어는 "앞으로 올 세대의 생명"이라는 유대인들의 개념을 번역한 것이다. 따라서 "영생"은 "앞으로 올 세대의 생명"을 뜻하기에, 예컨대 요한복음 3:16은 다음과 같이 번역할 수 있다.

> 하나님께서 세상을 이처럼 사랑하셔서서 외아들을 주셨으니, 이는 그를 믿는 사람마다 멸망하지 않고, 앞으로 올 세대의 생명을 갖게 될 것이다.

그뿐 아니라 요한복음에서 "영생"은 흔히 현재시제로 말해지고 있다. 즉 "앞으로 올 세대의 생명"이 이미 왔다는 것이다. 그것은 여기에 있다. 영생은 죽음 너머의 끝없는 시간을 가리키는 것이 아니라 현재 알 수 있는 무엇인가를 가리킨다. "이것이 영생이다"라고 요한복음은 확증하며, 그것은 "하나님을 아는 것"이라고 덧붙인다(17:3). 현재에서 하나님을 아는 것은 앞으로 올 세대의 생명을 체험하는 것이다. 요한에게 영생은 현재의 현실이다. 비록 영생에는 미래의 운명도 관련되어 있기는 하지만 말이다. 우리는 지금 영생을 알 수 있으며, 지금 영생을 체험할 수 있다. 요점은 "영생"에 관한 요한복음의 표현조차도 매우 강하게 현재의 차원을 갖고 있다는 점이다.

이처럼 성서에서 구원은 일차적으로 이 세상적인 현상이다. 구원

---

14) 제임스왕 흠정역본(KJV)은 "everlasting life," 개정판(RSV)은 "eternal life"를 사용한다.

은 여기에서 일어난다. 그러나 구원이 무엇인가? 구원이라는 말의 영어 단어(salvation)의 어원을 살피는 것이 도움이 될 것이다. 그 단어는 "온전함" 혹은 "치유"를 뜻하는 라틴어 어원에서 온 말이다(상처에 바르는 연고[軟膏]라는 말도 이 어원에서 나왔다). 넓은 의미에서 구원은 이처럼 온전하게 되며 치유되는 것을 뜻한다. "온전함"(wholeness)이라는 말은 파편화된 것을 넘어서는 것이며, "치유"라는 말은 상처받은 경험에서 치유되는 것을 뜻한다.

구원이라는 말의 의미는 인간의 조건과 그 해결책을 가리키는 상관적인 이미지들을 통해서도 알 수 있다. 구원은 다음과 같은 것이다.

우리의 어둠 속에서 빛을 찾는 것
눈먼 사람들에게 시력이 회복되는 것
깨달음
포로된 사람들에게 해방
유배상태에서 다시 되돌아가는 것
우리의 질병이 치유되는 것
음식과 마실 것
죽은 사람들의 땅에서부터 부활하는 것
다시 태어나는 것
하나님을 아는 것
"그리스도 안"에서 살게 되는 것
하나님과의 관계를 회복하는 것(의롭다고 일컬어지는 것)

성서에서 구원은 이 모든 것을 뜻한다.

구원의 이야기들

구원에 대한 성서의 의미들은 또한 성서의 "큰 이야기들"(macro-stories)[15]을 통해서도 알 수 있다. 이런 이야기들은 히브리 성서 전체를 이루고 있으며, 또한 히브리 성서가 초기 기독교에서 중심적 위치를 차지했기 때문에, 신약성서 전체도 이런 이야기들로 이루어져 있다.

이런 큰 이야기들 가운데 첫째는 이집트로부터 출애굽(exodus) 한 이야기다. 출애굽은 인간들이 속박과 노예상태 속에서 살고 있다는 문제를 이미지로 보여준다. 역사적으로 이집트의 왕 파라오의 억압을 받았지만, 파라오는 우리를 내면에서 또한 외적으로 사로잡고 있는 것을 가리키는 은유이기도 하다. 우리의 문제는 우리가 속박의 땅 이집트에서 살고 있다는 점이다. 이집트에서의 생활은 중노동으로 특징지어진다. 그 생활은 쓴 나물과 빈약한 식량이다. 겨우 먹고 살 수 있을 정도였던 것이다. 그 생활은 무기력하며 희생당하는 생활이다.

그 해결책은 물론 해방이며, 출애굽이다. 해방이라는 단어의 그리스어 어원이 말해주는 것처럼 "탈출"하는 것이다. 그러나 해방은 그 이야기의 끝이 아니다. 해방은 우리를 광야로 데려간다. 광야는 문화가 길들이는 것 너머의 자유로운 장소만을 가리키는 것이 아니라, 우리가 계속해서 금 송아지를 세우려는 유혹을 받는 불안한 장소이기도 하다. 출애굽 이야기는 광야를 통과하는 긴 여정(40년)과 관련된 것으로서, 약속의 땅, 곧 하나님이 현존하시는 장소로 들어가는 것에서 그 절정에 도달한다. 이 출애굽의 구원 이야기는 속박에서 시작되어 하나님이 약속하신 젖과 꿀이 흐르는 땅에서 끝난다.

---

15) 내가 이 말을 처음 사용한 것은 *Meeting Jesus Again*, 6장에서였다.

두 번째 큰 이야기는 바빌로니아에서의 유배생활(exile) 이야기로서 인간이 유배상태에 처해 있다는 것을 이미지로 보여준다. 에덴 동산 이야기가 "에덴의 동쪽"에서 살아가는 이야기로 끝난 것에서 예상할 수 있는 것처럼, 이 구원 이야기는 유대인들이 기원전 6세기에 바빌로니아에서 유배당한 경험에 기초하고 있다. 바빌로니아에서의 유배생활은 외국의 제국 아래 살아가는 생활이다. 자신의 고향에서 포로로 끌려와 고향을 그리워하는 이 이야기는 동경, 탄식, 외로움, 분노, 절망으로 특징지어진다. 심리적으로 또한 영적으로, 유배생활은 소외된 삶의 상태로서, 의미와 에너지의 중심으로부터 끊어진 상태를 말한다. 그 해결책은 고향으로 되돌아가는 여정이며, 이 여정은 하나님께서 초대하시며 힘을 불어 넣어주시는 해결책이다. 이 여정의 "길"은 또 다시 광야를 통과하게 되는데, 그 광야에서 우리를 먹이시는 분은 하나님이다. 이 구원 이야기는 우리가 그분 안에서 살며 움직이며 존재하는 분과 다시 연결되는 이야기로서, 그분은 비록 우리가 떨어져 있었던 때조차도 항상 우리와 함께 하셨던 분이다.

세 번째 큰 이야기를 나는 성전 이야기(temple story)라고 부른다.16) 이 이야기는 인간의 죄와 불결함의 문제를 이미지로 보여준다. 처음 두 이야기들은 이집트에서의 노예생활과 바빌로니아에서의 유배생활에 대한 역사적 기억에 기초한 것이지만, 이 성전 이야기는 예루살렘 성전이라는 제도, 곧 죄와 불결함을 위한 희생장소를 제도화시킨 것에 그 중심이 있다. 비록 죄와 불결함이 똑같은 것은 아니지만, 둘 모두 거룩하신 하나님의 현존 속으로 들어가는 것을 가로막았으며, 둘 모두 성전의 희생제사를 통해 다루어졌다. 심리적으로 또한 영적으로, 이

---

16) *Meeting Jesus Again*에서는 내가 이 이야기를 "제사장들의 이야기"(priestly story)라고 불렀는데, 똑같은 의미다.

이야기는 우리가 때가 묻고 더럽혀졌으며, 죄가 많고 쓸모없는 존재라는 우리의 의식에 대해 말한다. 이 구원 이야기는 따라서 깨끗하게 되고, 용서를 받고 받아들여지는 이야기다.

오랜 세월 동안 대중적 기독교를 지배했으며 오늘날에도 과거의 패러다임을 지배하는 것은 바로 이 세 번째 이야기다. 그리고 이 이야기는 비록 계속해서 어떤 사람들에게는 강력하게 다가오지만, 다른 사람들은 속박과 해방의 이야기, 유배생활과 귀환의 이야기에서 더욱 강력한 메시지를 받는다.

놀랄 일은 아니지만 두드러진 사실은, 신약성서의 예수 이해가 히브리 성서의 큰 이야기들과 서로 관련되어 있다는 점이다. 예수 이야기는 이처럼 구원의 이야기가 된다.

- 해방자(liberator)로서의 예수는 출애굽 이야기에 그 은유적인 뿌리가 있다. 즉 예수는 노예로 사로잡힌 사람들을 자유롭게 만들기 위해 왔던 사람이다. 복음은 해방에 관한 것이다. 구원은 해방이다.

- "길"(the Way)로서의 예수는 유배 이야기에 그 은유적 뿌리가 있다. 즉 예수의 생애, 죽음, 부활에서 예수는 다시 돌아가는 길을 구현하고 있다. 복음은 귀향(homecoming)에 관한 것이다. 구원은 귀향이다.

- 희생제물(the sacrifice)로서의 예수는 성전 이야기에 그 은유적인 뿌리가 있다. 즉 죄에 대한 "유일회적"(the once for all) 희생제물로서의 예수의 죽음은 성전과 성전의 희생제사를 대체한다. 복음은 용서와 받아들여짐에 관한 것이다. 구원은 용서와 받아들여짐이다.

구원의 의미들은 예수의 보다 구체적인 이미지들을 통해서도 알 수 있다. 그 각각의 이미지들은 우리의 문제와 그 해결책을 말해준다. 구원은 다음과 같은 것이다.

우리의 어둠 속에서 빛: 예수는 세상의 빛이다.
우리의 굶주림을 채워주는 것: 예수는 생명의 빵이다.
우리의 목마름을 가시게 하는 것: 예수는 생수(生水)다.
길을 발견하는 것: 예수는 길(the way)이며, 문(the door)이다.
생명의 원천에 연결되는 것: 예수는 포도나무다.
다시 태어나는 것: 예수는 죽고 다시 살아나는 길이다.
죽음에서 벗어난 새로운 생명: 예수는 부활이며 생명이다.
치유: 예수는 우리를 온전케 만드시는 분이다.
하나님의 임재 속으로 들어가는 것: 예수는 새로운 성전이다. 비록 예수는 희생제물이기도 하지만 말이다.

이런 모든 이야기들과 이미지들은 구원의 은유들이다. 가장 단순하게 말하자면, 구원은 우리의 곤경으로부터 건져지는 것을 뜻한다. 그러나 이런 이미지들은 구원을 보다 풍부하게 만들어, 이 세상 속에서 우리의 삶이 변화되는 다양한 뉘앙스를 드러낸다.

구원의 사회적이며 또한 개인적인 의미

구원은 개인적인데, 이 사실은 강조할 필요가 거의 없다. 우리는 구원을 개인적 관점에서 듣는 데 익숙해 있다. 예를 들어, 독자들이 바로 앞부분을 읽었을 때, 독자들 대부분은 그 구원의 이미지들을 개인적인 속박, 눈먼 상태, 소외, 무가치함 등의 개인적 경험과 연결시켰을 것이라는 게 내 추측이다. 그렇게 하는 것은 좋은 일이며 나 자신도 그렇게 연결시킨다. 그 구원의 이미지들은 우리의 개인적 삶에 매우 강력하게 적용된다.

강조할 필요가 있는 것은 성서 안에서 구원이 사회적인 구원이기도 하다는 사실이다. 고대 이스라엘의 이야기는 새로운 백성, 민족, 공동체를 창조하는 이야기다. 구원은 함께 더불어 사는 삶에 관한 것이다. 구원은 공동체 안에서의 평화와 정의에 관한 것이며 또한 공동체를 넘어 국제적 평화와 정의에 관한 것이다. 구원은 '샬롬'(shalom)에 관한 것인데, '샬롬'이란 단순히 전쟁이 없는 평화를 뜻하는 것이 아니라, 공동체가 평화와 정의 가운데 온전하게 함께 더불어 사는 것을 뜻하는 말이다. 구원은 히브리 성서에서 결코 개인적인 사건만이 아니다.

사회적 구원에 대해 강조하는 것은 신약성서에서도 계속된다. 예수의 가르침에서는 사회적 구원이 그의 활동의 중심이었던 하나님의 나라(Kingdom of God)라는 신학적-정치적 은유 속에 표현되어 있다. 바울 역시도 구원은 (개인적인 것일 뿐 아니라) 사회적인 것으로 이해했다. 바울은 "그리스도 안의" 새로운 공동체를 만들어내는 일에 열정을 바쳤는데, 그 새로운 공동체의 생활은 제국의 생활에 대한 대안적인 비전을 구체화한 것이었다. 그리고 이런 공동체 운동, 즉 예수의 공동체 운동과 바울의 공동체들과 우리가 알고 있는 초기 기독교의 모든 공동체들은 성령의 공동체였을 뿐만 아니라 빵을 함께 나누는 공동체였다. 음식과 성령, 빵과 숨, 즉 생활의 필수품을 함께 나누는 이 새로운 공동체는 대안적인 주님(alternative Lord, 황제가 아니라 예수를 주님으로 섬기는 것)에 대한 충성 가운데, 이 세상의 인습적인 경계선을 뛰어넘는 공동체였다. 성서는 개인이 천당에 가는 구원에 관한 것이 아니라, 이 세상의 삶 한복판에서 새로운 사회적 및 개인적 현실에 관한 것이다.

구원과 응답

구원은 하나님에게서 오는 것이다. 비록 우리의 응답이 관련되기는 하지만 말이다. 이집트의 노예들을 해방시킨 분은 하나님이며, 포로생활에서 고향으로 돌아갈 길을 마련하신 분도 하나님이며, 우리의 죄와 불결함을 극복할 길을 마련하신 분도 하나님이시다. 그 하나님은 빛과 치유의 원천이시다.

그러나 구원은 언제나 우리의 응답과 관련되어 있다. 만일 이집트의 노예들이 하나님께서 자신들을 해방시키고 계신다는 메시지에 응답하지 않았더라면, 그들은 아직도 그곳에 있을 것이다. 만일 바빌로니아에서 포로로 생활하던 사람들이 고향으로 돌아갈 그들의 첫 발걸음을 내딛지 않았더라면, 그들은 아직도 그곳에 있을 것이다. 만일 눈먼 바디매오가 "다윗의 아들이여, 나에게 자비를 베푸소서"라고 외치지 않았더라면, 그는 아직도 눈먼 상태로 있을 것이다. 우리의 응답이 없다면, 우리의 삶에서나 이 세상의 삶에서 아무것도 변하지 않을 것이다. 구원은 하나님의 활동이지만, 우리가 반드시 응답해야만 한다.

몇 년 전에 어느 강연에서 데스몬드 투투 주교는 성 아우구스티누스의 말을 인용하여 "우리가 하나님 없이는 아무것도 할 수 없는 것처럼, 하나님께서는 우리 없이는 아무것도 하지 않으신다."[17)]라고 말했다. 이 말은 구원의 개인적 차원과 사회적 차원 모두에 적용된다. 우리 없이는, 우리의 응답이 없으면, 하나님께서는 구원의 역사를 이루지

---

17) Desmond Tutu in *God at 2000*, ed. Marcus Borg and Ross Mackenzie (Harrisburg, PA: Morehouse, 2000), p. 131.

않으실 것이며, 우리는 하나님이 없이는 구원을 이룰 수 없다. 우리 없이는, 우리의 응답이 없으면, 하나님께서는 우리를 개인적으로든 사회적으로든 변화시키거나 구원하지 않으신다. 우리는 하나님 없이는 변화를 가져올 수 없다. 우리의 응답이 없으면 하나님께서는 변화를 가져오지 않으신다.

죄, 구원, 그리고 회개

죄를 사소한 것으로 만드는 입장은 죄를 개인적인 것으로 보아 "하나님의 규칙을 깨는 것"으로서 하나님의 처벌을 받아 마땅한 것으로 이해하는 것이다. 죄는 그것보다 훨씬 더 풍부하고 예민하게 느낄 수 있는 개념이다. 구원을 사소한 것으로 만드는 입장은 구원을 개인이 필요한 것들을 믿거나 행동했기 때문에 "천당에 가는 것"으로 이해하는 것이다. 구원은 그것보다 훨씬 더 풍부하며, 더욱 인생을 긍정하며 희망적인 개념이다. 죄와 구원을 이처럼 풍부한 의미에서 생각할 때, 기독교인의 삶은 죄에서 구원으로, 즉 우리의 곤경 속에서 살다가 하나님과의 변화시키는 관계 속에서 사는 삶으로 바뀌는 것이다.

기독교인들의 상상력에서는 "회개"라는 말이 "죄"와 "구원"이라는 말과 같은 어휘에 속해 있다. 우리는 구원을 받기 위해 우리의 죄를 회개할 필요가 있다. 올바로 이해한다면, 회개를 이렇게 이해하는 것은 옳다. 그러나 회개 역시도 사소한 것으로 만들어졌다. 많은 기독교인들은 회개를 생각할 때 가장 먼저 자기를 반성하게 만드는 죄의식을 연상한다. 죄의식이란 당신이 행한 일 혹은 행동하지 않은 것에 대해 정말로 잘못했다는 생각, 곧 당신 자신이 정말로 나쁜 인간이라는 생각이다.

그러나 "회개한다"라는 말의 성서적인 의미는 일차적으로 뉘우침이 아니라 결심한다는 뜻이다. 히브리 성서에서, 회개한다는 말의 뜻은 일차적으로 하나님께 되돌아간다는 뜻이다. 그 은유적인 뿌리는 유배생활에 있다. 회개한다는 말의 뜻은 유배생활로부터 고향으로 되돌아가는 것, 하나님과 다시 연결되는 것, 바빌로니아로부터 하나님께로 인도하는 광야의 길을 걸어가는 것을 뜻한다.

신약성서에서도 회개는 히브리 성서의 의미를 그대로 따르고 있다. 예수의 복음과 예수에 관한 복음은, 예수의 길을 따르는 것이 회개라고 가르친다. 가장 먼저 쓰여진 복음서인 마가복음은 "광야에서 주님의 길을 예비하라"는 말씀, 곧 유배생활에서 들은 말씀으로 시작한다. 그런 다음에 예수의 이야기가 이어진다. 그 길은 예수의 길이며, 죽고 다시 살아나는 길이며, 또한 고향으로 되돌아가는 길이다.

신약성서에서 회개에는 또 다른 뉘앙스가 덧붙여져 있다. 회개라는 말의 그리스어 어원은 "당신이 지니고 있는 마음을 넘어서라"는 뜻이다. 당신에게 주어지고 또한 당신이 얻은 마음을 넘어서라. 문화가 만들어준 마음을 넘어서, 당신이 "그리스도 안에서" 갖게 된 마음으로 나아가라는 말이다.

회개는 구원의 길이다. 그 길은 다시 연결됨의 길이며, 변화의 길이며, 다시 태어나는 길이며, 죽고 다시 살아나는 길이며, 하나님 나라의 메시지, 곧 "예수께서 갈릴리에 오셔서, 하나님의 복음을 선포하셨다. '때가 찼다. 하나님의 나라가 가까이 왔다. 회개하여라"(마가 1:14-15)는 메시지에 응답하는 길이다. 하나님 나라는 가까이 왔다. 즉 당신이 지니고 있는 마음을 넘어서라. 죄와 구원과 마찬가지로 회개 역시 개인적이며 또한 사회적이다.

구원과 내세

그렇다면 내세는 어떻게 되는가? 이 질문은 내가 주로 기독교인들을 대상으로 강연할 때 가장 많이 받게 되는 열 개의 질문들 가운데 하나다. 이런 질문을 하게 되는 것은 내세가 중심이라는 강한 관심 때문이거나 내세가 없다면 기독교는 무의미한 것이라는 확신 때문에 생기는 것 같지는 않고, 내세가 인생에 대한 기독교의 비전에 어떻게 들어맞는지를 알고 싶어서 질문하는 것 같다. 내세에 대한 나의 개인적인 입장을 말한다면, 나는 죽음 이후에 무슨 일이 벌어질 것인지에 대해 말할 수 있는 아무런 단서도 갖고 있지 않다. 이렇게 말했지만, 그럼에도 불구하고 내세 문제에 대해 나는 좀더 말하고 싶은 것이 있다.

나는 임사체험(臨死體驗), 곧 죽음에 가까이 다가갔던 체험에 대해 연구한 것에 흥미를 갖고 있다. 죽음에 가까이 다가갔던 사람들 가운데 약 40%는 공통적인 체험을 보고한다. 즉 터널을 통과해 여행한 것 같다는 생각, 갑자기 환한 빛이 쏟아져 들어온 것 같은 체험, 사랑하는 실재의 현존 가운데 있다는 의식, 그리고 이런 체험들은 많은 경우에 자신의 몸으로부터 이탈되어 있다는 의식과 더불어 일어난다. 특히 이런 신체이탈 체험에는 때때로 자신의 몸을 그 몸 너머로부터 볼 수 있다는 의식도 포함되어 있다. 그 체험자가 자신의 몸 안으로부터 사물을 볼 수 없었을 때 무슨 일이 벌어졌는가에 대해 자세한 보고들이 많이 있다. 나로서는 이것이 임사체험에서 가장 인상적인 부분이다. 다른 부분들은 우리가 세상에 처음 태어날 때의 경험으로 퇴행하는 것이라고 설명할 수 있을 것이다. 그러나 만일 우리의 의식과 인식이 순간적으로나마 우리의 몸으로부터 분리될 수 있다면, 뇌와 의식 사이에 본래적인 연계가 존재한다는 현대의 주장이 의문스럽게 되며, 죽은 다음에 무슨 일이 벌어질 것인지에 대해 알 수 없게 된다.

그럼에도 불구하고, 나는 이런 체험이 죽음 너머의 삶에 대해 무엇을 뜻하는지 알지 못한다. 나는 기독교인들만이 아니라 다른 종교를 믿는 사람들이 죽음 이후의 삶에 대해 생각하거나 믿는 다양한 방식들에 대해서는 잘 알고 있다. 어떤 기독교인들은 우리가 모두 단순히 죽은 상태로 있다가 예수의 재림, 죽은 사람들의 부활, 그리고 심판을 맞이하게 된다고 믿어왔다. 이런 믿음은 기독교의 처음 천 년 동안에 지배적인 믿음이었다. 그러나 약 1000년경부터는 심판이 죽음의 순간에 일어난다고 믿기 시작했다. 더군다나, 기독교인들 대다수는 이제까지, 죽은 다음에 적어도 세 가지 상태가 가능하다고 믿어왔는데, 천당과 지옥과 연옥(煉獄)이 그것이다. 오직 개신교인들, 즉 이제까지 살았던 기독교인들 가운데 소수의 무리들만이 연옥을 거부해왔다. 이런 것이 옳은 것인가? 그리고 비록 우리들은 환생(還生)을 주로 아시아의 종교들과 연관시키지만, 교회 역사를 통해 오늘날까지도 어떤 기독교인들은 환생을 믿고 있다. 그러므로 만일 죽은 다음에 삶이 있다면, 그것은 환생인가, 아니면 즉시 천당이나 지옥 혹은 연옥의 삶인가?

한 발 더 나아가, 천당에서는 개인의 자의식이 살아남는가? 만일 그렇다면, 그것이 바람직한가 아니면 바람직하지 않은가? 나의 인생에서 가장 좋았던 시간은 내가 어떤 체험 속에 완전히 몰입해서 나의 자의식, 곧 내가 따로 떨어진 특수한 자아라는 의식이 순간적으로나마 사라진 시간들이었다. 천당에서 내가 "나"라는 것을 알고 있다면, 그것이 나의 그런 몰입의 경지보다 더 훌륭한 상태일까 아니면 더 저급한 상태일까?

천당에서는 (먼저 세상을 떠난) 가족들과 재회하게 될까? 장례식 설교들은 흔히 그럴 것이라고 주장한다. 만일 그렇다면, 그것이 기쁜 소식일까 나쁜 소식일까? 사랑과 애정이 넘치는 가족이라면, 그것이 기쁜 소식일 것이지만, 가족이 고통의 원천이었던 사람들에게는 기쁜 소식이 아닐 것이다. 그 사람들과 영원히 함께 살게 된다? 또한 "그들 모두가 완전하게 될 것이다"라고 주장한다면, 그들이 생전과 똑같은 사람들이겠는가?

이처럼 죽은 다음에 무슨 일이 벌어질 것인지에 대해 상상하는 여러 가지 서로 다른 방식들에 대해 나로서는 어떤 것이 옳다고 결정할 방법이 없다. 또한 이 가운데 어느 것을 믿는다고 해서 죽음 너머의 문제들이 해결될 수 있다고도 생각하지 않는다. 물론 우리는 자기가 원하는 대로 믿을 수는 있지만, 그 어느 것을 믿는다고 해서 실제로 그런 일이 벌어질 것이라고 말할 수는 없다.

따라서 나는 내세에 대해 생각하는 어떤 방식이 실제로 그렇게 되리라고 확신할 수 있는 이유를 찾지 못하겠다. 누가 그것을 알 수 있겠는가? 내세의 문제에 대해 우리가 어떻게 알 수 있겠는가? 내세에 대해 서로 다르게 상상하는 것이 우리 인생에 "그 이상"(moreness)이 있다는 것을 인정하는 교향곡에 참여하는 것이기는 하지만, 그 각각의 상상은 다른 상상을 배제한다.

우리의 인생에 "그 이상"이 있다는 생각은 우리의 희망의 근거이며, 심지어 우리의 신뢰의 근거가 된다. 우리는 하나님 안에서 살고 있기 때문이다. 우리는 하나님 안에서 움직이며, 하나님 안에서 존재한다. 우리가 죽게 되면, 무(nothingness)로 돌아가는 것이 아니라 하나님께 돌아간다.

구원은 "하나님의 꿈"이다.[18] 구원은 이 지구를 위한 꿈이다. 또한

---

18) 나는 이 표현을 Verna Dozier, *The Dream of God: A Call to Return* (Boston: Cowley, 1991)에게서 빌려왔다.

구원은 우리를 위한 꿈이다. 구원은 거듭나는 것과 하나님 나라에 관한 것이다. 구원은 삶의 변화에 관한 것으로서, 개인적이며 공동체적인 동시에, 지금 여기에서의 변화에 관한 것이다. 그리고 성서는 개인적인 변화와 공동체적인 변화를 지금의 경험으로서, 또한 역사의 희망으로서, 그리고 역사 너머로 이끄는 희망으로서 말하고 있다.

성서가 이렇게 말하는 것은 은유와 시적인 언어를 통해 말하고 있는데, 이런 언어는 인간이 역사의 끝과 그 너머에 있는 것에 대해 말하는 유일한 언어이다.

예수는 "내가 너희에게 말한다. 많은 사람이 동과 서에서 와서, 하늘 나라에서 아브라함과 이삭과 야곱과 함께 잔치 자리에 앉을 것이다"(마태 8:11)라고 말했다. 이 하늘[19] 나라는 세대와 시간 자체를 초월하는 역사 너머의 나라다.

요한계시록에서, 새 예루살렘에 대해 말하는 찬란한 결론 부분은 그 거룩한 도시가 하늘로부터 내려와, 새롭게 된 세상 속에 자리잡게 되는 것을 말한다. 로마를 비롯해서 이 세상의 제국들과 대조를 이루는 이 거룩한 도시에서는, "그들의 눈에서 모든 눈물을 닦아주실 것이니, 다시는 죽음이 없고, 슬픔도 울부짖음도 고통도 없을 것이다"(21:4). 그 도시는 빛의 도시일 것이다(22:5).

바울 역시 이런 희망을 시적인 언어로 표현했는데, 하나님의 꿈과 우리의 꿈을 말할 때조차도, 그 희망은 한 체계 속에 통합될 수 없는 희망이다. 바울은 모든 피조물의 구원을 말한다. "모든 피조물이 이제까지 함께 신음하며, 함께 해산의 고통을 겪고 있다는 것을, 우리는 압니다. 그뿐만 아니라, 첫 열매로서 성령을 받은 우리도 자녀로 삼아 주

---

[19] 마태의 "하늘"은 "하나님"과 동의어다.

실 것을, 곧 우리 몸을 속량하여 주실 것을 고대하면서, 속으로 신음하고 있습니다. 우리는 이 소망으로 구원을 얻었습니다"(로마 8:22-24).

바울에게 있어서, 우리의 희망과 하나님의 약속은 "하나님은 만유의 주님이 되실 것"이라는 것이다.

> 그 때가 마지막입니다. 그 때에 그리스도께서 모든 통치와 모든 권위와 모든 권력을 폐하시고, 그 나라를 하나님 아버지께 넘겨드리실 것입니다. 하나님께서 모든 원수를 그리스도의 발 아래에 두실 때까지, 그리스도께서 다스리셔야 합니다. 맨 마지막으로 멸망 받을 원수는 죽음입니다.... 그래서 하나님은 만유의 주님이 되실 것입니다.(고전 15:24-26, 28).

이것은 무엇을 뜻하는가? 우리는 알지 못한다. 우리는 기껏해야 어렴풋이 감지할 따름이다. 바울의 열광적인 표현을 다시 한번 인용해 보자. "우리가 지금은 거울로 영상을 보듯이 희미하게 보지마는, 그 때에는 얼굴과 얼굴을 마주하여 볼 것입니다. 지금은 내가 부분밖에 알지 못하지마는, 그 때에는 하나님께서 나를 아신 것과 같이, 내가 온전히 알게 될 것입니다"(고전 13:12).

하나님께서는 이미 우리를 알고 계신다. 이 사실에 우리의 희망이 있다. 왜냐하면 하나님께서 아시는 것은 영원하기 때문이다.

구원은 하나님과 함께 더불어 사는 삶에 관한 것이며, 지금과 영원히, 하나님의 현존 안에서 사는 삶에 관한 것이다.[20]

---

20) 역자주: "어린양" 예수가 재림할 때 "도살자" 예수(계 19장)가 되는 묵시론의 형성과 관련해서는 그레고리 라일리, 『하느님의 강: 그리스도교 신앙의 원류를 찾아서』(2005); 월터 윙크, 『참사람: 예수와 사람의 아들 수수께끼』(2014); 존 도미닉 크로산, 『성경을 어떻게 읽어야 참 그리스도인이 되는가』(2015)를 보라.

10장

관건이 되는 문제: 수행

하나님을 사랑한다는 것은 무엇을 뜻하는가? 최근에 작고한 여자 신학자 도로테 죌레(Dorothee Soelle)는 그녀의 중요한 책 『신비와 저항』 에서, 기독교인들이 일반적으로 우리를 위한 하나님의 사랑에 관해서는 많은 설교를 들어왔지만, 하나님에 대한 우리의 사랑에 관해서는 별로 그 중요성을 강조하지 않았다고 지적했다.[1]

하나님을 사랑한다는 것은 무슨 뜻인가? 우리 모두는 히브리 성서와 예수가 모두 "마음을 다하고 뜻을 다하고 힘을 다하여, 주 당신들의 하나님을 사랑하십시오"[2]라고 우리에게 권고하며 명령하고 있다는 사실을 알고 있다. 실제로, 이것은 "가장 큰 계명"이다. 그러나 하나님을 이렇게 사랑한다는 것이 무엇을 뜻하는가? 한 마디로 말해서, "수행"을 뜻한다. 하나님을 사랑하는 것은 하나님과 또한 하나님께서 사랑하시는 것에 마음을 모으고 주의를 기울이는 것이다. 이렇게 하는 방법은 "수행"을 통해서다.

내가 이 책 전체를 통해 강조하는 것처럼, 기독교는 삶의 "길"이

---

1) Dorothee Soelle, 정미현 역, 『신비와 저항』 (이화여대출판부, 2006), pp. 18-19.
2) 신명기 6:5; 마가 12:30; 마태 22:37; 누가 10:27.

다. 수행은 기독교의 길을 살아내는 것이다. 또한 "수행"은 복수명사로 생각해야 한다. 수행은 우리가 기독교인의 삶을 살아내는 수단들에 관한 것이기 때문이다.

현대 서양의 기독교, 특히 개신교는 이제까지 수행을 중심적인 것으로 삼지 않았다. 이것은 다른 종교들과 매우 다른 점이다. 유대교, 특히 정통 유대교는 일차적으로 수행, 곧 "율법의 길"을 따르는 것에 관한 것이다. 불교 신자의 중심에는 "팔정도"(八正道)가 있는데, 이것 모두가 수행이다. 이슬람의 경우도 마찬가지다. 이슬람의 다섯 "기둥" 가운데 넷은 수행에 관한 것이며 하나는 매일 다섯 차례 기도하는 것에 관한 것이다. 다섯 차례 기도하는 시간을 모두 합하면 약 40분이 된다고 들었는데, 우리 기독교인들이 매일 40분씩 기도하면 우리가 어떻게 달라질 것인지를 나는 자주 생각하게 된다.

개신교가 기독교의 전통적인 수행에 대해 별로 주의를 기울이지 않은 중요한 이유는 종교개혁으로 거슬러 올라가는데, 종교개혁은 "신앙"과 "행위"를 날카롭게 대조시켰기 때문이다. 우리는 "행위"가 아니라 "신앙"으로 구원받는다. 많은 개신교인들에게 수행은 "행위"처럼 간주된다. 그러나 수행의 요점은 "행위"를 통해 공적을 쌓음으로써 자신의 구원을 얻는 것이 아니다. 오히려, 수행은 하나님께 마음을 모으고 주의를 기울이는 것이다.

두 번째 이유는 현대 서양의 기독교 안에서 일반적으로 "신앙"은 "믿음"으로 이해되었고, 따라서 "실천"이 아닌 것으로 간주되었기 때문이다. 그러나 만일 우리가 신앙이 일차적으로 믿음에 관한 것이 아니라 "하나님을 사랑하는 것"이라는 점을 진지하게 받아들인다면, 신앙과 수행은 반대가 아니다. 오히려, 수행은 우리가 하나님을 "사랑하는" 방법이다(2장의 마지막 부분을 참조하라).

특히 영적인 수행을 강조하지 않은 또 다른 이유가 있다. 하나님이 (단순히 믿음의 대상이 아니라) 인식의 대상일 수 있는 실재라는 관념은 현대 세계와 일반적으로 현대 신학에서 매우 낯선 것이 되어버렸기 때문이다. 심지어 하나님의 실재에 관한 불확실성조차 나타나고 있다. 회의론적 형태에서는, 기독교를 일차적으로 "윤리"로 간주하게 된다. 가장 일반적인 형태로는, 기독교적인 삶의 방식이 "착한 사람"이 되며, "친절하며," "사람들을 사랑하는 것"이 된다. 강력한 형태로는, 기독교가 정의를 위한 열정이 될 수도 있다. 그러나 일반적인 형태이든 강력한 형태이든 간에, 기독교인의 삶을 사는 것이 기본적으로 이 세상 속에서 우리의 행동에 관한 것으로 이해되고 있다. 그러나 기독교인의 수행은 역사적으로 우리가 하나님과 이웃 모두와 관계를 맺는 것, 성령과 행동 모두, 하나님과 세상 모두와 관계를 맺는 것이다.

북미 교회에서 수행을 기독교인의 생활의 중심적인 것으로 회복시키는 것은 갱신을 위한 좋은 신호다. 이처럼 수행을 삶의 중심적인 것으로 회복하는 것은, 새로운 패러다임에서 기독교인의 생활을 관계적이며 변화하는 것으로 보는 입장과 함께 진행되고 있다. 기독교인의 삶이 관계를 맺는 것이며 변화하는 것이라면, 수행이 핵심적이다.

"수행"이라는 말은 기독교인들이 하나님께 마음을 모으고 주의를 기울이는 하나의 방식으로서 개인적으로 또한 집단적으로 하는 모든 일들을 뜻한다. 여기에는 기독교 공동체인 교회에 참여하고 그 공동체 생활에 참여하는 것이 포함된다. 또한 예배, 기독교인의 성품 형성, 공동체적으로 환대와 자비를 실천하는 일, 공동체에 의해 양육되는 일도 포함된다. 또한 경건 훈련, 특히 기도생활과 성서 읽기가 포함된다. 그리고 이 세상에서 자비와 정의를 실천함으로써 하나님께서 사랑하시는 일을 우리도 사랑하는 것이 포함된다.

수행의 목적

기독교인의 생활에서 수행의 목적을 자세히 설명하기 전에, 그것들을 간단히 나열하면 다음과 같다.

- 하나님께 마음을 모으고 주의를 기울이기 위해서
- 기독교인의 정체성과 성품을 형성하기 위해서
- 양육되기 위해서
- 함께 아파하며 정의를 실천하기 위해서
- "그 길"을 살아내기 위해서

(1) 수행은 하나님께 마음을 모으고 주의를 기울이는 것이다. 가장 간략하면서도 넓은 의미에서, 이것이 핵심적인 목적이다. 앞에서 말한 것처럼, 기독교인의 삶을 하나님과 관계를 맺고 사는 삶으로 보는 것은 인간관계에서와 마찬가지다. 즉 우리가 마음을 모으고 주의를 기울이는 만큼 그 관계는 깊어진다. 그 관계에 마음을 모으고 그 관계 안에서 시간을 보내고, 그 관계에 대해 생각을 많이 하고, 가치 있게 생각하며, 이상적으로는 그 관계를 즐기는 만큼 관계가 깊어진다.

하나님과의 관계에 대해 마음을 모으고 주의를 기울이는 것이 중요한 이유는, 우리들 자신이 궁극적으로 관계를 맺는 존재이기 때문이다. 우리가 먼저 자기 자신이 된 다음에 관계를 맺는 것이 아니다. 오히려 우리는 우리가 맺는 관계를 통해서 우리 자신이 된다. 관계가 우리를 형성한다. 그러므로 하나님과 우리의 관계에 대해 주의를 기울이는 것은 우리를 형성하는 일이다.

(2) 수행은 기독교인의 정체성을 형성하는 일이다. 교회에 새로 나온 사람들에게는 이 과정이 처음으로 기독교인의 정체성을 형성하는 과정이다. 교회에 오래 다닌 기독교인들에게는 수행이 기독교인으로서의 정체성을 더욱 깊게 한다(때로는 그 정체성을 새롭게 한다). 정체성은 단순히 말해서, 우리 자신이 누구인가에 대한 의식이다. 디트리히 본회퍼가 나치 감옥에서 쓴 시의 제목처럼, "나는 누구인가?" 하는 문제다. 우리는 누구인가?

우리 모두는 이미 정체성을 갖고 있다. 비록 우리 자신의 정체성을 간략하게 말하는 것은 어렵지만 말이다. 우리는 자신이 누구인가에 대한 의식을 우리의 사회화 과정과 그 이후의 생활을 통해 얻게 되며, 우리를 형성했으며 계속해서 형성하는 관계들과 힘들을 통해 얻게 된다. 여기에는 가족들과 친구들의 관계, 학교와 직업과 교회의 영향, 그리고 우리가 살아가는 폭넓은 문화의 영향이 포함된다. 문화는 우리에게 강력한 영향을 미친다. 우리의 문화는 우리가 누구이며, 무엇이 가치 있는가에 대한 우리의 의식을 형성하는 메시지들을 퍼붓는다. 미국에서는 문화의 핵심적 가치들이 "3 A"로서, 외모(attractiveness), 성취(achievement), 재산(affluence)이다. 많은 사람들의 정체성은 우리의 심리에 작용하는 이런 가치들에 자기 자신이 얼마나 부합하는가에 달려 있으며, 또한 우리가 누구이며 우리가 어떤 사람이어야 하는가에 관해 우리가 받은 다른 메시지들에 달려 있다.

따라서 아무리 우리의 부모가 우리를 잘 키웠다 할지라도, 우리는 성장하면서 마음의 상처를 입게 된다. 우리가 사회화 과정을 거치고 문화 속에서 살아가는 일은 우리에게 서로 충돌하는 정체성을 안겨준다. 즉 우리가 온전하지 않을 뿐만 아니라, 많은 사람들은 매우 낮은 자존감을 갖고 있다는 말이다. 결과적으로, 우리 모두는 새로운 정체성을 형성할 필요가 있다.

따라서 기독교인의 정체성을 형성하는 일은 항상 정체성의 변화를 가져온다. 즉 "세상"이 준 정체성으로부터 하나님 안에서, 그리스도 안에서의 정체성으로 바뀌게 되는 것이다. 기독교인의 삶은 "회심"의 삶이다. 회심은 일차적으로 다른 종교로부터(혹은 무종교로부터) 기독교로 개종하는 것이 아니다. 오히려 회심은 기독교인의 삶의 과정을 거치면서 계속되는 변화의 과정이다.3)

기독교인의 정체성 형성에는 자기의 가장 깊은 차원인 마음이 관련되어 있다. 정체성 문제는 아마도 우리의 가장 깊은 심리적 상처, 즉 우리가 "충분하지 않다"는 의식과 관련된다. 우리가 아직 충분히 부합하지 못한다는 의식은 때때로 기독교의 "요구와 보상"이라는 메시지의 결과로서, 이런 메시지는 하나님의 사랑을 강조하기보다는 "우리는 모두가 죄인들"이라는 것을 강조하는 메시지다. 그러나 자기 자신이 아직 충분히 부합하지 못한다고 생각하는 사람들은 단순히 이처럼 "요구와 보상"의 하나님을 강조하는 교회에서 자라난 사람들만이 아니다. 심지어 교회에 다니지 않는 세속적 사람들도 흔히 자신이 "충분하지 못하다"는 의식을 강하게 갖고 있다. 이것은 우리가 사는 세상이 우리에게 요구하는 정체성과 가치의 기준을 내면화한 결과이다.

이처럼 자기 존경심이 부족하다는 정체성의 문제에 대해 말하는 것이 기독교인의 정체성 형성에서 기본적인 과정이다. 실제로 이것은

---

3) Jim Wallis의 책제목 『회심으로의 초대』(*Call to Conversion*, San Francisco: HarperSanFrancisco, 1992)가 이 사실을 잘 말해준다. 이 책은 기독교인들을 대상으로 한 책이다. 또한 William James는 『종교경험의 다양성』(*The Varieties of Religious Experience*)에서 "회심"을 "종교를 바꾸는 것"으로 말하지 않고, 한 종교 전통 안에서 벌어지는 일, 즉 분열된 자아로부터 통합되고 온전한 자아로 바뀌는 과정, 자신의 삶에서 "그 이상"이 더욱 중심적인 것이 되는 과정으로 말한다.

복음의 가장 기본적인 메시지다. 이것을 우리가 잘 알고 있는 단순한 말로 표현하면 다음과 같다.

당신은 하나님께서 만드셨다.
당신은 하나님의 자녀다.
당신은 하나님의 사랑을 받고 있다.
당신은 하나님께서 받아들이셨다.

기독교의 메시지는 이런 선언들이 무조건적으로 옳다는 것이다. 물론, 만일 우리가 이것을 보지 못한다면, 만일 우리가 이것을 내면에서 받아들이지 못한다면, 우리의 삶에는 아무런 변화도 없을 것이다. 그러나 우리가 이런 기본적인 메시지를 마음 깊이 받아들인다면, 이 메시지들은 세상의 가치들에 부합하려고 아등바등 하는 데서 벗어날 수 있도록 할 뿐만 아니라, 모든 사람을 평등하게 보도록 만든다. 우리에게 참된 것은 모든 사람들에게도 참되기 때문이다.

기독교인의 정체성을 형성하는 일은 보다 구체적인 일들과도 관련되어 있다. 그 목적은 하나님께서 우리들을 받아들이셨다는 사실에 의해서 형성되는 정체성을 갖게 해줄 뿐만 아니라, 기독교 전통에 의해 형성되는 정체성을 점차 내면에서 받아들이기 위한 것이다. 다음 장에서 사용할 표현을 빌리자면, 기독교인이 된다는 것은 "문화-언어적 전통"으로서의 기독교 안에서 살아가는 것을 뜻한다. 이것은 마치 민족 집단의 일부로서 그 언어와 문화와 이념을 갖게 되는 것과 비슷하다. 프랑스 사람이 된다는 것은 프랑스의 문화와 언어 세계, 프랑스의 이념 안에서 살아간다는 뜻이다.

이와 마찬가지로 기독교인이 된다는 것은 기독교의 문화와 언어

세계, 기독교의 이념 안에서 살아간다는 뜻이며, 점차 이런 정체성을 갖게 되는 것을 뜻한다. 여기서 성서는 특별한 역할을 담당한다. 성서의 이야기들과 비전과 꿈은 하나님이 누구이시며, 우리가 누구이며, 인생이란 무엇인지에 관한 우리의 생각을 형성해준다. 좀더 나아가 기독교인의 정체성 형성은, 기독교 전통 전체가 거룩한 것에 대한 하나의 은유이며 또한 그 성례전으로서, 그 전통 안에서 살아간다는 것을 뜻한다.

(3) 수행은 기독교인의 성품을 형성하는 일이다. 성품은 윤리의 토대다. 우리의 행동 방식은 우리가 어떤 종류의 사람이었으며 또한 어떤 사람으로 되어가고 있는가를 드러낸다. 성품과 정체성은 긴밀하게 연결되어 있다. 기독교인의 깊은 정체성을 받아들이면 성품을 형성하게 된다.

성품은 또한 함께 아파하는 행동들을 통해서도 형성된다. 그런 행동들은 그 자체로서 선한 행동일 뿐만 아니라, 성품을 형성하는 데도 공헌한다. 우리는 우리의 행동이 된다. 수행을 통해 성품을 형성하는 것은 기독교의 고전적인 미덕들, 즉 사려 깊음, 정의, 절제, 용기, 신앙, 희망, 사랑의 미덕을 내면화하는 것과도 관련되어 있다. 성품과 미덕은 함께 간다.[4]

기독교인의 정체성과 성품을 형성하는 과정은 제한된 자아 정체성으로부터 보다 커진 자아 정체성으로, 제한된 자아로부터 보다 큰 자아로 변화되도록 해준다. 우리가 분명한 기독교인의 정체성을 갖기 이전에 우리가 갖고 있었던 자아는 우리에게 주어진 자아, 곧 우리의 문화가 만들어준 작은 자아, 문화가 입힌 상처를 안고 있는 자아, 거짓된

---

4) 기독교의 고전적인 미덕을 다룬 현명하며 통찰력 넘치는 책은 Peter Gomes, *The Good Life* (San Francisco: HarperSanFrancisco, 2002), 특히 pp. 211-343을 보라.

자아(false self)였다. 그러나 "그리스도 안에서" 살아나감으로써 우리의 자아가 보다 커지고 우리의 정체성도 보다 커짐으로써, 우리의 성품 역시 새롭게 형성된다. 수행은 이런 일이 벌어지는 방식이다. 하나님의 영은 수행을 통해 역사한다.

그 결과는 문화가 만들어준 정체성에 맞서는 "대항 정체성"(counteridentity)이 자라게 되는 것이다. 혹은 "대항 정체성"이 너무 공격적인 용어처럼 들린다면, "대안적 정체성"(alternative identity)이라고 해도 좋을 것이다. 우리의 문화가 주는 가치들과 성품은 기독교적 성품과 가치들과 매우 다르다. 기독교인이 되면, 우리의 문화 속에서 자아 정체성을 갖는 것이 아니라, 성서와 예수 안에 드러난 하나님 안에서 자신의 정체성을 갖게 된다. 더욱 간략하게 말하자면, 우리의 정체성은 점차 "그리스도 안에서" 정체성을 갖게 되는 것이지, 세상이나 자아 속에서 정체성을 갖는 것이 아니다. 이처럼 기독교인이 되는 것은 성품의 변화와 관련된 것이다.

(4) 수행은 양육의 과정이다. 수행은 단순히 우리가 행하는 것이 아니다. 오히려 수행은 우리를 양육한다. 이런 양육은 예배와 같은 집단적인 수행만이 아니라 개인적인 경건 훈련을 통해서도 일어난다. 내가 많은 사람들의 경험을 생각하면서 나 자신을 살펴볼 때, 기독교 예배는 나를 양육해준다. 매일 드리는 기도 역시 나를 양육해준다. 매일 성서를 읽는 경건 시간도 나를 양육해준다. 수양회에 참석하거나 순례 여행도 나를 양육해준다. 우리는 수행을 통해 자양분을 얻는다. 그리고 인간의 조건에 대한 성서의 중심적인 이미지들 가운데 하나를 사용하자면, 우리는 굶주림과 목마름을 느낀다. 수행이 하나님께 마음을 모으고 주의를 기울이는 것이지만, 수행은 또한 우리를 키우며 양육해주는 것이다.

수행은 "얇은 곳"이 될 수 있다. 때로는 너무나 얇은 곳이 되어 우리가 그 경험을 결코 잊지 못하게 된다. 어떤 때는 우리가 전혀 "얇은 곳"을 느끼지 못할 수도 있지만, 그럼에도 불구하고 수행은 영향을 끼친다. 우리들 속에서 활동하는 성령은 심지어 우리가 그것을 깨닫지 못할 때도 활동한다. 수행은 거룩함의 성례전이다.

(5) 수행은 함께 아파하는 마음과 정의에 관한 것이다. 함께 아파하는 마음과 정의는 일차적으로 기독교인의 삶의 윤리적인 열매들이다. 연민과 정의는 하나님께 마음을 모으고 주의를 기울이는 데 핵심적인 것들인데, 하나님께 마음을 모으고 주의를 기울이는 것은 단지 하나님을 사랑하는 것만이 아니라, 하나님께서 사랑하시는 것들을 우리도 사랑하며 하나님께서 열정을 갖고 계신 것들에 대해 우리도 열정을 갖게 되는 것이다. 수행은 보다 더 연민을 갖게 되며 정의를 실천하는 일이다. 이런 점에 대해서는 나중에 좀더 자세히 말하겠다.

간단히 말해서, 수행은 "그 길"(the way)을 살아내는 것이다. 수행의 목표와 목적은 기독교인의 삶의 중심에서 일어나는 두 가지 변화로서, 하나는 거듭나며 마음을 열게 되는 것, 옛 정체성에 대해서 죽고 새로운 정체성으로 다시 태어나는 것이며, 다른 하나는 하나님의 열정에 대해 우리도 열정을 갖게 되는 것, 곧 이 세상 속에서 연민과 정의의 삶을 사는 것이다. 수행은 하나님께 마음을 모으고 주의를 기울이는 것이며, 동시에 기독교인의 삶의 길을 살아내는 것이다.5)

---

5) 역자주: 순례자들이 초심(初心)을 강조하는 이유가 여기에 있다. 또한 "기독교인의 제자도에 가장 큰 위협이 되는 것은 사람들이 예배만 드릴 수 있을 뿐이지 결코 따를 수 없는 초자연적인 예수상이다." - 로빈 마이어스, 『예수를 교회로부터 구출하라』 (한국기독교연구소, 2012), p. 219.; 참조, 홍정수, 『사도신경 살아내기』 (한국기독교연구소, 2009).

수행: 기독교인의 형성과 양육

우리는 이제 "수행"을 단수 명사로 보는 것에서부터, 수행의 목적들을 이루는 보다 구체적인 수단들로서 복수 명사로 이해하고자 한다.

(1) 수행은 교회에 속한 교인이 되는 것이다. 가장 중요한 수행은 교회에 속한 교인이 되어, 우리 자신이 다른 교인들에 의해 양육되는 것이다. 독자들 가운데 일부는 이미 그런 교회에 속해 있을 것이다. 그러나 만일 교회에 속하지 않았거나, 교회에 속해 있다 해도 당신이 영적인 굶주림을 느끼며 만족하지 못한다면, 당신을 양육해주며 당신의 기독교인의 여정을 더욱 깊이 있게 해줄 교회를 찾을 필요가 있다. 당신의 마음을 기쁘게 해줌으로써, 주일날 아침에 눈을 뜨면서, 시편 기자처럼 "사람들이 나를 보고 '주님의 집으로 올라가자' 할 때에 나는 기뻤다"(시 122:1)라고 말할 수 있어야 한다. 교회를 선택하는 것은 일차적으로 기분 좋게 만들어주는 교회를 선택하는 것이 아니라, 우리를 양육시켜주는 교회로서, 우리를 화나게 만들거나 따분하게 만들지 않는 교회여야 한다. 만일 당신의 교회가 당신에게 두통(頭痛)을 일으킨다면, 교회를 바꿀 때일 것이다.

우리를 양육해줄 기독교 공동체의 종류는 우리의 배경과 심리적 성향에 달려 있다. 어떤 기독교인들은 성례전과 예전을 강조하는 예배를 통해 양육되며, 어떤 기독교인들은 덜 형식적이며 현대적 감각을 갖춘 예배를 통해서, 또 어떤 기독교인들은 성령의 은사를 강조하는 예배를 통해서, 또 어떤 기독교인들은 침묵의 시간이 많은 예배를 통해서 양육된다. 또한 우리의 지적인 욕구와 헌신의 욕구도 사람마다 서로 다르다. 어떤 기독교인들은 마음만이 아니라 두뇌에 호소하는 교회를 필요로 하며, 그렇지 않은 사람들도 있다.

교회에 속한 교인이 되는 것이 중요한 이유들은 여러 가지다. 예배에 참여하는 것이 기독교인이 되는 데 필수적이기 때문이다. 예배에서 우리는 예전, 찬송, 성서 읽기, 설교를 통해 전통을 내면화한다. 우리는 하나님을 찬양하는 일에 참여한다. 찬양은 하나님께 영광을 돌리는 일이며, 찬양은 단지 우리를 자신으로부터 벗어나게 할 뿐 아니라, 근본적으로 기존 체제를 전복하는 것이다. 즉 하나님께 영광을 돌리는 일은 하나님만이 모든 축복의 원천임을 확증하며, 하나님께서 이 세상의 주님이시며, 이 세상의 다른 주인들은 참된 주님이 아니라는 것을 확증하는 것이기 때문이다. 예배를 통해 우리는 잠재적인 얇은 곳으로 들어간다. 예배에서 우리는 양육되는 것이다.

기독교 공동체에 소속하는 것은 기독교 교육을 받기 위한 장을 마련해준다. 기독교 교육은 아이들과 어른들 모두에게 중요한 문제다. 아이들과 관련하여, "우리는 어떻게 우리 아이들을 교회 안에서 교육시키는가?"라는 질문을 받곤 한다. 나는 이 분야에 대한 전문가가 아니며 경험도 없지만, 일반적으로 몇 마디만 하고자 한다. 첫째로, 아이들이 나중에 많은 것을 벗어버릴 필요가 있는 방식으로 가르치지 않는 것이 중요하다. 우리는 아이들이 가는 길에 불필요한 장애물들을 놓아서는 안 된다. 둘째로, 새로운 패러다임을 반영한 훌륭한 교회학교 교과 과정들이 점차 많아지고 있다는 점이다. 셋째로, 훌륭한 교과 과정만큼 중요한 것은 교사들을 훈련시키는 일이다. 만일 교회학교 교사들이 아직도 과거의 패러다임에 매여 있다면, 교과 과정들이 아무리 훌륭하다 할지라도, 아이들은 여전히 기독교에 대한 문자적-사실적 이해를 배우게 될 것이다.

마지막으로, 우리는 아이들이 기본적으로 문자주의자들이라고 생각해서는 안 된다. 아동 초기에는 동화책과 말하는 동물들, 말하는 장난감 등을 매우 좋아하며, 아동 후기에는 공상적인 것들을 즐긴다. 아이들은 그런 이야기들을 단순히 "어리석은" 이야기로 간주해버리지 않는다. 아이들이 어떤 성서 이야기에 관해 "그 이야기가 참된 이야기인가요?"라고 묻는다면, "그 사건이 실제로 일어났나요?"라고 묻는 것일 것이다. 그 때, "글세, 그 사건이 실제로 일어났는지 아닌지에 대해서 나는 잘 모르지만, 나는 그 이야기가 참되며 중요한 이야기라고 알고 있다"고 대답해줄 때, 아이들은 만족하기 쉽다.

교육은 어른들에게도 중요한데, 특히 오늘날과 같은 변화의 시대에는 더욱 그렇다. 교회에서 많은 사람들에게 교육은 재교육, 즉 아이들 때 배웠던 기독교 이해방식으로부터, 21세기가 시작된 오늘날 어른들로서 우리에게 설득력 있는 기독교 이해방식으로 재교육시키는 것이다. 이 과제는 우리 시대에 매우 절실한 과제. 내가 앞에서 말한 것처럼, 우리의 머리가 거부하는 것을 우리의 가슴에 심어주는 것은 어려운 일이다.

성인 교육에는 일반적으로 주일 아침이나 주중에 어느 저녁시간에 교회에서 하는 수업이 포함된다. 교회가 부모역할과 인간관계 등의 주제에 대해 강좌를 여는 것도 좋지만, 기독교 교육의 핵심은 기독교인의 정체성과 성품을 형성하는 데 매우 중요한 것, 즉 성서, 신학, 기독교인의 생활, 기독교의 영성, 세상에 대한 기독교인의 책임, 기독교와 종교다원주의 등의 문제들이다.

성인 교육은 또한 교회에서나 가정에서 소그룹(small group) 모임을 통해, 함께 책을 읽고 토론하는 것에 초점을 맞출 수도 있다. 독서 그룹은 반드시 "전문가"나 목회자의 리더십을 필요로 하지는 않는다. 만일 독서 그룹에서 선정한 책들이 신학 훈련을 받지 않은 일반 평신도들이 이해할 수 있는 책들이라면, 필요한 것은 독서 그룹의 열성과 토론에 적극 참여하도록 만드는 것이다. 소그룹은 단순히 교육적인 역할만 하는 것이 아니다. 성서연구 그룹과 신앙체험을 나누는 그룹은 기독교인의 정체성 형성만이 아니라 양육과 친밀감도 형성하게 된다. 실제로 소그룹 운동은 오늘날 교회생활에서 점차 중요한 부분으로 자리잡고 있다.

교회에 소속하는 것은 또한 집단적으로 자비와 정의를 실천하는 기회를 만들어준다. 여기에는 교회 안에서 사람들을 돌보며, 교회 문 밖의 사람들을 위한 프로그램과 정의 구현을 위한 운동이 포함된다.

여기서 나의 목적은 교회의 목적에 대한 완벽한 설명을 하려는 것이 아니다. 오히려, 왜 교회에 소속하는 것이 기독교인의 형성과 생활을 위해 중요한지를 드러내려는 것이다. 교회에 소속하는 것은 수행의 기본이다. 우리는 현대 문화와 매우 다른 삶의 비전을 확증하는 기억의 공동체에 소속될 필요가 있다. 하나님께 충성하는 교회는 우리를 재사회화하는 공동체(a community of resocialization)다.

(2) 기도. 좀더 개인적인 수행에서는 기도가 핵심이다. 다른 수행과 마찬가지로, 기도는 일차적으로 하나님께 마음을 모으고 주의를 기울이는 것이다. 기독교의 기도에는 세 가지 형태가 있다. 첫째는 말로 하는 기도(verbal prayer)로서, 우리가 큰 소리로 혹은 조용히 하나님께 말하는 형태다. 여기에는 전통적으로 다섯 가지 종류가 있는데, 찬양, 감사, 고백, 중보기도, 간구가 그것이다.

간구와 중보기도는 오늘날 많은 기독교인들에게 문제가 된다. 이런 기도는 우리가 우리 자신을 위해, 혹은 타인을 위해, 혹은 세상을 위해 무엇인가를 요청하는 기도다. 이런 기도가 아마도 가장 일반적인 형태의 기도일 것이다. 이런 기도는 하나님께 우리의 "소원 목록"

(wish list)을 아뢰는 것으로서, 어떤 기독교인들은 이런 기도가 어리석은 것이라고 생각한다. 그들은 "하나님께서 이미 우리의 욕구와 소원을 알고 계신데, 왜 우리가 하나님께 그런 소원을 말할 필요가 있는가?"라고 말한다. 그들의 생각 속에 더욱 큰 문제는, 그런 기도가 흔히 전제하는 하나님에 대한 이해의 문제다. 즉 그런 기도는 하나님을 거의 마술적(magic)으로 생각하여, 하나님께서 때때로 기도에 응답하시는 것을 통해 인간 세상에 개입하시는 분으로 이해한다는 점이다.

우리의 기도를 통해 하나님께서 인간 세상에 개입하신다는 관념은 그 자체가 어려운 문제일 뿐만 아니라, 응답 받지 못하는 수많은 기도들의 현실도 커다란 문제다. 유대인 대학살에서 구원받기 위해 기도했던 모든 사람들, 전쟁 한복판에서 평화와 안전을 위해 기도했던 모든 사람들, 치유를 위해 기도했던 모든 사람들, 그들의 기도가 응답받지 못했던 모든 사람들을 생각해 보라. 따라서 오늘날 많은 주류 기독교인들은 이런 종류의 기도에 대해 문제를 느끼고 있다.

나는 이런 문제점을 이해하며, 내가 4장에서 말한 것처럼, 나는 하나님께서 개입하시는 분이라는 것을 믿지 않으며, 믿을 수도 없다. 그러나 나는 항상, "매일마다," 간구와 중보기도를 드린다. 나 자신을 위해, 나의 가족과 친구들을 위해, 나에게 기도를 요청한 사람들을 위해, 정의와 평화를 위해 기도한다. 만일 하나님께서 우리의 기도를 통해 세상일에 개입하시는 분이 아니라면, 내가 왜 이런 기도를 드리는가?

몇 가지 "이유들"이 있다.6) 간구와 중보기도는 자연스러운 것으로서, 돌보는 마음을 갖고 있는 사람의 자연스러운 기도 형태처럼 보인다. 그런 기도를 드리지 않는 사람은 사랑이 없는 것처럼 보일 것이다.

---

6) 나는 이 주제를 『새로 만난 하느님』 5장에서 다루었다.

앤 라모트(Anne Lamott)가 말한 것처럼, 가장 일반적인 두 가지 기도는 "저를 도와주세요, 저를 도와주세요, 저를 도와주세요"라는 것과 "고맙습니다, 고맙습니다, 고맙습니다"라는 기도다.7)

그뿐 아니라, 나는 치유를 위한 기도가 때로는 영향을 끼치며, 아마도 다른 기도들도 마찬가지일 거라고 생각한다. 치유를 위한 기도의 효과에 대한 통계자료는 비록 그 결론을 단정할 수는 없지만, 매우 흥미롭다.8) 우리는 역사를 통해서 또한 현재에도 "과학적으로 설명할 수 없는" 치유가 일어나고 있다고 볼만한 상당한 이유가 있으며, 그 가운데 많은 경우는 기도가 한 요인으로 작용한 것으로 볼 수 있다. 그래서 나는 이런 종류의 일들이 일어난다고 생각한다.

그러나 나는 그런 일이 하나님의 개입(interventionism) 때문에 일어나는 것이라고 설명하는 것은 거부한다. 또한 그것이 마음 자세에 따라 몸이 영향을 받는 심신(心身) 상관적인(psychosomatic) 이유 때문이라고 설명하는 것도 거부한다. 물론, 어떤 것들은 심신 상관적이다. 즉 몸과 정신은 우리가 완전히 이해하지 못하는 방식으로 연결되어 있다. 그러나 어떤 치유는 그처럼 쉽게 설명될 수 있는 것이 아니다. 그러나 나의 요점은 하나님의 개입과 심신상관성에 입각한 설명은 모두 너무나 많은 것을 안다고 주장한다는 점이다. 둘 모두 기도와 치유 사이에 작동하는 "기제"(mechanism)를 안다고 주장한다. 나 자신은 그런 설명의 기제에 대한 단서를 알지 못하며, 나는 그것을 모르는 것으로 만족한다.9)

---

7) Anne Lamott, *Traveling Mercies* (New York: Random House, 1999), p. 82.
8) Larry Dossey, *Healing Words* (San Francisco: HarperSanFrancisco, 1993).
9) 하나님의 개입을 인정하지 않는 틀 속에서 기도의 "영향"에 대한 읽을 만한 책은 Marjorie Hewitt Suchocki, *In God's Presence: Theological Reflections on Prayer* (St. Louis: Chalis, 1996)가 있다.

내가 계속해서 간구와 중보기도를 드리는 마지막 이유는, 기도가 어떻게 영향을 끼치는지 알 수 없기 때문에 기도를 드리지 않는다는 것은 지적인 교만이 될 것이기 때문이다. 즉 만일에 어떤 일이 작용하는 방법을 내가 알 수 없다면, 그것은 작용할 수 없다는 식의 지적인 교만이 된다는 말이다. 그렇게 생각하는 것은 엄청난 교만이다.

　　그러나 기도의 효용성과는 상관없이, 간구와 중보기도는 하나님과의 친밀감이라는 기도의 핵심적인 목적에 이바지한다. 실제로, 말로 하는 기도는 전부가 이상적으로는 친밀감을 위한 것이다. 그리고 말로 하는 기도는 구체적으로 우리의 하루하루에 관해 하나님께 말한다는 점에서 친밀한 것일 수 있다. 그것은 "제가 부족했고 잘못한 것들은 이것들입니다"라는 식으로 고백하는 것일 필요는 없으며, 친한 친구에게 말하듯이, 매일의 생각과 관심, 그리고 자신의 열망과 타인들에 대한 바램을 단순히 보고하는 것일 수도 있다. 물론 "하나님께서는 내가 오늘 어떻게 살았는지 이미 알고 계신다'고 말할 수도 있지만, 이것은 요점을 놓치는 것이다. 즉 그처럼 분명한 것을 하나님께 친밀하게 다시 말함으로써 친밀한 관계를 유지한다는 것이 요점이다. 하나님과 우리의 관계 역시 그런 친밀함을 통해서, 속내를 털어놓음으로써, 대화를 나눔으로써 더욱 깊어진다. 이런 기도를 통해 우리는 그 관계 속에서 시간을 보내며, 우리 자신에게 그 관계를 상기시키고, 그 관계를 기억한다.

　　기독교인의 기도의 두 번째 및 세 번째 종류는 명상(meditation)과 관상(contemplation)이다. 명상과 관상은 비록 기독교 전통의 역사에서 중심적이었지만, 현대 서양 기독교에서는 매우 무시되어 왔다. 최근까지도 명상과 관상 수행은 주로 수도회들에서 행해졌다. 오늘날에는 개신교와 가톨릭교회에서 평신도들과 성직자들 모두가 명상과 관상을 회복하고 있다. 명상과 관상이 공통적으로 갖고 있는 것은 하나님께 말하는 것이 아니라 하나님의 음성을 듣는 것이다. 그 방식은 서로 다르다.

(3) 명상: 명상은 하나의 이미지나 말씀 한 구절에 대해 성찰하는 것으로서, 그것에 마음을 모으고 붙잡고 앉아 있는 것이다. 고전적인 사례는 16세기에 예수회를 창설한 성 이그나티우스의 이름을 딴 "이그나티우스 명상법"이다. 간단히 말해서, 이것은 성서 본문의 이미지들에 대한 명상을 위한 틀을 마련해준다. 우리가 그 본문 속으로 들어감으로써 그 본문의 이미지가 성령께서 우리에게 말씀하시는 수단이 된다.

명상의 또 다른 고전적인 사례는 '렉시오 디비나'(lectio divina, divine study)이다. 이것은 개인적으로나 그룹으로도 할 수 있다. 이것은 한 성서본문을 묵상하다가 한 단어나 구절이 떠오르면, 그것을 붙잡고 오래도록 명상하는 것이다. 이것은 형식을 갖추지 않은 점에서 많은 기독교인들이 성서를 읽으면서 개인적인 경건 시간을 가질 때 사용하는 방법이다. '렉시오 디비나'라는 말을 들어본 적이 없는 사람들도 이런 명상을 하고 있다.

(4) 관상: 관상은 내면적인 침묵의 기도와 수행이다. 관상의 목적은 하나님의 현존 안에서, "실재" 앞에서 고요하게 앉아 있기 위한 것이다. 관상은 전형적으로 만트라(mantra, 기도문), 즉 한 단어든 짧은 말이든, 혹은 짧은 말들의 연결이든, 만트라를 조용히 반복하는 것이다. 그러나 만트라의 말을 명상하는 것이 아니라, 그 말을 통해 마음의 초점을 모음으로써 자아 전체가 침묵 속에 잠길 수 있게 하는 것이다. 그 목적은 모든 말과 이미지 너머의 장소와 그 아래의 장소로 이끌기 위한 것이다. 궁극적으로 관상기도의 목적은 자아의 가장 깊은 차원인

마음의 차원으로 내려가, 우리가 존재의 바다 곧 하나님 속으로 우리 자신을 열어놓기 위한 것이다.

관상기도의 기독교적 원천이 오늘날 다시 발견되고 있다. 가장 일반적인 형태 가운데 하나는 "센터링 기도"(centering prayer)라 불리는데, 이것은 특히 베네딕투스 수도회 소속의 토마스 키팅(Thomas Keating)과 연관된 것이다.10) 다른 형태들도 있다. 많은 교회들이 관상기도 훈련을 실시하고 있으며, 많은 지역에서 관상기도에 대한 워크숍이 열리고 있다.

(5) 매일 훈련: 매일 특정한 시간을 정해서 하나님께 마음을 모으고 주의를 기울이는 수행을 하는 것은 매우 중요하다. 어떤 기독교인들에게는 이 시간이 관상기도 시간이다. 다른 사람들은 이 시간에 기도와 독서(주로 성서읽기)를 한다. 나의 경우에는 "아침 독서" 시간을 정해놓고 하는데, 이 시간에는 언제나 기도와 그 날의 성서일과 본문을 읽고, 기독교 전통의 역사에서 뽑아낸 경건훈련을 위한 독서를 한다.11) 이 시간에 나는 무슨 정보를 얻거나 분석을 하기 위한 독서를

---

10) Thomas Keating, 『센터링 침묵기도』, 권희순 역(가톨릭출판사)을 보라. Contemplative Outreach는 센터링 기도의 가르침과 수행을 확산시키기 위한 조직이다.

11) 매일 성서읽기는 몇 가지 자료들이 있다. 내가 속한 교단에서는 『공동 기도서』(*The Book of Common Prayer*, New York: Oxford University Press, 1979, pp. 934-95)가 연중 매일 읽을 성서본문을 제시해준다. 두 권으로 된 *Daily Office Book* (New York: Church Publishing, 1986, 2002)은 성서본문 자체를 포함하고 있다. 성서 이후 시대의 전통으로부터 뽑아낸 본문들도 많이 있다. 내가 많은 도움을 받은 책 두 권은 *Glorious Companions: Five Centuries of Anglican Spirituality*, ed. Richard Schmidt (Grand Rapids: Eerdmans, 2002)와 *Devotional Classics*, ed. Richard J. Foster and James Bryan Smith (San Francisco: HarperSanFrancisco, 1993) 이다. 또한 Dag Hammarskjold, *Markings*, trans. W. H. Auden and Lief Sjoberg (London: Faber and Faber, 1964)와 Frederick Buechner의 책들이다. 그의 *Listening to Your Life* (San Francisco: HarperSanFrancisco, 1992)는 1년 동안 매일 읽을 간단한 내용들을 포함하고 있다. 끝으로 설교 선집들도 매일 독서로 훌륭하다.

하는 것이 아니라, 서두르지 않고 고요하게 마음으로 받아들이는 독서를 한다. 이것이 나를 양육해준다. 나의 하루는 하나님을 기억하는 것으로 시작한다. 매일의 수행은 기독교인의 형성과 양육 모두를 위해 매우 중요하다.

(6) 일상생활 속에서의 수행: 또한 일상생활 속에서 하나님을 기억하는 방식들이 많이 있는데, 간단한 기도나 종교 의식이 포함된다. 최근에 출판된 어느 책은 이런 수행의 다양성을 이렇게 설명하고 있다.

> 몸을 귀하게 여기는 것으로서, 예컨대 세수를 하면서, "성부와 성자와 성령의 이름으로" 세수하는 것이다.
> 하나님께 '예'라고 말하기 위해 다른 것에 대해 '아니오'라고 말하는 방법을 배우는 것.
> 개인적으로 또한 교회 공동체로서 환대를 베푸는 수행.
> 혼자서 또한 함께 우리의 삶을 노래하는 것으로서, 심지어 우리가 침묵 속에 노래하는 것도 우리의 삶을 형성해줄 수 있다.
> 우리의 생활에서 "장애물"을 가장 적게 줄이는 집안 살림.
> 증언하기, 곧 우리의 이야기를 말하고 타인들이 그들 자신의 이야기를 하는 것에 귀를 기울이는 것.
> 한 주간에 특정일을 안식의 날(sabbath)로 지키거나, 하루 동안에 자주 "안식"의 순간을 정해서 지키는 것.12)

각자 좋아하는 설교자들이 있을 것이다. 내가 좋아하는 설교자들 가운데는 Barbara Brown Taylor, Martin Luther King Jr., Paul Tillich 등이 있다.

12) Dorothy C. Bass, ed., *Practicing Our Faith* (San Francisco: Jossey-Bass, 1997). 오늘날처럼 일 중독의 사회에서 안식을 지키는 것을 회복하는 것에 대해서는, 특히 Wayne Muller, *Sabbath: Finding Rest, Renewal and Delight in Our Busy Lives* (New York: Bantam, 1999)를 보라. 특정한 기독교인 수행을 다룬 좋은 책을 보기 위해서는 Marjorie Thompson, *Soul Feast* (Louisville, KY: Westminster John Knox, 1995); Tilden Edwards, *Living in the Presence* (San Francisco: Harper and Row, 1987)를 보라.

일상생활 속의 이런 수행은 모두 우리를 형성하며 양육해준다.

(7) 기독교인의 친교: 기독교인의 친교란 단순히 기독교인 친구를 사귀는 것만을 뜻하는 것이 아니라, 보다 구체적으로 우리 자신의 신앙 여정을 함께 나눌 수 있는 친밀한 "기독교인 동반자"를 갖는 것이다. 켈트족 기독교에서는 이런 영혼의 동반자를 '아남카라'(*anamchara*)라고 부른다. 프리드릭 뷰크너는 그의 책에서, 그가 한 복음주의 대학을 방문했을 때, 한 학생이 다른 학생에게 최근에 하나님께서 그의 삶에 무슨 일을 하셨는지를 묻는 것을 엿듣게 된 것을 말하고 있다.[13] 기독교인의 우정은 그런 질문을 할 수 있으며, 영적인 문제에 대해 말하고 성찰하고 함께 기도할 수 있는 조건을 마련해준다.

자비와 정의를 실천하는 일

하나님께 마음을 모으고 주의를 기울이는 것은 자비와 정의를 실천하는 것을 뜻한다. 자비와 정의는 하나님께서 열정을 갖고 계신 일이다. 하나님을 사랑하는 것은 하나님의 열정(passion, '수난'을 뜻하기도 한다)에 참여하는 것을 뜻한다. 하나님의 열정은 개인들을 세상으로부터(from) 구원하는 것이 아니라 세상을 구원하는 것이다. 하나님께서는 세상을 사랑하시는 것이지, 단지 당신과 나와 우리만을 사랑하시는 것이 아니다.

자비와 정의를 실천하는 것은 교회의 내적인 생활에서만이 아니라 교회 공동체 너머의 세상 속에서도 매우 중요하다. 교회 안에서는 자

---

[13] Frederick Buechner, *Telling Secrets* (San Francisco: HarperSanFrancisco, 1991), pp. 81-82.

비가 우리들 서로 간에 관계를 형성하는 가장 중요한 미덕이어야 한다. 자비는 무엇보다도 (생명체들에 대한 차별이 없는) 포용성과 포용적인 돌봄을 뜻한다. 정의는 자비의 사회적 형태 혹은 체제적 형태다. 따라서 교회 안에서는 자비가 교회의 구조나 체제에 대한 관심, 즉 교회의 통치와 조직에 대한 관심을 뜻한다. 최근의 역사에서 있었던 사례를 들어 말하자면, 여성 안수는 정의의 문제(였)다. 가톨릭교회의 통치에서 평신도들의 역할이 정의의 문제인 것처럼, 오늘날에는 교회 안에서 동성애자들의 지위가 정의의 문제다.

교회 밖에서는 자비의 실천이 자선과 정의 모두를 뜻한다. 이 둘 사이의 구분이 중요하다. 약 백 년 전에 살았던 기독교인 활동가이며 저술가인 비다 스쿠더(Vida Scudder)는 인간의 고통에 대한 의식이 높아지는 것에 대해 기독교인들이 응답할 수 있는 세 가지 방법을 설명했는데, 직접적인 자선행위, 사회 개혁, 사회 변혁이 그것이었다. 직접적인 자선행위는 고통 당하는 사람들에게 직접 도움을 주는 것이며, 사회 개혁은 그들을 돌보기 위한 지원 조직을 만드는 것이며, 사회 변혁은 정의를 실천하는 것으로서, 사회를 변화시켜 그 구조가 특정인들에게는 특권을 보장해주는 반면에 다른 사람들에게는 고통을 안겨주지 않도록 만드는 것이다.[14]

직접적인 자선행위와 사회 개혁은 자선에 속하며, 사회 변혁은 정의에 속한다. 이 세 가지 방법 모두가 중요하다. 자선은 항상 좋은 일이며 항상 필요할 것이지만, 역사적으로 기독교인들은 오랫동안 처음 두 가지 자선은 베풀었지만, 정의에는 늘 부족했다. 그 이유는 자선을 베푸는 것이 부자들의 마음을 거슬리지 않는 것인 반면에, 정의를 실

---

14) Vida Scudder, in *Glorious Companions*, p. 222.

천하는 것은 종종 도전적이기 때문이다. 브라질의 돔 헬더 까마라 대주교의 말을 빌리자면, "내가 가난한 사람들에게 음식을 주면 사람들은 나를 성자라고 불렀지만, 왜 가난한 사람들이 그토록 많은지를 내가 물으면, 사람들은 나를 공산주의자라고 불렀다."

자선은 희생자들을 돕는 것이다. 정의는 "왜 희생자들이 그처럼 많은가?"를 묻는 것이며, 그런 희생의 원인을 제거하려고 노력하는 것이다. 즉 그 사회체제의 구조 방식을 바꾸려고 노력하는 것이다. 정의는 로마황제가 자선 기부금을 늘리는 것이 아니며, 빌라도가 자신의 십일조를 늘리는 것이 아니다. 성서의 정치적 비전을 진지하게 받아들인다는 것은 사회 변혁을 실천한다는 뜻이다.

따라서 우리 시대의 기독교인들은 정치적인 사람들이 되도록 부름받고 있다. 이것은 우리 모두가 정치적 활동가로 부름 받았다는 뜻이 아니다. 바울의 표현을 빌리자면, 몸은 하나이지만 많은 지체들이 있으며, 성령도 하나이지만 그 선물(은사)은 많다. 그러나 우리 모두가 정치적인 사람들이도록 부름 받았다는 뜻은 넓은 의미에서, 사회체제가 사람들의 삶에 끼치는 영향을 인식하고, 또한 그 체제에 의해 희생을 당하고 약자가 된 사람들에 대해 하나님께서 특별한 관심을 갖고 계신다는 사실을 인식한다는 점에서 정치적으로 부름 받았다는 뜻이다. 7장에서 주장한 것처럼, 정의를 실천하는 것은 교회 안에서 사회체제(경제적, 정치적, 및 인습적 체제)가 사람들의 생활에 끼치는 영향에 대해 의식화 작업을 하는 것이며, 또한 그런 인식을 토대로 우리들 각자에게 적합한 방식으로 행동하는 것을 뜻한다.

특히 우리는 가난한 사람들에 대해, 상상력이 풍부한 공감을 발전시킬 필요가 있다. 우리들 대부분은 그런 공감을 갖고 있지 않다. 우리가 "나쁜 사람들"이기 때문이 아니라, 돈이 없는 사람들의 생활이 어떨 것인지에 대해 상상하지 못하기 때문이다. 우리는 많은 경우에 가난한 사람들을(실업자든 빈곤층 근로자든) 개인적으로 알지 못한다. 우리의 이웃은 점차 소득에 따라 나뉘어지고 있다. 또한 우리의 교회들도 마찬가지로 나뉘어지고 있다. 우리가 여행할 때 가난한 사람들을 볼 수 있고, 심지어 그들에 대해 호기심을 갖게 되며 그들의 모습에 마음이 움직일 경우도 있지만, 우리는 가난한 사람들의 생활을 알지 못한다.

이것은 우리가 죄의식을 느끼고 용서받을 필요가 있는 일은 아니다. 오히려 우리가 무엇인가를 해야 하는 일이다. 가난한 사람들의 곤경에 대한 의식화 작업은 교육과 독서를 통해 어느 정도까지는 할 수 있다. 예컨대, 바바라 에렌라이히의 『동전으로 사는 사람들』(*Nickel and Dimed*)[15]을 함께 읽는 것이 의식화에 도움이 될 것이다.

또 다른 사례를 보자. 미국에서 중간 가정의 1년 소득은 약 4만 달러인데, 절반은 4만 달러 이상 벌고, 절반은 그 이하라는 뜻이다.[16] 비교적 부유한 회중의 성인 교육반이나 성경공부 시간에, 세금 공제

---

15) Barbara Ehrenreich, *Nickel and Dimed* (New York: Henry Holt, 2001).
16) 역자주: 한국의 경우 통계청 발표에 따르면, 2008년 기준으로 평균 전체 가구 소득은 154만534원이며, 근로자 가구소득은 260만3963원이다. 1분위 근로자 가구소득은 74만4246원이며, 10분위는 554만9678원이다(한겨레, 2009년 11월 9일). 또한 2011년 10월 현재 비정규직 노동자는 599만 5천 명이다. 비정규직의 월평균 임금은 134만 8천 원이다(한겨레, 2011년 10월29일). 한편 "정부자료를 보면, 2006년 말 기준 토지 소유자의 상위 1%(50만 명)가 민유지의 57%, 상위 10%(500만여 명)가 98.4%를 소유하고 있다. 변창흠·안규오의 연구에 따르면, 1998~2007년 발생한 토지불로소득은 2002조원인데 조세·부담금으로 환수한 건 116조원(5.8%)뿐이다"(한겨레 21, 2011년 5월 2일, 8쪽). 노동자들을 더욱 절망하게 만드는 것은 노동자들의 단체행동권에 따른 파업을 불법으로 규정하고 해고 후 막대한 손해배상금을 청구하여(예를 들어, 2013년 12월에 쌍용차 해고자들에게 47억 원, 현대차 비정규직 노동자들에게 90억 원 등 2014년 2월말 현재 모두 1691억 원), 급여통장과 전세금까지 가압류하는 현실이다.

이전의 소득이 4만 달러 정도인 가족의 생활이 어떨 것인지를 물어볼 수 있을 것이다. 주택 융자금 상환이나 월세는 어떻게 하나? 자동차 할부금은? 대부분의 경우처럼 부모가 함께 일할 때 탁아소 비용은? 자녀를 공립학교에 보낼 것인가 아니면 사립학교에 보낼 것인가? 음식비는? 옷값은? 그 다음에는 1년에 2만 달러로 살아가는 것을 상상해보도록 한다. 이 액수는 부부 모두가 최저임금으로 풀타임 노동할 때 버는 돈이다. 그리고 한 사람이 최저임금으로 풀타임 노동하여 1년에 만 달러로 살아가는 것에 대해서도 물어보면 좋을 것이다. 이런 것을 상상하면, 우리의 마음이 부드러워질 수 있고, 우리의 정치적 및 경제적 구조를 새롭게 보게 될 것이다.

가장 효과적인 의식화 작업은 가난하며 사회적으로 소외된 사람들을 직접 만나는 것이다. 이것은 가난한 사람들을 직접 섬기는 교회 프로그램이나 단체들의 활동에 자원봉사하거나, 지역이나 혹은 해외에서 가난한 사람들과 함께 일하는 프로젝트를 통해서, 혹은 저소득 가정들이 중심인 교회와 진지하며 존중하는 자매결연을 통해서 할 수 있다. 그런 경험을 통해서 우리는, (가난하지 않은) "우리"와 (가난한) "그들" 사이의 차이점이 얼마나 열심히 일하는가 하는 문제로 차이가 생기는 것이 아니라, 부모의 경제 수준이 훨씬 더 큰 영향을 미치며 또한 사회체제의 영향이 매우 큰 것임을 배우게 된다. 의식화 작업은 사람들에 관해 배우며, 체제가 사람들의 삶에 영향을 미치는 방식에 관해 배우는 것이다.

의식화 작업에서부터 좀 더 구체적인 사례를 생각해보겠다. 최소한 민주적인 사회에서는 정의를 실천하는 것이 우리의 투표방식에 영향을 미칠 것이다. 지방자치와 국가 차원 선거에서는, 정의와 관련된 문제들이 등장한다. 공립학교에 적절한 지원금을 주는 것은 정의의 문제다. 자녀들을 사립학교에 보낼 수 없는 부모들은 달리 선택의 여지가 없기 때문이다. 의료보험에 가입하지 않은 사람들을 위한 의료보장과 약 처방을 위한 지원, 정신적 장애인들이나 신체 장애인들을 위한 지원, 가난한 사람들을 위한 식비 지원 등도 모두 정의의 문제다. 최저임금이 아니라 충분한 생계비 임금을 필요로 하는 것 역시 정의의 문제다. 세금 정책도 정의의 문제다. 경제적 및 군사적인 대외정책도 정의의 문제다. 기독교인들은 이런 문제들에 대한 정치인들(입후보자들)의 입장에 대해 치밀하게 생각해야만 한다.

정의를 실천하는 것은 우리의 재정적 기부금에도 영향을 미쳐야 한다. 정해져 있는 것은 아니지만, 우리 기독교인들은, 보다 더 정의를 구현함으로써 세상을 변화시키려는 목적을 갖고 있는 단체들에, 우리의 전체 기부금의 50%를 보내도록 결심할 수 있을 것이다. 우리들 대부분은 그렇게 하지 않고 있기 때문이다. 우리는 기부금을 주로 "우리가 좋아하는" 단체들, 곧 교회, 박물관, 공영방송, 동창회, 무료급식소, 재난구조단 등에 기부하기 때문이다. 이런 단체들도 지원할 필요가 있지만, 정의를 구현하는 단체들은 아닌 셈이다.

비다 스쿠더의 표현을 다시 빌리자면, 어떤 단체들은 고통받는 사람들을 돌보는 일을 하는 반면에, 어떤 단체들은 고통을 만들어내는 조건 자체를 변화시키려고 노력한다. 두 단체들 모두 중요하며, 둘 모두를 지원하는 것이 중요하다. 교회 안에서 그룹이나 위원회들이 조사 연구를 통해, 어느 단체들이 단순히 원조하는 것이 아니라 체제를 변화시키려고 노력하는지를 회중들에게 추천해줄 수도 있을 것이다. 이상적인 것은 현재 우리가 기부하는 금액을 두 단체들로 나누어 보내기보다는, 우리의 전체 기부금을 늘려서, 기부금의 절반 정도는 세계를 변화시키는 단체들을 지원하는 것이다.

세상의 체제를 변화시켜야 할 필요성은 막중하다. 그러나 그 필요성이 막중하기 때문에 우리가 실망하거나("마음이 없음") 수동적이 되거나 하지 않는 것이 중요하다. 그 모든 것에 대해 어느 누구도 다 알 수는 없으며, 모든 일을 할 수도 없다. 샐리 맥페이그(Sallie McFague)의 은유를 빌려 말하자면, 우리는 이 과제를 생각할 때, 헝겊 조각을 연결해서 퀼트를 만드는 여인들을 생각하면 좋을 것이다. 어느 한 사람이 전체 퀼트를 만드는 데 책임을 지는 것이 아니라, 오히려 함께 일하는 모든 사람의 작품을 만드는 것이다. 중요한 것은 우리들 각자가 우리의 헝겊 조각으로 작업을 하는 것이다.17)

자비와 정의를 실천하는 일은 이처럼 핵심적이다. 이것은 우리가 해야 할 일이면서 동시에 성령의 매우 중요한 열매이다. 이것은 우리가 하나님의 열정에 참여하며, 하나님께서 사랑하시는 것을 사랑하는 일이다. 이것은 성령께서 기독교인의 삶 속에 성육하시는 일이다.

결론

수행의 목록은 처리해야 할 집안의 귀찮은 일들처럼 보일 수 있다. 우리들 대부분은 이미 너무나 바쁘게 살고 있으며, 수행을 위해 별도로 시간을 내는 것을 상상하기 힘들 수도 있다. 그러나 이런 훈련 가운데 하나 혹은 그 이상을 꾸준히 실행하는 사람들은 자신들이 그런 시간을 통해 양육되고 있으며, 그렇게 하지 않았을 때보다 더욱 삶의 에

---

17) 역자주: 샐리 맥페이그는 로즈마리 류터와 함께 미국의 대표적 생태여성신학자이다. 『어머니·연인·친구』, 『풍성한 생명』, 『기후변화와 신학의 재구성』이 번역되었다.

너지를 느끼며 자신을 찾게 되었다고 말한다. 모든 수행을 한꺼번에 할 필요는 없다. 내가 말한 수행들은 요구 사항들이 아니다. 오히려 이런 수행을 통해 우리가 하나님과 함께 하는 삶이 더욱 깊어지며, 하나님에 대한 우리의 사랑도 더욱 깊어진다.

예언자 미가의 유명한 구절은 성서적 신앙을 가장 압축해서 표현한 것 가운데 하나다. 이 짧은 구절은 하나님께 마음을 모으고 주의를 기울이는 수행을 친절함과 정의와 연결시키고 있다. "주님께서 너에게 요구하시는 것이 무엇인가?"라고 미가는 묻고 난 다음에, 이렇게 대답한다.

> 오로지 공의(justice)를 실천하며
> 인자(kindness)를 사랑하며
> 겸손히 네 하나님과
> 함께 행하는 것(to walk)이 아니냐! (미 6:8)

기독교인의 수행은 하나님과 함께 행하는 것이며, 친절하게 되는 것이며, 정의를 실천하는 것이다. 기독교인의 수행은 하나님을 믿고 착한 사람이 되는 것에 관한 것이 아니라, 우리가 어떻게 하나님을 사랑하는 수행을 통해 착한 사람이 되는가에 관한 것이다.[18]

---

[18] 역자주: 정진홍 교수는 고대세계에서 3천 년 이상 숭배되었던 여러 신들이 죽고 사라진 사실을 잊지 말라고 경고한다. 이집트, 바빌로니아, 페르시아와 로마제국의 지배를 정당화해주었던 신들만이 아니라 오시리스·디오니소스 신처럼 밀의종교의 신들 역시 사라진 것은 그 신들의 제국주의적 성격만이 아니라 숭배자들의 개인적 수행과 사회적 자비 실천과 밀접하게 연관된다. 신이나 종교가 생명의 신비 앞에서 인간의 영혼을 맑고 웅혼하게 하고 분배정의를 통해 공동체와 지구의 평화(Pax Gaia)에 공헌하지 못하는 경우에는 결국 죽게 된다.

11장

심장과 고향 집: 다원주의 시대의 기독교인

이 책 전체를 통해서 나는 오늘날 기독교인이 되는 방식을 제시해왔다. 새로운 패러다임을 설명하면서 내가 사용한 다섯 개의 형용사들을 사용하자면, 오늘날 기독교인이 되는 방식은 기독교 전통에 대해 (1) 역사적, (2) 은유적, (3) 성례전적으로 이해하는 방식이며, 기독교인의 생활에 대해서는 (4) 관계를 맺으며, (5) 변화를 일으키는 생활로 이해하는 방식이다.

이 장에서는 "무엇인가?"라는 질문으로부터 "왜?"라는 질문으로 옮겨가고자 한다. 즉 기독교인이 된다는 것은 "무엇을 뜻하는가?"라는 질문으로부터, "왜 하필 기독교인인가?"라는 질문으로 옮겨가고자 한다. 내가 어려서 믿었던 기독교는 분명하고도 피할 수 없는 이유를 갖고 있었다. 즉 기독교는 구원의 유일한 길이었다. 거칠게 말해서, 기독교인이 되지 않는다면 지옥에 갈 위험을 감수해야만 했던 것이다. 사느냐 죽느냐의 문제였다. 이것보다 더 강력한 압력과 설득력 있는 동기를 상상하는 것은 힘든 일이다.

그러나 나는 더 이상 그것을 믿지 않는다. 또한 오늘날 상당수 기독교인들도 그것을 믿지 않는다. 사태가 이렇게 된 데에는 여러 이유가 있지만, 가장 중요한 이유는 우리가 종교 다원주의(religious pluralism)에 대해 점차로 깨닫게 되었기 때문이다. 우리가 다른 종교들에 대해 알게 된 것은 여러 경로를 통해서인데, 대학에서 종교학 강의를 듣거나 텔레비전 시리즈를 시청하거나, 다른 종교에 속한 사람들과 개인적으로 알게 되었기 때문이다. 물론 이런 사태는 유럽과 기타 지역에서도 일어나고 있지만, 나는 북 아메리카의 상황에 초점을 맞추고자 한다. 이처럼 여러 종교들이 있는 상황에서, 왜 하필이면 기독교인이 되어야 하는가?

이 마지막 장의 핵심적인 주장은, 우리가 종교 다원주의 상황에서 기독교를 이해할 때, 기독교를 가장 분명하게 이해할 수 있다는 점이다. 종교 다원주의는 우리 시대에 여러 인종이 함께 섞여서 살아가는 인구 문제와 관련된 사실일 뿐만 아니라, 기독교를 비롯해서 종교들을 새롭게 이해하는 길을 마련해준다. 우리가 기독교를 종교들 전체의 맥락 속에서 볼 때, 우리는 기독교의 본질과 목적을 좀더 분명하게 이해할 수 있으며, "왜 하필 기독교인인가?"라는 문제를 이해하게 된다. 나의 대답은 몇 가지로 이루어지는데, 종교 다원주의와 인구 문제, 계몽주의 이후에 종교를 이해한 방식, 종교들의 유사성과 차이점에 대한 이해, 종교가 우리의 인생에서 감당하고 있는 역할 등의 문제다.

종교 다원주의

미국의 종교 지형은 급속도로 변하고 있다. 우리는 역사적으로 기독교인, 유대인, 그리고 무종교인으로 이루어졌으며, 기독교인이 훨씬 많았다. 그러나 지난 35년 동안에, 미국은 세상에서 종교적으로 가장 다양한 국가가 되었다. 이것은 하버드대학교 교수이며 다원주의 프로젝트(Pluralism Project)의 책임자인 다이애나 에크(Diana Eck) 교수가 최근에 발표한 중요한 책의 핵심 주장 가운데 하나다. 『새로운 종교적 아메리카』(A New Religious America)에서, 에크 교수는 미국에서 기독교와 유대교가 아닌 다른 종교들이 점차 성장하고 있다는 사실을 설명한다.1)

이처럼 다른 종교들이 성장하도록 촉발시킨 결정적 사건은 1965년의 이민법으로서, 이 법은 유럽 이외 지역의 국가들로부터도 사람들이 이민을 오도록 문을 열었던 것이다. 그 결과, 아시아, 중동, 그리고 좀 적기는 하지만 아프리카로부터 이민을 온 사람들이 급속도로 늘어났다. 이들 대부분은 기독교와 유대교가 아닌 자신들의 종교를 갖고 들어왔다. 1965년 이후 미국에서 출생한 그들의 자녀들과 더불어, 그들은 오늘날 종교 다원주의를 생활의 한 현실로 만들었다. 에크 교수의 통계에는 다음과 같은 사실들이 포함되어 있다.

> 미국인들 가운데 이슬람 교도가 약 6백만 명이다. 이 숫자는 역사적으로 가장 영향력을 끼쳤던 개신교 교파들인 장로교인들 숫자와 미국 성공회 교인들 숫자를 합친 만큼의 숫자이다. 조만간 유대인 미국인들만큼 많은 무슬림 미국인들이 있게 될 것이다.
>
> 미국인들 가운데 불교 신자는 4백만 명이다. 그 대다수는 최근에 이민을 온 사람들과 그들의 자녀들이지만, 미국인들 가운데 불교로 개종한 사람들도 많이 있다. 미국에는 장로교인들이나 성공회 교인들보다 불교 신자들이 더 많다.
>
> 미국에는 약 백만 명의 힌두교 신자들이 있다. (이 숫자는 그리스도

---

1) Diana Eck, *A New Religious America* (San Francisco: HarperSanFrancisco, 2001).

연합교회 혹은 그리스도의 제자교회의 숫자만큼 많은 것이다). 시크 교도들은 약 30만 명이다.

더군다나, 종교적 다양성의 현상은 주요 대도시들에만 국한된 것이 아니다. 기독교와 유대교가 아닌 다른 종교를 믿는 사람들은 지방의 도시들과 시골에서도 만나게 된다. 에크 교수는 오하이오 주 톨레도에 세워진 거대한 이슬람 사원, 테네시 주 내슈빌의 거대한 힌두교 사원, 미네소타 주 농업지역에 있는 캄보디아 불교 사찰과 수도원, 캘리포니아 주 프리몬트에 있는 시크 교도들의 신전, 솔트 레이크 시티와 댈러스의 이슬람, 힌두, 불교 센터들, 아이오와 주와 오클라호마 주의 캄보디아 불교 신자들의 공동체들, 버몬트 주와 콜로라도 주에 있는 티베트 불교 수련장 등에 대해 설명한다. 에크 교수는 "이것은 놀랄만한 새로운 현실이다. 우리는 이런 현실을 처음 목도하고 있다"고 말한다.[2]

이런 현실은 내가 어렸을 때의 세상과 매우 다른 현실이다. 거의 50년 전에 출판된 미국의 종교적 다양성에 관한 책제목은 『개신교, 가톨릭, 유대인』이었다.[3] 당시에는 이슬람 교도, 불교 신자, 힌두교 신자들은 종교 지형의 일부가 아니었다. 내가 성장한 작은 도시에서는 종교적 다양성이 가톨릭과 개신교인들로 이루어져 있었으며, 개신교인들 대부분은 루터교 신자였다. 그러나 이제 우리는 기독교 초기 역사 이래로 그 어느 세대보다도 종교 다원주의를 경험하고 있다.

다음 통계들은 종교 다원주의의 사실과 영향 모두를 여실히 보여

---

2) Eck, *A New Religious America*, p. 5.
3) Will Herberg, *Protestant, Catholic, Jew* (Chicago: University of Chicago Press, 1983, 초판은 1955년).

주고 있다. 2002년에 미국에서 실시된 한 여론조사에 따르면,[4]

개인적으로 기독교인을 알고 있는 사람들: 94%
개인적으로 유대교인을 알고 있는 사람들: 51%
개인적으로 이슬람교도를 알고 있는 사람들: 28%
개인적으로 힌두교도나 불교도를 알고 있는 사람들: 17%

이 여론조사는 또한 종교 다원주의를 받아들이는 태도에 대해서도 질문했다.

"기독교인들은 다른 종교인들을 개종시키려 노력해야 하는가, 아니면 다른 종교인들을 그냥 내버려두어야 하는가?"라는 질문에 대해, 22%는 "개종"을, 71%는 "그냥 내버려 두라"고 대답했다.
"모든 종교는 진리의 요소들을 갖고 있다"는 주장에 대해, 78%는 "그렇다"고 대답했다.
"내가 믿는 종교만이 참된 종교다"는 주장에 대해, 오직 17%만이 "그렇다"고 대답했다.

물론 여론조사가 진리인 것은 아니다. 단지 사람들의 생각을 보여줄 따름이다. 이 조사는 많은 사람들이 다른 종교인들을 알고 있다는 사실만이 아니라, 대부분의 사람들은 오직 하나의 종교만이 참된 종교라는 생각을 내던져버렸다는 사실도 보여준다.

우리 사회에서 이런 종교 다원주의 현실은 다른 종교와 다른 종교

---

4) 이 여론조사는 미국의 공영방송국(PBS)의 「종교와 윤리의 주간 동향」(Religion and Ethics Newsweekly) 프로그램과 시사 주간잡지 *U.S. News and World Report*가 공동으로 행한 조사로서 *The Christian Century* (May 8-15, 2002)에 보도되었다. 이 여론조사는 2002명의 성인을 대상으로 실시한 조사였다.

인들을 이해하는 것이 반드시 필요하도록 만들었다. 다른 종교들을 이해하는 것은, 더 이상 일차적으로 우리가 들어왔지만 거의 만난 적이 없었던 종교들에 대한 지적인 흥미가 아니라, 매우 절실하게 필요한 일이 되었다. 2001년 9월 11일의 테러 사건을 통해서 그 필요성은 더욱 절실해졌다.

더군다나, 그 필요성은 단지 문화적이며 정치적인 이유들 때문만이 아니다. 우리 기독교인들로서는, 다른 종교들을 이해하는 것이 기독교 자체에 대한 우리의 이해와, 기독교인이 된다는 것이 무엇을 뜻하는지에 대한 우리의 이해를 더욱 풍요롭게 만들어줄 수 있기 때문이다. 종교 다원주의는 우리 자신의 종교전통을 더욱 잘 이해하도록 도와줄 수 있다는 말이다.

종교들을 이해하는 세 가지 방식

나는 현대 서양문화 속에서 종교를 어떻게 이해해왔는지에 초점을 맞추고자 한다. 크게 보아서, 17세기 계몽주의 이후에 종교(들)를 이해하는 세 가지 방식이 나타났다. 이 세 가지 방식들을 설명하면서, 종교의 본질과 기능도 간단히 살펴보고자 한다.

종교에 대한 절대주의적 이해

종교에 대한 절대주의적(absolutist) 이해는 자신의 종교가 절대적이며 유일한 진리라고 주장한다. 이 책의 독자들에게 가장 익숙한 것은 기독교의 절대주의 형태이지만, 유대교와 이슬람에도 절대주의 형태가 있다. 비록 역사적으로 유대교와 이슬람의 절대주의는 자신들의 종교가 "유일하게 참된 종교"라는 주장을 기독교인들보다는 덜 자주 주장했지만 말이다.5) 절대주의자들에게는 자신의 종교가 가르치는 진리가 하나님의 틀림없는 계시에 기초해 있다. 즉 하나님께서는 자신의 종교전통의 경전 속에, 다른 어느 곳에서도 볼 수 없는, 하나님의 의지를 드러내 보여주셨다는 주장이다. 이것은 본질적으로 내가 기독교의 과거의 패러다임이라 불렀던 것, 특히 그 굳어진 형태다. 종교적이거나 세속적인 모든 다른 주장들에 맞서서, 우리의 종교가 참된 종교라는 주장이다. 이 틀 속에서는 오직 하나의 종교만이 올바른 것일 수 있다.

종교에 대한 환원주의적 이해

환원주의적(reductionist) 입장은 종교를 인간이 만들어낸 것(invention)으로 간주한다. 이 입장은 모든 종교들을 인간이 구성한 것이며 투사한 것(projections)으로 이해한다. 사람들이 종교를 만든 것은 부분적으로 세상 이치에 대한 무지함 때문만이 아니라, 강력한 심리적 및 사회적 필요성 때문이라는 것이다. 이것은 오늘날 세속적 문화와 세속적 대학 안에 자리잡고 있는 종교에 대한 세속적 이해의 대표적인 관점이다. 종교를 만들어낸 심리적이며 사회적인 요인들에는 다음과 같은 욕망이나 필요성이 포함되어 있다.6)

---

5) 세 종교들 속의 근본주의에 대한 연구를 보기 위해서는, 특히 Karen Armstrong, *The Battle for God* (New York: Knopf, 2000)을 보라.
6) 역자주: 지그문트 프로이트, 에밀 뒤르켐, 카를 마르크스의 환원주의적 종교해석에 관해서는 대니얼 팰스, 조병련·전중현 역, 『종교에 대한 여덟 가지 이론들』(한국기독교연구소, 2013)을 보라.

설명을 위한 욕망이나 필요성 (종교는 "원시적인 과학"이다)
연약함과 죽음으로부터 보호받을 욕망이나 필요성
사회질서를 신이 찬성한 것으로 가르쳐 질서를 강화시킬 필요성
의미에 대한 욕망이나 필요성

또한 다른 욕망들도 포함될 수 있을 것인데, 예컨대 삼라만상을 찬양하면서 노래하고 춤추고 싶은 욕망 같은 것이다.7) 그러나 그 심리적 및 사회적 요인들을 완벽하게 나열한다 할지라도, 마지막 진리는 종교가 "인간이 만들어낸 것"이라는 주장이다. 종교는 인간의 심리적이며 사회적인 구성물로 환원된다. 따라서 환원주의적 입장에서는 종교가 모두 잘못된 생각에 기초해서 만들어진 것이다. 왜냐하면 하나님은 없고, 신성한 것도 없으며, "그 이상"도 없기 때문이다.

비록 환원주의 입장은 종교의 기본적인 주장을 거부하지만, 환원주의자들도 종교에 대해 감사하는 마음을 가질 수 있다. 어떤 사람들은 종교가 사상, 지혜, 윤리, 예술, 음악, 건축 등에 공헌한 것에 대해 감탄한다. 다른 환원주의자들은 종교를 정중하게 무시하거나 아니면 경멸한다. 어떤 사람들에게는 종교가 속된 말로 "단지 헛소리에 불과하다." 그러나 종교에 대해 감사하는 환원주의자들과 종교를 무시하는 환원주의자들이 보기에는, 어느 종교도 올바르지 않으며, 어느 종교도 진리가 아니다. 종교가 아무리 아름답고 우아하며 자비와 연민을 갖고 있다고 하더라도, 그들이 보기에는 모든 종교가 오류일 따름이다.

현대에 서양 기독교에서 종교에 관해 벌어진 대부분의 갈등은 절

---

7) 역자주: 종교는 생명의 신비에 대한 응답으로서, 석기 시대 이후로 인간의 가장 근본적인 욕구들을 충족시킴으로써 "인류문명을 선도해왔던 가장 진보적인 제도"이다. Don Cupitt, *A New Great Story* (Polebridge Press, 2010), p. 14.

대주의적 입장과 환원주의적 입장 사이에 벌어졌다. 17세기부터 세속주의가 등장하여 기독교인들은 위협을 느끼게 되었고, 기독교의 절대적 진리를 주장함으로써 세속주의에 대응했다. 19세기에는 많은 개신교 신자들이 성서에 오류가 없다는 무오설(infallibility)을 주장하기 시작했고, 로마 가톨릭교회는 노골적으로 교황 권위의 무오설을 주장했다. 절대주의와 환원주의는 모두 현대의 산물이다. 그리고 많은 현대인들은 오직 절대주의와 환원주의 가운데 하나만 선택할 수 있는 것처럼 생각한다.

종교에 대한 성례전적 이해

그러나 종교를 이해하는 두 가지 방식 이외에 대안적인 방식이 있다. 현대성 안에서, 종교(들)를 이해하는 세 번째 방식이 등장하고 있다. 이 새로운 방식은 종교를 신성함의 성례전들(sacraments of the sacred)로 이해한다. 성례전들로서 종교는 "절대적"이지 않다. 오히려 성만찬의 빵과 포도주처럼, 종교는 신성함을 매개하는 유한한 산물이며 유한한 수단들이다. 이것이 바로 내가 이 책에서 설명해왔던 기독교에 대한 성례전적인 이해방식이다.[8]

비록 언제나 이런 이름으로 불려진 것은 아니지만, 종교를 이렇게 이해하는 방식은 많은 종교 다원주의 학자들, 종교적 대학들에 속한 학자들 사이에서 받아들여졌던 방식이며, 주류 교단들 내에서도 점차 받아들여지고 있다. 종교와 종교들을 이해하는 이런 방식은 일곱 가지 특성을 갖고 있다.

---

[8] 역자주: 성례전에 관한 매우 탁월하며 간략한 입문서는 레오나르도 보프, 정한교 역, 『聖事란 무엇인가』 (분도출판사, 1981)이다.

첫째로, 이 방식은 종교를 인간이 만든 것(human creation)으로 이해한다. 이 점에서 환원주의적 이해와 같다. 모든 종교들의 경전, 가르침, 교리, 의례, 수행 등은 모두 인간의 산물이다. 이처럼 폭넓게 받아들여지고 있는 입장을 하버드대학교에서 은퇴한 신학자 고든 카우프만(Gordon Kaufman)의 표현을 빌려 말하자면, 종교는 "상상력이 풍부한 인간의 산물"이다.9) 여기서 "상상력이 풍부한"이라는 말은 "공상적"이라거나 "환상"을 뜻하는 것이 아니라 "창조적"이라는 뜻으로서, 인간의 상상력으로부터 생겨나며 인간의 상상력에 호소하는 이미지들로 가득한 창조성을 뜻한다. 이 상상력은 우리들 속의 능력으로서 현실에 대한 우리의 이미지들이 그 속에 자리잡는 능력이다.

둘째로, 환원주의적 입장과는 달리, 성례전적 이해방식은 종교들이 신성함을 체험한 것에 응답해서 인간이 만든 것이라고 주장한다. 비록 종교들은 인간이 만든 것이지만, 단순히 심리적 및 사회적 필요성 때문에 만든 인간의 잘못된 투사가 아니라는 주장이다. 물론, 종교들은 인간의 욕망에 봉사하기 위해서 형성되었으며, 때로는 그 욕망 때문에 매우 파괴적으로 왜곡되지만, 종교들이 궁극적으로 잘못된 오류에 기초해서 만들어진 것은 아니라는 말이다. 종교들은 사람들이 각각의 특정한 문화들 속에서 신성함에 대한 응답으로서 만들어낸 것이다. 따라서 종교에 대한 성례전적 이해는 하나님, 신성함, "그 이상"의 실재를 확고하게 주장한다. "그 이상"이 없다면, 매개할 것이 아무것도 없게 될 것이다.

셋째로, 종교들은 "문화-언어적 전통들"(cultural-linguistic traditions)인데,10) 이 말은 예일대학교의 신학자 조지 린드벡(George Lindbeck)이

---

9) 역자주: Gordon Kaufman, 『신학방법론』, 『예수와 창조성』, 『태초에 창조성이 있었다』가 번역되었다.

종교에 대해 폭넓게 받아들여지고 있는 또 다른 개념을 표현하기 위해 사용한 말이다. 나는 이 말이 종교들의 기원과 기능 모두를 가리키는 것으로 이해한다. 즉 각각의 종교는 특수한 문화 속에서 시작되었으며, 비록 그 종교가 그 문화의 지배적인 신념에 도전하는 경우도 있지만, 종교는 그 자체를 표현하기 위해 그 문화의 언어를 사용한다는 뜻이다. 더욱 중요한 사실은 종교들이 "문화-언어적 전통들"이라는 말이 종교의 기능을 가리킨다는 점이다. 즉 오랜 세월 동안 살아 남은 종교는 그 나름대로 문화-언어적 전통이 되며, 그 종교에 소속하는 것은 그 종교가 만들어낸 문화-언어적 세계 속에서 살아가는 것이라는 점이다. 이것은 그 경전, 언어, 이야기들, 비전, 제의, 수행 속에서 살아간다는 뜻이며, 포괄적인 의미에서 그 종교의 정신(ethos) 속에서 살아간다는 뜻이다.

내가 앞장에서 말한 것처럼, 부분적으로만 적절한 비유를 사용하자면, 기독교인(혹은 무슬림, 혹은 유대인 등)이 되는 것은 프랑스인(혹은 한국인, 에디오피아인)이 되는 것과 비슷하다. 프랑스인이 되는 것은 단지 프랑스어를 아는 것만이 아니라, 그 문화적 정신, 문화-언어적 세계를 아는 것과 관련되는 것처럼, 기독교인이 되는 것은 기독교의 문화-언어적 세계의 정신 속에서 살아간다는 뜻이다.

넷째로, 세계의 오래된 종교들은 "지혜 전통들"(wisdom traditions)로서, 이 말은 아마도 오늘날 가장 잘 알려진 종교사학자인 휴스턴 스미스의 말이다. 지혜와 지식은 똑같은 것이 아니다. 지혜는 보다 근본적이다. 지혜는 인생에서 가장 중요한 두 가지 질문들, 곧 "실재"와

---

10) George Lindbeck, *The Nature of Doctrine* (Philadelphia: Westminster, 1984). 나는 이 중요한 책에 대해 매우 감사하게 생각한다. 비록 나는 그의 주장의 중요한 요소에 관해 거의 확실하게 동의하지 않지만 말이다.

"길"에 관한 것이다. 무엇이 실재하는가? 그리고 무엇이 길인가, 즉 우리는 어떻게 살아야 하는가? 과거에 깊이 뿌리내리고 있는 종교들은 그 오랜 세월 동안의 시험을 견디어낸 것으로서, 그런 지혜들의 보고(寶庫)인 셈이다. 비록 종교들은 옛날의 사상들을 담고 있어서, 어떤 것들은 오늘날의 관점에서 볼 때 틀린 것이며, 혹은 더 이상 적용할 수 없는 것들이지만, 그럼에도 불구하고 "실재"와 "길"에 관한 과거의 지혜를 간직하고 있다. 그런 지혜들은 현대라는 "평지"(flatland)의 부분적이며 협소한 관점들로부터 우리를 건져낼 수 있는 비전을 보여준다.11)

다섯째로, 종교들은 심미적 전통들(aesthetic traditions)이다. 오래된 종교들은 모두 종교 음악, 시, 이야기, 예술, 건축, 예배, 제의를 통해서 아름다움을 가치 있게 여기며 아름다움을 창조해왔다. 종교들은 아름다움을 "실재"의 매개체로 이해한다.

여섯째로, 종교들은 수행 공동체들(communities of practice)이다. 모든 종교들은 그 종교적 삶을 살기 위한 수행의 수단들, 곧 예배, 기도, 자비의 행동, 그리고 보다 구체적인 영적 수행이라는 "얇은 장소들"과 실천 방법들을 제시해준다.

일곱째로, 위의 설명과 직결된 것으로서, 종교들은 변화를 일으키

---

11) "평지"는 초월적인 차원, 즉 "그 이상"을 부정하는 실재관을 가리킨다. 이것은 19세기 말엽에 쓰여진 책제목으로서, 우리로 하여금 "평지"를 보도록 초대한 책이다. 즉 2차원을 갖는 도형들(정사각형, 삼각형, 원, 직사각형 등)이 사는 2차원의 우주를 말한다. 어느 날 천체(天體)가 이 2차원의 우주를 통과한다. 이 책의 저자는 우리로 하여금 평지에 사는 사람들이 경험할 것을 상상하도록 초대한 후, 그들이 그 경험을 어떻게 2차원의 틀 속에서 설명할 것인지를 상상하도록 초대한다. 물론 "환원론적" 설명을 제시할 것이다. 현대 서양에서 종교에 대한 환원론적 설명을 비유적으로 가리키는 것임이 분명하다. 즉 우리는 흔히 "그 이상"에 대한 인간의 경험을 물질과 에너지라는 시공간 우주의 틀, 심리학과 사회학이라는 틀 속에서 설명하려고 노력한다는 말이다. 이 책은 *Flatland*로서, 그 저자는 적절하게 "A. 정사각형"으로 되어 있지만, 실제 저자는 Edwin A. Abbot이다. (New York: New American Library, 1984; 초판은 1884년에 출간).

는 공동체들(communities of transformation)이다. 종교들은 "궁극적인 변화의 수단들"이다.12) 종교들은 자아와 세계를 변화시키는 매우 실천적인 목적을 갖고 있다. 즉 자아가 옛 존재방식에서 새로운 존재방식으로 변화하며, 함께 아파하는 자비를 통해 세상을 변화시키는 것이 종교의 목적이다. 이런 두 가지 변화는 모든 종교들에게 핵심적인 것이다.

이런 일곱 가지 특성들은 종교들을 성례전으로 이해하는 입장 속에 모두 포함되어 있다. 종교의 목적은 신성함을 매개하는 것이며, 또한 그렇게 함으로써 "그 이상"과의 변화를 일으키는 관계를 알려주며, 그 관계를 맺게 하며, 그 관계를 풍요롭게 살찌도록 돕는다. 오래된 종교들은 이런 특성들을 공유하고 있다. 각각의 종교는 신성함을 드러내는 강력하며 찬란한 성례전이며, 신성함을 매개하는 유한한 수단들이며 "질그릇 속에 담겨진 보물"(고전 4:7)이다.

이런 깨달음은 우리로 하여금 종교 다원주의를 이해하도록 도와줄 뿐 아니라, 기독교 자체도 보다 잘 이해하도록 도와준다. 오래된 종교들은 모두 "절대적인 것"의 매개자이지, "절대적인 것" 자체가 아니다. 이런 이해를 기독교인이 되는 것에 적용한다면, 그 요점은 기독교를 하나님의 유일하게 절대적이며 가장 적절한 계시라고 믿는 것이 아니다. 오히려 요점은 기독교 전통을 신성함의 성례전으로서, 절대적인 분의 매개자로서 이해하고 그 전통 안에서 살아가는 것으로서, 그 절대적인 분을 우리는 "하나님"이라 부르며, 그분은 예수 안에서 우리에게 결정적으로 알려지신 분이다. 기독교는 절대적인 것이 아니라, 그 절대적인 분을 가리키며 매개하는 종교라는 말이다.

---

12) Frederick J. Streng, *Understanding Religious Life*, 재판. (Encino, CA: Dickenson, 1976), p. 7.

그렇다면 모든 종교는 다 똑같은가?

　오늘날 어떤 사람들은 종교 다원주의에 대해 너무 쉽게, 거의 무관심하게 받아들인다. 그들은 "종교들은 모두 똑같다. 단지 똑같은 장소에 이르는 서로 다른 길일 따름이다. 당신이 어느 종교를 믿는가 하는 것은 중요하지 않다"고 말한다. 올바르게 이해한다면, 이 말에는 일리가 있다. 그러나 일반적으로 이해하는 바로는, 이 말은 너무 단순하다. 이런 말을 하는 사람들은 주로 종교에 대해 별로 중요하지 않게 생각하는 사람들이다. 그들은 어느 종교가 다른 종교보다 더 나은가 하는 문제, 혹은 어느 종교에 속할 것인가 하는 문제로 고민하는 것은 무의미하다고 생각한다. 그리고 여러 종교들이 도달하려는 "장소"는 흔히 "천당"이라고 생각하여, 종교를 "내세"에 이르는 길로 생각할 뿐, "현세"와 이 세상에서 변화를 일으키는 것에 관한 것이라고는 생각하지 않는다.

　그 말은 또 다른 이유에서도 너무나 단순하다. 종교들은 모두 "똑같지" 않기 때문이다. 비록 세상의 오래된 종교들은 공통된 요소들을 공유하고 있지만, 중요한 측면에서 매우 다르기 때문이다. 매우 초보적이며 기본적인 사실을 말하자면, 종교들은 서로 비슷하면서도 또한 서로 다르다. 이 두 가지 점 모두를 깨닫는 것이 중요하다.

　종교들이 성례전적인 기능을 갖고 있다는 점에서 비슷하다는 점은 방금 설명했다. 종교들이 가장 핵심적으로 비슷한 점들 다섯 가지를 요약하자면 다음과 같다.

1. 종교들은 모두 "그 이상," "실재," "신성함"을 긍정한다. 또한 종교

들은 모두 신성함에 대해 완전히 알 수는 없지만, 그 신성함을 체험한다는 점에서 알 수 있다고 주장한다. 종교들은 신성함을 엿볼 수 있으며 신성함에 대한 비전에 기초를 두고 있는데, 이것은 그 신성함을 체험하며 신성함과 다시 연결되는 체험에 기초한다는 뜻이다.

2. 종교는 모두 하나의 길(a way)임을 주장한다. 그리고 그 길은 똑같은 길의 다른 형태라는 것을 알 수 있다. 6장에서 설명한 것처럼, 십자가의 길, 노자의 길, 붓다의 길, 이슬람의 길, 유대교의 길은 모두 똑같은 길을 말하는 것으로서, 옛 정체성과 존재방식에 대해 죽고 새로운 정체성과 새로운 존재방식으로 다시 태어나는 길이다. 이 모든 길은 자아의 변화라는 똑같은 길을 가리킨다.

3. 종교는 모두 그 길을 살아내고 신성한 여행을 가기 위한 수행의 수단들(예배, 제의, 기도 등)을 제시한다.

4. 종교는 모두 함께 아파하는 마음을 인생의 가장 중요한 윤리적 미덕으로 찬양한다. 우리는 이것을 그 종교들의 가르침에서 볼 수 있을 뿐만 아니라, 그런 연민을 한결같이 구현한 성자들에게서도 찾아볼 수 있다.

5. 종교는 모두 믿음과 가르침들을 모은 체계를 갖고 있다. 여기에는 경전과, 기독교인들이 흔히 "교리"라고 부르는 것과 윤리적인 가르침들이 포함된다. 간단히 말해서, 종교는 모두 "언어로 표현된" 것들이다.

그러나 종교들이 모두 똑같은 것은 아니다. 종교들은 그 종교들을 형성한 문화와 역사가 다른 것만큼이나 서로 매우 다르다. 각각의 종교는 독특한 문화-언어적 세계로서 그 나름의 이야기, 제의, 수행, 정신을 갖고 있다. 힌두교 사원이나 유대교 회당에서 예배를 드리는 것은 이슬람 사원이나 기독교 교회에서 예배드리는 것과는 매우 다른 경험을 하도록 만든다.

종교들 사이의 비슷한 점들과 차이점들에 관해 생각하는 방식으로서, 나는 세 가지 보완적인 방식을 설명하고자 한다. 이것은 위에서 설명한 것과 똑같은 관점을 표현하는 것이다.

『종교 경험의 다양성』(The Varieties of Religious Experience)에서, 윌리엄 제임스(William James)는 세계 종교들에 관해 몇 가지 의견을 표명한다. 종교 경험에 대한 그의 연구를 바탕으로, 그는 세계의 종교들이 가장 비슷한 것은, 그들이 했다고 말하는 경험, 그들이 가르치는 길, 그들이 추천하는 수행, 그들이 만들어내는 행동, 그리고 자비의 "열매"라고 결론짓는다. 이것은 내가 위에서 말한 비슷한 점들의 처음 네 가지다.

그는 세계의 종교들이 가장 서로 다른 점은 그들의 믿음과 교리들(위의 5번)이라고 결론짓는다. 우리가 이 점에 대해 생각할 때, 이것은 우리가 예상할 수 있는 것인데, 그 이유는 믿음과 교리들이란 문화와 언어라는 특수성에 가장 크게 영향을 받는 것이기 때문이다. 가장 크게 영향을 받는 것은 언어로 표현된 것들이다. 윌리엄 제임스가 볼 때, 종교들의 언어는 서로 다르지만, 실재에 대한 종교들의 입장과 종교들이 매개하는 삶은 서로 비슷한 것이다.

휴스턴 스미스는 종교들 사이의 비슷한 점들과 차이점들에 관해 생각하는 핵심개념으로서 "원초적 전통"(primordial tradition)이라는 말을 사용한다. "원초적 전통"은 오래된 종교들 모두의 기초에 놓여 있는 핵심적 이해들이다. 이런 핵심적 이해들은 두 가지인데, 첫째는 실재에 대한 중층적(multilayered) 이해다. 즉 실재하는 것은 물질과 에너지라는 시공간적 세계 너머의 보다 큰 세계를 포함하고 있다고 이해하는 것이다. 둘째는 자아에 대한 중층적 이해로서, 우리는 우리의 몸과 두뇌보다 더욱 큰 존재이며, 우리의 깊은 곳에서 우리가 하나님, 영, 알라 등으로 부르는 존재의 바다(the sea of being) 속으로 열려져 있다고 이해하는 것이다. 오래된 종교들은 모두 이런 원초적 지혜의 서로 다른 표현들이며, 이것이 종교들 사이의 서로 다른 형태들 밑에 있는 핵심이다.

세 번째이며 똑같은 요점을 표현하는 밀접한 방식은 "내적인 핵심"과 "외적인 형태"라는 말이다. 내적인 핵심, 곧 종교의 심장은 신성함, "실재," "그 이상"에 대한 경험이다. 외적인 형태는 종교의 특수한 표현으로서, 예배에서 행해지는 특수한 표현들, 그 전통이 다듬어서 표현한 특수한 언어들(경전, 이야기들, 가르침), 그 전통이 부과하는 특수한 수행법 등이 포함된다. 종교는 그 내적인 핵심에서는 비슷하지만, 외적인 형태에서는 서로 다르다.13)

여기서 다시 "종교들은 모두 똑같다. 단지 똑같은 장소에 이르는 서로 다른 길일 따름이다"라는 말로 돌아가면, 우리는 이제 이 말 속의 진실과 그 한계도 알 수 있게 되었다. 산을 올라가는 오솔길들이라는 은유를 사용하자면, 오래된 종교들은 모두 똑같은 산을 오르는 오솔길들이다. 산을 마음속에 그려보면, 아래가 넓은 반면에 위는 좁고, 그 정상은 구름 속에, 허공 속으로 사라져 보이지 않는다. 산밑에서는 그 오솔길들이 서로 멀리 떨어져 있다(외적인 형태). 그러나 높이 오를수록 그 오솔길들이 서로 가까워지며 마침내 산 정상에서는 한 곳에

---

13) 많은 학자들이 이 말을 사용하는데, 이 말을 처음 사용한 학자를 추적할 수 있는지에 대해 나는 잘 모르겠다. Rene Guenon과 Frithjof Schuon은 "비의적인(내적인) 핵심"과 "공개적인(외적인) 형태"라는 말을 사용하며, Seyyed Hosein Nasr는 그의 탁월한 책 *Knowledge and the Sacred* (Albany: State University of New York, 1989)에서 이 개념을 폭넓게 사용하고 있다.

모이게 된다. 그리고 나면 오솔길들은 사라진다.14) 또한 그 오솔길들이 도달한 정상은 "천당"이 아니라 "신성함"이다. 종교들은 일차적으로 내세에 관한 것이 아니며, 내세에 이르는 길에 관한 것이 아니라, 지금 여기에서 신성함을 중심으로 살아가는 인생에 이르는 길이다.

물론 외적인 형태들은 중요하다. 진지한 종교 다원주의는 (무관심한 다원주의와는 달리) 종교들의 외적인 형태들이 서로 매우 다르다는 점을 인식한다. "타자"의 온전함을 존중하는 일은 항상 그런 인식을 필요로 한다. 비록 우리가 어떤 점에서 "사람은 모두 똑같다"는 사실을 주장할 수는 있지만, 프랑스 사람이나 이라크 사람이 영국 사람이나 미국 사람과 다르다는 사실을 인정하지 않는 것은 "타자"의 독특성을 인정하지 않는 것이다. 종교들 사이에도 마찬가지다. 무슬림이거나, 유대인, 혹은 불교인이거나 기독교인은 서로 다른 사람이다. 종교가 서로 다를 뿐만이 아니다. 우리는 서로의 독특성에 대해 감사하며 그 독특성을 즐기는 방법을 배울 수도 있다. 세계는 이런 독특한 문화-언어적 전통들로 인해 더욱 풍요로운 것이기 때문이다.

그뿐 아니라, 외적인 형태들은 소극적인 이유와 적극적인 이유 모두 때문에 중요하다. 소극적으로, 외적인 형태들을 강조할 경우 종교들 사이의 차이점들은 그 비슷한 점보다 더욱 명백해진다. 외적인 형태들(특히 경전과 교리들)을 절대화할 경우에는 종교적 근본주의에서처럼, 종교적 배타주의가 불가피한 결과로 나타난다. 종교들 사이에 진정한 대화가 불가능하게 되며 개종이 목표가 되어, 결과적으로 흔히 종교간의 충돌이 벌어진다. 우리의 시대는 최근에 출판된 책제목처럼

---

14) 나는 산과 그 오솔길들에 관한 은유를 Seyyed Hossein Nasr에게서 빌려왔는데, 그는 Marco Pallis, *The Way and the Mountain* (London: Peter Owen, Ltd., 1991; 초판은 1960)에게서 배웠다고 했다. 현재 이 책은 절판되어 있어서, 이 책의 몇 페이지에 이 은유가 나오는지 확인할 수가 없다.

"근본주의의 충돌" 시대다.15)

적극적으로, 종교의 외적인 형태들이 중요한 것은 그 형태들이 신성함의 성례전들이기 때문이다. 그 형태들은 신성함을 매개하며 그 오솔길을 매개한다. 일차적인 의미에서 그 형태들은 오솔길이다. 즉 하나님과 더불어 또한 하나님 안에서 인생을 살아가기 위한 수행의 수단들이라는 말이다.

이 사실이 중요한 이유는 오늘날 사람들이 영성(spirituality)과 종교(religion)를 일반적으로 대조시키기 때문이다. 우리들 대부분은 사람들이 "나는 영적이지만, 종교적이지는 않다"고 말하는 것을 들었을 것이다. 우리는 사람들이 무슨 뜻으로 이런 말을 하는지를 알고 있다. 즉 자신들은 영적인 관심이나 민감성을 갖고 있지만, 어느 특정 종교에 속하지 않고 있다는 말이다. 또한 그런 대조는 흔히 가치판단도 포함하고 있다. 즉 영성은 "좋지만" 종교는 "나쁘다"거나 아니면 적어도 불필요하다는 뜻이다. 영성은 개인적인 것으로 보이지만, 종교는 제도적인 것이며, 오늘날의 시대는 많은 사람들이 제도를 대수롭지 않게 생각하는 시대다.

중요한 의미에서, 종교들은 "제도들"이다. 종교의 외적인 형태들, 즉 그 경전들, 제의들, 가르침들, 수행들, 조직들은 상당한 정도까지 "제도화"되어 있다. 그 형태들은 "전통들"이며, 전통들은 본래적으로 "제도들"이다. 종교는 "조직된 종교"다.

그러나 영성과 종교 사이를 대조시키는 것은 불필요할 뿐만 아니라 현명한 것이 아니다. 내가 휴스턴 스미스에게서 배운 유비를 사용

---

15) Tariq Ali, *The Clash of Fundamentalisms: Crusades, Jihad and Modernity* (London and New York: Verso, 2003). 이 책제목은 이슬람과 서양 사이의 충돌에 관한 Samuel Huntington의 유명한 책 『문명의 충돌』, 이희재 역(김영사)을 반영하며 또한 그에 도전하는 제목이다.

하자면, 종교와 영성의 관계는 교육기관들과 교육의 관계와 같다. 즉 우리는 학교나 대학이나 책이 없이도 세상에 대해 배울 수 있고 교육을 받을 수 있지만, 그것은 매 시대마다 바퀴를 새로 발명하는 것과 같다. 교육기관들은 역사적으로 교육을 이끌어왔던 견인차였던 것처럼, 종교(그 외적인 형태들)는 역사적으로 영성을 이끌어왔던 견인차이다.16) 단지 영성만이 아니라 종교의 외적인 형태들도 중요하다. 그 형태들은 영성을 담는 그릇들이며, 신성함과 그 길의 매개자이기 때문이다.17)

왜 하필이면 기독교인인가?

나는 이 장을 시작하면서 질문했던 물음, 곧 "왜 하필이면 기독교인인가?" 하는 물음으로 다시 돌아가고자 한다. 오랜 세기 동안, 이 물음에 대한 일반적인 기독교인들의 대답은 기독교가 구원에 이르는 유일한 길이기 때문이라는 대답이었다. 가톨릭교회에서는 이 대답이 "교회 밖에는 구원이 없다"(*extra ecclesia nulla salus est*)라는 말로 표현되었다. 제2차 바티칸 공의회(1962-65)는 이런 입장에서 벗어났지만, 최근에는 다시 이런 입장으로 돌아섰다.

종교개혁이 시작된 후, 개신교인들은 가톨릭교회가 구원을 독점하고 있다는 주장을 거부해왔다. 그러나 개신교인들 역시 기독교의 독

---

16) 이런 점을 전체적으로 이해하기 위해서는 Huston Smith, *Why Religion Matters* (San Francisco: HarperSanFrancisco, 2001)를 보라.
17) 역자주: 마커스 보그와 존 도미닉 크로산이 함께 쓴 『첫 번째 바울의 복음』(2010)은 바울의 이름으로 기록된 편지들 속에는 세 사람의 바울, 즉 "급진적인 바울"과 "보수적인 바울"과 "반동적인 바울"이 있다고 분석한다.

점, 곧 "구원은 예수를 통해서만 가능하며, 우리는 예수를 믿는다"는 독점적인 주장을 해왔다. 현대 이전 시대의 대부분의 기독교인들과 현대의 많은 기독교인들은 "기독교 배타주의," 즉 오직 예수를 통해서만 구원받을 수 있다고 주장한다.

그러나 종교 다원주의를 진지하게 받아들이면, 기독교 배타주의에 대해 철저한 의문을 제기하게 되며, 내 판단에는, 배타주의를 부정하게 만든다. 우리들 가운데 많은 사람들로서는, 오직 기독교인들만이 하나님과의 구원 관계에 있다고 믿는 것이 불가능하다는 말이다. 다른 종교들에 관해, 특히 다른 종교인들을 알게 되면, 배타주의가 불가능하다는 것을 알게 된다. 더군다나, 기독교 배타주의를 부정할 "상식적인" 이유가 있다. 즉 기독교만이 구원의 유일한 길이라는 주장에 대해 생각하면, 이것이 매우 이상한 관념이라는 것을 알게 된다. 우리가 우주 전체의 창조자라고 말하는 "그 이상"이 단지 하나의 종교전통에서만 알려지도록 선택했으며, 그 하나의 종교전통이 운이 좋게도 우리 자신의 종교전통이라는 주장이 상식적으로 말이 되는가?[18]

또한 기독교 배타주의를 부정할 기독교적인 이유도 있는데, 그것은 고전적 기독교가 은총을 강조했다는 점 때문이다. 만일 우리가 하나님과의 올바른 관계 속에 들어가기 위해서 기독교인이 되어야만 한다면, 그것은 요구사항이 되며, 우리는 더 이상 은총에 관해 말하는 것이 아니기 때문이다. 비록 우리가 은총이라는 말을 사용할 수는 있지만 말이다. 만일 하나님과 우리의 관계가 은총에 기초한 것이라면, 그것은 요구사항에 기초한 것이 아니며, 심지어 기독교인이라는 요구사항에 기초한 것도 아니기 때문이다. 물론 하나님과의 관계를 깊게 하

---

[18] 기독교 신학과 종교 다원주의를 탁월하게 다룬 책을 보기 위해서는 Paul F. Knitter, 변선환 역, 『오직 예수 이름으로만?』 (한국신학연구소)을 보라.

는 것은 그 관계에 마음을 모으고 주의를 기울이는 것에 달려 있지만, 그러나 그 관계는 요구사항의 관계가 아닌 것이다.

그래서 내가 기독교인인 이유는 그것이 유일한 길이라는 것과는 아무런 상관이 없다. 우리가 기독교를 새로운 패러다임의 틀 속에서 볼 때, 하나님, 신성함, "그 이상"은 단지 우리 자신의 종교전통 속에서만이 아니라 모든 중요한 종교전통들 속에서도 알 수 있다고 나는 확신한다. 실제로, 만일 기독교만이 유일한 길이라는 것을 내가 믿어야만 했다면, 나는 기독교인이 될 수 없었을 것이다. 더군다나, 기독교와 다른 종교들 사이의 비슷한 점들을 이해하는 것이, 기독교에 대한 신빙성을 위협하는 것이라기보다는 그 신빙성을 더욱 높여주는 것이라고 나는 생각한다.

기독교를 세계의 위대한 종교들 가운데 하나로 이해하고, 원초적 전통의 고전적 형태들 가운데 하나로 이해하고, 신성함에 대한 탁월한 성례전으로 이해할 때, 기독교는 더욱 높은 신빙성을 갖게 된다. 그러나 기독교가 유일하게 참된 종교라고 주장하면, 기독교는 그 신빙성의 상당부분을 잃게 된다. 기독교와 다른 종교들 사이의 비슷한 점들은 경악할 것이 아니라 경축할 이유가 된다고 나는 생각한다.

이런 틀 속에서 볼 때, 예수가 "유일한 길"(the only way)이라는 신약성서의 구절들은 어떻게 받아들여야 하는가? 우리는 이런 구절들이 별로 없다는 사실을 기억해야 한다. 더군다나, 히브리 성서와 신약성서 모두 속에 나오는 구절들은 하나님의 현존과 하나님께 다가갈 수 있다는 것에 대해 좀더 폭넓은 관점을 갖도록 가르친다. 그러나 예수가 "유일한 길"이라는 구절이 있으며, 가장 유명한 구절은 "나는 길이요, 진리요, 생명이다. 나를 거치지 않고서는, 아무도 아버지께로 갈 사람이 없다"(요한 14:6)는 구절이다. 또한 잘 알려진 구절은 예수에 관한 말씀으로서 "이 예수 밖에는, 다른 아무에게도 구원은 없습니다. 사람들에게 주신 이름 가운데 우리가 의지하여 구원을 얻어야 할 이름은, 하늘 아래에 이 이름 밖에 다른 이름이 없습니다"(행 4:12)는 말씀이다. 우리는 이 말씀들이 진리와 헌신을 표현한 말씀들로 이해할 수 있다.

진리: 예수 안에서 보여진 오솔길이 바른 그 길(the way)이다. 즉 죽음과 부활의 길이며, 과거의 정체성과 존재방식에 대해 죽음으로써 새로운 정체성과 새로운 존재방식으로 거듭나는 길로서, 이 길은 기독교의 핵심에 있는 길일뿐만 아니라 다른 종교들의 핵심에도 있는 길이다. 이것이 기독교 형태로 표현된 "그 길"이다. 우리 기독교인들에게는 예수가 그 길이다. 비록 그 길에 대한 유일한 표현은 아니지만 말이다.

헌신: "예수가 유일한 길이다"라고 말하는 것은 헌신의 표현이기도 하다. 이것은 감사와 사랑의 언어다. 이것은 연인들이 사용하는 언어와 마찬가지로서, 우리가 연인에게 "당신은 이 세상에서 가장 아름답습니다"라고 말하는 것과 마찬가지다. 이 말이 문자적으로 그렇다는 뜻인가? 가장 아름다운가? 정말로? 이런 표현은 "헌신의 시(詩)이며 마음의 과장법"19)이다. 시(詩)는 마음의 진실을 표현할 수 있지만, 그것이 교리는 아니다. 또한 그런 언어가 교리로 굳어지지 않는다면, 계속해서 기독교인의 헌신을 표현할 수 있다. 크리스터 스텐달(Krister Stendahl)의 표현을 다시 빌리자면, 우리는 다른 종교들을 헐뜯을 필요

---

19) 이 말은 내가 John Hick에게서 배운 것인데, 10여 년 전에 읽은 책인지 논문에서였기에 지금은 그 출처를 찾지를 못하겠다. John Hick은 기독교인 종교철학자이며 많은 책을 쓴 명쾌한 저술가다. 그는 이 장과 같은 맥락에서 탁월한 관점을 설명한다. 예컨대, 『하느님은 많은 이름을 가졌다』(이찬수 역, 도서출판 창), *The Fifth Dimension* (Oxford: Oneworld, 1999), *An Interpretation of Religion* (New Haven: Yale University Press, 1989)을 보라.

없이 예수에 대한 우리의 사랑의 노래를 부를 수 있다.

그렇다면 왜 하필 기독교인가? 여기서 나는 나 자신의 이유들, 나 자신의 "증언"을 제시하겠다. 아마도 많은 사람들도 나와 비슷한 생각을 갖고 있을 것이다.

첫 번째 이유는 종교 공동체와 수행전통에 소속하는 것이 중요하기 때문이다. 이것은 실제로 사람들이 오래된 종교들에 깊이 개입하게 되는 이유이며 동기일 것이다. 비록 우리가 어느 종교 공동체와 전통에 참여하지 않은 채로 하나님과 관계를 맺을 수는 있지만, 공동체와 전통은 중요한 문제다. 그것들은 하나님과의 관계를 매개하며 양육하기 때문이다.

우리는 오솔길을 필요로 한다. 오솔길이 없다면 우리는 길을 잃기 마련이다. 공동체와 전통은 그 오솔길을 다듬어서 보여주며, 구현하고, 양육한다. 공동체와 전통은 그 오솔길을 따라갈 수행의 수단들을 마련해주는데, 이것은 내세에 들어가기 위한 요구사항으로서가 아니라, 이 세상에서 다시 연결되고 변화되기 위한 오솔길이다.

종교 공동체와 전통은 우리로 하여금 과거의 지혜와 아름다움에 잇대어 살도록 해준다. 종교 공동체는 기억의 공동체다. 과거에 잇대어 사는 일은 가치가 있다. 과거는 단지 지혜만 품고 있는 것이 아니라, 우리가 하나의 눈먼 형태라고 거의 인식하지 못하는 우리의 제한된 이해방식과 현재의 편협함으로부터 우리를 건져내 줄 수 있다. 우리가 최근에 만들어낸 것보다는 오래된 전통의 한 부분이 되는 것은 유익한 점들이 많이 있다.

그리고 모든 종교전통들은 비록 그 나름의 괴물들이 있으며, 때로는 잔인한 방향으로 왜곡되기도 하지만, 자비와 용기와 기쁨으로 가득한 인생을 키워주기도 했다.[20] 종교전통들의 성인들은 이제까지 살았던 사람들 가운데 가장 탁월한 사람들이다. 그 전통들이 다듬어낸 삶의 비전은 사람들의 마음에 호소하는 힘이 있을 뿐만 아니라 중요한 비전인데, 단지 우리들 개인들만을 위해서가 아니라 이 땅에서 함께 살아가는 모든 생명들을 위해서도 중요하다.

이런 모든 이유들이 내가 기독교인인 이유들이다. 비록 내가 특별히 기독교인인 이유들은 아니지만 말이다. 오히려, 이런 이유들은 내가 종교적인 삶을 사는 이유들이다. 즉 기억과 수행의 공동체에 속한 이유들이다. 종교전통에 속하며 더욱 깊이 그 종교전통이 매개하는 삶 속에서 살아가는 일은 매우 중요한 일이다.

기독교에 입문하려는 어떤 사람이 달라이 라마(Dalai Lama)에게 자신이 불교 신자가 되어야 할 것인지에 대해 물었을 때, 달라이 라마는 "아니요. 더욱 깊이 있는 기독교인이 되십시오. 당신 자신의 전통 속에 더욱 깊이 들어가서 사십시오"라고 대답했다. 휴스턴 스미스 역시 똑같은 점을 "우물파기 은유"로 설명했다. 즉 만일 당신이 찾는 것이 물이라면, 열 개의 우물을 3m 깊이로 파는 것보다는, 한 우물을 30m 깊이로 파는 것이 더 좋다. 우리 자신의 종교전통을 신성함의 성례전으로서 이해하고 더욱 깊이 파들어 감으로써, 자신의 종교전통이 가리키는 분, 즉 우리가 그분 안에서 살며 움직이며 존재하는 분을 더욱 우리의 삶의 중심에 모시고 살게 된다.

기독교인은 이것을 기독교 전통의 틀 속에서 행하는 사람이며, 유대인은 유대교 전통의 틀 속에서, 무슬림은 무슬림의 전통 속에서 행

---

20) 역자주: 해방 후 북한의 옥사덕 수용소에서 4년 간 온갖 고초를 겪은 요한 신부는 이렇게 말한다. "일방적인 저들의 승리인 싸움인 듯도 보이네. 그러나 예수가 처음부터 우리에게 요구한 것은 기실 이제까지 인류 역사와 전혀 다른 방식으로 싸우라는, 즉 사랑 안에서 패배하라는 명령이었네."(공지영, 『높고 푸른 사다리』, 2013, 232).

하는 사람이다. 나는 하나님께서, 우리가 이 종교전통들 가운데 어느 전통에 속해 있는가 하는 문제에 대해 신경을 쓰신다고는 믿을 수가 없다. 모든 종교전통들은 관계와 변화의 오솔길들이기 때문이다.

그렇다면 왜 하필이면 기독교인인가? 나의 경우에는, 위의 모든 이유들만이 아니라, 하필이면 기독교인인 이유들이 더 있다.

기독교 전통은 내게 친숙하기 때문이다. 기독교가 내게 "고향 집"이기 때문이다. 나는 그 전통 속에서 태어났으며, 그 속에서 성장했다. 그 이야기들, 언어, 음악, 정신은 내게 친숙하다. 기독교 전통은 나를 양육했다. 비록 내가 어려서 배웠던 것들 가운데 일부는 벗어버려야 했지만 말이다.

어른이 되면서, 나는 기독교 전통의 놀라운 풍요함에 대해 감사하게 되었다. 즉 그 유산과 지혜, 그 언어와 음악, 예배 형태의 아름다움, 자비와 정의에 대한 열정, 가장 놀라운 삶을 살아낸 성인들의 온전함에 대해 감사하게 되었다. 그 예배는 나를 양육하며, 그 찬양은 나를 감동시키며, 그 경전과 신학은 나의 상상력과 사고를 키워주고, 그 수행은 나를 만들어준다. 나에게 기독교 전통은 선함, 진리, 아름다움을 매개해준다. 그리고 이 모든 것들을 통해서 기독교 전통은 신성함을 매개한다. 나에게 기독교는 신성함의 성례전이다.

또한 기독교는 나의 고향 집이다. 기독교는 다른 어느 종교도 결코 그렇게 될 수 없는 방식으로 나에게 친숙하다. 나는 다른 종교들도 나의 고향 집이 될 수 있었을 것이라는 사실을 알고 있다. 예컨대 만일 내가 불교 집안에서 태어났거나, 무슬림 가정 혹은 유대인 가정에서 태어났다면, 나는 여전히 그 종교를 믿고 있으리라고 확신한다. 또한 어떤 사람들은 기독교 가정에서 태어났지만 너무 학대를 당한 경험 때문에 기독교가 결코 고향 집처럼 생각되지 않는 사람들도 있다는 것을 나는 알고 있다. 그들에게는 다른 방식으로 종교적인 사람이 될 필요가 있다. 그러나 나에게는 기독교가 다른 종교와는 달리 나의 "고향 집"이다. 나로서는 기독교의 정신, 그 비전과 생활방식, 그 경전과 예배, 언어와 음악, 사고 등이 나의 고향 집이다.

그리고 우리는 우리의 고향 집이 우리가 사랑하기 위해서 다른 어느 고향 집보다 우월하다고 생각할 필요가 없다. 20세기의 찬송가 "이것이 나의 찬송이요"가 고향 집에 대한 이런 사랑을 매우 강력하게 표현하고 있다. 시벨리우스의 장엄한 "핀란디아" 멜로디에 따라 부르는 이 찬송가는 우리의 고향 집에 대한 사랑을 노래한다.

> 이것이 나의 찬송이요, 오 모든 민족들의 하나님,
> 나의 고향과 멀리 있는 나라들을 위한 평화의 노래,
> 이것은 나의 고향, 나의 마음이 머무는 나라,
> 여기에 나의 희망, 나의 꿈, 나의 거룩한 성소가 있으나,
> 다른 나라들의 다른 마음들은 나의 마음처럼
> 희망과 꿈으로 고동치고 있나니.
>
> 내 조국의 하늘은 바다보다 푸르고
> 햇살은 클로버 잎과 소나무 위에 비추네,
> 그러나 다른 나라들에도 햇빛과 클로버가 있네.
> 하늘은 어디에서나 나의 하늘처럼 푸르고
> 나의 노래 들으소서, 모든 민족들의 하나님,
> 나의 조국과 그들의 조국의 평화를 위한 노래를.[21]

---

21) Lloyd Stone의 서정시, 1934.

우리가 이 가사 가운데 "민족들," "조국," "나라"를 "종교"로 대체하기만 하면 된다. 물론 가사에서 음절 관계로, 그렇게 대체하는 것이 어울리지 않을 수는 있지만 그 내용에서는 대체할 수 있다. 종교들은 고향 집이며, 기독교는 나에게 고향 집이다.

그리고 고향 집은 친숙함과 편안함 이상이다. 우리는 때때로 고향 집을 감상적으로 생각한다. "나는 크리스마스 때 고향 집에 갈 것이다," "명절 때 고향 집만 한 곳은 없다," "행복한 고향 집"에서처럼, 고향 집은 그런 곳이다.

그러나 고향 집은 또한 더욱 큰 세계 속으로 인도하는 생활방식을 배우고 성장하고 성숙하는 곳이기도 하다. 기독교는 생활방식이며, 생활방식의 심장이다. 기독교인이 되는 것은 이 전통 안에서 그 "오솔길"을 살아간다는 뜻이다. 기독교의 심장에는 심장의 길, 곧 우리를 우리 존재의 가장 깊은 차원에서 변화시키는 오솔길이 있다. 기독교의 심장에는 하나님의 마음, 곧 우리가 변화되고 이 세상을 변화시키기 위한 열정이 있다. 기독교의 심장에는 하나님의 열정에 참여하는 삶이 있다.[22]

---

[22] 역자주: 기후재앙의 75~80%는 온실가스를 가장 적게 배출하는 가난한 나라가 피해를 입으며, 가장 연약한 생명체들부터 떼죽음을 당한다. 케냐의 마사이족은 가뭄으로 인해 최근 몇 년 동안 가축 5백만 마리를 잃었으며, 바다의 산성화로 인해 1950년 이후 식물 플랑크톤의 40%가 감소했다. 인류 역사상 최대의 생존 위기에 봉착했지만, 정치, 경제, 교육, 종교계 대부분이 이 위기를 외면한다. 세계 굴지의 에너지 재벌들이 여론조작을 통해 기후변화를 부인하기 때문이다. 탐욕이 지배하는 체제 아래 사는 우리는 아직 하나님께서 자신의 형상대로 지으신 참된 인간됨에는 도달하지 못했다. 세상에 머리 좋은 사람들이 대부분 군산복합체와 월스트리트, **IMF**(경제학 박사들이 800명이 넘는다)처럼 가난한 생명체들을 학살하는 죽임의 체제를 확대재생산하는 작업에 몰두하는 현실에서, 하나님 나라를 위해 복무하는 기독교인들의 영적인 무기들은 피조물의 고통에 대한 민감성, 기도, 하나님의 뜻에 대한 헌신, 정치적 저항과 연대뿐이다. 참조. 프란치스코 교황 회칙 『찬미받으소서』 (찬국천주교주교회의, 2015).